金石文獻叢刊

正續校碑隨筆

方若 撰

夢碧簃石言

顧燮光 撰

上海古籍出版社

圖書在版編目（CIP）數據

正續校碑隨筆 / 方若撰 . 夢碧簃石言 / 顧燮光撰 . — 上海：上海古籍出版社，2020.5
（金石文獻叢刊）
ISBN 978-7-5325-9538-9

Ⅰ . ①正… ②夢… Ⅱ . ①方… ②顧… Ⅲ . ①碑文—校勘—中國 ②金石—研究—中國—古代 Ⅳ . ① K877.424 ② K877.24

中國版本圖書館 CIP 數據核字（2020）第 053835 號

金石文獻叢刊
正續校碑隨筆　夢碧簃石言
方若　顧燮光　撰
上海古籍出版社出版發行
（上海瑞金二路 272 號　郵政編碼 200020）
（1）網址：www.guji.com.cn
（2）E-mail：guji1@guji.com.cn
（3）易文網網址：www.ewen.co
浙江新華數碼印務有限公司印刷
開本 890×1240　1/32　印張 22.75　插頁 5
2020 年 5 月第 1 版　2020 年 5 月第 1 次印刷
ISBN 978-7-5325-9538-9
K·2810　定價：118.00 元
如發生質量問題，讀者可向工廠調换

出版説明

金文石刻作爲一種特殊的文獻形式，負載着中國古代文明的大量信息，是珍貴的文化遺産，其相關研究具有重要文化價值與傳承意義。金石專門研究興起於宋，而在清代達到鼎盛，名家迭出，先後撰寫了一批高水平的研究專著，其成果對於今天我們的歷史學、文學、文字學、考古學、古文獻學、古器物鑒定學、書法篆刻學等研究具有重要的參考價值。有鑒於此，本社特推出《金石文獻叢刊》，彙聚兩宋以降金石學重要著作，以期助益於相關研究。

本書爲《金石文獻叢刊》之一，收録文獻兩種，分别爲：方若撰《正續校碑隨筆》，包括《校碑隨筆》六卷及《續校碑隨筆》二卷，以民國十二年華璋書局石印本爲底本影印；顧燮光撰《夢碧簃石言》六卷，以民國間聚珍印書局排印本爲底本影印。

上海古籍出版社　二〇二〇年四月

石刻文獻歷代研究述要(代序)

陳尚君

「人生忽如寄,壽無金石固。」古人感到生命短暫,常將重要的事件、著作和死者的生平銘諸金石,形成豐富的金石文獻。一般來説,金銀器上的銘文均較簡短,銅器銘文盛於商周時期,漢以後可資研究的僅有銅鏡銘文等。石刻文獻則興於漢,盛於唐,歷宋、元、明、清而不衰,存世文獻爲數極巨,爲研究古代歷史文化提供了大量記載,也爲研究古典文學者所寶重。

一、古代石刻的分類

古代石刻品類衆多,舉其大端,可分以下幾類:

一、墓志銘。多爲正方形石刻,置於死者墓穴中,記載死者生平事蹟。始於漢,盛於北朝和隋唐時期,宋以後仍相沿成習。南朝禁止埋銘,故甚罕見。近代以來,出土尤多。因深埋地下,所存文字多清晰而完整。

二、墓碑。也稱神道碑,是置於墓道前記載死者生平事蹟的長方形巨大石碑。舊時王公大臣方得立碑記德,故所載多爲歷史上有影響的人物。因其突立於地表,歷經日曬雨淋，人爲破壞，石刻多斷裂殘壞，磨蝕漫漶，不易卒讀。

三、刻經。可分儒、釋兩大類。儒家經典的刊刻多由官方主持，爲士人提供準確可信的經典文本。歷史上有七次大規模的刻經，即東漢熹平間、曹魏正始間、唐開成間、後蜀廣政間、北宋嘉祐間、南宋紹興間、清乾隆間。今僅開成、乾隆石經保存完整，其餘僅存殘石。佛教刻經又可分爲兩類：一類是僧人恐遭逢法難，經籍失傳，因而刻石收存，以備不虞。最著名的是房山石經，始於隋，歷唐、遼、金、元而不衰，現存有一萬五千多石。二是刻經以求福祐，如唐代經幢刻《尊勝陀羅尼經》，爲一時風氣。

四、造像記。佛教最多，道教稍少。受佛教净土宗佛陀信仰的影響，信佛的士庶僧人多喜造佛像以積功德，大者連山開龕，小者可握於掌間。造像記記載造像緣由，一般均較簡短，僅記時間、像主姓名及所求之福祐庇蔭，文辭多較程式，可藉以瞭解風俗世情，有文學價值的很少。

五、題名。即是古人「到此一游」的記録。多存於山川名勝，多出於名臣、文士之手，雖較簡短，於考事究文，彌足珍貴。如長安慈恩寺題名：「韓愈退之、李翺翔之、孟郊東野、柳宗元子厚、石洪濬川同。」鍾山題名：「乾道乙酉七月四日，笠澤陸務觀，冒大雨，獨游定林。」均至簡，前者可考知韓、柳交游之始，知李翺另一表字，後者可見詩人陸游之風神。

六、詩詞。唐以前僅一二見，以雲峰山鄭道昭詩刻最著名。唐代始盛，宋以後尤多。詩詞刻石以摩崖和詩碑兩種形式爲多見。許多重要作家都有石刻詩詞留存。

七、雜刻。指上述六類以外的各種石刻。凡建橋立廟、興學建祠、勸善頌德、序事記游等，皆可立石以記，所涉範圍至廣。

此外，還有石刻叢帖，爲彙聚名家法書上石，供人觀賞臨習，其文獻價值與上述各種石刻有所不同，兹不贅述。

二、從石刻到拓本、帖本

石刻爲古人當時所刻，所記爲當時事，史料價值很高；所録文章亦得存原貌，不似刊本之迭經傳刻，多魚魯亥豕之誤，故前代學者考史論文，尤重石刻。然而石刻或依山摩崖，遠處荒山僻野，或形制巨大，散在各地，即便最優秀的金石學家，也不可能全部親見原石。學者援據，主要是石刻拓本。

拓本是由拓工將宣紙受濕後，蒙於碑刻之上，加以捶椎，使宣紙呈凹凸狀，再蘸墨拓成。同一石刻之拓本，因傳拓時間之早晚及拓技之精粗，常有很大不同。一般來説，早期拓本因石刻保存完好，文字存留較多，晚近所拓，則因石刻剥蝕，存字較少。如昭陵諸碑，今存碑石存字已無多，遠不及《金石萃編》之録文，而羅振玉《昭陵碑録》據早期精拓録文，録文得增多於《金石萃編》。即使同一時期所拓，也常因拓工之拓技與態度而有所不同。如永州浯溪所存唐李諒《湘中紀行》詩，王昶據書賈售拓録入《金石萃編》，有十餘處缺文訛誤；稍後瞿中溶親至浯溪，督工精拓，乃精好無損（詳《古泉山館金石文編》卷三）。至於帖賈爲牟利而或草率摩拓，或僅拓一部分，甚或竄改文字，以唐宋冒魏晋，則更等而下之了。

拓本均存碑石原狀，大者可長丈餘，寬數尺，鋪展盈屋，不便研習。舊時藏家爲便臨習，將拓本逐行剪開，重加裱帖，裝成册頁，成爲帖本。帖本經剪接重拼，便於閱讀臨摹，已不存原碑形貌。在拼帖時，遇原拓空缺或殘損處，常剪去不取，以致帖本文字常不可卒讀。原石、原拓失傳，僅靠拓本保存至今的石刻文獻，不是太多，較著名的有唐代崔鉉撰文而由柳公權書寫的《神策軍碑》。唐初著名的《信行禪師碑》，因剪棄較多，通篇難以卒讀。

現存最早的石刻拓本，大約是見於敦煌遺書中的唐太宗《温泉銘》和歐陽詢《化度寺碑》。宋以後各種善拓、精拓本，因流布不廣，傳本又少，藏家視同拱璧，書賈索價高昂。近現代影印技術普及，使碑帖得以大批刊布，許多稀見的拓本，得以大批縮印彙編出版，給學者極大方便。影響較大者有《漢魏南北朝墓志集釋》（趙萬里編，科學出版社一九五三年版）、《千唐志齋藏志》（張鈁藏，文物出版社一九八五年版）、《曲石精廬藏唐墓志》（李希泌藏，齊魯書社一九八七年版）、《北京圖書館藏歷代石刻拓本彙編》（中州古籍出版社一九八八年版）、《隋唐五代墓志彙編》（天津古籍書店一九九一年版）。重要的石刻拓本，在上述諸書中均能找到。

三、宋代的石刻研究及重要著作

南北朝至唐代，已有學者注意記載碑刻，據以訂史證文，但有系統地加以搜集研究，使之成爲專學，則始於宋代。首倡者爲北宋文學宗匠歐陽修。

歐陽修自宋仁宗慶曆五年（一〇四五）開始裒聚金石拓本，歷十八年，「集録三代以來遺文一千卷」（《六一居士傳》），編爲《集古録》，其中秦漢至唐五代的石刻約占全書的十之九五。參政之暇，歐陽修爲其中三百八十多篇碑銘寫了跋尾，對石刻文獻的史料價值作了全面的闡釋。其大端爲：一、可見政事之修廢；二、可訂史書之闕失；三、可觀書體之妍醜；四、可見文風之轉變；五、可訂詩文傳本之訛誤；六、可據以輯録遺文。這些見解，可説爲後代金石學的研究奠定了基礎。録一則如下：

右《德州長壽寺舍利碑》，不著書撰人名氏。碑，武德中建，而所述乃隋事也。其事蹟文辭皆無取，獨録其書爾。余屢歎文章至陳、隋不勝其弊，而怪唐家能臻致治之盛，而不能遽革文弊，以謂積習成俗，難於驟變。及讀斯碑有云：「浮雲共嶺松張蓋，明月與巖桂分叢。」乃知王勃云：「落霞與孤鶩齊飛，秋水共長天一色。」當時士無賢愚，以爲警絶，豈非其餘習乎！

《集古録》原書已不傳。歐陽修的題跋編爲《集古録跋尾》十卷，收入其文集，單行本或題《六一題跋》。其子歐陽棐有《集古録目》，爲逐卷撰寫提要，原書久佚，今存清人黄本驥和繆荃蓀的兩種輯本。

北宋末趙明誠輯《金石録》三十卷，沿歐陽修之舊規而有出藍之色。明誠出身顯宦，又得賢妻之助，窮二十年之力，所得達二千卷之富，倍於歐陽修所藏。其書前十卷爲目録，逐篇著録二千卷金石拓本之篇題、撰書者姓名及年月，其中唐以前五百餘品，其餘均爲唐代石刻。後二十卷爲明誠所撰題跋，凡五百零二篇。趙跋不同於歐陽修之好發議論，更注重於考訂史實，糾正前賢和典籍中的誤説，録存重要史料，考訂也更爲細密周詳。

南宋治石刻學者甚衆，如《京兆金石録》《復齋碑録》《天下碑録》《諸道石刻録》

等，頗具規模，惜均不存。存世者以下列諸書最爲重要。

洪适《隸釋》二十七卷、《隸續》二十一卷，前者録漢魏碑碣一百八十九種，後者已殘，尚存録一百二十餘品。二書均全録碑碣文字，加以考釋，保存了大量漢代文獻，許多碑文僅賴此二書以存。

陳思《寶刻叢編》二十卷，傳本缺三卷。此書彙録兩宋十餘家石刻專書，分地域著録石刻，附存題跋，保存史料十分豐富。

佚名《寶刻類編》八卷，清人輯自《永樂大典》。此書以時代爲序，以書篆者立目，記録石刻篇名、作者、年代及所在地，間存他書不見之石刻。

另鄭樵《通志》中有《金石略》一卷，王象之《輿地紀勝》於每一州府下均有《碑記》一門，也有大量珍貴的記録。後者明人曾輯出單行，題作《輿地碑記目》。

宋人去唐未遠，搜羅又勤，所得漢唐石刻見於上述各書記載的約有四五千品。歐、趙諸人已有聚之難而散之易之感歎，趙明誠當南奔之際仍盡攜而行，但除漢碑文字因洪适輯録而得保存較多外，唐人石刻存留到後世的僅約十之二三，十之七八已失傳。如幸賴上述諸書的記載，使今人能略知其一二，其中有裨文學研究的記載至爲豐富。如唐末詞人温庭筠的卒年，史書不載。《寶刻類編》載有：「《唐國子助教温庭筠墓》，弟庭皓撰，咸通七年。」因可據以論定。再如盛唐文學家李邕，當時極負文名，《全唐文》録其文僅五十餘篇。據上述宋人記載，可考知其所撰文三十餘篇之篇名及梗概，對研究其一生的文學活動十分重要。

四、清代的石刻研究及重要著作

元、明兩代是石刻研究的中衰時期，可稱者僅有三五種：陶宗儀輯《古刻叢鈔》僅録所見，篇幅不大；都穆《金薤琳琅》，録存漢唐石刻五十多種；趙崡《石墨鐫華》存二百五十多種石刻題跋，「多歐、趙所未收者」(《四庫提要》)。

清代經史之學發達，石刻研究也盛極一時。清初重要的著作有顧炎武《金石文字記》、葉奕苞《金石録補》、朱彝尊《金石文字跋尾》。三書雖仍沿歐、趙舊規，但所録多前人未經見者，考訂亦時有創獲。至乾隆間，因樸學之興，學者日益重視石刻文獻，史學大家如錢大昕、阮元、畢沅等均有石刻研究專著。全録石刻文字的專著也日見刊布，自乾隆後期至嘉慶初的十多年間，即有翁方綱《兩漢金石記》《粤東金石略》、吴玉搢《金石存》、趙紹祖《金石文鈔》《續鈔》等十餘種專著行世。在這種風氣下，王昶於嘉慶十年(一八〇五)編成堪稱清代金石學集大成的著作《金石萃編》一百六十卷。

王昶自稱有感於洪适、都穆、吴玉搢三書存文太少，「愛博者頗以爲憾」，自弱冠之年起，「前後垂五十年」，始得成編。其書兼載金、石，但録自器銘者僅當全書百之二三，其餘均爲石刻。所録始於周宣王時的《石鼓文》，迄於金代，凡一千五百多種。其中漢代十八卷，魏晋南北朝十五卷，隋代三卷，唐五代八十二卷，宋代三十卷，遼金七卷。各種石刻無論完殘，均照録原文，務求忠實準確。遇有篆、隸字體，或照録原字形。原石殘缺之處，或以方框標識，或備記所缺字數，遇殘字也予保存。又備載「碑制之長短寬博」和「行字之數」，「使讀者一展卷而宛見古物焉」（引文均見《金石萃編序》）。同時，王昶又廣搜宋代以來學者的著録題跋，附載於各石刻録文之次，其本人也逐篇撰寫考按，附於篇末。《金石萃編》搜羅廣博，録文忠實，附存文獻豐富，代表了乾嘉時期石刻研究的最高水平。

王昶以個人力量廣搜石刻，難免有所遺漏，其録文多據得見之拓本，未必盡善。其書刊布後，大受學界歡迎，爲其續補訂正之著，也陸續行世，較重要的有陸耀遹《金石續編》二十一卷、王言《金石萃編補遺》二卷等。至光緒初年，陸增祥撰成《八瓊室金石補正》一百三十卷，規模與學術質量均堪與王書齊駕。陸書體例多沿王書，凡王書已録之石刻，不復重録。王書録文不全或有誤者，陸氏援據善拓，加以補訂，一般僅録補文。這部分份量較大，因陸氏多見善拓，録文精審，對王書的糾訂多可信從。此外，陸書補録王書未收的石刻也多達二千餘通。

清代學者肆力於地方石刻的搜録整理，也有可觀的成績。録一省石刻而爲世所稱者，有阮元《山左金石志》二十四卷（山東）、《兩浙金石志》十八卷（浙江）、謝啓崑《粤西金石略》十五卷（廣西）、胡聘之《山右石刻叢編》四十卷（山西）、劉喜海《金石苑》六卷（四川）等。録一州一縣石刻而重要者有武億《安陽縣金石録》十二卷、沈濤《常山貞石志》二十四卷、陸心源《吴興金石記》十六卷等。

五、近現代的石刻文獻要籍

近代以來，因學術風氣的轉變，漢唐石刻研究不及清代之盛。由於各地大規模的基建工程和現代科學田野考古的實施，地下出土石刻的總數已大大超越清代以前八百年間發現的石刻數量。大批石刻得以彙集出版，給學者以方便。

端方《匋齋藏石記》四十四卷，是清季最有份量的專著。端方其人雖多有争議，但該書收羅宏富，題跋又多出李詳、繆荃蓀等名家之手，頗多精見。另一位大節可議的學者羅振玉，於古代文獻的搜集刊布尤多建樹。其石刻方面的專著多達二十餘種，《昭陵碑録》和《冢墓遺文》（包括《芒洛》《廣陵》《東都》《山左》《襄陽》等十多種）以録文精確、收羅宏富而爲世所稱。

二十世紀三十年代，由於隴海路的施工，洛陽北邙一帶出土魏、唐墓志尤衆。其大宗石刻分别爲于右任鴛鴦七志齋、張鈁千唐志齋和李根源曲石精廬收存。于氏所收以北魏志石爲主，今存西安碑林，張、李以唐代爲主。其中張氏所得達一千二百多方，原石存其故里河南新安鐵門鎮，民國間曾以拓本售於各高校及研究機構，近年已影印行世。其中對唐代文學研究有關係者頗衆。曲石所得僅九十多方，但多精品，王之渙墓志最爲著名，今存南京博物院。

民國間由於各省組織學者編纂省志，也連帶完成了一批石刻專著。其中曾單獨刊行而流通較廣者，有《江蘇金石志》二十四卷、《陝西金石志》三十二卷、《安徽通志金石古物考稿》十六卷，頗多可觀。

二十世纪五十年代，趙萬里輯《漢魏南北朝墓志集釋》，收漢至隋代墓志六百五十九方，均據善拓影印，又附歷代學者對這些墓志的考釋文字，編纂方法上較前人所著有很大進步，是研究唐前歷史、文學的重要參考書。

二十世紀最後二十年間，學術研究空前繁榮，前述自宋以降的許多著作都曾影印或整理出版。今人纂輯的著作，以下列幾種最爲重要。

《北京圖書館藏歷代石刻拓本彙編》，收録了北圖五十年代以前入藏的所有石刻拓本，全部影印，甚便讀者。不足處是一些大碑拓本縮印後，文字多不易辨識。

陳垣《道家金石略》，收録漢至元代與道教有關的石刻文字，於宋元道教研究尤爲有用。

周紹良主編《唐代墓志彙編》及《續集》，收録一九九九年以前出土或發表的唐代墓志逾五千方，其中四分之三爲《全唐文》等書所失收，可視作唐文的補編。

趙超編《漢魏南北朝墓志彙編》，據前述趙萬里書録文，但不收隋志，補收了一九八六年以前的大量新出石刻。

《隋唐五代墓志彙編》，據出土地區影印墓志拓本約五千方，以洛陽爲最多，約占全書之半，陝西、河南、山西、北京等地次之。其中包括了大批近四十年間新出土的墓志，不見於上述各書者逾一千五百方。

進入新世紀，石刻文獻研究成爲中古文史研究之顯學，更多學者關注石刻之當時書寫與私人書寫之特殊價值，成爲敦煌文獻研究以後有一學術熱點。同時，新見文獻尤以墓志爲大宗，每年的刊布數也以幾百至上千方的數量增長。其中最重要的，一是《新中國出土墓志》，已出版十多輯，爲會聚各地文物部門所藏者爲主；二是《大唐西市博物館藏唐墓志》，所收皆館藏，整理則延請史學界學者；三是《长安高陽原新出土隋唐墓志》，將考古報告與新見墓志結合，最見嚴謹。其他搜輯石刻或拓本的尚有十多家，所得豐富則可提到趙君平的《秦晉豫新發現墓志搜逸》三編，毛陽光的《洛陽新見流散墓志彙編》，以及齊運通洛陽九朝石刻博物館編的幾種專書。還應説到的是，日本學者氣賀澤保規編《唐代墓志所在總合目録》，不到二十年已經出版四版，爲唐代墓志利用提供極大的方便。陝西社科院古籍所編《全唐文補遺》十册，所據主要是石刻，校點尚屬認真。

上海古籍出版社編刊《金石文獻叢刊》，主要收録宋、清兩代有關金石學的基本著作，本文前所介紹諸書，大多得以收録。如王昶《金石萃編》，將清後期的幾種補訂專書彙集在一起，陸增祥《八瓊石金石補正》之正續編合爲一帙，也便於讀者全面瞭解這位傑出金石學家的整體成就。書將付刊，胡文波君囑序於我，是不能辭。然時疫方熾，出行不便，未能通讀全編，率爾操觚，總難塞責。乃思此編爲彙聚宋、清兩代金石學之菁華，爲滿足當代以中古文史學者爲主之石刻文獻研究之急需，或可將二十四年前爲當時還是江蘇古籍出版社的《古典文學知識》所撰小文《石刻文獻述要》稍作潤飾增補，用爲代序，敬請方家諒宥。

目録

校碑隨筆卷三……九七

吴

晋

前秦

北凉

宋

梁

北齊

北周

隋

後周

南唐

附僞刻

夏

漢

夢碧簃石言

正續校碑隨筆

校碑隨筆

方若著

汪吉麟題

民國十二年校印

序

自通志有校讎一畧後世始尚勘訂之學清代攷據家多斯學尤偁極盛往〻于一字之是非不惜斷〻論辨羅列古今同異而坿著所見于逐條俾讀者知板本之善否此固校勘名家之通例也若援此例以觀碑刻則當以方君是書爲嚆矢夫前代之著録金石由來已久或則僅列其目或則兼載其文大都得諸耳食而非由于目見搜採縱極廣博攷訂猶多疏舛亦有羅陳古今攷証同異者惜皆囿于一類未能徧及諸碑是書所校由周秦至五代凡碑碣五百餘通無字可校者不録故不備載全文亦不獨矜創獲可謂博而得要約而能通其爲益藝林雖不及校勘書

籍者之廣然碑版流傳既久剥蝕日多使無專書紀載何以徵信于來茲是書一出二善備爲攷訂者獲知摹拓之新舊收藏者得辨板本之真僞先生校勘之學謂與書籍並著可也爰于付印之餘贅一言以爲紹介耑

中華民國十一年華璋書局謹識

校碑隨筆

凡例

一書既專校碑字則碑字無可校者不錄

一所校碑碣由周秦迄五代止

一未見著錄之品必坿全文但自劉宋以後碑志多正書不必强為釋讀故所坿全文以北涼為斷

一碑佚既久成海內孤本間或經眼與友人攷談精確數事坿錄辨論摹本之後不為標列

一自魏迄唐造象多不勝錄苟非泐字與未見著錄之大品與不明所在與摹刻有別者不錄

一唐墓志亦多不勝錄非泐字與不明所在與摹刻有別者不錄

一僞刻別為一卷坿

一此書只舉所知不免挂漏且石之泐也愈久愈甚願後之攷古家續而廣焉

校碑隨筆目録

卷一

周

秦

漢

魏

卷三

吳

晉

楊陽神道闕　爨寶子碑
劉韜墓志　夫人黃氏等字殘碑
殘碑陰　蜀中書賈公闕
陳君殘碑

前秦

廣武將軍□產碑　鄧太尉祠碑

北涼

沮渠安周造象碑

宋

爨龍顏碑　劉懷民墓志

梁

瘞鶴銘　太祖文皇帝神道闕
蕭秀西碑　蕭憺碑
程虔墓志

比丘法勝造象記
尼僧道道法安造象記
比丘惠敦造象記

宕昌公暉福寺碑
孟熾墓志

韓顯宗墓志
高慶碑

石門銘

鄭羲上下碑

雲峯等山全拓目
北魏

觀海島詩
雲峯之山
論經書詩
耿伏奴從駕

滎陽鄭道昭之山門也
左闕
當門石坐
右闕

棲息松□
羨門子駕日棲崑崙之山
此山上有九仙之名
赤松子駕月棲玄圃之山

安期子駕龍棲蓬萊之山
王子晉駕鳳棲太室之山
浮丘子駕鴻棲月□之山
於此遊止

登太基山詩
此仙壇北山門也
詠飛仙室
此仙壇南山門也

其居所号曰白雲鄉青烟里也
玄靈之宮也
朱陽之臺也
青烟之寺也

白雲之堂也
太基山銘告
中明之壇也
白雲堂中解易老也

歲在壬辰建
此天柱之山
洛京道士太原郭靜和
石匠于仙

王遷墓志　齊郡王元祐造象記
趙阿歡等造象記　高植墓志
韓玄墓志　李辟墓志
劉華仁墓志　張猛龍碑
鄭道忠墓志　馬鳴寺根法師碑
齊郡王妃常季繁墓志　高貞碑
鞠彥雲墓志　劉根卌一人造象記
譚棻墓志　孫遼浮圖銘
宇法智墓志　曹望憘等造象記
吳高黎墓志　李謀墓志
于纂墓志
臨菑縣邑儀六十人造如來像摩崖　劉玉墓志
劉平周造象殘碑　陸紹墓志
李超墓志　比丘道智道覬等造象

卷四
西魏

東魏

凝禪寺三級浮圖碑　高湛墓志

劉懿墓志　蔡儁殘碑

鄭盖袟銘　敬使君碑

李仲璇修孔子廟碑　李顯族造象碑

王偃墓志　王貳郎綰率法義三百人造象碑

侯海墓志　汝陽王元賥墓志

道澖法師造象

寶山全拓目增

北齊

靈山寺僧方法師故雲陽公子林等巖窟記

大乘妙偈

隋

聖刻大集經月藏分中言　大集經月藏分法滅盡品初言

道政法師支提塔　靜澄法師塔

比丘道寂塔　仁壽三年之支提墖

塔頌　大住聖窟

大留聖窟　懺悔文

妙法蓮花經分別功德品中言　涅槃經偈

勝鬘□　洛州□□法師記

十方佛名　佛名殘石

唐

北齊

西兖州刺史鄭君殘碑　元賢墓志
張世寶等卅餘人造塔　上官長孫氏冢記
崔頠墓志　西門豹祠堂碑
諸維那等卌人造太子象　報德像碑
夫人趙氏殘志　劉碑造象
廣固南寺造塔　皇甫琳墓志
鄉老舉孝義雋敬碑　是連公妻邢阿光墓志
比丘空明造象　房周陁墓志
梁茄耶墓志　姜纂造象記
趙州刺史趙公墓志　起張墓志
從事□□王□墓志　公孫略墓志
郭鐵造象　宇文長碑
乞伏保達墓志　朱岱林墓志
梁子彥墓志　張忻墓志

北周

隋

諸葛子恆平陳頌
曹植碑
上府皐扈志碑
趙君殘志
翟賓墓志
燕孝禮墓志
張元象造象
賀若誼碑
劉明墓志
張通妻陶貴墓志
董美人墓志
縣人爲河東棗泉人□令述德殘碑
孟顯達碑
龍山公墓志
姜穆墓志
信州金輪寺舍利塔銘
鄧州大興國寺舍利塔銘
蘇孝慈墓志
君諱軌墓志
王善來墓志
鞠遵墓志
吴嚴墓志
劉珍墓志
蔡君夫人張貴男墓志
李沖墓志
郭雲銘磚志
張忓墓志
甄元希銘

卷五

偽鄭

唐

等慈寺碑　伊闕佛龕碑
皇甫誕碑　段志玄碑
張琮碑　孔穎達碑
房玄齡碑　文安縣主墓志
樊興碑　蕭勝墓志
雁塔三藏聖教序　韓仲良碑
李靖碑　王居士塼塔銘
杜長史妻薛瑶華墓志　尉遲恭碑
豆盧遜墓志　蘭陵長公主碑
張興墓志　同州三藏聖教序
道因法師碑　贈泰師魯國孔宣公碑
懷仁集王書聖教序　攝山棲霞寺明徵君碑
龐德威墓志　陳護墓志
張府君妻田縣君墓志　封祀壇斷碑

卷六

李秀碑　兗公頌
靈巖寺碑　崔夫人獨孤氏墓志
任令則碑　成□墓志
多寶塔感應碑　劉感墓志
孫志廉墓志　東方畫贊碑
張希古墓志　劉智墓志
鮮于氏離堆記　郭氏家廟碑
白道生神道碑　李寶臣紀功碑
扶風孔子廟殘碑　大證禪師碑
臧懷恪碑　麻姑山仙壇記
中興頌　八關齋會報德記
李含光碑 張從申書　宋璟碑
元結碑　殷履直妻顏氏碑
干祿字書　眞化寺尼如願律師墓志

後周

廣慈禪院記

南唐

紫陽觀殘碑

坿集柳書金碑無攷疑元碑各一種

沂州普照寺碑　前後出師表

坿僞刻

夏

大禹岣嶁碑

漢

新政立石　荆君畫象

李昭碑　李農墓志

宣曉墓志　任君墓題字

趙相劉君墓門題字　曹參墓志

畫象上題先生乘馬時下

陳峻巖墓志　孫遼墓志

卜文墓志　程延貴墓志

高植墓志

東魏

普惠塔銘

北齊

題化寺成寶塔造象記　趙通墓志

北周

諱通墓志　長孫夫人羅氏墓志

劉桂墓志　安昌公夫人鄭氏墓志

諸祿元墓

隋

楊松墓志　女子謝青蓮墓志

宋門王氏甎志

校碑隨筆卷一

定海方若藥雨甫著

周

石鼓文篆書鼓十第一鼓十一行行六字第二鼓九行行七字第三四鼓十行行七字第五鼓泐甚行數字數不可計第六鼓十行一上泐下存四字第七鼓泐甚行數字數不可計第八鼓全泐第九鼓十五行行五字第十鼓泐甚行數字數不可計在直隸大興國學

石鼓文字代見剝落故自宋迄今諸家所述字數不同歐陽文忠見四百六十五字本趙夔見四百十七字本胡世將見四百七十四字本薛尚功見四百五十一字本潘迪見三百八十六字本孫巨源見四百九十七字本吾邱衍見四百三十餘字本此後凡見總三百餘字矣惟都穆得見宋拓四百二十二字本浙江董縣范氏天一閣藏北宋拓四百六十二字本咸豐十年燬於兵燹阮文達有摹刻置諸杭州府學盛昱有摹刻置諸國學韓文公祠壁原石據精拓本剝蝕字隱約可辨與所

餘半字可辨者亦計則共得三百十餘字明拓國初拓本第二鼓第四行其𨙸氏鮮之氐鮮二字未損第五行黃帛其鰋又字下之鱄又二字未損近拓本氐字只半鮮鱄又三字泐明拓國初拓本之別在第四鼓第五行𩍝車載道之載字如載字下右角尚存即為明拓本若第八鼓尚存巠徽字尤明拓本之在前者也予未之見予見最舊明拓本第二鼓第四行黃帛二字第五行其字皆未為石花所泐及第九行柳字下有一小方亦未泐落其前行之半㠯字可見此種拓本不可多得諸城尹氏著石鼓文模本據宋拓以較近拓點畫不遺可謂鮮矣近有石影本即黃帛未損本也但字畧為縮小旋更見一拓本第二鼓第一行殹上汧字第二行處之上鰋鯉二字皆完好第四鼓第五行𩍝車載道之道作衎亦未泐意非宋拓亦元拓歟

秦

泰山刻石殘字篆書存四行前行四字餘各二字在山東泰安泰山故名

二世元年

據明拓本此刻石已只存四行二十九字末有北平許氏隸書跋二行舊置碧霞祠東廡乾隆五年庚申祠火石失所在嘉慶二十年乙亥再訪得即今碎為二方之十字也訪得後初拓本斯字其旁下半一畫尚存且筆道較近拓本稍肥石既置山頂東嶽廟西室因傾圮又移置山下道院壁間但此刻石恐尚出宋人手先我辨之亦自有人後有從二十九字本轉摹者金石刻之金字原作金摹誤作金別見不誤本筆道石花宜審孫星衍徐宗幹阮文達吳熙載輩皆摹之豈止一聶本乎

琅琊臺刻石篆書存十二行行八字舊在山東諸城琅邪臺故名已佚二世元年

完全拓本首行五大夫楊樛前尚有五大夫殘字第八行成功盛德之德字舊拓本宛然後不可見迨濰縣陳氏精拓又見德字蓋苔蘚沙土

所封予未行制曰可三字則早泐石裂曾鎔鐵束之字雖漫漶究留一方秦篆乃忽失去或云觸雷或云實傾墮海中秦刻石遂絕于天壤又校得鐵束以前如後嗣爲之者之字明晰未爲灰泥填補裂處故也方是明及國初拓本若無之字而有德字在鐵束以後矣再後灰泥脫落又有之字但德字則爲泥所封最後之字德字均經洗出如濰縣陳氏監拓之本是也

嶧山刻石篆書十一行行二十一字宋湻化四年鄭文寶據唐徐氏摹本刻之有記正書在陝西西安舊拓少斷一道如國維之維字暴強之暴字完好無損泰成之泰字則左雖損未有裂文羣臣從者之從字裂而尚存成功盛德之德字心亦可見也江南江甯山東鄒縣浙江會稽皆有摹本見孫氏寰宇訪碑錄

漢

魯孝王刻石隸書三行前二行各四字後行五字在山東曲阜五鳳二年六月

石金昌明二年出土字完好膠州高南阜鳳翰嘗以是刻舊拓本手自鉤摹今餘姚張氏為鋟木以傳之然原本鳳字兩旁並無分出之波磔字上半中有直畫曳下之火亦尚分明高摹皆誤見翁氏兩漢金石記

此刻石與篆書居攝二年二墳壇俱在孔廟迺無精拓本舊拓精者亦不易遇其後另方高德裔獲石題記舊拓第六行年字第七行六月二字皆未損近則年字末二筆六字末筆與月字首二筆損矣

朱博殘碑隸書存十行行三四五字不等歸諸城尹氏

光緒元年山東青州之東武故城出土為諸城尹彭壽所得初拓本有其印記得石後即顏其堂曰博石堂

審書法由篆入隸之過脈碑云惟漢河其為西漢河平年乎有人疑偽蓋未見石耳第三行起至第六行下斜裂一道

未見著錄此碑下殘

惟漢河尉朱博□督史諸佐布治掾史賞過必誅姑莫縣捕卿奉檄十漸除豪強供恩周郎邪氏頌萬世

麃孝禹碑隸書二行十五字歸南海李氏河平三年八月

碑上畫二鶴形其一剝蝕不明文右行河平三年八月丁亥八字左行平邑侯里麃孝禹七字跋云同治庚午揚州宫本昂宫昱任城劉恩瀛訪得此碑於平邑江曙高文保來觀平邑漢屬代郡今直隸大名府南樂縣東北汪氏十二硯齋金石過眼錄謂平邑氏里審字似侯蓋左明係撇非鈎也下似尚有矢字可見謂麃孝禹乃麃孝象則益誤

建武墓磚文字篆書陽文十三行行二字歸予建武廿五年建初四年并書

磚文類墓志磚志蓋始于東漢也山東青州出土文中佯借作祥未見著錄

父以建武二十五年母以建初四年終少子侵行喪如禮大孫注已詳

三老諱字忌日記隸書作四列列四五六行行六七八九字不等歸餘姚周氏建武二十八年五月石咸豐壬子出土歸餘姚客星山下周氏後經辛酉之亂亂黨用以作竈石雖受薰灼字幸依然完好初出土拓本第四列第一行次子之次字末筆未損直線外尚有石少許近拓泐及線內遂連末筆

鄐君開通褒斜道摩崖隸書十六行行五字至十一字不等在陝西褒城永平六年攷宋晏袤釋文題記知共一百三十九字拓本則只見至九千八百等字止少三十餘字最舊本鉅鹿二字未損後鉅鹿二字與七行掾下治字皆損甚近為人重剜于三字而外凡損泐處皆剜明之轉不如道光拓稱鉅鹿漫漶本之尚隱存其真也重剜本九千八等字下剜明百字更剜明四字道光拓本末行八百之百字惟上畫可辨

大吉山買地摩崖隸書上二字下五行行四字在浙江會稽建初元年

此摩崖也汪氏十二硯齋金石過眼錄以為碑記其尺寸誤矣趙氏補寰宇訪碑錄作建初六年亦誤漢刻石之字此為最大別有題記正書五行往往不拓飾作舊本題記云後一千七百四十八年道光癸未南海吳榮光偕仁和趙魏武進陸耀遹山陰杜煦杜春生獲石同觀吳榮光手筆也以其不拓鮮知之者

司馬長元石門隸書二石每石一行右十三字左九字在山東文登建初六年十月石近年發見于文登西三十里顧頭村鄉人惑于風水之說拓之輒阻故多草率右石三字不易辨而以上二字尤甚未見著錄

□□武威西狄道司馬長元石門建初六年十月三日成

永元刻石隸書四行行六字在山東沂水永元十三年二月石近年出土據碑估云尚有一永元刻石在莒州字較小而多附記于此

未見著録

永元十三年二□廿九日諸張造冢嗣子□始騎□□康公宇

王稚子二闕隸書右闕十六字佚左闕十四字存九字在四川新都元興元年右闕題曰漢故先靈侍御史河内縣令王君稚子闕必宋拓本乃得其全文有泐稚子闕三字者尚是明拓本國朝雍正九年辛亥闕没入溝水中拓本遂不可得左闕尚在題曰漢故兗州刺史雒陽令王君稚子闕亦惟宋拓本乃得其全文明拓本已只上三字完好如州刺史三字損右偏雒陽二字存半令字存一筆近拓無令字尚存之一筆紙短故也非又泐耳二闕皆有摹本宜審

陽三老石堂畫象題字隸書畫全剝落字刻左邊下方三行首行二十八字次行二十四字末行存二十一字又三字居中在次行之上式如碑額歸長白托活洛氏延平元年十二月

光緒十四五年間山東曲阜出土得之之人初不重既又秘其石而以

拓本售諸碑估甚草率後歸孔氏再歸長白托活洛氏方有精拓本末行進字下存半似食字此下終不可得漢刻石之字無小于此者

未見著錄

陽三老題在二行之上
延平元年十二月甲辰朔十四日石堂畢成時在太歲在丙午魯北鄉
侯第一行
自思省居鄉里無宦不在朝廷又無經學志在共養子道未反 第二行
感切傷心晨夜哭泣恐身不全朝半祠祭隨時進食□□下殘 第三行

永初畫象戴父母卒日記作一行在象左行四十六字歸上虞羅氏永初七年六月

永初畫象戴父母卒日記作二行在象左右歸長白托活洛氏永初七年閏月

未見著錄石左下角殘

戴父年壽八十三壽命以永初七年六月十七日庚午病卒
戴母年九十以永初五年八月廿九日病卒父母氏蚕云□

又石文字相同惟稱戴父年壽九十三并一作六月十七日一作閏月十八日為不同也

嵩山太闕銘太室石闕隸書二十七行行九字有額篆書陽文九字元初五年

四月

太室石闕有延光四年潁川太守等題名隸書據黃易全拓本約四十六行行十二字

少室石闕篆書二十二行行四字據黃易全拓本二十二行前尚有十七行上列只四五字可見下列存半字者十再前辨得三行字損甚其閒雖似有行不可約計有額篆書陰文六字延光二年三月

少室石闕之東闕有不著年月江孟等題名隸書四行行六字

開母廟石闕篆書據黃易全拓本二十五行行十二字下方前多題名十二行行七字延光二年

開母廟石闕有熹平四年堂谿典嵩高山請雨銘隸書近石仍存十七行行五字拓者往往失拓前後其最前一行以前尚有一畫象

三闕在河南登封

稍舊拓本太室石闕第二十四行君字未損少室石闕西闕南面轉角蕞林芝一行下稍迺偏有一伊字人多失拓開母廟石闕下方前多之

題名上首新拓本每行多半字稍舊拓本則無且舊拓本下方前多之題名作十行其最前尚有二行一存二字一存三字者失拓若第十四行玄字下右角未損乃明初拓本已少損而未連及下九字與第十五行山字未連及下辛字癸字未損第十六行同心之同字未大損者亦明拓本也

延光殘碑隸書上題五字橫列下五行字數不可計在山東諸城（延光四年八月）碑之書體或長或短布勻使無餘地且中有漫漶故不能計字數可辨只四十餘字耳康熙六十年辛丑在超然臺故址出土下作銳角形乾隆二十七年壬午移嵌諸城縣內堂東垣濰縣陳氏精拓之不過字口清晰未見字之多可辨也

陽嘉殘碑隸書碑陽存十一行行七字九字十字不等總計九十二字碑陰存三列上列五行中列十二行下列十一行總計八十五字曾歸海豐吳氏已佚（陽嘉二年）

碑光緒初年山東曲阜出土張氏金石聚謂是僞品大謬也碑陽漫漶

其半碑陰字字清晰光緒十八年壬辰燬于火
未見著錄此碑上下與右殘

碑陽

少仕州郡以約儉爲資□
郎□□機□遠迹自公□
舉茂才遠近□□□□□
□□蓋能細□氏之天□
六十一陽嘉二年工犂□
□冠蓋□□瞻不及佇立
□夙夜是力功成匪解
□貧保此□光永永無
朔廿五日戊寅□
顯有德分損奉祿

碑陰

故吏殷　故
育二百　吏故焦蒙
五百　故吏王䜤　故
馬璲百　故吏后巽　故
百　碩五十十二人人　故吏
處士韋瓌　故吏
故吏劉穆　故吏
百五十　故吏劉紆　故吏
故吏滈于選　故吏
故吏劉生　故吏

故吏韋毓　故吏趙訪　故吏魏　故吏謝

右十二人人百五十等字一行石本緊書此分作二行上列之百五等字一行馬瑗百等字一行正當下二行夾縫因整行數稍移位置

延右石室題字隸書三行行四字歸倫貝子陽嘉四年三月

有人近年川中勘礦得之山洞中託友輦至京師予友王孝禹瓘謂在倫貝子處石頗類魯孝王刻石首行陽嘉之嘉字中多一畫初出土拓本完好無損近則第二行第三行造字末筆左角少損矣未見著錄

陽嘉四年
三月造作
延年石室

敦煌太守裴岑紀功碑隸書六行行十字在新疆巴里坤永和二年八月

摹刻本有二一為新疆游擊劉氏本一為長洲顧氏本劉本亦在巴里坤顧本則在山東甯據王氏金石萃編謂又有申氏本翁氏則謂真本凡遇口字皆方中帶圓若口字竟作圓圈贗本也顧本類是劉本剝蝕

痕乃灑火藥而爲之頗似古碑然庆誤疢昔日以此碑遠在新疆椎拓
甚難今則恆見未行立海祠非德祠顧本作海字固未誤也

莒州漢安三年刻石隸書石四面刻正面九行行八字至十五字不等總計百二十二字背面四行行十一字總計四十四字首行側一大圓圈內二行約十字左側六行行九字至十六字不等總計八十三字右側五行行六七八字不等總計三十五字在山東莒州漢安三年二月

光緒初年即在山東莒州出土蓋買田刻石記止界也字多漫漶予友王孝禹瓘曾取數拓本釋讀辨得識十之七八漫漶不明與夫存疑十之二三其存疑者予仍闕之

未見著錄

正面

漢安三年二月戊辰朔三日庚午平莒男子
宋伯望宋何□□□在山東禺亭西□
有田在縣界中□元年十月中作廬望田中
近田望恐有當王道彔西古有分堵
無分民望等不知縣□□處有行
事永和二年四月中東安塞宜為

節丘氏祖二第明所叔發所在塋等
所立石書南下水陽死千伯上□□
木安□徵玉紀与莒

背面

別□南以千為界千以東屬
莒道西□水□流屬東安□
發宜以來界上平安後有畱
界以立石□□□□□事
此面首行側圈內字不能辨識可識只毋字發字

左側

禺亭長孫著是□□□
歸□莒賊曹掾□仲誠溉徵徐□審
□賊曹掾吳分長史蔡翔塋等古
福□□上有故千□紀冢有北行車道千封
上下相屬南北八千石界□受塋□□□
立名分明千北行至侯昇北東流水

右側

壬癸□□□□
□左丙子祭上□□
立冢民無所建祖
道緒界所屬給發
出吏賦祖銖不通

北海相景君碑隸書碑陽十七行行三十三字碑陰四列上三列各十八行第四列只二行末紀文二長行有額篆書陰文十二字在山東濟甯漢安三年八月

舊拓本碑陽第八行残僞易心之残字上未損至乾隆以後損如錢形矣尤舊者商人空市之市字尚見上左半

文叔陽食堂記隸書六行行十二十三十四十五字不等歸長白托活洛氏建康元年八月

舊在山東魚臺拓工僅拓中間畫像及左側題字歸托活洛氏後始見全石拓本

武氏石闕銘隸書八行行十二字上層畫象在山東嘉祥建和元年三月

拓本非難致不過道光以後拓本無舊拓清晰乃近有摹刻竟無一筆似處且每行作十字是并原拓整張未見者耳

魯相乙瑛請置百石卒史碑隸書十八行行四十字在山東曲阜永興元年六月

第二行無常人掌領之常字下巾明拓本國初拓本損而尚可辨末筆

今泐連又請置百石卒史之百明拓本國初拓本損如小指頂近則寬于大指頂連及一行之五字百字亦損及口內第三行謹問之問字與下太常之太字國初拓本尚未泐連又辟雍之辟字明拓本左下少損右上畫損予見之最舊者也次之左居僅存口右辛存下半至國初拓本石僅存一条可辨半口與二畫耳今并此泐矣第九行末蜀郡成都之都字明拓最舊本末筆與石損處未連次之少損國初拓本同近拓卩旁泐甚

宛令李孟初碑隸書十五行下有殘滅字數不可計前二行大字碑題在河南南陽永興二年六月

舊拓本末三行劉俊淑艾佐等字可辨掾李龍升等字可辨京字甫字可辨初出土本京字上多一甯字甫字下多一州字後之長張河㝵海等字甚清晰不止如舊拓本只唐譚伯祖四字清晰也近拓本于此諸字湯滮一片矣

魯相韓勑造孔廟禮器碑隸書碑陽十六行行三十六字碑陰三列各十

七行左側三列各四行右側四列各四行在山東曲阜永壽二年

明拓本碑陽首行追維太古之古字下口未與石損處相併連第四行亡于沙邱之于字左旁少損如指頂國初拓本損處即連于第五行之二字第五行修飾宅廟之廟字末筆鈎處雖少損然筆道可辨碑陰第二列第六行謝伯威第七行高世伯下有熹平三年左馮翊池陽項伯脩來十三字題記隸書作三行字小筆畫極細必舊拓淡墨精本乃見翁氏以為從來未有知之者有摹刻本育字下以沕半之孔字妄補孫字其他尚有妄補之字帖估皆知不屑舉矣

龜茲左將軍劉平國摩崖隸書八行行七字至十六字不等總計百又五字後別有三行前二行行四字後行三字在新疆阿克蘇屬賽木里永壽四年八月

光緒五年己卯夏間發見此摩崖在賽木里東北二百里文稱永壽四年八月永壽為後漢桓帝第五改元凡三年此作四年者龜茲國去長安七千四百八里後漢都雒陽較遠其時必未奉改元之詔耳初拓本

第四行首有谷字旋泐近則第二行秦字損第五行首以堅二字亦泐矣然初拓少精者從碑估手見二摹刻本一字口刺缺原拓何嘗有此一稍好但首行以字不成字第二行秦人字及其後有畫直道痕第七行末皆字下半脱末行原拓于所作也等字下尚有仇披二字此姑作漫漶以掩飾之

未見著録

龜茲左將軍劉平國以七月廿六日發家第一行從秦人孟伯山狄虎賁趙當卑萬羌第二行□當卑程阿羌等六人共來作□高□第三行谷關八月一日始斷山石作孔至皆第四行以堅固萬歲人民喜長壽億年宜第五行子孫永壽四年八月甲戌朔十二日第六行乙酉直建紀此東烏累關城皆第七行將軍所作也仇披第八行

後三行

京兆長安淳于伯隗作此誦

校碑隨筆卷二

定海方若藥雨甫著

漢

郎中鄭固碑隸書十五行行二十七字碑下右角闕落後訪得存二十字又半字四有額篆書陰文八字在山東濟甯 延熹元年四月

翁氏兩漢金石記謂第二行遂窮究于典籍之籍字全見暨籍字下膺字猶見上半者明季迄乾隆四十二年以前之舊拓也每行只十九字下截埋土中故拓作齊形稍舊拓本膺字全泐籍字尚存再後并籍字泐矣近則第七行命字末筆下端且與石花連矣此碑下截自乾隆四十三年戊戌定海藍嘉瓊掘出之始拓得行二十七字碑下闕落之石先于雍正六年戊申李鷗得諸濟甯學泮池中牛氏金石圖說謂存二十二字翁氏兩漢金石記謂存二十字又半字四足據近拓本只十九字可見拓工太劣故也

倉頡廟碑隸書碑陽二十四行字數不可計碑陰存二列上八行下十四行

左側存三列上六行中五行下四行右側四列上三列各六行下存五行碑上穿左右皆有題字穿右者亦漢刻為熹平六年在陝西白水延熹五年正月

舊拓本第六行以傳萬嗣之嗣字完好第七行三綱六紀之紀字第八行非書不記之記字皆可辨今嗣字餘上半紀記等字全泐矣

封龍山碑隸書十五行行二十六字在直隸元氏延熹七年

舊拓本第十三行穡民用章章字未損唐咸通題名多失拓

桐柏淮源廟碑隸書十五行行三十三字末二行乃題侍祠官屬已佚元至正四年甲申吳炳重書刻之在河南桐柏延熹六年正月

帖估嘗割裱去其前後題記偽託漢刻錢氏潛研堂金石跋尾揭破之且謂朱錫鬯疑為後人重摹而不得其主名錫鬯謂碑闕靈佑之二字此本郄未闕又謂碑云盧奴張君今盧奴下闕一字非張字豈錫鬯所見又別一本耶今絕未見朱氏所述本帖估云別有磚摹本在北京今毀

□臨為父通作封記隸書十六行行二十四字至二十八字不等石歸山

東濟南金石保存所延熹六年二月

石昔在山東鄒縣馬槽村半沒土中宣統元年勸業道蕭應椿查礦經此見而掘出之試拓數帋極草率文不易讀是年歸金石保存所次年有精拓本

未見著錄

惟漢永和二年歲在丁丑七月下旬臨乃喪慈父嗚呼哀哉故□石立碑共辭曰父通本治白孟易丁君章句師事上黨鮑公牧郡掾史功曹主簿載□□三卦位衰磯遂不加起掩然至斯孫子摧□痛當奈何婦孫敬請靡不感悲臨兄弟四兄長眞丰加伯仲立子三人季迋子□弟□□過蚕離春秋永歸長夜昭代不立言之切痛傷人心亦謂苗能不秀秀能不賽昔武王遭疾賴有周公為王殘命復得延年豔有窮訖□□若喪由斯言之命有拞長追念父恩不可稱陳將作□封曰序祖先道□礿祠蒸嘗魂靈富貴無恙傳于子孫修之無竟

亂曰陰陽變化四時分兮人命拞長祖不存兮故畢易宮震垢鑑兮□□慕清集神門兮日月照幽時晝昏兮精靈佳□□□□兮悲傷永□失壽年兮升車下征赴黃□兮嗚□□□義割恩兮永和二年歲在丁丑喪父來年臘月□曰延熹六年歲在癸卯積廿七年□□為作父封及□□度博塈□□時工憲月□功夫費□并直萬七千二月世日畢成

土圭刻字草隸書三行首行四字後二行各五字歸長白托活洛氏延熹七年五月

光緒十三年直隸定州出土文曰延熹七年五月九日己卯日入時雨阮文達紀晋大興三年斷碑拓本謂右軍書體所從出乃觀此碑為時較先而用筆姿勢尤雄渾可推草書始祖

予得晋咸甯甎刻字筆勢頗似之甎文一作咸寧五年七月下一七字一作咸甯五年閏月十八日一作廿百枚三字文無重者坿記于此

泰山都尉孔宙碑隸書碑陽十五行行二十八字碑陰上題五字篆書下三列各二十一行有額篆書陰文十字在山東曲阜延熹七年七月

稍舊拓本碑陽首行少習家訓之訓字下石損處與川旁中筆未連今則川旁連而言旁且泐下半矣第十行其辭曰之辭字尚存大半至第十四行殞字㔾尚可見者尤舊也若第九行凡百卬高之高字下半未闕為明初拓本高字口與下泐處不相併為宋拓本

西嶽華山廟碑隸書二十二行行三十八字有額篆書陰文六字額左右有唐大和年間題字下有宋元豊年間題字舊在陝西華陰已佚重刻所在不一處延熹八年四月

明嘉靖三十四年乙卯地震碑毁畢氏關中金石記謂此碑世有兩本一為商邱宋氏犖所藏一為華陰王氏宏撰所藏按即明陝西東雲駒兄弟家本以贈武平郭宗昌者皆宋拓也宋氏本雍正初姜任修摹刻于揚州郭本今為曲阜孔繼涑所刻兩本字殘泐處悉同世有所謂全本則不足信若按華山廟碑所見凡三本一商邱宋氏本僅闕十字者一華陰王氏本朱竹筠有攷證闕一百五字一四明范氏本未翦裝宋元豐題字第一字已損後歸長白崇樸山厚其文孫景賢以贈托活洛端方闕字與華陰本同今三本均在托活洛氏均有石影本宋本上海先有石影本此外又有李芍農文田闕半之本據聞寶應劉氏尚有一本未見李本則墨描致傷又按范本即阮氏據以重刻者宋本即宗氏據以重刻者較他重刻本為勝王本近有以石影本覆刻其內匵外跋俱可亂真

華嶽廟武都太守殘碑陰隸書存二列上七行下四行則半字一二字不等在陝西華陰無年月依王氏金石萃編增此

其上列第五行之上有一大字較小紙必餘首乃得拓及

執金吾丞武榮碑隸書十行行三十一字有額隸書陽文十字在山東濟甯（永康元年）

舊拓本首行孝經論語等字孝字存末筆餘未損下且露漢字首第二行匪學優則等字亦未損今泐稍舊拓本孝字末筆不可見經字糸旁損小半碑不著年月顧氏隸辨以為永康元年仍之

竹邑侯相張壽殘碑隸書為明人改為碑座存上截十六行行十五字中鑿孔處佔十行行滅四字在山東武城（建甯元年五月）

舊拓本首行其先蓋晉大夫之晉字尚可見今泐

衞尉卿衡方碑隸書碑陽二十三行行三十六字碑陰漫漶只辨二列如門生故吏等字有額隸書陽文八字在山東汶上（建甯元年九月）

舊拓本碑陽第三行廬江太守之太字未損筆道第六行都尉將之將字未損下南字清晰第七行悼蔡儀之劬勞儀之二字未損近拓將字泐南字漫滅儀字泐右下半并及之字若太字中微損將字下損少半

者稍舊拓本也碑陰乃嘉慶四年己未十月錢唐黄小松易洗石見有字拓之惟故吏故民門生等字最清晰據瞿氏隸篇謂可辨者二十三行其字數七十一字以校嘉慶初拓本故民東平中郡一行郡字尚可見其前一行故吏京兆長安劉紀字口隸篇長字劉字闕審拓本實存也

魯相史晨謁孔子廟碑與史晨奏銘刻在一石隸書十七行行三十六字在山東曲阜 建甯二年三月

明季至國初拓本每行末一字皆未拓只三十五字埋入土中故也乾隆年間升碑後乃拓全然末一字皆餘半而已若得舊拓本每行三十六字則宋元或明初拓本矣奏銘乾嘉間拓本第二行闡弘德政之弘字口上損第五行乾巛所挺西狩獲麟之乾字左下角獲字右上角損至道光以後乾字上下與右半皆損狩字泐獲字惟餘右下半又第七行德亞皇代雖有褒成之代字褒字下損至道光以後代字褒字成字俱泐又第八行尊先師重教化之先字化字少損至道光以後先字師

字化字俱泐又第九行有益於民矧乃孔子之孔子二字泐其他各字損至道光以後并於民二字泐且下之玄德煥炳之德字煥字亦泐乾嘉間拓本與道光以後拓本更有大辨別處在第四行肅肅二字下一肅字泐于道光初年此肅字已泐本不止如前所舉諸字損泐後如第十一行出王家穀春秋行禮之穀字左半亦泐行字禮字亦泐第十二行報稱之報字上下右旁泐甚稱字左旁亦泐增異輒上之增字輒字亦泐誠惶誠恐之惶字亦泐第十四行府治之治字亦泐第十五行黑不代倉之不字代字泐甚嘆鳳不臻之鳳字中鳥亦泐第十六行道審可行之道字亦泐此校乾嘉間與道光以後拓本耳在國初舊拓本第九行有益於民矧乃孔子之益於乃三字未損第十一行春秋行禮之秋字損及禾旁明拓秋字禾旁首筆亦損明初或元拓本春字泐秋字禾旁首筆可見則上出王家穀之家字完好若宋拓相傳并春秋之春字未泐有摹本奏銘中石花多作芝蔴點第二行臣晨之晨下𠃊誤作八又闌弘之弘口損第五行為漢制作之漢字右下角損如豆第八行

祠字口不正原本皆不爾也謁孔廟碑後之唐人題字則失之遠矣近有石影本秋字禾旁已損之明拓本也

郭有道碑隸書十二行行四十字有額篆書陰文六字已佚後人重書刻之在山西介休又作十六行行三十二字者在山東濟甯建甯二年正月此碑據傅山謂宋南渡之前已不可見重刻本有二一即傅山書一鄭簠書竝立郭之墓側世皆識之前數十年山東濟甯忽得一石字蒙斧鑿痕相傳為郭有道碑原石因土人充作階石見有字人而足踐其上大罪過乃用斧鑿殘云云碑固甚舊剝處已如水雲紋字雖斧鑿尚可辨且有未殘者數十字末五行則磨細間多漫漶其時議舁至濟甯州學行數作十六行行三十二字文中先生諱泰作諱太與諸家所述不同後福山王文敏謂有人曾親視此石則知後面為武氏殘畫象果爾非原石益有據至謂係州人李鐵橋東琪戲不作知何所攷細審拓本蓋先刻而後剝蝕非就剝蝕之石刻之也然則去今亦遠矣

滘于長夏承碑隸書十四行行二十七字有額篆書陽文九字已佚明唐

曜重刻之作十三行行三十字在直隸永平建甯三年六月原石初剝落四十五字又久之剜刻下截百十有一字稱成化本又久之將勤約剜為勤紹稱嘉靖本此原石前後不同之故也唐曜重刻則取原碑剜刻譌為勤紹之嘉靖本勒石全文不闕而改為十三行行三十字見程氏通藝錄翁氏兩漢金石記辨論亦詳今之原拓石影本即豐道生楊繩祖跋後而為華氏真賞齋所藏歸吳縣陸氏再歸李春湖宗瀚者也闕三十字翁方綱書以補足之翁氏據此本校出重刻誤字二十字

予友王孝禹云夏承婁壽二碑皆華東沙真賞齋故物夏碑中闕三十字婁碑首缺四十八字二碑當時煊赫海內漢陽葉東卿志詵雙鉤刻入平安館金石文字中婁碑為漢軍楊幼雲繼震所得旋歸常熟翁同龢家近日丹徒劉鐵雲得劉熊殘碑拓本已斷而為二凡百四又七字較北平翁氏據江德量汪中巴慰祖三本會合鈎本只二百四十三字者多出一百六十四字蓋鈎本僅下半碑耳以較洪氏隸釋所載亦多

十一字計第十一行屢獲有年下多一字似仁第十二行盛德下多一惟字第十三行官無曠事下多士無逸三字第十四行貧者下多不獨二字第十五行悔下多二字一似往字一修字第十六行刋字下多石旌二字附錄孝禹說後此拓有石影本旋歸長白托活洛氏

陳德殘碑隸書碑陽存十行行五字有額篆書陰文六字碑陰存十一行行五字上題六字式與前額同前後上下每字間以方欄昔在山東沂州今佚 建甯四年三月

據牛氏金石圖說謂碑在沂州東南數十里田間郃陽褚峻迹得之搨數本再往則土人埋之矣說雖如此當時頗有謂褚氏作僞惟翁氏力辯之今別有摹本界綫作是畫非畫易辨

惠安西表摩崖隸書二十行行二十字有額篆書四字在甘肅成縣 建甯四年六月

舊拓過者創楚之創字口可見近泐作白空又後建甯二字舊拓本未損

曾鞏南豐集疑有二刻謂一作六月十三日一作六月三十日意所據三十日一刻乃裝時割裂顛倒誤十三為三十耳不然何後之人從未見耶

博陵太守孔彪碑隸書碑陽十八行行四十五字碑陰十三行多不拓有額篆書陰文十字在山東曲阜 建甯四年七月

翁氏兩漢金石記謂舊拓本碑陽第五行膺字第六行命字第九行位字第十一行遺字第十四行辯字皆未損今據舊拓第二行前後聘召之後字存半今泐舊拓第五行膺臯陶之廉恕之膺字中雖少損上广一撇可見今惟存右半一撇以外泐處與下一行丙字并連舊拓第六行坐家不命之命字損上二筆今下右半亦損又削四凶之削字肖旁上小可見今與刀旁下角俱損舊拓第九行辭官去位之位字人旁損立旁上首損今全泐舊拓遺孫切絕之遺字上首與左偏少損今全泐第十四行辯物居方之辯字所見舊拓本已只存大半今損無幾居字則全泐矣今拓本往往于前二行末二字第三行末字遺拓且碑陰只

十二行行十二字

豫州從事孔褒碑隸書十四行行三十字剝落已甚有額隸書陰文十字在山東曲阜無年月依王氏金石萃編坿此

舊拓本雍正年間第二行繼德前葉之繼字未損迨乾隆初年即損小半至乾隆四十二年杭州何夢華元錫監工精拓本繼字已損大半然右下尚見幽如此今惟存末筆矣若得繼字完全無少損本則第三行多篇藉靡遺之遺字衆琦幼眇之幼眇二字第七行多莫敢藏匿之敢字第九行多臨難有勇之勇字近拓本有作十二行者似仁風既敷等字與末行表字已泐翁氏謂拓者紙稍窄每不見其後二行然則非泐也

沇州刺史楊叔恭殘碑隸書碑陽存十二行行一字至九字不等總計七十一字碑陰漫漶只辨孟堅仲尹書佐元盛叔舉等字碑側四行二十字大小相間歸長白托活洛氏建甯四年七月

是碑嘉慶二十一年丙子四月魚臺馬邦玉移至家塾馬氏謂碑舊在

鉅野城南昌邑縣即漢昌邑國沇州刺史治酈道元濟水注荷水又東逕昌邑縣漢景帝為山陽國王莽之鉅野郡也後更為高平郡大城東北有金城城內有沇州刺史河東薛季象碑次西有沇州刺史茂陵楊叔恭碑從事孫光等以建甯四年立按茲石末書七月六日甲子造范氏後漢書靈帝紀建甯四年三月辛酉朔日有食之司馬彪續漢書五行志亦同劉昭注引潛潭巴日食辛酉之說由三月辛酉閏兩小建則七月己未朔六日當得甲子又武都太守李翕西狹頌末書建甯四年六月十三日壬寅造由壬寅後歷小建一則七月六日得甲子以是定為建甯四年又據韓詩外傳曰牧者所以開四目通四聰續漢志劉昭注刺史職引之此碑開聰四聽乃刺史職也

有摹刻本第七行第五字姑作一放字原本此字漫漶不可辨且原本第九行開字中少損摹刻本亦姑作完好摹刻本有側無陰

李翕黽池五瑞圖題記摩崖隸書二行共二十六字刻于惠安西表之後在甘肅成縣 建甯四年六月

刻適當山石轉角處下臨深潭艱于椎拓此東武劉喜海云若按有此二行并圖之題字上方左角黃龍二字與下截題名三行不遺方是李翕黽池五瑞圖題記全拓

李翕析里橋郙閣頌摩崖隸書十九行前九行二十七字自第十行起上斜闕一角故末行只十七字在陝西略陽建寧五年三月

國初拓本第九行末校致攻堅之校致二字未損至乾隆年間如石紋斜泐校字存大半致字存半明申如墳有重刻亦在略陽翁氏兩漢金石記辨其補字多妄甚詳據顧氏隸辨謂額題隸書六字別有五行五十七字泐十七字未見于重刻本則見此五行翁氏亦云

司隸校尉楊淮表摩崖隸書七行行二十五六字不等在陝西褒城熹平二年二月

舊拓本末行無黃門之黃字翁氏兩漢金石記闕之王氏金石萃編補足之今據拓本黃字固未泐蓋當時遺拓也舊拓本遺拓黃字不奇以其正當前行泐處乃竟有遺拓卞玉二字則奇

司隸校尉魯峻碑隸書碑陽十七行行三十二字碑陰二列各二十一行有額隸書陰文十二字在山東濟甯熹平二年四月

舊拓本第十二行宣尼二字第十六行遐邇二字皆未損稍舊拓本遐字上左損少許邇字下右損少許近拓本宣字下損尼字上損遐字損已大半邇字只存一二筆矣若遐遐邇邇字未筆完好則第十五行允文允武武字可見

熹平殘碑隸書存八行前半行八字第二行十三字第三行至第七行惟五行無字餘各十四字末行一字在山東曲阜熹平二年十一月

碑爲黃易訪得時乾隆五十八年癸丑十月無阮氏題識者初出土拓本也有袁顏馮錢馬吳顧林江諸氏題名與北平翁氏題名而無末後曲阜孔氏嵌石題識尚是道光戊戌以前拓本也嘉慶年間拓本阮氏題識字字完好近多殘損矣

武都太守耿勳碑隸書二十二行行二十二字在甘肅成縣熹平三年四月

第五行癸酉到官重劖誤爲六日郎官明拓本已然

石經尚書論語殘字隸書尚書盤庚篇存五行行五六七字論語存爲政

篇八行六八字至十字不等存堯曰篇四行六字至九字不等舊在河南洛陽已佚越州石氏重摹本世多以爲原本熹平四年三月據顧亭林金石文字記則鄱平張氏藏一本京師孫氏藏一本迨後翁氏又見錢唐黄氏藏一本孫本多凶德綏績四字何義門焯攷爲即越州石氏重刻者也尚非原石翁氏辨之最詳且合以金匱錢氏本摹刻于南昌學宫爲方石四塊凡十二段得六百七十五字孫氏本黄氏本近俱歸漢陽萬氏張氏本則歸長白托活洛氏錢氏本裒作長卷共有九段歸合肥劉氏

今本尚書盤庚石刻作般庚丕石刻作不論語人焉廋哉人焉廋哉石刻無下哉字猶文字之少異耳至盤庚篇不其或稽自怒曷瘳石刻稽作迪怒作恕又爲政篇孝乎惟孝友于兄弟石刻作孝于又堯曰篇簡在帝心石刻从艸作蕑見畢氏中州金石記

予友王孝禹云黄氏所藏尚有成陽靈臺碑涼州刺史魏元丕碑幽州刺史朱龜碑小黄門譙敏碑漢佚碑四種益以魏碑一種范式碑也

于未訪得范式殘碑以前得之裝一匣中有錢楳谿泳題簽每碑後段當時金石家題觀欵者數十人其四種漢碑惟魏元丕碑原刻明拓本字畫已少就磨滅碑陰行欵錯落若靈臺朱龜譙敏三碑黄氏已雙鉤摹入小蓬萊閣金石文字原本紙墨雖舊神氣索然或明刻或宋刻明拓光緒十三年歸吴縣潘文勤五種拓本即爾時得見者至三十四年歸托活洛氏亦孝禹云

黄氏又藏圉令趙君碑佚碑摹入小蓬萊閣金石文中字是碑拓本黄得二本當時錢辛楣大昕顧南原藹吉各得一本上海徐氏摹入隨軒金石文字亦有一本乾嘉之際是碑存世者固尚有數本也

聞憙長韓仁銘隸書八行行十九字碑下斜闕一角故前二行只十七字三四五行十八字惟六行十九字末二行上首當穿處低二字有額篆書陰文十字在河南滎陽 熹平四年十一月

稍舊拓本第四行末之為字未損第五行少宰之宰字未損第七行君字未損謂京二字間未損

豫州從事尹宙碑隸書十四行行二十七字第三四五六行之上横列從銘二字篆書在河南鄢陵熹平六年四月

明拓本一字不缺國朝乾嘉年間拓本第十三行位不福德之德字壽不隨仁之壽不二字損次之不字僅存上畫自道光迄今拓本第一行因字下以字泐半第八行陽字下令州二字第九行不字下以爲榮三字第十行六字下十有二遭四字第十一行石字下迺作銘曰四字第十二行殊字下分守攝百四字第十三行不字下福德壽不四字皆泐帖估云有磚摹本

校官潘乾碑前文十六行行二十七字後題名三列上列三行下列各五行末一行紀造立年月有額隸書陰文四字在江蘇溧水光和四年十月

明拓本末行光和四年之四字未泐

白石神君碑隸書碑陽十六行行三十五字碑陰三列上列在額後四行中列十二行下列十一行有額篆書陽文五字在直隸元氏光和六年

舊拓本第六行高等二字第九行火無宍燀之燀字第十一行峻極太

清之清字第十三行匪奢匪儉之第二匪字均未損稍舊拓本第六行高等二字與第十三行第二匪字尚未損今皆損矣然舊拓本多有不連碑額者

尉氏令鄭季宣殘碑隸書碑陽約十八行字數新舊拓各異碑陰二列各二十行以字之方位而計行六字八字不等上横列篆書尉氏故吏處士人名八字在山東濟甯 中平三年四月

是碑兩面皆甚剝落且碑陽以向墻故不易拓凡有舊拓本只得上半翁氏兩漢金石記先錄四十八字又半字三者是也乾隆五十一年丙午八月翁氏函索黃易法設全拓及補以升碑後拓得之字則碑陽爲七十一字又半字四碑陰題名一百五十七字舊拓半文碑陽第十二行能下惠字上半尚見碑陰第一行故郡之郡字右半尚見據近拓本以校乾隆升碑後拓本碑陽第十四行子車之殉等字未泐者即升碑後之多字本也若升碑後初拓于賊字以後子車之殉以前其間計二十二字又半字六近拓全泐碑陰第一列第十一行邯鄲之鄲字尚存

大半第十二行嵩仲之嵩字只損山首第十三行任字旁尚存第二列第四行政字可見第九行邯鄲二字完好若碑陰第一行郡字見右半之舊拓本其後多故孟二字第三行内字第四行方楚政等字第六行故字第七行故字第九行容字第十四行曹字

郃陽令曹全碑隸書碑陽二十行行四十五字碑陰五列第一列只一行第二列二十六行第三列五行第四列十七行第五列四行在陝西郃陽中平二年十月

最舊爲未斷本明季初出土拓本也斷後首行蓋周之胄之周字上左角損秉乾之機之乾字穿中作車旁第九行悉以薄官之悉字末筆損第十一行咸曰君哉之曰字損作白字第十六行庶使學者之學字末筆損是碑先損曰字次損悉字再次損乾字又次損學又次損周字近拓有周字曰字悉字損而乾旁未穿作車旁亦有悉字損而曰字未損作白字乃碑估于拓時彌之以蠟然後拓或拓後描填欺人也不知乾字未穿本之乾首作點勢已穿彌補則作直勢即此一筆短長顯異更

有描填已斷本飾為未斷不待辨已碑陰末行斷後即闕據未斷本校之為故外故集四字舊拓碑陽末行紀年月九字多另紙拓之最易遺失故往往見有無此九字者已斷而悉字未損乾字不穿者亦明拓也

蕩陰令張遷碑隸書碑陽十五行行四十二字碑陰三列上二列十九行下列三行有額篆書陰文十二字在山東東平中平三年二月

明季出土本第八行東里潤色四字完好無損第九行頡頏之頏字右半未泐都氏金薤琳琅載其文僅闕五字不及東里潤色然則東里潤色完好本為明拓本無疑都氏尚謂官京師時于友人處見數十年前拓本僅闕數字都氏官京師在正德間所見拓本當是明初拓本矣至國初拓本則只色字完好下君字左未損第九行隨送如雲之如字口右上角亦未損乾隆年間拓本首行諱字旁下垂二筆尚可辨第八行東里潤色四字東字泐半然上左角未與上恩字併連里字泐潤字泐半其水旁尚存中點色字與下君字泐大半近拓本首行諱字旁已作草殆漫滅下垂二筆也第四行北震五狄之五字泐半第七行休

因歸賀之因字末筆泐與石花全連又犂種宿野之犂字下二畫右端損甚宿字一鉤亦損第八行君隆其恩之君字不止損及筆畫口處且泐恩字下左角泐東字潤字存半色字存小半第十一行銘泐萬載之勒字力旁上泐海豐吳氏藏東里潤色四字未泐本惟東字少損潤字門處少損光緒十八年壬辰毀于火常熟翁氏摹刻之神氣全失

巴郡太守范敏碑隸書二十一行行二十八字有額篆書陰文十二字孫氏寰宇訪碑錄謂已佚碑估謂此碑重出土仍在四川蘆山建甯七年十月

舊拓本第十六行有物有則之則字未損

仙人唐公房碑隸書碑陽十七行行三十一字碑陰漫漶下列約十五行行九字至十二字不等暈內有後人題字隸書五行不能辨有額篆書陰文六字在陝西城固以下無年月

近拓本省紙往往只十四行半或十四行至廣斯之斯字止邊際尚有浮雲二字雖清晰亦遺而不拓其每行少拓四字則因碑下埋入土中故也稍舊拓本有每行拓二十九字者

舊拓本第二行者也之者字筆道清晰第三行土域唉斥四字可辨第六行末欲從二字筆道清晰第八行又曰之又字末筆未泐第九行牛馬之牛字筆道清晰

魯相謁孔廟殘碑隸書碑陽存九行行十六字碑陰亦存九行在山東曲阜

碑陰昔無拓者乾隆四十二年乙酉十二月何元錫洗出拓之據何氏拓本不止數目等字清晰也

殘碑陰俗稱竹葉碑隸書存二列上十一行下十行在山東曲阜

是碑陽面亦何元錫洗拓始知有字似乎七行首行第七字是之字第二行第六字是祖字第三行第二字是造字餘不可辨見山左金石志正面無字之説不足為據近已斷而為三未斷拓本即舊拓本矣

光祿勳劉曜殘碑隸書存十二行行一字至八字不等總計可辨三十二字在山東東平

此碑重出土于同治庚午六月移至州學有長洲宋祖駿記鑿在石之

左上角石残泐已甚校以隸釋所載則此又缺二百另五字矣重出土初拓本無跋然亦不見多字按宋氏記中但云孝事中長早大官令服闕復為郎都尉震怖等十餘字拓本字實多于所記首行裔也祖考四字可辨而無孝字第二行尚有開從二字第三行尚有母字第五行尚有旬字第六行以字第七行正字第八行皦字第九行七世二字第十行陽安郭三字第十二行統字皆宋氏記中未及不解況記中所云如官字為郎二字都尉二字只存少許予見重出土初拓已然

楊君銘隸書碑陽存五題字碑陰存上列二十一行在四川滎經咸豐中杭州韓小亭泰華訪得拓之後無拓者未見著錄此碑下残額題右行漫滅

碑陽額題

尉楊君之銘

碑陰

議 孝

孝廉　孝廉　上計　上計　上計史　上計　賊曹　營　門下　門下　卒史　主簿　黨記　主記　門下賊　門下賊　門下　門下史　門下史

昌陽嚴刻石篆書二行行三字在山東文登

此刻前三字畧小後三字畧大有摹刻宜審

未見著錄

昌陽男　嚴掾高

劉君墓表残字篆書一行三字在山東濟南

所存三字後行尚有半字存右少半似府字不成文當是漢故琅邪相劉府君也光緒二十三年丁酉重立于濟南府東七十五里平陵古城西門外墓前諸城尹彭壽謂漢劉衡兄□以衡碑文而知之

未見著録

邪
相
劉

蘭臺令史等字残碑篆書存九行行一字三四五字不等總計可辨二十二字歸長白托活洛氏

光緒十六年山東青州出土以文内官名孜之則爲東漢時物後漢書百官志蘭臺令史六百石掌奏及印工文書石之令字雖不明要亦可以無疑

未及著録此碑上下與右残

□□□
五□□□
蘭臺□史
議郎年七

十月丁酉
□文臨終□
所存孫□
□意不敢
名

倉龍庚午等字殘碑俗誤為永壽殘碑隸書約十八行行十三字至二十字不等總計可辨只七十三字餘皆漫漶歸長白托活洛氏

未見著錄此碑上下殘

石上闕四字　倉龍庚午孟春之月□□□□□　石下闕三字　第
一行　石上闕四字　公子百□為□封□□魯至於□□□□　第
二行　石上闕三字　約師□楚興戎文攸石□□□切惡□□□
第三行　石上闕二　□□□□□歌誦更即□□坐□□去□□
□　第四行　石上闕二字　□□□□□和二子□□□惠愛盆伯
□□□　第五行　石上闕二字　□□□□□各□□□□□□□
□子□□□　第六行　石上闕一字　□□□□□□郡太守□□
□□□□□□□□　第七行　石上闕一字　□□□□□德和我
王□至□□□□□□□□　第八行　□□□□□□□王得□□
□□□□□之□□□　第九行　□□□□□□刻石作封上□□
□□□□□□□　第十行　□□□□□之□□□□□□思□責
□□□□□　第十一行　□□□□時莫言□□□□□□□□□
天□□　石下闕一字　第十二行　□□□初九之章□□□□□
□□□謂□□□　石下闕一字　第十三行　□□□□□□守□
□□□□□□□□□□□　石下闕一字　第十四行　□□□□□
□□□□□□□□守不□　石下闕四字　第十五行　□□□□

□□□□□□□□□□□決　石下闕四字　第十六行　□□□
□□□□□□□□□□□□□　石下闕四字　第十七行　□□
□□□□

履和純等字殘碑隸書存三行前行半字五後二行行六字歸黃縣丁氏
有摹刻在長白托活洛氏處第二行髫字从召口處原石泐當末筆摹
刻成未封口石花亦鑿痕顯然
未見著錄此碑四周殘
□□□□□皆半字
履和純始自髫
恩士不出類不
毗上等字殘碑隸書存五行前行半字二第二行無字後三行行五字歸
黃縣丁氏
未見著錄此碑四周殘
皆半字
□□
此行無字
□毗上列出
終君□歿矣
年十二月廿

立朝等字殘碑隸書一存四行共十七字又半字一一存五行共十四字
又半字七似陰歸黄縣丁氏
未見著錄此碑四面殘

立朝　□□□
始廿有　陽蔡陽唐備寧□
慕百朋哀惟於是　陽宛王嵩字子
砥純厲碩立石　陽宛陳
□

貸用等字殘碑隸書存三行行二字歸濰縣陳氏
未見著錄此碑四周殘

□民
貸用
□係

劉君殘碑隸書存二方中俱鑿孔一存六行前半行二字餘各三字末行
漫漶只一字可辨總計十五字一存四行行二字至七字不等總計十
八字鑿孔處滅十一字有側一行八字在河南安陽
舊拓本四行者為五行前多其辭曰三字其字闕末筆辭曰二字存半

後之裔兮等字一行上多一國字再後每行上多半字側下十五之天字末泐

子游残碑隸書存十一行行六字至九字不等總計七十八字在河南安陽

舊拓本子游之游字三點爲落蘚沙土所封故趙希璜安陽縣志作子斿王氏金石萃編從之

正直等字残碑隸書中鑿孔存八行行三字至十字不等總計四十七字鑿孔處滅十八字在河南安陽

遺孫等字又作元孫等字残碑隸書存七行前行三字後二行一八字一六字第二第三第四行無字末行僅小半在河南安陽

舊拓本末二行半每行上多半字

上劉君残碑子游残碑正直等字残碑遺孫等字残碑名爲安陽残碑四種近據碑估云已爲人竊去不明所在

武梁祠畫象全籖隸書共一百八十九条在山東嘉祥

拓本条數不等足本據王氏金石萃編為一百八十九条前帝王象夏桀二字一条因在後往往失拓只一百五十餘条亦見一百六十餘条者前石室蔡叔度之度字損而未泐者舊拓本也祠堂藺相如趙臣也一条初拓本藺字尚露一筆相字露半今泐至如字之半口左石室公子無□一条無字初拓本存上右半獲于楚陵一条之獲字完好義士范贖陳留外黃凡一条之凡字完好今無字泐獲字凡字損前石室此亭長三字今亦泐又祥瑞圖白魚武□津入于王舟一条舟字初拓本存半王勝王者一条王字完好勝字存半今泐赤羆仁姦息一条上横列祥瑞圖三字瑞字今亦損

畫象楚將等字題字象二層題字隸書上層三行下層六行歸長白托活洛氏

此石與孔子等字題字一石昔在軒轅華處初出土拓本于漢使者等字上未刻光緒六年庚辰增入跋字一横行

未見著錄

楚將　門亭長
王陵母　范贖
漢使者　宣孟晉卿餔輒翳桑靈公憑伏甲嗾獒
車右一行　提明趙犬絕頑靈輒乘
盾爰發甲中　一行
靈公
趙宣孟

畫象孔子等字題字象二層題字隸書上層四行下層四行在山東濟甯

此石初出土拓本亦無光緒六年庚辰增入跋字

未見著錄寳鏞業碑見張氏金石聚

孔子　柳惠
何饋　荷蕢作何饋　程嬰杵臼趙朔家臣
何匽杖人養性守真子路　下宮之難趙武始娠
從後問見夫子告一行　屠顏一行
口勤體絲雞為黍仲由供　購孫詐抱他人臼與
立無辭口口　荷蓧作何　幷殪嬰輔武存一
匽　一行　行
杵臼

畫象門下小史等字題字象二層題字隸書上層三行下層二行曾歸濰縣陳氏近為祝姓估客購至京師又復售脫不明所在

未見著錄

門下小史　主簿
鈴下
君車　門下書佐

畫象周公等字題字象一層題字隸書六行近年山東泰安出土在山東濟甯

未見著録

周公　顔淵
子露　路作露　□□
□□　侍郎
□□命乘下

畫象鉤騎四人等字題字象三層題字隸書上層一行中層二行下層無字歸長白托活洛氏

未見著録

鉤騎四人　騎倉頭　輜車

畫象□亭長等字題字象三層題字隸書上層無字中層下層有字甚漫

漶各二行歸丹徒劉氏

未見著錄

董□□□ □亭長
□□□□ □□□

益州太守高頤闕横額題字隸書二十四字在四川雅安

字與東西二闕之字相等每字在一楄中凸起横列相離甚遠按西闕字貫光之光字劉氏金石苑謂宋人補刻于旁蓋即視此額題補刻者舊拓多不拓之予細審近拓本此光字實接刻于貫字之下意其重刻乎且舊拓前行末之孝字甚漫漶今轉清晰亦似剜過又二闕凡字作圓形或作方形係用油紙模範而拓耳

未見著錄

漢故益州太守陰平都尉武陽令北府丞舉孝廉高君字貫光

上庸長殘字隸書三字在四川漢州

上庸長即司馬孟臺神道曾見洪氏隸釋全文作故上庸長司馬君孟臺神道石後不知所在今南皮張氏再訪得于川中只存三字矣

近見二殘額一為故汝南周府君篆書陰文六字在山東曲阜一為孫大壽碑篆書陰文四字在河南洛陽相傳攷為漢石蓋只就字體論耳審其碑製決非漢也近從山東客處見梧臺里石社碑額拓本則為漢物

益州牧楊宗闕隸書一行十四字在四川夾江

舊拓本楊字易旁下勿筆道尚清晰非如近拓之漫漶石陰面刻宋人楊仲脩一詩

孟璇殘碑隸書存十五行行二十一字在雲南昭通碑光緒二十七年九月出土十一月即移置鳳池書院有謝崇基跋

未見著錄此碑上殘

缺上丙申月建臨卯嚴道君曾孫武陽令之少息孟廣宗卒　一行

缺上遠廣四歲失母十二隨官受韓詩兼通孝經二卷博覽　一行

缺上改名為璇字孝琚閔其敦仁為問蜀郡何彥珍女未娶　一行

缺上十月癸卯於塋西起墳十一月乙卯卒下懷抱之恩心　一行

缺上其辭曰　一行

缺上結四時不和害氣蕃溫嗟命何辜獨遭斯疾中夜奄喪　一行

缺上懿忽然遠游將即幽都歸于電丘涼風滲淋寒水北流　一行

缺上期痛哉仁人積德若滋孔子大聖抱道不施尚困於世　一行

缺上淵亦遇此蕾守善不報自古有之非獨孝琚遭逢百離　一行

缺上覆恨不伸志翩揚隆洽身滅名存美稱脩飭勉崇素意　一行

上缺陪流惠後昆四時祭祀煙火連延萬歲不絕勛于後人 一行
上缺失雖顏路哭回孔尼魚澹臺忿怒投流河世所不閔如斯 一行
上缺武陽主簿李橋字文采 書佐黃羊字仲興
上缺記李昺字輔謀 鈴下任驟

十二字磚篆書一曰單于和親千秋萬歲安樂未央有陰文陽文一曰海內皆臣歲登成熟道毋飢人陽文一曰漢廣益强破胡滅羌長樂未央陽文散在各藏家

光緒年間河南洛陽城南四十里出海內皆臣十二字甎書法直逼秦斯遂疑秦代物迨後又出漢廣益强十二字甎衆始釋然而斷爲漢矣但二甎篆法與他甎迥乎不同可謂秦斯餘韻于茲未墮單于和親十二字甎陰文者反陽文者正陽文之甎因希見貴光緒十五年歸化城出土書法亦强于他甎也

魏

上尊號碑隸書三十二行行四十九字有額篆書陽文八字在河南許州

延康元年

第二十一行沐雨而櫛風之風字未泐宋拓本也明拓本與國初拓本

至華裔等字止并無字行數計之共二十二行遍觀舊拓皆如此然明拓實多字第一行御史大夫之夫字與下安陵亭三字俱可見且安字完好第二行輕車將軍下都字完好亭字在下半第三行征東將軍之將軍二字存第六行臣林之林字可見第八行樂鄉亭侯之樂字存第十行漢帝奉天命下禪羣臣三字存第十一行違字存第十四行堯知天命□已下故得二字存第十五行畏天命也之畏字可見第十六行魏受命之魏受二字存至乾隆年間拓本石之後段十行已併拓第二行將軍下半都字可見第三行臣真之臣字可見第五行奉字臣字完好第九行懷遠將軍之懷字首少損而未半泐第十二行得保首領之保字可見第十四行唐之禪虞四字清晰第二十三行文德之德字完好第二十五行珍祥瑞物之物字完好下雜遝字雜字亦可見第二十六行所以陳叙之陳字完好第二十七行可謂信矣之信矣二字完好第二十九行秩羣神之禮之禮字示旁未損第三十行臣真之臣字可見此皆近拓不如者也是碑與受禪碑近拓皆剜過

受禪碑隸書二十二行行四十九字有額篆書陽文三字在河南許州黃初元年十月

最舊拓本首行維黃初元年冬六字尚存只初字損第二行皇帝受禪于五字只受字損第三行是以降三字只降字損然下截埋土中故洪氏隸釋所載下截之字均旁註也舊拓本有冬字損者其次則維字冬字泐以字之上裂紋如指寬近拓本只第三行是以之是字存餘皆泐且舊拓本第三行是以降等字下之世且千三字雖損可辨近亦泐矣帖估云此碑與上尊號皆有磚摹本

魯孔子廟碑亦作孔羨碑隸書二十二行行四十字有額篆書陰文六字在山東曲阜黃初元年

是碑第十八行第十字體字僅損右下角者即明拓與國初拓也乾隆拓本則體字僅存骨旁近拓全泐如乾隆拓本首行大魏受命之命字僅損卩旁近拓泐連于口旁第二行同度量之同字筆道可辨佚羣祀于無文之無字未損第四行魯衛之魯字上損右半近拓只存下日上

半泐矣第七行大亂之亂字與百祀之祀字左下未與石損處併連第九行置百石之石字尚存大半近拓只存上左角此又稍舊拓本與近拓本之別也

黄初殘碑隸書碎爲四一存二行行二字一存三行前行三字後二行行五字一存二行前行二字後行四字一存四行惟第二行四字餘各三字前三石曾藏郃陽許氏今佚後一石曾藏郃陽康氏今脱一字只十二字黄初五年

黄初殘碑惟少昊國爲四字一石不經見嘉興張廷叔濟未得此北平翁方綱雙鈎以配于三石可以知矣然康氏曾藏之十三字殘石第二行末休字稍舊拓本末筆已泐近則全脱落成十二字矣十三字者亦矜貴四石世謂非一碑不敢坿和

廬江太守范式殘碑隸書碑陽存十二行首行中殘只六字第二三行十六字第四至第八行各十五字第九行十四字第十行十三字第十一行十一字第十二行五字碑陰存四列上二列十行三列十一行下列

六行有額篆書陰文十字在山東濟甯青龍三年

此碑重出土先得額次得碑李東琪黄易李克正等題記于碑之西面時在乾隆己酉無題記者重出土之初拓本也已刻跋後初拓本于李東琪題字後有顧文鉷鄭支宗李學曾小字觀欵三行清晰近則漫漶不可見且近拓往往省紙首行末缺一夏字第二三行缺實字百字只十五字下作齊形

張普墓磚文字隸書陽文文有四行三行二行四行者行八字三行者行六字二行者行四字散在各藏家京師徐氏所得獨夥

同治初年京師北郊出土甎質酥軟斷裂殘缺聚而讀之尚見全文未見著錄

四行甎

魏景元元年使持節
護烏丸校尉幽州刺
史左軍校安樂鄉侯
清河張普先君之墓

三行甎

魏故幽州刺史
清河張氏兄墓
景元元年造立

二行甎

張使君兄
墓同年造

上軍大將軍曹真殘碑隸書碑陽存二十行行十七字至十字不等碑陰

二列各三十行歸長白托活洛氏

陝西長安出土其碑陽第八行之賊字與第十一行之蜀字乃出土時即鑿去也近并賊字下諸葛亮三字鑿去之

王基殘碑隸書十九行前三行行二十二字餘俱二十一字在河南洛陽舊拓本第二行兼字第三行致文二字第四行柔字第五行司字第六行典字第七行𣅀字第八字麾爵二字第九行黨字第十行舉無廢三字第十五行冊送車三字皆完好近拓已損

征羌侯張君殘碑隸書存十行行十六七八字不等末行只餘六字歸長白托活洛氏

河南出土爲山東碑估杜九錫訪得輦至京師據云碑有年月在後斷一石藏者居奇未能并得之文稱西鄉侯之兄孜魏志當是張既之兄也

未見著錄此碑上與左殘

西鄉侯之兄冀州刺史之孜也蓋張中興周室纘乃祖服體明性喆寬
裕博敏孝友恭順著於之咸位南面競德國家猶昔入虞文王是諮世

書悅樂允通聲稱爰 發牧守旌招懸主簿
理左右攸宜器有特達計拜郎中除夷陵侯口唱寡和為俗所仇君 恥侉比慍于羣小換庠復換征羌崇保障之治建勿剗之化開義遏罰
折中戶口既盈禮樂皦如帝蔄其庸避池雝姜公樹迹鞾檀流稱步驟 俞否君參其中口辭命不應口

三體石經古篆今篆隸書每字作三體存十一行行一二三四字不等歸

黃縣丁氏

石河南洛陽出土其年有云光緒二十二年丙申近有摹刻裂紋與剝

處易辨

未見著錄此石四周殘

嗣前 施于
天弗庸釋 受命時則有
衡在大戊時 家在祖乙時
惟茲有陳保 純右命則商
由強咸奔惟 卜筮罔不
嗣天滅畏

衡虞等字殘碑隸書存三行前二行行二字後行半字一舊藏諸城王氏

近歸長白托活洛氏

未見著錄此碑四周殘

鷺□
衡虞
□

鶴鳴殘碑隸書存十一行行四五字歸吳縣吳氏

未見著錄此碑四周殘

心忠□
適之以禮
攸同宜乾
□安其政□
以和民□
□鶴鳴於□
被病十月
□負手寂邴
哀乃相與
生烝民件
陟台階常

校碑隨筆卷三

定海方若藥雨甫著

吳

九真太守谷朗碑隸書十八行行二十四字有額隸書陰文十一字在湖南耒陽 鳳凰元年四月

碑兩邊均刻谷氏後人題名其字可見者舊拓本也今雖磨滅審視拓本隱隱尚有痕迹陸氏金石續編謂錢氏藏本殘缺數字今拓本僅一萬里肅齋之齊字不可辨重剜之證也予友王孝禹云有舊摹刻本訛字甚多

禪國山碑篆書四十三行行二十五字在江蘇宜興 天璽元年

昔少完全拓本故行數字數所述不同牛氏金石圖吳氏金石存謂二十行牛氏則作行十九字吳氏則作行九字北平翁氏得三十一行行二十五字拓本謂可辨者五百十二字以為完全矣迨海鹽吳槎客騫拓全文并作碑考極詳知統前後連無字而尚存筆迹之行數計之實

為四十三行行二十五字翁氏存其說惟不計其已泐字之八行謂可見三十五行可辨五百九十三字按福山王文敏曾得舊拓本不如近拓清晰多矣至吳槎客記西面上截泐紋尤深更歷歲月當折一角云云審近拓不但此角至今未折落所存帝王等字右方泐紋亦未侵連記之以俟再後之校此碑者近拓碑尾刻有同治辛未春闞甘澤宣來拓并記十三字極惡劣

天發神讖文篆書碑斷為三空行不計則上段二十一行惟詔遣一行六字大吳一行七字餘各五字中段十九行行二字至七字不等下段十行行二三字總計二百十二字又半字十二舊在江蘇江甯今佚天璽元年八月自碑嘉慶十年乙丑燬于火拓本矜貴得之不易況舊拓乎是碑上有宋人胡宗師石豫亭二跋江甯摹刻只胡宗師跋摹刻中最著者為林曙生東雲本俗稱黃泥墻本在北京旋燬故亦不易得與原本大別處在下步于日月之月字末筆泐下角原本此字完好原本明拓第一段末行東海夏矦東海矦三字筆道清晰夏字尚可辨第二段數下垂字

又吳郡二字皆未泐近有石影本殘本也有張廷濟跋字

晉

明威將軍南鄉太守郛休碑隸書碑陽二十行行四十五字碑陰二列上列二十五行下列十五行有額篆書陰文十六字歸長白托活洛氏（泰始六年二月）

碑陽中斷處自第四行起至第十行止脫落一段計十四字舊拓本于此七行中每行多二字碑陰第二列第七行户萬七千等字下有一五未泐

潘宗伯等造橋格題字摩崖隸書一行二十字後有魏景元四年十二月盪寇將軍李苞開通閣道題字隸書三行前後各十四字中行十字在陝西褒城（泰始六年五月）

此刻宋晏袤以為前行一字泐去乃和字泰和六年也皆魏刻翁氏兩漢金石記謂泰始始字尚有痕迹今魏晉題字相傳已佚者實在高處拓不易故無人拓也

任城太守孫夫人碑隸書二十行行三十七字有額隸書陰文十一字在山東新泰泰始六年十二月

舊拓碑額太守之守字首完好碑文第十行衆皆悅之之衆字筆道可辨第十二行爲婦卌餘載之婦字未泐又言無口過之過字尚存左半第十三行夫人之□之之字未泐第二十行仍懼之仍字未泐稍後者損及亻旁矣

安丘長城陽王君墓神道左右闕篆書各四行行三字末另行紀年十一字歸長白托活洛氏太康五年

二闕文同右闕筆道較粗

未見著錄

晉故安
丘長城
陽王君
墓神道

太康五年歲在甲辰安丘立

楊紹買冢地瓦莂正書六行首行與第三行各十三字第二行十一字第

四行八字第五行十四字第六行六字初歸山陰童氏後歸粵東溫氏

太康五年九月

道光初年已裂而為二未裂拓本當首行從字處第二行西字下第三行直字下第四行四字下第五行月字下第六行如字處裂紋一道

齊太公呂望表隸書二十行行三十字有額隸書陰文六字在河南汲縣

太康十年三月

確有碑陰約廿一行甚漫漶以不拓今竟無知者陰書汲縣功曹主簿議曹掾門下等孫氏寰宇訪碑錄謂碑有側側則未見是碑明拓已中斷然多三字如第二行有盜發冢之冢字第三行文王夢天帝服□禳以立于令狐之津之服字第九行垂示無窮者矣之者字未泐既刻嘉慶四年跋後當第十四行十五行至十九行無一上一下裂紋二道較近拓尚勝近拓則此二道裂紋損及徳寅彌山莫分生逆隕九字按嘉慶二跋一刻在第二十行空半之上一刻在第二十行之後一行

巴郡蔡孝騎都尉枳楊陽神道闕隸書七行行七字歸長白托活洛氏隆安

三年十月

四川出土即為歸安姚氏所得後歸長白托活洛氏

未見著錄 寶鏞案碑見張氏金石聚

晉故巴郡蔡孝騎都尉枳楊府君之神道

君諱陽字世明涪陵太守之曾孫隆安三年歲在己亥十月十一日立

振威將軍建甯太守爨寶子碑隸書十三行行三十字下另題立碑人名

十三行行四字趙氏補寰宇訪碑錄謂有碑陰誤在雲南南甯太亨四年四月

按太亨無四年詳金陵鄧爾恆跋

碑乾隆四十三年戊戌出土未見爾時拓本最舊者在移置以前為鄧爾恆所拓故無咸豐二年七月之跋跋在末行立字下空寸許已刻鄧跋初拓本字畫光細近拓則第一行近字第二行志字搜字文字移字矦字祠字晉字行末之元字第四行末行二字仍字用字耳字儀字文

字此字出字第六行月字或字口缺裂或較粗全失筆意又有大誤三字第五行不字誤穿上第六行尤完好之尤字誤光字咸豐之咸字上誤增一筆成二畫其經人稍爲剔過無疑趙之謙增謂京師有木刻本

征東將軍軍司劉韜墓志隸書五行行十三字舊在河南偃師後歸常州費氏

以石小易摹刻本不一石爲武虛谷億任偃師縣令時所得後歸費念慈家據云初本未斷但予未一見之予見劉鐵雲藏舊拓本其第一行末征字第二行末墓字雖正當裂處筆畫未泐至黄易拓本征墓二字首已泐征字上之事字亦泐少半又審原石第三行君字左方錐痕道細而彎第四五行子字夫字間少有石花此外絶無駁蝕痕石之四周微缺數處與摹刻强作者大不同摹刻亦有下截不見石邊似隨拓而止者有上三面石外更見一沿中間石花損及字之筆畫者

夫人黄氏等字殘碑隸書碎爲二各存七行行四五六七字不等石不明所在

未見著錄

□夫人黃氏　　□□□而弗□
夫人諱燁字茂　　今載其時㞢平
之□孫中山府　　含光處玄冈得昭
施舍合乎期度　　學無文□甯丁至
□也年十有七　　於赫我君天縱其
於所會故乃　　□犹允平行歸于
深瞻遠考　　□□□□□

殘碑陰存五行隸書首行五字餘七字惟末行下漫滅歸濰縣陳氏

未見著錄

士城陽除□
處士北海徽□公□
處士北海徐烈□楷
處士東萊熾文昌
處士□□□□□□□

蜀中書貫公闕殘字七字隸書在四川梓潼

舊拓本貫公闕闕字全泐而有宋人題名于後攷為貫夜宇李雄拜行西將□□□部尚書近時將已泐之闕字餘下少半者訪得重合但宋人題名則無一字存焉已

陳君殘碑隸書碑陽存十行前三行及第十行每行存十五字第四行至第九行每行存十六字碑陰存十六行四列石不明所在

此碑存中間一段上下前後均缺姓名亦不可見惟第一行有感靈嬀以受姓亨爰土而氏族語考陳氏本嬀姓亦州名則此乃陳君碑也文中又有泰始□□及世祖歎曰等字知為晉碑且知當在惠帝時陳君為晉初人其考衛尉貞侯徧檢魏晉兩書列傳不見有陳氏官衛尉而謚貞者碑字精勁未見著録

闕其先感靈嬀以受姓亨爰土而氏族第一行闕為稱孝衛尉貞侯庸勳著世有子五第二行闕能播皇極以蔭載順三辰以垂光芭第三行闕裕自登朝衰然不氵□以□□拜下六第四行闕舉秀才不行□□□泰始□□禮樂第五行闕侍御史震抗王□□宣帝命世祖嘆曰忠第六行闕太尉司馬軍還薡勳君有謀□□□秋□□第七行闕□及王路開泰乃振揚高□□□□□□第八行闕□亏禁衛仁澤洽乎二營暨方境有難君第九行闕□泰佳分□□遣使綏延自嬰嶲至者□第十行

□□□□丘□李述

□□□□□□□李豹司徒遵□

□□□□□口□遴李徽□

□□□□□王□邦

闕亢 □□□□張言 □□□□□權 □□□□□遠 □□□
□張條 □□□□宋貢 □□□□郭脩 □□□□尹遽 □□
□□□欽 以上第一列 故吏大□□□ 故吏大原許潘 故吏
大原□□ 故吏大原白苗 故吏大原王光 故吏大原郝又 故
吏大原薄曹 故吏大原胡敏 故吏大原趙瞻 故吏大原郭敦
故吏大原龐綝 故吏大原溫闌 故吏大原郭徼 故原大原傳弘
故吏大原孟休 故吏大原新啟 以上第二列 □□□□革深
故吏大原郭迪 故吏大原李壽 故吏大原馬嘉 故吏大原巽
之 故吏大原董令 故吏太原楊邈 故吏大原李曾 故吏大原
耿升 故吏大原劉京 故吏大原侯□ 故吏大原徐胡 故吏大
原王殷 故吏大原郭默 故吏大原常雄 故吏大原令狐乾 以
上第三列 故吏大□□□ 故吏大原張□ 故吏大原□□ 故
吏大原□□ 故吏大原李洽 故吏大原栗弘 故吏大原董備
故吏大原巨□ 故吏大原荊湛 故吏大原李逸 故吏大原張春
故原大原郝色 故吏大原蘗保 故吏大原侯產 故吏大原王
菅 故吏大原張參 以上第四列

前秦

廣武將軍□產碑隸書碑陽十七行行三十一字碑陰首另作一列十五行下十八行行界三十二格間有一格二字者碑兩側一側二列列八行行四十二字一側八列第一二列各三行第三列一行第四列二行第五列至第八列各三行行四十四字有額隸書陰文五字昔在陝西宜君今佚 建元四年十月

是碑全拓凡五幅向不經見故前人著錄多未道及碑側

鄧太尉祠碑隸書十九行前八行行二十九字後十一行書立石人名作三列相傳有額然審視較舊拓本穿上與其左右無字可見在陝西蒲城 建元三年六月

舊拓本字多清晰間有漫漶亦可辨近則漫漶殊甚

北涼

沮渠安周造象碑隸書二十二行行四十七字在德意志國柏林博物院碑近年新疆出土已中斷爲德國人所得光緒乙巳端方尚書觀政泰西手拓以歸石脆德人不許氈墨此拓謂之宇内孤本亦可丁未五月予友羅叔蘊借得脱照數葉分贈予所見即此本也旋又得碑石脱照一葉細審年號上泐下則明明平字按北涼年號無下平字者以適當殘處湊合未敢定焉

□□□□□□□□□□中書郎中夏侯粲作　併前行爲一行
□□□□□□□□□□形康始興於六度考終著号慈悲然望樹理
韜者冏遊其方悕宗研味者莫究其極豈㝎扉冲邃　二行□□□
□□□□□見頽其城壍无明彰其神慧故使陵天之舉不出於三界
帝□之韻莫闚於域中非夫拔迹緣起之津　三行□□□□□□
□□覺滯寢於昏夢拯弱喪於炎墟爰有含靈獨悟之士軸日月□方
寸具十號以降生頽塵海之飄濫懼　四行□□□□□□□擢於
駭浪望道流而載馳朝飢思餔而甘露以潛貸幽宛莫曉□慧日以戢
旦二遻東正遍以洞照四側　五行□□□□□□□懼化功之不
建道世之或淩教虗懷不請之友以隆法祚之弘□勤菩薩控一乘以
甍駈起二漸而玄詣　六行□□□□㞢予左右虗空藏積苦行於
十地隨所化而現生功　戢寶庄來爲郢匠□王震希音以移風大士運
四攝以護持　七行□□□嚴土三塗草爲道場逝起滅以離盡入
定窟以澄神深心幽扣則儀形□前乃誠盎浪則永劫莫覩斯信敬者

所　八行　□□□□慢者所以自惕涼王大且濕安周誕妙識於雲府味純識而獨詠唯統入理物日日万機而譙識之心不忘造次九
行　□□□□之寄逆旅猶飛軒之位唐肆罪福之款行業若影響之應形㲉一念之善成菩提之果瞬息之惠嬰累劫之苦殖　十行
□□□之中而弘解脫之致隨巨波以輪迴受後有而不息唯抗衡於天衢終頓駕於无撐乃虛懷潛思遠惟寘救搆常□　十一行　□□
□不二之韻圖法泉之妙證无生之玄譙來教　迷方者覩真容以遐興雖本逐末者守彰篤以致極規謨存於兼拯經　十二行　□□□□
成兆庶欣然咸發道心於是隆業之右惟一簣之不倦熙神功以悟世爰命史臣𢧐籍垂訓有鄙之澂思不單類　十三行　□□□之□辛
遇交泰於當年目覩盛美心生隨喜嗟歎不足刊石抒懷　十四行　□□□邃乎之者尠實際无崖曠代莫踐妙哉正覺朗鑒獨眄不退之
輪不二而轉彼岸之遐起昇其𢧐既昇其幟又釣其　十五行　□□□中流濟彼二邊我見不逝哉疾勿開果而不證滅而无刊隨化現生
壹變大千道不孫運德必有隣乾乾匪懈睲敬　十六行　□□不請之友自遠而臻補處之覺對揚清塵拯墜三塗弘道交淪雖曰法王亦
積輔仁於鑠彌勒妙識淵鏡業以行隆土　十七行　□□□始覆惟勲一簣弥競道與世與負荷頤命俟俟大𢧐弘在嗣正識萬載斧寢斤
俟躬名以表實像亦載形虛空无際　十八行　□□□□名功𢧐實庄來踐法庭玄珠一曜億土皆明何得何證利益載生有□斯應无求
不盈退矣哲王寔天修讚覽彼卉　十九行　□□□□樸散滌流洗心望樹理翰替式昌率經始法館興冏民顧崇不終旦有蔚其麗有炳
其煥德輶難舉尅在信心須達　二十行　□□□供虛衿沖懷寘契古亦猶今豈伊寶蓋發意華簪英右遐興胥高等□□憑斯致永闡法
林俾義億兆龢飛寸陰　二十一行　□□□平三年歲次大梁月呂无射量功興造𢧐集星紀朱明𢧐辰都
竟監□□師法鎧興住御史索寜　二十二行

宋

龍驤將軍護鎮蠻校尉甯州刺史爨龍顏碑正書碑陽二十四行行四十五字碑陰三列上列十五行中列十七行下列十六行有額正書陰文六行行四字字之大小同碑文在雲南陸涼大明二年九月壬子朔

碑道光年間阮文達始訪得七年建亭以護之初拓本無阮跋跋在碑末二行之下第一行此碑之此字與碑文之子字相距寸許迨道光十二年壬辰又增知州邱均恩一跋跋在碑第十九行第二十二行下方之間有阮跋無邱跋者近亦視爲不易得之本矣予見無阮跋本以較近拓第十二行卓爾不羣之不字初拓于一撇僅損中間近拓則損及下端矣又羣字第二筆右端近拓亦少損第二十一行次第驎崇之驎字初拓馬旁鈎筆可見近拓與泐處併連

建威將軍齊北海二郡太守劉懷民墓志正書十六行行十四字歸長白托活洛氏大明八年正月

志先銘後序別具一格書法逼似爨龍顏碑蓋相去才六年耳足徵其

時楷書尚存隸法先觀隆安三年楊陽神道闕與大亨四年爨寶子碑再觀爨龍顔劉懷民二刻楷隸遞變于此得之石出土容只言山東其處據志作平原郡平原縣又作葬于華山之陽朝當在濟南境未久即輦至河南開封光緒十四年戊子福山王文敏主試此地以千金易石旣而轉質長白托活洛氏終歸之矣然當時已有摹刻予友羅叔韞曾于二十三年丁酉取原拓脫印百本以一帋寄來未行不清

未見著錄自宋以後碑志多正書不必强為釋讀故只標四字原文從略

聞平原劉氏大吉宋元嘉廿年造磚即劉懷民墓磚也當時甚影與志同出土坿記于此可以考劉懷民營生壙之年

梁

瘞鶴銘正書讀自左至右石碎爲五第一石存二行一行二字一行四字第二石存三行一行四字一行十字一行九字第三石存三行一行三字一行六字一行八字第四石存六行前後二行行四字中三行行五字一行六字第五石存三行前後二行四字一行五字共得八十八字

在江蘇丹徒

五石出水後在焦山西南觀音菴近已合而爲一故五石本即稱舊拓矣五石本上皇之皇字下泐又得于華亭之華字下泐若皇字完好尤舊也絶少今之往往見似完好者乃于拓時做成將以欺人華字下半亦如此石既合末有跋二行同治以後又鑿滅取整紙拓本審視痕迹顯然海鹽張氏曾摹刻楊大瓢賓所藏未出水拓本多華陽真逸紀也六字至林曙生東雲摹本自右至左與原石自左至右大別非割裱一望而知

獨山莫友芝云同治戊辰江中又出小石一片有也迺石旌四字作二

行位之高卑與此下一石同迺下猶有大半字影而石上猶有餘石可容二字計迺上餘石亦當有半字而並若無字者然何也又云宋重刻本西崖上者存上半段如鉤畫者然其下端畧齊逸壬耶經各得少半字冥右錄各得大半字爲下是右非左則下右劃當謂左劃隱字及其下半字不可識可增五石本廿六字重十八字

若見劉鐵雲藏水前拓本存全字九十二半字九者第一石眞逸二字上皇下山字又鶴壽不三字又辰字尚存第二石歲上午字朱下方天二字尚存第三石解字皁尚存又芻下形字彡尚存第五石徵君上乃岳字前人著錄作山字從未見上半也此水前拓近有石影本華陽眞逸撰五字今雖損猶存因在極高失拓

太祖文皇帝神道闕正書二闕正反刻各四行行二字在江蘇丹陽

東闕反刻同治八年爲婁縣楊葆光訪得莫友芝題其右無莫氏題字者初出土本也

散騎常侍司空安成康王蕭秀西碑正書碑陽已無字可見碑陰二十一

列各六十四行有額正書五行行三字在江蘇上元

此碑陰王氏金石萃編誤爲蕭憺碑陰獨山莫友芝訪碑後辨正之舊拓本第十列多祁慶孫天乞五字第十二列多吏郭僧三字額文左行舊拓本梁故散騎常侍之梁字未泐

始興忠武王蕭憺碑正書碑陽三十六行行八十六字碑陰莫氏辨正謂本無字今拓之尚有數字可見有額正書陰文十七字曰梁故侍中司徒驃騎將軍始興忠武王之碑王氏金石萃編以爲忠撫將軍蕭公神道反刻二十三字者即其額亦誤在江蘇上元

相傳帖估董引之在揚州曾得舊拓本多數百字後不知歸誰氏予但聞其說迄今未獲見多字本也又有一說碑爲近人鑿去數字殊不足據惟同治戊辰莫友芝監拓精本前六行下半字皆可讀他處亦較清晰故莫氏錄出碑字多于王氏金石萃編千二百二十字如第一行公諱憺字僧達南徐州蘭陵郡蘭陵縣都鄉中都里人凡廿一字次行提行云太祖文皇帝之少子今上之季弟也即萃編所未錄是碑全文二

千八百四十許字舊泐去八十餘字王氏金石萃編所録一千三百六十許字自莫氏增釋一千二百二十字共得二千五百八十字并正王氏誤十六字見莫氏金石筆識旋考舊拓本末行貝義淵書之淵字右鈎筆可辨近拓則鈎筆外小石脱落下作𪗋形矣

威猛將軍咨議參軍益昌縣開國男宋新巴晉源二郡太守程虔墓誌正書八行行十八字石在湖北襄陽

文首作梁威猛將軍云云年月只紀太歲己巳二月廿八日按當是太清三年石宣統二年出土

陳高麗碑依趙氏補寰宇訪碑錄列此

新羅眞興王定界殘碑正書十二行行十一字至二十三字不等舊在高麗咸興府北百十里黃艸嶺當咸豐二年時其國觀察使尹定鉉移置中嶺鎮廨開國二十九年八月趙氏補寰宇訪碑錄考爲陳光大二年

舊拓本未剜後見第三行自愼已剜作自植第六行益篤已剜作盡篤然另多石一角計六行首行一字第二三四行行二字第五六行行三字予見未剜本則無此角也

北魏

大代華嶽廟碑正書二十二行行五十字碑後題造碑闕造堂廟及書者姓名約四行又石匠石師刊匠刊匠似另列四行末年月一行別有唐太和九年題名一行此係據丹徒劉氏所藏翦裝本意必有額失拓石佚 太延五年五月

是碑與中岳嵩高靈廟碑同為寇謙之立文大同小異書體相類而較小顯見宋人著錄但自明以來諸家皆不之及殆佚已久歟

有石影本劉氏印之以公世者

中岳嵩高靈廟碑正書碑陽二十三行行五十字中間駁落幾及全碑之半碑陰七列上二列各二十二行下五列字較小第三四五六等列各二十九行第七列九行有額篆書陽文八字在河南登封 太安二年

最舊拓本第一行太極剖判之剖字未泐第六行首李字左方全無石花則第五行即多道字第六行不潔下於字未泐是字存半第七行謂上義字令典下脩字第八行帮下若字第九行故禋祀等字又岳上行

於方等字第十行祀下岱字又下虛美等字又下歷魏晉等字第十一行魁祭神怒民叛等字第十二行隱處之處字第十五行儀上之字降字第十行六漢之替劉之漢字之字第十七行焉以舊祠毀壞等字又下奏遣下道字皆未泐稍舊拓本第一行太極之極字四點未泐第二行大字完好第六行季之左方已有石花而未併連則尚多第九行行字第十二行治上而字第十三行上中岳之中字下中岳二半字第十四行戍太等字第十五行儀及等字又下家字第十六行替劉等字第十七奏遣等字第十八行慨然相與議曰等字

光州靈山寺舍利塔銘圓形正書十行前銘文行六字至十字後題名三行其首行即接于銘文之下共八十字另有額題亦圓形正書陽文九字歸登州張氏太和元年十二月

石山東高密出土近見摹刻于額題州字銘字處石花不符且原石第二字光字中直有錐痕一道如破筆然摹刻無之第八行下字上畫右端挑起如隸法然摹刻類平筆銘文則原石第五行通字末筆實未損

才字石花亦甚淺又摹刻外顯作一沿原石不爾
未見著錄
孫秋生等造象記正書十三行上列記行九字下列題名行三十字有額正書陰文三字旁另題二太守名右二行左三行在河南洛陽上太和七年下景明三年五月
舊拓本記第三行劉起祖之劉字與題名末行來祖香之祖香二字皆未泐若劉字可見祖香已泐爲稍舊拓本
洛州刺史始平公造象記正書十行行二十字係陽文每字界以方格有額亦正書陽文六字在河南洛陽太和廿二年九月
舊拓本第三行邀逢之邀字末筆稍損而左旁與其餘筆道固完好第六行匪烏之烏字完好第七行周字首第八行率字中間筆道亦尚可見
楊大眼造象記正書十一行行二十三字有額正書陰文三字在河南洛陽

舊拓本第五行踵應等字第六行垂字光字完好又也摧二字間僅泐連也摧下上筆道第十行刋名二字可辨今則垂字漫漶光字末筆損也摧二字泐更甚踵字只存右下角之少許矣若踵字下尚存大半與刋字可辨者爲稍舊拓本

魏靈藏法紹造象記正書十行行二十三字有額正書陰文三字旁題名各一行在河南洛陽

舊拓本第三行空字未泐

以上龍門山造象十種之四其種六種如長樂王邱穆陵亮夫人尉遲造象記舊拓斗㯳㯳字末二筆未與石花泐連高樹造象記比邱惠感造象記比邱道匠造象記廣川王祖母太妃侯造象記比邱尼慈香造象記至今未至泐字舊拓行世止此十種後選增至二十種悉魏造象中之大品間有小段文字亦較完好者若嘗細審敢斷優塡王一種是唐刻擬易以馬振拜造象記益以宫内作太監當法端造象記華州刺史安定王造象記趙阿歡等造象記比丘法勝造象記比丘惠敦造象

記尼僧道道法安造象記湊成龍門山魏造象二十六種

舊選二十種名錄附

長樂王邱穆陵亮夫人尉遲造象記太和九年十一月

北海王元詳造象記太和廿二年九月

鄭長猷造象記景明二年九月

高樹造象記景明三年五月

廣川王賀蘭汗造象記景明三年八月

廣川王祖母太妃侯造象記景明四年十月

安定王元燮造象記正始四年二月

比丘尼慈香造象記神龜三年三月

北海王國太妃高造象記無年月

比岳道匠造象記無年月

以上龍門山造象上十種

孫秋生等造象記太和七年五月

司馬解伯達造象記太和間

一弗造象記太和廿年

洛州刺史始平公造象記太和廿二年九月

楊大眼造象記無年月

魏靈藏薛法紹造象記無年月

比丘惠感造象記景明三年五月

比丘法生造象記景明四年十二月

齊郡王祐造象記熙平二年七月

優填王造象記無年月唐刻

以上龍門山下造象十種

馬振拜造象記景明四年八月

宮内作太監甞法端造象記正始三年三月

華州刺史安定王造象記永平四年十月

趙阿歡等造象記神龜三年

比丘法勝造象記無年月

比丘惠敦造象記無年月

尼僧道道法安造象記無年月　以上若選入者龍門山造象全拓稱五百種自魏迄唐内魏齊題刻幾三百種實則全拓此龍門山造象不知究有若干以彌山皆是不易窮搜即如唐永隆年間題刻大字每字尺許在山尖人多不拓況其小者乎近日帖估所攜莫非二十種但此二十種内曾見夾雜摹刻蓋舍高處圖拓省事收者未可忽也

宕昌公暉福寺碑正書二十四行行四十四字有額篆書陽文九字在陝西澄城太和十二年七月

因土人禁拓希見非佚也猶山東濰縣城北千佛寺造象封以白灰拓本遂日希又聞歷城千佛山造象亦多半填灰漆施采色文字雖有如無矣

雍州京兆杜縣令孟熾墓志正書四行行七八九字不等石不明所在太和廿二年十月

未見著録

著作郎韓顯宗墓志正書前十五行行二十四字後三行各低二格行二十二字此三行之末行篆書有額篆書陽文九字在河南府學太和二十三年十二月

是志有摹刻宜審原石初出土時拓本無額左之跋跋云光緒十六年出土明年八月市存河南府學惜餘齋訓導社夢麟另有攷

未見著録

營州刺史貞侯高慶碑正書二十二行行四十二字有額篆書陽文十二字在山東德州正始五年八月

碑光緒二十六年出土前首自第一行第六格起斜缺一角占六行地位與高貞碑高湛志稱州德三高書與高貞碑如出一手

未見著録

石門銘摩崖正書二十八行行二十二字其後別有摩崖一段正書七行行九字十字不等不拓者多在陝西襃城永平二年正月

舊拓本第二行首此門之此字未泐

兖州刺史鄭羲上下碑摩崖正書上碑二十行行五十字下碑五十一行行二十九字下碑有額正書陰文七字下碑在山東掖縣上碑在平度

永平四年

二碑文同只數處字句少異下碑第四十二行而作頌曰之頌字光緒初年拓本尚未損也

若按自宋趙氏金石錄載鄭羲上下碑鄭道昭登雲峯山詩東堪石室銘及鄭述祖重登雲峯山記天柱山銘幾種而後迄乾嘉之際未見所謂全拓者王氏金石萃編且無一及之逌安吳包愼伯世臣盛稱於其著錄中購求固衆拓仍不全蓋即就雲峯太基天柱三山而論實無人破工夫遍訪靡遺也今則學書者無不知且購焉土人以爲利日漸發見自兹以往再有增加亦未可知耳

坿全拓石目

北魏鄭道昭題刻

鄭羲下碑正書行數字數見前後有宋人題名正書四行

觀海島詩正書十三行行八字

論經書詩正書二十行行二十一字前十行因石勢字數自七字至二十字不等永平四年

雲峯之山正書一行四字

耿伏奴從駕正書二行共五字此五字前尚有一東字

熒陽鄭道昭之山門也正書三行共九字

當門石坐正書三行共九字

左闕正書二行共七字

右闕正書二行共七字

栖息松□正書三行共九字

此山上有九仙之名正書三行共八字

羨門子駕日栖崐崘之山正書五行共十字

赤松子駕月栖玄圃之山正書三行共十字

安期子駕龍栖蓬萊之山正書四行共十字
浮丘子駕鴻栖月□之山正書三行共十字
王子晉駕鳳栖太室之山正書五行共十字
九仙名從來拓本只見其五
於此遊止正書四行共十三字
詠飛仙室正書五行行五字
刻在雲峯山　掖縣屬
登太基山詠正書十三行行十九字
此仙壇北山門也正書二行共七字
此仙壇南山門也正書二行共七字
其居所号曰白雲鄉青煙里也正書三行共十二字
朱陽之臺也正書三行共十四字
青烟之寺也正書三行共十四字
玄靈之宮也正書三行共十四字

白雲之堂也正書三行共十四字

中明之壇也正書三行共十四字

白雲堂中解易老也正書四行共十三字

太基山銘告正書五行共五十字

歲在壬辰建正書二行共五字

洛京道士太原郭靜和正書三行共九字

石匠于仙正書一行四字

仙左尚有石匠于仙人五字較小近拓另作一份

刻在太基山　掖縣屬

鄭羲上碑正書行數字數見前

此天柱之山正書二行共五字

上遊天柱下息雲峰正書四行共十三字

東堪石室銘正書十行行十二字至十五字不等

刻在天柱山　平度州屬

此白駒谷正書一行四字

遊槃之山谷也正書三行共十五字

刻在百峯山　益都縣屬

東魏題刻

姚保顯造石塔隸書七行行六字武定六年

刻在河山惟此未詳

北齊鄭述祖題刻

重登雲峯山記隸書二十行行二十八字河清三年五月

天柱山銘隸書二十九行行二十三字有額隸書陰文四字天統元年五月

天柱山殘刻隸書存七行共七十二字

刻於上碑之側文四字句用一先韻上角盡泐前二行只存一二字矣儀徵汪氏以為鄭道昭題刻實誤末云泣覩遺碣號誦餘篇其為鄭述祖作復何疑乎

雲居館山門題字隸書十二行行六字天統元年九月

刻在太基山

石人名髣髴隸書三行共十三字

文紀甲申年造乙酉年成攷甲申爲河清三年乙酉則天統元年也

儀徵汪氏亦以爲鄭道昭在永平刻碑之前刻此者又誤

刻在太基山

白雲堂正書雙鈎一行三字

刻在太基山

白雲堂畔題字正書四行首行十六字餘有泐字不可計

云此南白雲堂三字是儀同三司光州刺史鄭述祖之□□也故予

不敢坿和前説而列雙鈎白雲堂三字於鄭道昭題刻中是刻年月

無攷姑坿白雲堂三字之後

北周題刻

光州刺史宇文公碑正書十一行行四五字

孫氏寰宇訪碑錄列於北周之末以無攷仍之

刻在斧山　掖縣屬

全拓凡四十七種近則獨少白雲堂中解易老也一種以字小而相距遠失拓故也至登百峯山五言詩正書鄭道昭題刻昔與白駒谷等刻同在益都後歸長白托活洛氏此書列入全拓中可不列入全拓中亦無不可

平州刺史司馬昞墓志銘正書十八行行十七字舊在河南孟縣為邑令周名洵携去遂佚有蓋正書三字尚在縣中志則乾隆己酉馮敏昌重刻　正光元年十月

重刻本第五行亂字第十四行玄字避廟諱姑鑿去之原拓近有影印本可據

甯朔將軍司馬紹墓志銘正書十七行行二十二字原石舊在河南河內已佚重摹本在孟縣　永平四年十月

石乾隆二十年間在孟縣東北八里葛村出土後轉入河內不明所在今行世即湯令名重摹本據孟縣志原石殊無損剝而重摹本近多損

剝下截尤甚

華州刺史安定王造象記正書十五行行十字後有另題名殘字多不拓在河南洛陽 永平四年十月

予選龍門山造象二十六種中之一舊拓第四行安定王王字下仰字又爲字下亡字未泐第五行太妃下亡考之考字未泐第八行首外字又相下顧字第九行極下敬恃二字又先下尊字未泐第十行使下捨字未泐而舊拓見著錄闕疑者如第十一行明矚無等第十二行又願居眷諸字近拓實皆可辨稍舊拓本第五行亡考之考字左半尚存

弘農華陰潼鄉習僊里人楊範墓誌銘正書十三行行九字石不明所在

永平四年十一月

未見著錄

都昌縣人劉甕周造塔記正書記十二行末題名一行行十字至十二字不等前行泐存二字末角下缺歸長白托活洛氏 永平四年十二月

未見著錄

寧遠將軍廣樂太守柏仁男楊宣碑正書據剪裝本行數字數不可計有額正書陰文十八字在直隸唐山 延昌元年十一月

近于帖估手中見此拓額題曰魏故寧遠將軍廣樂太守柏仁男楊府君之碑十八字皆刻以配者豈其佚耶購者宜審

未見著錄

衛尉少卿鎮遠將軍梁州刺史元演墓志銘正書十八行行二十八字石不明所在 延昌二年三月

未見著錄

元颺妻王夫人墓志銘正書十五行行十七字前九行首共缺二十字石河南洛陽出土不明所在或云已售諸日本人 延昌二年十二月四日

楊州長史司馬景和妻孟氏墓志正書二十一行行二十一字在河南孟縣 延昌三年正月

初出土拓本無乾隆己酉欽州馮敏昌觀款及石側跋四行觀款刻于末行距刊石題誠之誠字四格地位

燕州刺史元颺墓志銘正書二十四行行二十六字石河南洛陽出土不明所在或云已售諸日本人延昌三年十一月

未見著録

涇雍二州别駕皇甫驎墓志銘正書二十三行行四十字歸長白托活洛氏延昌四年四月

是志刻畫雖細淺以出土晚故尚完好遇草率拓本第二十行似有泐字其實未泐也筆道可辨

徐州刺史昌國縣開國侯王紹墓志銘正書二十九行行二十九字石不明所在延昌四年閏十月

未見著録

平東將軍濟州刺史長寧穆侃墓志銘正書十七行行十八字石不明所在熙平元年十一月

此志楊與範志同時同地出土同歸一人惟述者未舉其地與姓氏未見著録

齊郡王祐造象記正書十四行行十六字在河南洛陽熙平二年七月

舊選龍門山造象二十種之一第十三行趉覯王氏金石萃編誤臨覯

又下邈絶塵籠塵籠二字雖損可辨第十四行三空二字未泐萃編則

代以空格帖估云舊拓三空二字上之六字未泐予未見之

雒州刺史刁遵墓志正書二十八行行三十二字右下角缺有陰二列兄

弟作一列十四行子作一列十九行歸南皮張氏熙平二年十月

石雍正年間出土即缺一角最初拓六行起斜裂至下末三行之一道

僅如線下截字皆清晰第六行父雍之雍字雖當裂道而未泐是爲父

雍未泐本計多字第一行督下洛字第二行晉侍中尚書左僕等字第

三行夫人等字氏父義晉梁等字第四行曾祖下彝字倫字晉侍中徐

州牧司空義陽等字第五行祖下暢仲二字又晉中書令金紫左光禄

等字第六行父下雍淑和等字魏使持節侍中都督揚豫兖徐四州等

字第七行冀下三州刺史東安簡公夫人琅耶王氏等字第八行字下

奉字又人也姓氏之興錄于帝圖中葉等字第九行淵下謨字祖字又

以忠肅等字又懿聯輝建侯所見等字又世往傳開等字第十行之外下不復銘等字又公稟惟岳之靈挺基仁等字又本字立字第十一行而下求字又以眩世少能和俗於人無際但昂然愕然者等字第十二行允下皇代之儒宗見而異之等字又女妻焉等字又和中等字第十三行德下洽于民正始中徵爲太尉高陽□諸議參軍事等字第十四行轉下大司農少卿均節九等字又以字又國涖事未朞等字第十五行刺下史公之立政惠流兩等字又慕化辟等字第十六行熙下平字年字七月廿六等字又薨字第十七行事下平字又將軍兗州刺等字又加字第十八行忠下居字又穆字第十九行溫下恭好等字又桑榆等字又小子等字第二十行慟下遷字又故字又二字又酉字第二十一行考下儀同簡公字等又塋之等字第二十二行其下辭字第二十三行繼下儁在洛雲等字又徂字又氛字第二十四行斯下光顯顯懿等字又構字第二十五行清下風遥等字又日字第二十六行祇下肅字又牧字第二十七行兮下崩字其他筆道之差尤多不勝舉凡此等

拓本右下角有乾隆二十七年渤海劉克綸木刻跋字斬新次則雖同為父雍未泐本而第九行侯字所字第十六行甍字泐再次則曾祖彝彝字未泐本雖第二行晉侍中等字尚可見餘相差筆道甚多然去初拓遠矣劉跋亦漫漶再後無跋陰亦多字最初拓本上列第二行大下將軍二字可辨第四行首弟字第五行槍上成字第六行州上東字下列第六行慭下□騎字第十行振下□署字行字遠將等字第十一行軍字第十二行郡上同字又下父磐等字第十三行宣下季達等字第十五行夫上前字大字下弟字第十六行妻河南等字第十七行司徒中等字又獻字第十八行第字六字第十九行第字七字皆未泐至同治初年滄洲王國均精拓兩面已不見多字有摹刻第一行右邊際畧寬原石洛字石花少許侵及摹刻作圓點後凡遇稍漫漶處故以重墨掩之如第三行父義之義字第六行揚豫之豫字石花畧為審視顯然不同餘不待一一指出又有一本第十九行温恭好善誤温恭善善直不必審視矣有石影本潘氏付水月菴官書局印行底本即王國均拓

本不足重也近則有雍字未泐石影本

龍驤將軍臨青男崔敬邕墓志銘正書據翦裱本共七百五十四字約二十九行行二十九字舊在直隸安平已佚熙平二年十一月原拓絕不易得福山王文敏曾藏半册裱本得自華陽卓氏者自濟州刺史加謚曰貞禮也之州字起庚子文敏殉國難此册歸丹徒劉鐵雲迨丙午秋鐵雲又得全册拓本爲揚州成氏所藏中出圜僞義陽之出字微泐又太府少卿之太弟三筆微泐臨青男忠四字上二字右旁泐下二字左旁泐響發邦丘之發字右上角僞城颻偃之颻字炎旁俱微泐然不能掩字也書體類刁遵志熙平楷法由晉開唐洛南薛氏固于刁遵志言之矣讀此志益足徵其言近人摹刻雙鈎神氣全失孔繼涑刻入谷園摹古亦不見佳上海先有石影本未會稽陶氏題記四行時在光緒乙未丙午年劉鐵雲又復出成氏本精印百本分貽同好近更有石影本原底即成氏本也近知此成氏本歸銅梁王孝禹矣卓氏本亦贈端午橋端午橋先得合肥劉健之贈淡墨上半本配合之此外劉

健之尚有一本得自蘇州某氏武進費屺懷亦有一本所見所聞如是而已

持節散騎常侍幽州刺史王遷墓誌銘正書二十二行行二十二字石河南洛陽出土不明所在神龜二年二月

未見著錄

涇州刺史齊郡王元祐墓誌銘正書二十四行行二十三字石河南洛陽出土不明所在神龜二年二月

聞出土時畧後于齊郡王祐妃常氏季繁誌

趙阿歡等造象記正書上列記十行行十二字至十五字不等下列題名五列在河南洛陽神龜三年六月

未見著錄

予選龍門山造象二十六種之一下列題名惠感下無字王氏金石萃編代以格誤舊拓本上列記第五行首露字可辨第六行福下緣字又邑儀光等字未泐第七行吉上万字完好第九行澤字與下列題名邑

老又第十行邑老等字未泐萃編末行作邑主亦誤

濟青相涼朔恒六州刺史高植墓志銘正書二十一行行二十八字曾歸

德州田氏已佚神龜□□

志甚漫漶中有一穿且八寸許故可讀百十餘字耳左空處之龍飛鳳

舞四字為後人妄刻末餘大魏龜四字下泐

諱玄墓志銘正書十五行行十七字曾歸福山王文敏庚子以後不明所

在近知歸長白托活洛氏正光元年

志剝落漫漶殊甚然精拓本尚可見百四十餘字首行魏字漫滅下故

齊二字存下郡字存少許當書姓處泐第二行君諱玄字澄家齊郡臨

菑人也等字皆清晰

未見著錄

李璧墓志正書三十三行行三十一字有陰一列十四行字較大石在山

東濟南正光元年十二月

志係舊碑磨其陰面改作陽面故陰面上截有二螭在焉非全拓不見

今陰面首行曾祖祐前距三行地位山東提學使羅正鈞跋字四行按此則德州拓本當在宣統元年謂即元年出土恐非是蓋志實景州出土景州拓本友人見贈記光緒二十四年惟無陰景州拓擦墨德州拓蟬翼歸金石保存所後拓則墨色絹光較工于前二拓也

未見著錄

宮品一大監劉華仁墓誌正書十九行行十五字石河南洛陽出土不明所在正光二年三月

未見著錄

魯郡太守張猛龍碑正書碑陽二十四行行四十六字碑陰十二列第一列七行在陰額第二列二十行第三列十一行第四列二十一行第五列十四行第六七列各二十一行第八列十行第九列二行第十列三行第十一列四行第十二列二十二行有額正書陰文十二字在山東曲阜正光三年正月

國初拓本第十行冬温夏清未泐者則全碑較近拓共多四十九字但冬温夏清未泐本亦有辨在先者冬字第二筆左端未損則後之揚上庶字遐上音字尚可見其他字較完好如猶能漢魏晉河發之八字至明拓與國初拓本不過更見其他之字存一筆半筆耳書法與賈使君碑如出一手有摹刻本近有石影本明拓也

鎮遠將軍後軍將軍鄭道忠墓志銘正書二十三行行二十三字石歸河南酈氏正光三年十二月

石第四行第五字至第七行第二字間斜裂一道前首墓志銘之銘字泐去所見數本皆然因拓本不數見相傳已佚非也近有石影本

馬鳴寺根法師碑正書二十二行行三十字有額陽文正書八字額上別有陰文三字在山東樂安正光四年二月

舊拓未斷今此碑當第二行第二十二字潤字處至末行第四字本泐處斜斷又于第三行第二十三字白下雪上第四五行第十四字第六行第十二字第七行第十三字俗下第八行第十三字能下第九行第

十四字處橫斷一道其橫斷之端正接連斜斷之第十行第十四字灞西之西字又有斷後初拓用蠟填補飾作未斷者但第二行潤字下有石花作圓點且潤字門泐中王落筆鈍而不銳此可辨也

齊郡王祐妃常氏季繁墓誌銘正書二十六行行二十六字石河南洛陽出土不明所在或云已售諸日本人 正光四年二月

未見著錄

龍驤將軍營州刺史懿侯高貞碑正書二十四行行四十六字有額篆書陽文十二字在山東德州 正光四年六月

初出土拓本第八行英華於王許之於字王字完好次之則於字末筆泐而王字首尚完好今則王字泐及第二畫矣

中堅將軍鞠彥雲墓志銘正書十四行行十三字有蓋正書陰文三行行四字在山東黃縣 正光四年十一月

有摹刻本二一筆道較瘦一較粗且首行秀字右損原石初拓四周着墨近似甚窄者以其嵌于黃縣縣署壁中也

未見著錄

劉根卌一人造象記正書象前記十九行行十七字題名十七行前四行直行後作四列石不明所在（正光五年五月）

未見著錄（有摹刻宜審原拓首行響滅之滅字少損摹刻只泐及鈎筆而石花皆露鑿痕）

博陵安平令譚棻墓誌銘正書十八行行十八字石河南洛陽出土不明所在（正光五年六月）

未見著錄

蘭倉令孫遼浮圖銘正書十六行行十六字歸黃縣丁氏（正光五年七月）

有摹刻本第十七行彰字上石花高處作入字形原石無此且原石第二十行於字首損摹刻完好

未見著錄

字法智墓志銘正書二十七行行二十字泐甚石不明所在（正光六年正月）

未見著錄

曹望憘等造象記正書二十二行行九字後餘一行末刻一大字歸濰縣

陳氏正光六年三月

全拓象三幨文一幨有摹刻本全失原石筆意剝落處又顯然刀刻痕最不同者首行歲字旁損作半圓形原石無之

吳高黎墓志正書十三行行十二字上本有象今鑿去矣歸長白托活洛氏孝昌二年正月

有摹刻本石面遍蒙錐斧痕殆欲掩摹工之拙乎僞品中最為易辨

介休令李謀墓志銘正書十八行行二十字有額正書陽文十二字原石先為人易去近歸山東濟南金石保存所孝昌二年二月

近不察者收入拓本以為原石其實即所易之摹刻也摹刻本筆道較瘦原石額上有細石花一片摹刻鑿成細點下有數處亦作密點原石第八九行二君字間有石花摹刻無之原石末行軍字左點泐摹刻未泐又下贈字原石貝旁下二筆泐摹刻成如本無二筆者然

未見著錄

岐州刺史富平伯于纂墓誌銘正書二十七行行二十七字石不明所在

孝昌三年五月

未見著錄

臨菑縣邑儀六十人造如來象摩崖正書記八行行三十七字末行下即接題名題名作九列列約十七八行惟末列六行在山東臨淄孝昌三年□月

按孝昌造象未見著錄尚多此最大者意近年來始發見前人著錄未之及歟

未見著錄

咸陽太守劉玉墓志銘正書十九行行十七字曾歸海豐吳氏已佚孝昌三年十一月

此石光緒十八年壬辰燬于火

假宣威將軍統軍劉平周造象碑已殘正書四面刻一面十三行行存十二三四字不等中泐一大片占九行滅五十餘字一面十四行行存十五字中泐二小片一占二行滅四字又半字一一占八行滅四十餘字二側一側五行前二行行存二字第三行六字第四行二字第五行四

字一側七行行存十五字惟末二行一泐餘八字一泐餘四字石不明所在孝昌三年

未見著錄

司空城局參軍陸紹墓誌銘正書二十一行行二十一字石河南洛陽出土不明所在建義元年七月

未見著錄

懷令李超墓志銘正書二十六行行二十六字在河南偃師永安二年正月

初出土拓本第十二行陵谷時異之陵字下旁未損予友王孝禹云有摹刻本字畧大

比丘道智道覬道行曇演羽林監安陽男薛鳳頑鄉原道俗等造像正書像兩旁各有題名龕兩層下截題名三列文一層三十一行行二十字石不明所在永安三年

石高一丈寬三強後有隋仁壽二年四月八日三交村合村諸邑等為舊像造佛堂記四行行二十字

未見著錄

散騎賈瑾墓志銘正書二十四行行三十字有額正書陰文六字歸長白托活洛氏普泰元年十月

光緒十七年正月山東長山山徑中出土

未見著錄

南陽太守張玄墓志正書據翦裱本共三百六十七字約二十行行二十字已佚普泰元年十月

上海有石影本湖南有照像精製本原底爲道州何氏所藏有摹刻本用筆重拙與原本大相懸殊聞係北京張某臨摹非覆原本重刻者作兩截汪氏十二硯齋金石過眼錄所述即據此也

樊奴子造象碑四面刻一面文三面畫象文一面正書十一行行十八字象下題名四行文末題名一行畫象一面首列題名二行第二列四行第三列二行邊際另有二長行一面首列題名五行第二列六行第三列三行一面首列題名七行第二列五行第三列三行第四列似二行

已漫漶石下截斷裂近年在山西出土不明所在太昌元年六月
未見著録
通直散騎侍郎左將軍瀛州刺史李彰墓志正書十一行行十二字近年
出土歸太倉陸氏太昌元年九月
未見著録
韓顯祖造塔記正書記九行行十一字題名十二行首行二列第二行在
象下一列餘各三列惟末行二列歸長白托活洛氏永熙三年六月
未見著録

校碑隨筆卷四

定海方若藥雨甫著

西魏

□武第八指揮單身兵士張元磚志正書四行首行七字第二三行行八字末行六字歸予大統元年九月

六朝磚志予收之頗多率皆長方磚此大方甎刻異惟首發字号之發字上右角少損中武字上一字漫滅餘字完好

未見著錄

白實造中興寺石像碑正書二十五行行二十字下題名二列列三十五行字數不等第二列下漫漶石不明所在大統三年四月

未見著錄

青州安平縣開國侯丘始光造像正書上截像下截題名一列文十九行行十七字石不明所在大統六年十月

未見著錄

杜照賢杜慧進等十三人造象隸書八行行二十一字上象側小字各三行前三行二三字後三行殘餘五六七字不等又二列上列十四行行十餘字至二十字不等下列七行殘餘三四字石不明所在或云在河南禹州大統十三年十一月

予友王孝禹云此造像與杜文雍杜英等十四人造像如二石柱然未見著錄

道俗卅七人造像碑正書二十七行文十四行行二十三字像兩旁題名一列各五行文下接題名作四列石不明所在大統十七年四月

帖估將此拓與白實造中興寺石像碑作一束石之尺寸亦相彷彿有疑為一石〻者意碑陰也予審此石中有穿似磨舊碑而刻之者白實造中興寺石像碑無是一石之說未必足據

東魏

定州刺史鄖琊碑隸書三十行後四行在側行三十九字有額正書陰文十八字在直隸定州 天平元年七月

未見著錄

代郡太守程哲碑正書三十一行行四十五字額題小字四行行五六字在山西潞安 天平元年十一月

程哲碑與道瓆造象碑近年出土拓者秘不告所在地但與武定八年二月冀州刺史關勝誦德碑同拓為一束關勝誦德碑天下金石志收入山西太原故人疑二種亦在太原實則在潞安府屬也

未見著錄 寶鏞案碑在山西長治摩崖刻見胡氏山右石刻叢編

比丘洪寶造象記正書九行行二十七字在河南登封 天平二年四月

初拓首行真字未泐下玄字右旁又側字末筆未損

南秦州刺史司馬昇墓志銘正書二十六行行二十一字歸長白托活洛氏 天平二年十一月

聞最初拓本首行大魏之大字可見後無馮敏昌觀款但予見無馮氏觀款本大字已損馮氏觀款刻于末行距誰聞誰見之見字三格地位光緒丙午夏予友劉鐵雲在天津購得此石蓋有人自河南孟縣潛運至京師無過問者帖估又運至津是年秋間鐵雲與托活洛端方制軍易曹全未斷本石只首行大字早損滅餘字依然完好

滄州刺史王僧墓志銘正書二十五行行二十五字有題字正書陰文九字作一行或云在側歸滄州王氏天平三年二月

摹刻本不一有一種甚劣下已斷碎一種較勝然筆意細審亦失且第十行盪寇將軍之盪字湯右下三撇作二撇原本曾一時哄傳缺角後知即王氏後人名鍾正者姑作此數俑將以高抬完好拓本之價耳

司空公兖州刺史張滿墓誌銘正書三十二行行三十三字石不明所在天平四年十一月

未見著錄

侍中黄鉞大師錄尚書事文懿公高盛殘碑正書存上截三十行行二十

二字至二十九字不等在直隸磁州年月泐

碑中惟存薨于天平三年五月廿八日故列目天平以後

未見著錄

法儀趙法祚造象正書上題二名作四行行二三字下九行行六字歸長

白托活洛氏元像元年四月

未見著錄元象作元像

驃騎大將軍定州刺史李憲墓志銘正書四十七行行四十七字在直隸

趙州元象元年十二月

初出土拓本第一行首魏字完好旋即泐去上半

未見著錄

侍中黄鉞太尉錄尚書事高翻碑亦稱高孝宣公碑正書三十行行五十

七字中間剥落殊甚有額篆書陰文十二字在直隸磁州年月泐

此碑重出土趙氏金石錄載此碑建立歲月文字殘缺惟有魏元字可

辨又云歲次己未當是元象二年

高෴碑高翻碑與北齊蘭陵王高肅碑稱爲磁州三高高翻碑光緒二十四年重出土高෴碑光緒二十五年出土高肅碑初露半截光緒二十五年掘出全碑按磁州向謂魏武帝置疑塚于此自高肅碑出土後始恍然所謂疑塚實北齊諸王陵寢耳

凝禪寺三級浮圖碑正書三十四行三十五字下題名作十三列直接以線界之列三十八行在直隸元氏（元象二年二月）

舊拓本第八行佛弟子之弟字第十行内外諸軍之軍字筆道未損第十三行長碧之長字首未損第十四行螺螻之螻字上半未損第十五行妙字女旁未損第十六行擒字左未損又行未乎字未損第十七行信首筆未損第十九行悲字首未損第二十行末錦字未損第二十三行風嘯百籟之風字嘯字籟字未損第二十四行蕤蕕之蕕字未損第二十六行常生之生字中筆未泐粗又下善字中間與壞字義字首與僉字尚字未損第二十八行春字未損第二十九行長揺之揺字又下風字曰字未損

齊州刺史高湛墓志銘正書二十五行行二十五字在山東德州元象二年十月

初出土拓本第二行芳德遐流之遐流二字未泐石先泐遐流二字後又泐第一行首魏字第二行首君字第三行首風字第四行首管字第六行首雲字第八行首史字雲史二字半泐餘全泐

太尉公劉懿墓志銘正書三十二行行三十三字歸太谷温氏興和二年正月

初出土拓本尺右角上自第一行第十二字起迄第九行第二字斜裂一道第二行冀州刺史之史字第六行起家下為字皆正當斷處字固未泐後于第五行第一字起迄第七行第五字又裂一道上成三角形則第二行史字第六行率下之字與為字第七行食邑五百户之食邑二字皆泐近拓第四字處又横裂一道占八行地位有摹本頗精是志細石紋數道曲曲如波浪形固不侵損字口審此細石紋凡曲處與侵損字口處自然不自然即原本摹本之大别也近有石影本初出土拓本也

蔡儁殘碑正書碑陽存上截二十六行行三十三字碑陰一列三十一行

有額篆書陽文尚存三字歸長白托活洛氏興和二年八月

未見著錄

齊州太原郡祝阿縣安東將軍鄒盖袟銘正書五行行七字歸長白托活洛氏興和二年閏月

未見著錄

敬使君碑正書碑陽二十七行行五十一字碑陰九列首列前十四行有一名或二名連書後十六行分二列第三列三十行第四五六列首作一長行餘每列二十九行第七列五行第八列首只下一長行第九列二十八行第十列五行在河南長葛興和二年

初出土拓本第七行克剪封鯨之鯨字第八行帷籌野戰之籌字第十一行秉麾出閫之閫字第十六行拜驃騎大將軍之騎字第十七行以招賢俊之招字第十八行芟夷世難之夷字第十九行遠乘山岳迻帶池閫之乘字閫字第二十行木火之木字第二十二行府自晉昻之府自二字未損泐者則于此所舉諸字外筆道較完好尚有二十餘字次

之稍舊拓本第七行公器字淵亮之亮字末筆未損又下冈字末二筆下端未與石花連第八行進封永安矦之封字中間有裂紋而未泐及筆道第十行事符賢桀之賢字中間未泐第二十一行憑此至誠之此字右角未泐誠字言旁首少損而未與成旁泐連乾隆初年出土十四年己巳沈青崖跋于碑陰第七八列後空方隸書十四行行二十八字

李仲璇修孔子廟碑正書碑陽二十五行行五十一字碑陰三列首列在額後七行第二列二十五行第三列二十九行側一行書人題名王氏金石萃編疑為後人妄刻有額篆書陰文六字在山東曲阜興和三年十二月

明拓本第八行尚想伊人四字未損泐次之嘉道年間拓則尚字上大半與伊字右半可見人字完好餘多半字或筆道者不備舉

李顯族造象碑正書二十七行行三十四字上象側二行十字十二字在直隸正定興和四年十月

未見著錄

勃海太守王偃墓志銘正書二十二行行二十三字有蓋篆書陽文九字

在山東陵縣 武定元年十月

初出土拓本無光緒元年孟夏戴杰跋語是年仲夏即添江肇麟觀款迨光緒五年十二月以後則于最後餘地又添余家鼎觀款戴跋刻在末行千秋秋字下距一格地位凡四行原石為縣官方姓攜去今存者摹刻也筆道較細損處硬鑿易辨

王貳郎館率法義三百人造象碑正書記八行行三十七字題名十七行行行十一列上象右別有四行左七行歸長白托活洛氏 武定二年二月

未見著錄

伏波將軍諸治令侯海墓誌銘正書兼隸二十一行行二十二字石不明所在 武定二年十月

未見著錄

散騎侍郎汝陽王元賥墓誌銘正書二十六行當十七行空一行行二十六字石河南洛陽出土不明所在 武定三年十一月

未見著錄

寶山石刻道凴法師造縣隸書大字三行行六字爲寶山全拓三十七種之一在河南彰德武定四年四月

未見著録

寶山全拓三十七種東魏刻只此一種北齊有年月一種無年月審爲齊又一種餘悉隋唐其目附此

北齊

靈山寺僧方法師故雲陽公子林等巖窟記隸書五十六行前二十四行行七字中六行行十二字後二十七行行四十字乾明元年

大乘妙偈隸書四面刻碑陽二十行行二十八字上小字作三十六行行十一字兩側各五行行三十五字碑陰字較小三十五行行六十字另半行刻于側之上角有額篆書陽文十八字審爲齊

隋

聖窟刻大集經月藏分中言正書前二十二行行六十二字中二十一行行十字一首刻華嚴經偈言十行行十字後題世尊去世傳法聖師

象六列列四尊下題名行數不等每行四字開皇元年
大集經月藏分法滅盡品初言正書二十五行行十四字無年月
道政法師支提塔正書上二行行四字下三行行六字開皇十年二月
靜證法師塔隸書四行行四字開皇十四年
比丘道寂塔正書共六行行四字仁壽元年正月
仁壽三年之支提墖正書四行行五字仁壽三年四月
塔頌正書五行前行二字後四行各十八字無年月
大住聖窟正書有字者共七十四行象前字數不等象後十行無年月
大留聖窟四字正書左右題佛號各一行末後另有石作匠人題記一
行無年月
懺悔文正書二十一行行十八字無年月
妙法蓮花經分別功德品中言正書七十七行行十二字無年月
涅槃經偈正書殘後存十七行行十六字無年月
勝鬘□正書六行行二十一字無年月

洺州□□法師記正書二十一行拓作二帋中似泐字數不可計二帋一存二十一行行九字至十二字不等一存十五行行九字文內大隋隋字尚有上半可見刻在十方佛名以前 無年月

十方佛名正書十一行行五十字 無年月

佛石殘石正書廿五佛名一石十八行行十一字十方佛名一石十行下殘行十七字五十三佛名二十三行行十五字三十五佛名一石存七行行十七字末餘一字可見 無年月

唐

光法律師記正書二十八行拓作二帋中似泐字數不可計二帋一存二十八行行十一字一存二十七行行九字 貞觀六年

僧順禪師塔銘正書十三行行十四字 貞觀十三年二月

慧淨法師靈塔銘正書二十三行行十七字 貞觀十五年四月

慧潤寺慧休法師記德文正書二十八行行四十一字 貞觀廿年三月

晉州洪洞縣令孫佰悅灰身塔銘正書十二行行二十字 貞觀廿年十月

張文達造象正書九行行四字貞觀廿年

大法寳師塔正書三行行九字永徽元年十二月

道雲法師塔正書三行行十字永徽二年四月

聖道寺大比丘尼僧愍法師灰身塔正書三行前後二行二十一字中

行十三字顯慶三年四月

妻戴造塔正書四行前三行各四字末行二字顯慶三年四月

劉貴寳造象正書二行一行十三字一行十四字乾封二年二月

願力寺瞻法師影塔銘正書共十九行五十二字行前一石下殘去行

七八字天授二年四月

靈泉寺玄林禪師神道碑行書四十四行行三十二字天寳八載二月

古大娘陸二娘造象正書十一行行三字無年月

古四娘等四人造象正書八行行四字無年月

清信士呂小師灰身塔正書三行行四字無年月

清信女盧造象正書四行行七字無年月

大方廣佛華嚴經菩薩明難品第六正書三十八行行六十六字無年月

劉强究記正書六行行十一十三字不等歸吳縣潘氏武定四年十月

未見著錄

車騎大將軍雍州刺史章武王盧太妃墓誌銘正書二十四行行二十三字銜作小字四行行四十四字石不明所在武定四年十一月

朱舍造象記正書十三行行九字歸長白托活洛氏武定五年七月

邑儀王法現合廿四人等造象記正書象前二十一行行二十三字象後首行題名七字餘七行行十三字中空有後人題記三龕計象八十八尊中魏刻左右皆齊刻武定五年七月

未見著錄

比丘道瓊造象碑正書碑記二十行行三十字記前題名一行年月及為記人名又一行記後題名一行碑所在地記又一行上象兩側題名十八行其末行下四名真書在記後之一空行中在山西潞安武定七年四月

未見著錄

武德于府君義橋石象碑正書二十六行行四十二字下另作二十六行行三字額題陰文十六字在河南河内武定七年四月

初出土拓本第十六七行緜銅二字間未泐石一片如錢形又末行武定之定字下半可見今則并定下七字亦泐矣

杜文雍杜英等十四人造象正書十二行行十九字東面正書象側各一行一二十字一五十九字下三列首列第二列各七行下一行字數不等又五列上四列各三行下列六行字數不等西面正書象側各一行一五十五字一五十四字下七行各一名首行二字餘三字又四列首列四行第二列三行第三列八行第四列一行字數不等北面正書象側各一行一五十七字一四十字下刻高王經一卷十二行行二十三字又四列首列七行第二列六行下各十三行字數不等石不明所在或云在河南禹州武定八年二月

未見著錄

驃騎大將軍徐州刺史司空公蘭陵郡開國公吳郡王蕭正表墓誌銘正

書兼隸四十行行四十二字石不明所在武定八年二月
未見著錄
源貳虎曾孫磨卽壙記正書九行行九字十字十一字不等石不明所在
武定八年三月
原石當第六行直裂損及第五行首一字下半裂紋在六行七行之間
因王孝禹云有摹刻故記之
未見著錄
修太公祠碑正書碑陽二十三行行四十二字碑陰五列首列二十行王氏金石萃編失錄前三行第二列十七行第三列二十四行第四列二十行第五列十行萃編亦失錄前三行又第二列首行尚馮虒萃編作尚馮失錄虒字第三列尚秀文亦作尚秀失錄文字在河南汲縣武定
八年四月
舊拓本第九行財用所出之出字完好者則第十一行卯金下握字未泐第十二行沙南下極字未泐第十三行還見禮擢九等諸字未泐第

十四行之尚子牧之尚字未泐第十六行故下道字存少許燕字可見第十七行情下和字見大半近拓第二行末盜發等字第三行末帝口等字第四行末之字皆無矣第十四行尚方顯之顯字亦泐

最舊本第一行有盜之有字可見第三行以立下多于令狐之津五字第四行文王下多見太公而訓之曰七字第五行得見下多文王曰有之五字第六行滅學而藏下多于丘墓天下五字第七行垂示下多于無窮者乎於是太公九字第八行乃字下多諮之碩儒訪諸朝吏八字第九行遂下多脩復舊祀四字又名下計字第十一行握下多厤冠蓋三字又次下典午二字第十四行末多尚景二字第十五行概下多盧忌二字又阜下多崔瑗刊石四字第十六行秦下多故道燕趙舊路六字又構下宮鐫石三字第十七行虛下多薄字叅字第十九行南下多臨字又一匡九合懸五字第二十行巫下兕字完好又多窒望二字第二十二行山行下多之文二字

意瑗法義造象碑正書碑陽象下陽文三行行三字上首左右宋熙甯六

年曾磨而改刻尚有未磨滅數名可辨其下則原刻二十六行行四字碑陰題名八列列三十二行下列每行泐餘一二字兩側各十行一側行存二十一字一側行存二十五字石不明所在武定□□

未見著錄此碑下殘

殘碑三石曰太歲等字一石存六行前二行行六字第三四行行四字第五行三字末行一字其年等字一石存九行首行二字第二行四字第三行至第七行行六字第八九行行七字至於禪等字一石存九行首行三字第二三四行行七字第五六行行六字第七行五字第八行三字第九行二字四川成都出土舊藏福山王文敏處後歸丹徒劉氏今其年等字一石歸予他二石不明所在年月泐

其年等字一石初出土拓本第二行仍字下隨字只泐末筆餘尚完好今并有泐矣且磨及首行之半年字筆道

未見著錄

綏遠將軍宋承祖殘造象五面拓一存二行二各存三行一存五行長行

直書因上與側殘字數不可計一無字中一字似是後人鑿者歸濰縣

陳氏

未見著錄

王瑛□任神奴等題名殘造象存六行首行半字第二行二字後三行各

三字末行二字舊藏王文敏處今歸日本人大倉氏

石歸大倉氏時未後下角泐去一小方第五行滅一字第六行滅鳳字

下半予見以前拓本當鳳字處有泐文而未脫落也

甯朔將軍□斌造象碑正書碑陽三十一行行三十七字碑陰三十一行

行四十一字在新疆迪化

碑作□□元年癸亥歲十二月書法審係六朝攷元年癸亥只有東魏

武定故坿此

北齊

晉甯縣開國公西兗州刺史鄭君殘碑正書上殘二十七行首行十三字第二行無字第三行二十字第四行二十一字以下二十二字至二十六字不等近年出土石不明所在年月泐

碑中稱以東魏武定五年二月薨于陽武縣五池鄉永豐里舍故列北齊之首

未見著錄

使持節都督楊懷籟徐兗五州刺史元賢墓誌銘正書三十四行行三十四字石不明所在天保二年十一月

未見著錄

張世寶合邑卅餘人造塔正書上二十行行七字下題名象前二列上五行下四行象後三列上八行下各九行歸丹徒劉氏天保三年三月

未見著錄

上官長孫氏冢記正書玉版刻五行行五字歸上虞羅氏天保三年

未見著錄

開府參軍崔頠墓志銘正書十六行行十七字舊在直隸清河已佚天保四年二月石左下角鈌損二行每行三字又前行半字有摹本宜審予見別有光墨拓一種摹本劣甚

有原石本第十二行末膺下斯字第十三行末方下此□二字已泐者此種拓本尚不難得

西門豹祠堂碑隸書碑陽二十九行行四十四字碑陰正書六列列各三十三行有額篆書陽文六字在河南安陽天保五年

碑陽舊拓本第三行治下鄴字未泐第四行自下不省書三字未泐第五行術字與均字間未泐斷下美字亦未泐第六行非□下襄王二字未泐下尚有字末筆可見第七行實下降字第十行從下想字皆未泐稍舊拓本第四行書字已泐第十行想字只見上半矣碑陰據莫友芝題記謂乾隆以前拓本較王氏金石萃編所錄可識者多將百許字

諸維那等卌人造太子象正書五面刻平面中空四周一作二行各五字一作一行五字一作二行各二字一作一行五字側面一作十二行行五六字一作十二行行五字一作十一行行五六八字不等一作十四行行五六字歸登州張氏 天保五年二月

未見著錄

報德碑像摩崖正書三十行行四十一字在山西平定州 天保六年七月

舊拓第四行像字人旁未損石字上未損第五行藺字艸頭未泐第八行物下其字未泐第十行災字下右未泐第十四行□灌里人也之灌字未泐第十五行薰名揚身之名下揚上未泐第二十五行調御之調下未泐第二十九旁功字力旁未泐又下貞字右角未泐

夫人趙氏殘字正書存十六行行十六字歸吳縣吳氏 天保六年七月

未見著錄

劉碑造象正書四十二行行十三字下題名四排一排二列五十行下三排各二列四十九行在河南登封 天保八年

舊拓本題名首行歲在丁丑下有天保八年等字

廣固南寺造塔正書十八行行十八字或云在山東青州天保三年九月

有摹刻本宜審

未見著録

順陽太守皇甫琳墓志正書二十二行行二十二字有蓋篆書陽文九字

歸長白托活洛氏天保九年十一月

此志左下角裂文占七行損六字

未見著録

鄉老舉孝義雋敬碑正書十七行行二十一字下截題名四人連書每行

十二字有額正書陰文十二字一面即刻維摩經在山東泗水皇建元年十二月

舊拓首行高字完好又下紹字口亦未損此碑舊在縣東五十里天明

寺嘉慶七年十月移置學宫即有王家棓郭綬光楊濂三人題記然皆

另紙拓之即不拓與或抽去亦無從知其有無也

大都督是連公妻邢夫人阿光墓誌銘正書兼隸二十一行行二十一字

石不明所在皇建二年十一月

未見著錄

比丘空明造象正書十六行行五字歸登州張氏河清三年三月

初拓無翁方綱題記二行記在末行實字下

處士房周陁墓志銘正書兼隸十七行行二十字末題房＝墓志記銘之

篆書七字歸黃縣丁氏河清三年

有摹刻本宜審然見過原本者知不止石花造作筆道亦相去遠甚

大尉府墨曹參軍梁茄耶墓誌銘正書兼隸二十四行行二十三字石不明所在河清四年三月

未見著錄

姜纂造象記正書十五行行二十字其正面象側左右各有字一行左行六字右行五字在河南偃師天統元年九月

舊拓本記末二行唱字與道字下計五字未泐

驃騎大將軍趙州刺史趙公墓誌銘正書二十九行行三十三字石不明

所在天統元年十月

按文首君諱空一字字道德

未見著錄

張起墓志正書後斷存十四行行二十二字末行下三半字其最下一字全泐石不明所在天統元年十一月

未見著錄

從事□□王□墓志正書二十四行行二十四字石不明所在天統元年十一月

未見著錄

儀同公孫肱墓志正書十八行行十八字有蓋篆書陽文九字歸長白托活洛氏天統二年十二月

未見著錄

郭鐵造象正書兩面拓一七行行五字一十二行行二三四五字不等石不明所在天統四年十二月

未見著錄

尚書左僕射宇文長碑隸書三十一行行五十一字有額篆書陽文十二字在河南彰德年月泐

碑中惟存薨于天統五年八月故列目天統以後此碑光緒二十四年出土

未見著錄

齊昌鎮將乞伏保達墓志正書二十行行二十字有蓋正書陰文九字曾歸福山王文敏後歸長白托活洛氏武平元年十二月

朱岱林墓志銘正書四十行行三十四字在山東壽光武平二年二月

此志雍正乙巳縣人王化洽訪得于田劉村神祠中以充香案當時拓得數紙迨乾隆戊午王氏復廣拓之字字可辨惟上角前五行每行八字畧細瘦嘉道以後日益細瘦漫漶咸同拓本則第一行扶封二字全泐於郛二字損右半志之出土相傳在明季云

豫州刺史梁子彥墓志正書兼隸三十一行行三十一字在河南彰德武平二年二月

未見著錄

中堅將軍張忻墓志正書十八行行十八字歸長白托活洛氏武平二年五月

未見著錄

岳守信磚志正書三大字左右小字二行右行六字左行四字歸日本大倉氏武平三年

初拓只三大字與左行武平三年四小字其右行乃剔出者碑估云磚出河南彰德爾時武平三年四字亦為灰泥所封惜未拓留一紙

未見著錄

西陽王徐之才墓誌銘正書四十六行行四十六字石不明所在武平三年十一月

未見著錄

青州刺史臨淮王像碑隸書二十九行行五十八字有額篆書陽文十二字在山東青州武平四年六月

碑先斷裂上截以鐵束之李南澗文藻謂龍興寺廢後明商河王贊置城北彌勒寺後久就圮乾隆四十七年秋大風雨所束鐵脫上截岌岌

欲傾乃移置滚水橋文昌祠內而上已裂成七八段矣據舊拓本以校志中全文及諸僚佐等並殘□□筵贊成高義數句筵上明係下字完好志作疑文明拓本已將銘曰之銘字作鉉可見是碑早經洗剜又逼藤根之易絶逼當是匾剜誤又其鳩曾樂于茲所鳩當是爽剜誤又花劣飛而霰下之劣齊也國初拓本已泐上半故金石索誤為分

功曹李琮墓志正書二十六行行二十六字側四行行二十三字在直隸元氏武平五年正月志已嵌入縣署壁間故近拓無側

揚州長史鄭子尚墓志銘正書二十三行行二十三字有蓋正書陰文四字歸長白托活洛氏武平五年十二月未見著錄

蘭陵忠武王高肅碑隸書碑陽十八行行三十字碑陰二十六行行五十二字額後刻詩六行首行十六字餘十字有額篆書陽文十六字在直

隸磁州武平六年

年月載于碑陰末行碑之額後刻安德王經基興感詩一首題稱五言呈弟三弟太尉公予友羅叔蘊跋云安德王乃文襄第五子長恭之弟也而稱長恭殊不可解

舊拓只半截後于光緒二十五年掘出之始拓全碑

孟阿妃造象正書十行行十字在河南偃師武平七年二月

近拓本閒首行下角有脱落之字然予未見之以帖估所攜皆較舊者也舊拓不難得更何顧及新拓耶

張思文造象正書十五行行五字曾歸諸城王氏已佚承光元年

帖估云石嘉慶年間毀于大有摹刻筆道較瘦予友王孝禹則云石與一魏刻六朝石柱同為諸城李方赤所藏後歸本邑王氏曩年曾由王念庭希祖寄來拓本未聞已毀之説

北周

開府儀同賀屯植墓志正書二十五行行二十二字歸長白托活洛氏保定四年四月

初拓本第十六行十二月之十字完好無損今只存下半

譙郡太守曹恪碑正書二十六行行五十一字在山西安邑天和五年十月

舊拓本第三行君即其後之其後二字未泐第四行子□下嗣君二字未泐第五行私姓禾下求萬全三字未泐第六行齊禮下善字完好又下修政化三字未泐第七行之下藝因事以發五字未泐第八行召鄉下儁字完好又下導引前驅四字未泐第九行聖上加下愍假安邑四字未泐第十行皇下帝威□□未泐但下二字雖存筆道字不能辨次之則其後之後字存半藝因二字與安邑二字皆損甚然猶不失為稍舊者也近拓于以上諸字皆泐

碑字王氏金石萃編未錄代以空格今據近拓可補之字尚多如後銘詞恢恢譙沛之沛字懷負之負字真人之真字稱譽上之代字穆穆下

之洲字靈下之孽字亂字綺字如字滿上雅言二字誠上孝字秉直上曾閔□喻等字又下趍除志懷等字又舒字翺翔上心字又麗下詞字又末顯彰等字錄字頌字皆明明可讀者也其最要則第二行君諱恪之恪字亦作空格奇矣

張君夫人鄭氏墓志正書十七行行十八字有蓋篆書陽文九字近年出土歸天津王氏 建德六年三月

此志河南安陽縣境一農家鑿井得之兩姓相爭曾訟于官為宣統元年也是年秋間估客影買輦至津地予已與甲成議而王氏從乙手取去王氏留石予留一初拓本焉

未見著錄

車騎將軍時珍墓志正書十九行行十五字歸長白托活洛氏 宣政元年十二月

石光緒辛巳秋諸城西古婁鄉出土首有諸城尹彭壽為其子鼐得石題識一行志之第二行下空二格地位即鑿尹鼐得來印一初出土拓本無此

□□字安甯殘墓志正書二十二行行二十四字中數行漫滅下端寬餘
及半石尚有字跡存一妃字甚清晰審係一魏志磨而改刻者歸長白
托活洛氏
未見著録

隋

王靜墓誌銘隸書兼篆二十行行十九字石不明所在開皇三年十月

未見著録

使持節儀同大將軍昌國惠公諱奉叔墓誌銘正書三十八行行三十八字石不明所在開皇三年十月

按姓氏應在盖據文似是周姓

未見著録

淮安定公趙芬殘碑正書二石一存十三行行三十字一存十二行行二十九字在陝西西安開皇五年

首而納云云起之一石内有諱芬字士茂清晰者相傳為初出土拓本其實是洗去塵土而拓之非多字也舊拓且下截少拓每行兩三字

潁州別駕元英夫人崔氏合葬墓志正書十八行行十八字有盖正書陰文二十二字作三行偏右方歸長白托活洛氏開皇五年

未見著録

開府儀同韓祐墓志正書兼隸二十七行行二十七字近年出土歸長白托活洛氏 開皇六年十一月

未見著錄

龍藏寺碑正書碑陽三十行行五十字碑陰五列列三十行又額後題名據剪裱本凡名十六未另有合州道俗邑儀一万人等一行未見著錄側三列上列六行中列八行下列二行有額正書陰文十五字在直隸正定 開皇六年十二月

明初拓本末行九門張公禮等字未泐次之則第三行釋迦文字夸泐本以較文字半泐本多全半字二十一字文字半泐本以較釋迦本則尚多十八字近拓第一行毀字第二行諦字第三行迦字又泐矣全碑之字較舊拓共泐四十一字

王輝兒殘造象正書下存三字上尚存九行首行六字餘俱七字末二行一八字一九字石不明所在 開皇八□

未見著錄

清信女管妃為亡夫郭遵道造象正書二十四行行二字惟第二三行三字末行一字乃隋刻其上殘存象三列半一列兩旁題字各一行下二列一七行一八行字數七八九至十三字不等乃魏刻也蓋魏造象而隋人補刻者歸長白托活洛氏 開皇九年三月

未見著錄

洪州刺史張僧殷息潘慶墓銘隸書七行行七字石不明所在 開皇九年十月

未見著錄

蘄州刺史李則墓誌正書十九行行十九字有蓋正書陰文九字石不明所在 開皇十二年十一月

有摹刻本刊楓林黄氏圖說

未見著錄

諸葛子恒平陳頌正書碑陽二十二行行三十二字首題三行四五六字不等碑陰四列首列六行左右有象第二列二十一行第三列二十四行第四列十二行在山東泰安 開皇十三年四月

第八行行軍元帥下晉字未泐者即舊拓本也

陳思王曹植碑正書兼篆隸二十二行行四十三字在山東東阿開皇十三年

舊拓第十二行獨步之獨字第十八行惟王二字第十九行灵虵下曜

掌二字均未泐

上府皋庵志碑正書二十六行行五十七字上首兩邊損泐有額篆書陽

文九字石不明所在開皇十四年十一月

未見著錄

趙君殘志正書存十五行行十五字又裂而為二歸予開皇十四年

驃騎將軍鞏賓墓志銘正書三十二行行三十二字舊在陝西武功歸長

白托活洛氏開皇十五年十月

石嘉慶己卯四月偃師段嘉謨訪得南海吳榮光跋于後陸氏金石續

編謂有題額篆書九字意指蓋乎予未見之予見隋志宋永貴志蓋九

字趙氏補寰宇訪碑錄尖載

初拓本第一行周驃騎將軍之軍字未泐

燕孝禮墓志正書十二行行二十一字歸東武李氏開皇十五年十月

未見著錄

張元象造象正書前九行行十字十一字後七行行八九字歸登州張氏
開皇十六年二月

未見著錄

靈州總管海陵郡賀若誼碑正書二十八行行六十七字有額篆書陽文二十字在陝西興平開皇十六年八月

舊拓本第一行生民之衆之衆字與下隨字未泐此碑因上截清晰故拓者只拓上截每行二十七字然下截雖皆云漫滅予見全拓始知完好與可辨之字尚多全拓本亦自可貴

奉車都尉振威將軍淮南縣令劉明墓誌銘正書十八行行十八字石不明所在開皇十八年五月

未見著錄

大將軍昌樂公府司士行參軍張通妻陶貴墓志正書十九行行十九字

舊在陜西咸甯相傳已佚開皇十九年三月
有摹刻本不一率皆較原本爲瘦或曰磨去一層故不似原石審實非
也原石第一行下角未泐落又司士司字鉤筆未損第三行軒冕軒字
于旁無石花尤易辨者當第十四行似蓮二字間第十五行土莊二字
間第十六行風前二字閒第十七行路悲二字閒第十八行秦川二字
閒泐處横佔行數如上且其泐處通至後之石邊摹刻本則泐處只路
悲秦川等字閒而于路字上通至前行風字上此大别也此即爲至精
之摹刻又第七行女字至第十二行安字下有一道横裂文且粗原石
無之他摹刻亦無之至精之摹刻近歸南陵徐乃昌已碎爲四塊字畫
磨細遠不如初拓矣後鐫其藏印近有石影本原拓即此
董美人墓志銘正書二十一行行二十三字陜西長安出土舊在上海徐
氏已佚開皇十七年十月
此志咸豐癸丑毁于兵燹近日帖估所携皆摹刻本原拓于隋志常醜
奴志同爲極不易得之品常醜奴志小字極精常州費氏藏有一本而

董志則原拓本首行墓字土有點搴刻無之又原本第二行汴州恆宜縣人也之汴字右近細界綫處小有損泐州字末一直亦有剝落痕第三行儆字左旁筆道未損第四行承親之承字小損末行益州總管蜀王製之製字中間小損

董美人志儀徵汪鋆于此志有四疑隋書地理志河南郡無汴州恆宜縣亦無其地開皇十七年二月庚寅文帝幸仁壽宮七月有李代賢反秦王俊坐事免而無美人終于仁壽宮之事是年五月蜀王秀來朝而庶人秀傳無一語及其事且無秀能文章之稱美人當是帝所襲號而文皇時此號未建節其說存之

縣人為河東桑泉人□令述德殘碑正書二十行下殘每行存十五六字至二十七字不等石不明所在開皇十□□

此碑自第九行寶字下第十行符字下此字上第十一行正當盡字第十二行正當起字第十三行正當宣字第十四行正當皇字第十五行揹字下薪字上第十六行正當縣字第十七行正當曰字第十八行正

當稱字第十九行真字下智字上第廿行正當遊字已裂一道欲脱可危上首亦有數裂文

未見著録

孟顯達碑正書二十六行行四十九字首行缺三十八字二行缺二字石不明所在開皇廿年十月

石陝西出土書法脩整開虞褚先聲較龍藏寺碑尤謹嚴按顯達仕于魏隋代始立碑也碑云窆于雍州

未見著録

開府儀同三司龍山公墓志正書十三行行二十字在四川奉節開皇廿年十二月

初出土拓本下無咸豐己未題識然絶少見惟見碑右邊際尚無庚申一跋此跋及磨去花紋以刻之者也

姜穆墓志隸書二十行行二十字近年出土已裂而爲三歸襄城趙氏之泰安傚徠山房仁壽元年十一月

按志雖近年出土若第五行曾祖下昭字可見第八行適當斷處慈信

之信字亻旁未泐即是初出土本亦不過三五紙也

未見著錄

信州金輪寺舍利塔下銘正書十一行行十三字在四川奉節仁壽二年四月

同治癸酉夔城出土式方經知奉節縣事吕輝移至白帝城廟壁刻記四行隸書光緒庚子潼川三臺縣牛頭山又出梓州舍利塔下銘正書首行仁壽□□□□甲五字可辨爲最晚出者併記于此

未見著錄

鄧州大國興寺舍利塔下銘正書十四行行十三字在河南祥符仁壽二年四月

原拓非難得然有摹刻本宜審

洪州總管蘇孝慈墓志銘正書三十七行行三十七字在陝西蒲城仁壽三年三月

初出土拓本無跋光緒戊子夏知縣張榮升跋于第二十一行文曰之曰字下凡二行今又鑿滅之故此志雖近年出土而拓本已分無跋有跋又無跋三種矣

君諱軌墓誌銘隸書二十二行行二十三字石不明所在仁壽四年正月

按姓氏官爵當在蓋

未見著錄

王善來墓志銘正書十六行行十六字歸黄縣丁氏大業元年十月

此志首行漫滅遂以大將軍王根之亂胄稱其實精拓諱善來晉西河人也等字可辨

未見著錄

鞠遵墓志正書十八行十行七字初歸黄縣丁氏後移置縣學大業二年正月

未見著錄

主簿吳嚴墓志正書兼隸二十五行行十八字有蓋篆書陽文九字直隸溧州出土石不明所在大業二年

有摹刻本刊楓林黄氏圖記

未見著錄

大營主行軍長史劉珍墓志銘隸書志銘作二石志十五行行十四字銘

八行行十字同歸襄城趙氏之泰安傲徠山房大業二年十月

此志舊拓本只有志而無銘意銘之一石出土晚故筆道較完好而肥

但舊拓志尚清晰不如近拓之漫漶至相傳志早佚去今可證其聞之

誤

邯鄲令蔡君夫人張貴男墓志銘正書二十六行行二十六字歸長白托

活洛氏大業二年十二月

未見著錄

壼關令李冲墓志銘正書十九行行十九字有蓋篆書陽文八字歸天津

王氏大業二年十二月

未見著錄近年出土石已裂而爲三

郭雲銘磚志正書三行行六字五字三字不等爲錢唐黄易所得相傳已

佚大業三年

張怦墓志銘正書二十行行二十字有蓋篆書陽文四字歸長白托活洛

氏大業三年十月

未見著録

甄元希銘正書五行行六字石不明所在大業六年

未見著録

襄城郡汝南縣前主簿董穆墓志敘正書十四行行十八字歸長白托活洛氏大業六年十一月

未見著録

諱隤墓志銘隸書十九行行二十字蓋失石不明所在大業六年十一月

未見著録

秘書監左光禄大夫陶丘藺侯蕭瑒墓志銘正書二十四行行二十四字石不明所在大業七年十二月

未見著録

朝散大夫張盈墓志銘正書二十四行行二十四字有蓋篆書陽文九字石不明所在大業九年三月

未見著録

金紫光祿大夫豆盧實墓志銘隸書三十九行行四十字有蓋篆書陽文十二字石不明所在大業九年十月

未見著錄

張鳳舉墓志正書四行行四字石不明所在大業九年

崔玉墓志正書十八行行十八字歸上元孫氏之天津別墅大業十一年正月

此志近年山西潞安境出土右下角與左上角少損而復膠固之聞二角乃估客買得時覓騾負之行山道中失足遂損初拓字尚可讀宣統二年歸孫氏後右下角脫落重補因記

未見著錄

吳公李氏女尉富娘墓志文正書二十四行行二十四字第十八行無字有蓋篆書陽文十六字歸天津王氏大業十一年五月

有摹刻本于第三行經字下周字右損作半圜形自然不自然宜審又原石第三行大司空之大字微凹故中間筆道漫漶原石志蓋不常見文曰大隋左光祿大夫吳國公第三女之墓志作四行書又按石昔藏

南海李氏宣統元年始歸天津王氏拓時見第十三行與臺吏之與字右旁二筆已泐併

太僕卿元公墓志銘正書三十七行行三十七字舊藏武進陸氏今殘橫斷爲二文缺十之二三歸大興惲氏大業十一年八月

元公夫人姬氏志正書二十七行行二十七字舊藏武進陸氏今殘橫斷爲二僅存百七十餘字歸大興惲氏大業十一年八月

二志嘉慶二十年在陝西咸甯出土爲武進陸劭聞耀遹所得輦歸鄉里咸豐庚申毀于兵燹大興惲孟樂毓嘉尚以重金購此殘石四段當時時安吳包慎伯世臣以爲率更書迨後德清俞曲園樾以爲率更所從出實相似也殊不必斷定長沙徐氏有重刻本今又有石影本

又按姬夫人志銘詞之末晝哭晝字原作畫非後鑿也

平原郡將陵縣明質墓誌銘正書十八行行十八字石不明所在大業十二年十月

水牛山文殊般若經正書十行行三十字額題正書陰文四字在山東甯陽

舊拓本首行无滅二字第二行境界二字第三行支字旁點第六行照字第九行法字皆完好末多題名五人四羊氏一束氏爲近拓本所無孫氏訪碑錄列此于北齊末安吳包氏以書法定爲西晉會稽趙益甫之謙疑爲隋人書就書論書予取趙說

趙氏引證云今觀題名首二人敘官一兗州主簿一奉朝請攷晉書兗州統轄濟南北地惠帝以後淪于石勒東晉復僑置京口至隋始置兗州唐則因之其證一舊制官府皆有主簿上自三公下及州郡縣漢以來皆令長自調用隋始置主簿官漢碑陰主簿書名不系地此獨書兗州主簿其證二漢以來奉朝請亦無官皆兼職而位次三公晉世兼三公甚尊貴宋永初後始以奉朝請選雜濫于齊永明中罷于隋開皇中此善邑人奉朝請如在西晉則兼職不應專書其證三

菩薩等字殘碑　正書存三行首行半字一第二行三字第三行二字字大而工整石藏濰縣陳氏

未見著錄

青州默曹残碑正書兼篆隸碑陽存十一行有二行無字餘各十二字碑陰存六列列十五行一側正書存六列列五行歸登州張氏

作經藏壹所残碑孫氏寰宇訪碑録題青州默曹残碑仍之石青州出土末行存□寅朔八月辛酉建青州默曹寅上缺字似作直筆尚見下端

校碑隨筆卷五

定海方若藥雨甫著

僞鄭

大將軍韋匡伯墓志銘正書二十二行行二十二字有蓋篆書陽文九字
歸長白托活洛氏開明二年七月

匋齋藏石記韋匡伯作虞匡伯誤以爲封邑也而文中並無敘及封虞之說且世系引祖孝寬云云其篆蓋莫乃韋之異文無疑義矣
未見著錄

唐

溫泉銘行書翦裱本存四十八行缺上半唐拓孤本昔藏敦煌石室今歸法國巴黎圖書館

庚子掃除石室發見石室藏書中有石刻四種一即溫泉銘文自稱朕而于世字民字均未缺筆故斷為唐太宗御製御書紙尾有墨題一行曰永徽四年八月圍谷府果毅兒下缺此殘本有影印

未見著錄

夫子廟堂碑正書三十五行行六十四字有額篆書陰文六字原碑貞觀初立未久即佚重摹本二一在陝西長安一在山東武城

西廟堂碑宋王彥超重摹今碎為三塊缺一百七十餘字明拓本末行帝德儒風永宣金石等字未泐者即多百餘字

東廟堂碑元至元年間重摹近亦剜過原本筆鋒細鋭變成圓鈍矣未剜本第八行懷瑤而遊列國之瑤字从缶剜本成尔且剜本多細碎石花原本無之

有石影本為臨川李氏所藏即相傳唐拓者但精鑑家皆云合舊拓東西兩廟堂碑為一本以西廟堂碑較肥故也李氏更有摹刻本甚精李氏與北平翁方綱題小字于後

徐州都督房彥謙碑隸書碑陽三十六行行七十八字碑陰十五行行十三字側三行前二行十二字後行九字在山東章邱貞觀五年三月

碑近拓下截多鑿滅之字二十年前尚不爾聞趙山鄉人惡碑估椎拓時隨觀多閑人踐傷田禾欲毀作沒字碑以杜碑估之來事為邑令所知嚴禁然已下截漫漶不如復前矣

化度寺邕禪師舍利塔銘正書久佚石自宋已斷缺行數字數不可計重摹本相傳有三可知者一在西安府學一在大興翁氏貞觀五年十一月

重摹本失于肥者北宋也失于瘦者南本也有石影本向得之以為原拓可珍近據敦皇石室發見之翦裝殘本一葉計三十九字書法頗似蘇孝慈志則與所稱原拓又逈乎不同矣此殘本有影印原底歸法國巴黎圖書館

九成宮醴泉銘正書二十四行行四十九字有額篆書陽文六字在陝西麟遊貞觀六年四月

未剜之原石本不易覯也未剜本與已剜本之大别則在第二十三行雖休弗休原石作弗剜誤從上作勿此石摹刻最多以秦氏本為佳宜審

剜後舊拓本第十行足垂訓于後昆之昆字未損末行永保貞吉之保字亻旁未剜粗亦明拓也然明初拓本碑前行魏徵奉敕撰之魏字已泐作空白一方則此碑明初似尚未剜碑兩側一有宋元豐題名一有宋紹聖及明正德嘉靖題名有摹刻本近有石影本丹徒劉氏所藏宋拓本也

虞恭公温彥博碑正書三十六行行七十七字有額篆書陽文十六字在陝西醴泉貞觀十一年十月

昭陵諸碑之一宋明拓本只就上截二十字許有十九字者亦有二十一二字者近始見全拓明拓本帝嫣升歷之歷字未損則後多二十餘

字若准的之的字未損稍舊拓本也多八九字再次則道光拓本于碑字下有張英拓碑林左讀近又鑿去摹刻本最多曾見一極佳者明拓也但字畫較原石為肥此種摹刻本近亦不見有石影本即臨川李氏所藏北宋拓北平翁方綱臨衡名補之

等慈寺碑正書三十二行行六十五字有額篆書陽文九字在河南汜水碑立貞觀十一年後非二年舊拓本第十三行此焉摠獲之焉字完好未無道光壬午隸書跋至焉字左旁少損即有跋矣後焉字全泐然第一行司牧之司字第七行一車書之車書二字第十七行境實鄭州之境字第十八行化為瞻蔔之林之林字熠燿宵行之熠字第二十六行時逢无妄之妄字下半皆未泐者猶不失為道光末咸豐初年拓本也近并此亦泐

伊闕佛龕碑正書三十二行行五十一字有額篆書陰文六字在河南洛陽 貞觀十五年十一月

最舊拓本第二十五行善建佛事下以報鞠育之慈廣修福田以□□

提之業等字未泐今只以字存之字半存又下一之字存業字半存弟二十六行猶且雅頌下美其功同和于天地管絃詠其德等字未泐第二十八行隨鐵圍下而齊固等字未泐今圍字只餘首少許第二十九行二諦分源之諦字未泐又有為非寶之為字未泐稍舊拓本即不能多字惟第十四行第八字無字尚存大半今只餘四點第十五行大將軍之軍字冖首左損而未泐第十九行於中州之於字左旁直筆未泐作粗道第二十一行倆佛之佛字亻旁下損而未泐第二十四行闡大覺之風之之字末筆未損第二十六行雅頌二字泐亦未如今拓之甚又下功字力旁右損而未泐及末筆祠字示旁損而未泐第三十行第四字圖字上右角未泐第三十一行丹青神甸之青字三畫與神字中旁左下角未泐又下蠶梅二字筆道完好又下因山之山字左未泐凡此種稍舊拓本于末行近松下尚有全字七半字六往往失拓最舊拓與近拓則皆有之

隋柱國弘義明公皇甫誕碑正書二十八行行五十九字有額篆書陽文

十二字在陝西西安

此碑明時已斷自第一行第十八字起至第二十八行第四十七字斜裂一道初僅如線謂之線斷本次之則第二行勢重三監之監字未泐其後然并州地處參墟之然并二字未泐謂之三監本最舊則未斷本然未斷本中亦有辨第二十二行參綜機務字未泐者尤舊也

後於第十一行至第二十行泐作一孔所滅之字渤海下滅公字昆吾下滅翼字囊括羣英之英字開國下滅首辟鄗陽燕昭等字折旋下滅丹地譽重周行俄遷等字必察下滅同張季之聽理寬猛相等字去職下滅哀慟里閭隣人為之罷等字山東之地下滅俗阜民澆雖預編民未等字使事下滅訖反命擾尚書左丞然并等字公贊下滅務大邦聲名籍甚精民感等字當辟之下滅兆乃懷奪宗之心公備説等字之悲下滅切孔氏之山頹痛楊君之棟等字夙下滅表白虹之珍黼黻為文紡等字飾之以下滅括羽楚金切玉加之以磨等字沖襟下滅混寵辱於霊府可等字

道光拓本第二十二行滑國公之公字無逸以為邢之無字尚未泐有摹刻本一為李氏摹刻一為裴氏摹刻近有石影本未斷本也

右衛大將軍揚州都督段志玄碑正書三十二行行六十五字有額篆書陽文十六字在陝西醴泉貞觀十六年昭陵諸碑之一第三行至於拔萃著美之至字筆道未損者即舊拓多字本也多字如下第十二行驍衛將軍之驍字馬旁筆畫可見第十三行四百戶等字下之遷字完好第十四行起復之起字未損第十五行用行之用字未損又下所以之以字左下角未為石花所泐連又下簡字完好近泐甚第十六行趙國公等之等字筆畫可辨第二十三行並宜之宜字完好第二十四行武字完好近泐甚第三十一行表行之行字右上首未損

睦州刺史張琮碑正書二十九行行六十字有額篆書陽文十二字泐存八字又半字二在陝西咸陽碑無年月予友羅叔韞訪碑錄刊謬考為貞觀十七年故列此雍正年間康錦拓本即最初拓也

國子祭酒孔穎達碑正書三十五行行七十六字有額篆書陽文十六字在陝西醴泉貞觀二十二年

昭陵諸碑之一昭陵碑舊拓多止上截不僅此碑有然也此碑舊拓第一行右庶子下銀字與後行字冲遠下一冀字皆完好者雖只上截較王氏金石萃編所錄多二百六十餘字曾見宋拓八百餘字殘缺可采者尚三百餘字王蘭泉精拓本約四百餘字較諸近拓則多百許字矣萃編云千五百餘字者盖指全碑拓本言也又萃編所錄振力聲舊拓明明振芳聲又作近□隨□下將謂等字舊拓明明近至隨運將終

梁文昭公房玄齡碑正書三十六行行約八十一字有額篆書陽文十六字在陝西醴泉

昭陵諸碑之一舊拓本第一行太子太傅之太字筆道未泐祖第四行首繼字末半泐末行齊明之明字少損未泐及月之下半者就中多出與筆道較清晰者一百三十餘字

是碑內諱玄齡字喬五字可辨並足證舊唐書誤新唐書不誤

涿州李氏藏此碑宋拓本有賈秋壑印記亦只半截且後半殘毀近歸襄城趙氏影印以公同好

文安縣主墓志正書二十九行行二十九字歸吳縣吳氏貞觀廿二年三月

舊拓本首行文安縣主之文字未泐有摹刻畧小于原石宜審摹刻在陝西西安

左監門大將軍樊興碑正書三十一行行六十一字有額篆書陽文九字在陝西三原永徽元年七月

道光八年周貞木在獻陵訪得移置學署二十三年六月沈兆霖郭鳳翔刻觀款于銘後正書一行初拓無此

蜀王西閣祭酒蕭勝墓誌正書二十行行二十字歸歸安吳氏永徽二年八月

末行際字下越四格刺史褚遂良書六字乃後人作僞趙氏魏氏著錄早辨之

雁塔三藏聖教序正書二十一行行四十二字有額隸書陰文八字又記二十行行四十字有額篆書陰文八字在陝西長安序永徽四年十月記永徽四年十二月

序中第十五行東埀下聖字未剜作望者相傳為宋拓予未見之見明拓本記中兩治作治缺末筆至王蘭泉精拓本則埀拱而治之治字已添末筆封口後一治字尚未封口追後因避　廟諱將凡有玄字末點俱剜之使泐不止兩治字之封口也近有石影本治未封口本也

潁川定公韓仲良碑正書三十二行行六十二字有額篆書陰文十五字在陝西富平永徽六年三月

乾隆元年趙希謙訪得此碑初拓第十二行九圍版蕩之圍字中韋未損

衛景武公李靖碑正書碑陽三十九行行八十二字碑陰十三行行二十字有額篆書陰文十二字在陝西醴泉顯慶三年

昭陵諸碑之一舊拓本所見多只上截每行拓至四十三字止舊拓斷鰲二字未損次之則第十一行鼃鼉二字未損次之則第四行金石二字未損若第三十三行班劍卅人卅字未損者必明拓無疑多一百九十餘字

王居士磚塔銘正書十七行行十七字石碎或佚或存存亦不明所在顯慶

三年十月

石明末出土昔在西安府城南百塔寺已裂而為三人携去後下一小方又裂而為五并上一方與後一方成七石文猶可讀未幾上一石佚自説罄求彼岸等字以下十一行完好世稱説罄本是也近亦不易得但説罄本又有已斷未斷之別其十一行則依然也迨後此十七行又碎間多散佚成小七石本小七石本第三行魏字可見小七石本之次為小五石本蓋就中又佚宗府歌三字一石□載居士窮義園之□勤八字一石最近拓本小五石本中憔悴等字一石又裂而為四而迹往等字一石亦泐迹往二字

説罄一石後刻元祐二年蘇軾詩一首

摹刻本甚多佳者推為長洲鄭廷錫偶谷本吳縣錢湘思贊本鄭本娟秀錢本瘦勁但原石居士之居下古一畫細鋒伸出上尸撇筆外摹刻無之又斷損處顯然鑿痕亦自可辨近有石影本原石與摹刻一種合裝者

杜長史妻薛瑶華墓志銘正書二十三行行二十二字石不明所在或云已佚顯慶三年十二月

鄂國忠武公尉遲恭碑正書四十一行行七十八字有額篆書陰文十六字在陝西醴泉顯慶四年四月

昭陵諸碑之一碑出土上半已泐甚下存千餘字若第三行軼前修於樊灌之軼字上尚存華字者舊拓本也後多二十餘字

駙馬都尉衛少卿息豆盧遜墓志銘正書三十二行行三十二字在陝西咸甯顯慶四年八月

初拓本石質平漫十九可辨後爲人妄剜如第四行既得姓之姓字誤剜作性徂南之徂字右半誤剜作其第九行士林之士字誤剜作土宏深之宏字誤剜作安第十行父誤剜作東第十一行家延帝子之帝字誤剜作甲第十二行朝光之朝字誤剜作朗第十七行浮雲之雲字誤剜作雪第十八行桂剜不成字第十九行於雍州之於字誤剜作東第二十三行碎剜不成字又下託誤剜作記第二十四行烏字誤剜作駕

第二十五行陸字誤刻作睦第二十九行齊美之美字誤刻作弟今石已碎首行第八字起至十行第一字向上斜裂一角十一行起至末行上首脱落且于二十五行間向下斜裂直至末行植字下空一格地位計上首滅字則十一行起至二十二行行滅一二字二十三行滅三字二十四五六行滅六字二十七八行滅五字二十九行滅四字三十行滅五字又下斜裂紋侵及滅一字三十一行滅六字又下斜裂紋侵及滅二字三十二行滅六字

蘭陵長公主碑正書三十一行行七十字有額正書陰文九字在陝西醴泉顯慶四年十月

昭陵諸碑之一明拓本尚完好無損而近拓本已損之字如第七行第十九此字衍女也之女也二字又下原字又第八行首字下無金翠之飾耳絶絲桐之聲等字第九行實字下天字又下雖左姬之含華挺秀謝媛之等字第十一行公字下主字食字又三字下千字第十二行首天字第十三行首太字第十四行均字下黄趙等字第十六行楊字下

敬玄等字第二十行竇氏之氏字又情字下禮字又特字下宜陪等字第二十二行同氣下特字又殊字下私字第二十四行瞻字下茂字第二十五行安字下仁字第二十七行皇猷之猷字第二十八行皇族之族字又分下枝字第二十九行温字下華字第三十行德下爲字第三十一行深下式字此只較上截拓每行十九字者

張興墓志銘正書二十七行行二十七字在河南臨漳龍朔元年十月

舊拓本首行西豐之西字第二行圖籍之圖字與末行掩字與私壤式題等字完好無少損則其間未爲石花侵泐之字甚多

同州三藏聖教序并記正書二十九行行五十八字有額隸書陰文八字碑陰有宋人題名在陝西大荔龍朔三年六月

明拓本二治字缺末筆又聖慈所被之聖字未損至光緒戊子皖北宫爾鐸跋占三行在末行倅廳廳字空一格起

道因法師碑正書三十四行行七十三字有額正書陰文七字在陝西長安龍朔三年十月

稍舊拓本第二十七行脱屣于夢境之于字末筆未損又下顯慶之顯字旁頁右角亦無黍未損缺形若第十一行煥乎冰釋之冰字未漫漶釋字右上首未損第十三行咸謂善逝之力之善逝二字未損又第二十八行銜哀之哀字以下與第二十九行蠲邪之蠲字益旁下皿均未泐作空白者則宋拓本也

贈泰師魯國孔宣公碑隸書碑陽三十一行行八十二字碑陰二截上截刻二詔一表二十五行行五十五字下截刻祭文二十五行行十二字又儀鳳二年一行刻于碑左並隸書又金明昌二年記二行刻于表文之末行書有額篆書十二字在山東曲阜乾封元年二月

財成教義彌綸之跡已周周字下組織心靈組字未泐織字未損泐爲明拓本則後冥石幽恠石字岐情風御岐字□天下而無由天字夏啟挹其光兆其字尚可見云阿上謬踐二字可見萬王王字下譯字可見掩洙上而□藝而字藝字與下宴居莫辯宴字可見足補萃編之闕

懷仁集王書三藏聖教序并心經行書三十行行八十餘字不等在陝西

長安咸亨三年十二月

未斷者宋拓本也聖慈所被之慈未損者宋拓本之尤舊也斷後舊拓本三奥字未損第二十六行故得阿耨多羅三藐三菩提之故字亦無少損今則第五行于是微言廣被拯含類于三途之被拯二字泐第六行長契神情之情字泐第二十八行高陽縣三字泐末行文林郎之文郎二字又泐于此數字未泐者猶稍舊拓本也特是集王書聖教序當日盛行宋拓價雖昂不難數數見稍舊拓本何能見重於世

又按久植聖緣之緣字糸旁未爲下泐處所侵及亦最舊宋拓之證未斷摹刻本甚多宜審董光香跋于一宋拓本後云宋拓聖教序多缺損數字如紛糾何以顯及内出出字有并此皆好者即是後來贗本按贗本亦有作損者多不備舉

有石影本一照原式一則縮小照原式者宋拓本也董跋而外尚有王覺斯鐸題字

攝山棲霞寺明徵君碑行書三十三行行七十四字有額篆書陰文十字

在江蘇上元 上元三年四月

末行上元三年之上元三三字同治年間泐去有此字同治以前舊拓本也

上護軍龐德威墓志銘正書三十二行行三十一字石不明所在 垂拱三年十月

舊拓本未斷後于下截當二十二十一二三四等字間橫斷一道第六七行各滅一字第九行滅二字第十行滅一字第十一行滅一字第十三行滅一字第二十七行滅一字第二十八行滅二字此後第二十六行起至第三十一行止角滅十六字下第二十九行至第三十一行滅二十三字末行十六字又小字二全滅

朝請大夫陳護墓志銘正書二十一行行二十一字在陝西長安 垂拱四年正月

舊拓不損近已下碎為四大塊上右角尚餘二小塊

朝散大夫張府君妻田鴈門縣君墓志銘正書二十九行行三十字石不明所在 天授二年六月

舊拓第一行陵下漂帙命氏胥庭等字第三行男下或剪二字第四行

際下衣冠簪三字第五行懸下車捨仕三字第六行縉下紳推二字第七行豈下止字皆明晰筆道無少些漫漶

未見著錄

封祀壇斷碑正書三十七行行四十三字有額篆書陰文六字在河南登封萬歲登封元年十一月

予見明拓本朝散大夫下尚有春官字可辨惜下裁去但每行較萃編所錄多一二三字說嵩云得故明拓本識爲薛曜書

珍州滎德縣丞梁師亮墓志銘正書十九行行二十八字昔在陝西西安今轉入河南不明所在萬歲通天二年三月

舊拓本見全文稍舊拓本石已斷裂爲三大方然末後一方下尚有一小方未拓故較更斷横道之近拓轉少字

茂州都督府司馬張懷寂墓誌銘正書石後殘存三十三行行三十五字在新疆吐魯番長壽三年二月

宣統二年冬吐魯番纏民發張公墓得之或云纏民見張公遺蜕頎長

而髯顏色如生以為神將石不久仍返墓中好古者爭拓但石質鬆脆第一次拓數紙後即不復清晰如前矣故不可問石尚在人間與否初拓即足寶貴

順陵殘碑正書三石一存八行四十六字一存十九行一百三十四字一七行今存五行二十五字在陝西咸陽長安二年正月

舊拓八行一石首行揔口下霧於二字未泐又十九行一石未斷為二今則此石當第十二行尉字上第十三行而字上第十四行膺字上第十五行鳳字上第十六行掩字上第十七行想字上第十八行班字上斷落且第十行海内之海字誤移拓于第十九行之首而七行一石今亦泐去前二行至第三四行亦有泐字如三行邑字上泐方移沛三字丹鳳上泐傍隣二字

碑明萬歷乙卯地震毀再出土只三石今十九行一石又斷遂成為四矣

長安縣丞蕭思亮墓志正書二十六行行二十六字在陝西咸甯景雲二年九月

舊拓本首行唐故之唐字末行春蘭秋菊之菊字未泐

景龍殘墓志正書二十六行行二十八字在陝西長安景龍三年七月

舊拓本第一行多聯古垂光不等字下枯字尚見木旁再下□是哉□□五字或全或半猶可見第二行多斕漫遠莫不光被金蕳烔等字下一字泐稍舊拓本則光被二字已損次之第一行聯古垂光不朽等字第二行斕字損半漫遠莫不光等字泐近拓于以上諸字皆泐

大將軍涼國公契苾明碑正書三十六行行七十七字有額篆書十五字在陝西咸陽先天元年十二月

題首碑銘之碑字與文首原夫之夫字未損泐者明初拓本也則其後風雲之雲字若乃之乃字莫能匹之能字春柳之春字鴻臚卿之鴻臚二字奉輦大夫若夫六字賀蘭州都督之督字然則之則字妙選下之實字曰鎮東大將五字兼賀蘭州之兼字蘭字上柱國之國識下之開字可下之贈字節下之都字軍下之事字沒下之不字皆完好畧一校讀且只據明初拓本之半者而損泐與未損泐字相去已如此按授堂金石跋此拓本亦僅得其半云

嶲州都督文獻公姚懿碑正書二十九行行五十八字有額篆書陰文二十字在河南陝州 開元三年十月

舊拓本第二行上柱國之國字又下胡浩撰等字又下徐嶠之奉勅書之奉字又末行武器署丞之器署丞三字又下仇敏直將作監朱暕劉祿鐫等字均未泐則全碑通計多一百二十餘字

光祿少卿姚彝碑正書三十二行行四十九字有額篆書陰文十六字在河南洛陽 開元五年四月

舊拓本博陵崔□撰之崔字與下徐嶠之書等字均可見寶刻類篇作崔沔書沔字尚存本予未之見也稍舊拓本第二行秘書少監之少字第三行慟非恒數之慟字未泐近拓慟字全泐并及前行之少字一半

居士孫節塔志正書十四行行十四字石在江蘇鎮江 開元七年正月

是志開元之元字為人改作皇字不知者多以為隋志按石初歸慈谿嚴氏元字尚未作皇字迨歸托活洛氏則已改作開皇矣今送至焦山松寥閣

未見著錄

金滿州都督賀蘭軍夫使沙陀公夫人阿史那氏墓志正書二十行行十九字石不明所在開元八年三月

未見著錄

雲麾將軍李思訓碑行書三十行行七十字在陝西蒲城開元八年六月

舊拓本第六行博覽下羣書精慮衆藝等字未損此碑因下截漫漶自第三十二字以下多不拓元明已然第二十四行夫人下竇氏二字未損者亦舊拓本若首行并序二字未剜作并文為北宋拓本不易遇矣近之稍舊拓本第九行蓋小小者之上一小字與第十二行宰臣不闕之不字未損然審墨色亦乾嘉年間物近有石影本舊拓也有摹本宜審

北岳府君碑行書二十九行行四十七字有額正書陰文十二字陰與側刻諸家詩與題記在直隸曲陽開元九年三月

據金石萃編所錄舊拓第十行以先天二年之先字未泐予見乾隆拓

本此字已泐惟下魏名確之名口處未損第十一行五岳大使之大字未泐作白空尚可辨第十九行仲宣之仲字亻旁亦未泐此較勝于近拓之大概也

鎮國大將軍吳文碑俗稱半截碑集王書行書三十五行中三行無字餘二十三四五字不等在陝西長安開元九年十月

舊拓第二十行四序之四字完好稍舊拓本筆道尚可辨近中二筆與右邊均泐連又第二十五行瘞將軍於地下之軍於二字筆道未損

唐突厥賢力毗伽公主阿那氏墓志正書二十三行行二十二字石不明所在或云在湖南長沙開元十一年十月

此志與沙陀公夫人阿史那氏志同為不嘗見故帖估索值與佚石等按墓志散在藏家其存其佚實不易知苟帖估言佚者非有確據終不敢輕信為佚也

中大夫守内侍上柱國高福墓志銘行書二十七行行二十七字歸吳縣蔣氏開元十二年正月

有摹刻原石第一行故字左上與右下無石花第二行麗正殿修撰等又第三行勞息下之字達人下一字當中俱有錐痕作直道者摹刻無之又原石第五行主君之主字首點損摹刻完好又諱福之福字原石于田處惟直畫可見餘全泐摹刻則泐少許第十四行朝議大夫之議字言旁原石損摹刻完好第二十四行末讓字下原石損末筆下無石花摹刻言旁與下石花併連

述聖頌正書十九行行三十七字有額正書陰文三字額右下有宋元豐年間題字三行額右有金天昌九年題字七行左有王弜嘉歡款四字碑陰上有韓賞告嶽廟文下有大歷九年華陰令盧朝徹謁岳廟文有貞元九年十三年題名左旁有乾元二年張惟一祈雨記右旁有上元元年題名在陝西華陰開元十三年

碑第一行第二十六字起至末行第二十二字下斜裂一道舊拓本第六行際下旁未泐第七行既字第九行粲如也之粲字可見第十二行若字首第十五行哉字未泐

紀泰山銘摩崖隸書大字五十三行行五十一字額題紀泰山銘四字亦隸書惟御製御書四字及末行年月正書在山東泰安泰山開元十四年九月

王氏金石萃編云今所得拓本文字完好惟人望既積望字在地之神之字多于前功前字俱半缺震疊九寓寓字至于岱宗岱字俱全缺此五字之外他無缺也蓋皆為葉彬所補足王元美王良常所見皆謂缺百餘字尚是未補足之本若取近數十年間本與已補足以上諸字舊本校之近本自昔王者者字撇筆下端損矣餘遂不校

端州石室記正書十八行行二十三字末刻宋乾道己丑題字一行在廣東肇慶開元十五年正月

首行第一字端字絹光筆道無少損者第二行第一字日者未泐作田者今往往用墨填描如填曹全碑乾字然而第十三行國政之國字損甚則無法彌之矣

興聖寺尼法澄塔銘正書二十五行行三十二字舊在陝西咸甯為黃彭年攜至貴州開元十七年十一月

王氏金石萃編未只作刻字朱曜今審拓本上只有十四字鑿滅十一字惟□□卿上柱國□□志暕等可辨下撰并書三字完好

麓山寺碑正書二十八行行五十六字有額篆書陽文四字在湖南長沙 開元十八年九月

宋拓舊本為黃仙鶴刻等字未泐本于大唐開元十八年歲次庚午九月壬子朔十一日壬戌建云下有江夏黃仙鶴刻六字又有□上計于京不偶茲會贊曰等字及贊八句句四字其次則為贊中英英披霧等字未泐本贊只存四句即萃編據錄者至明末國初拓為大唐開元等字未泐本然唐字已損半開字損左上角以較近拓唐字元字已泐本全碑尚多未泐字四未損字十近有石影本宋拓黃仙鶴等刻字未泐本也有摹本呆板

又按宋拓最先者冥搜息想之搜未泐作捜頗不易遇

京兆府美原縣尉張昕墓志銘正書二十一行行二十字舊在陝西西安杜城已佚 開元廿四年十月

景賢大師身塔記行書三十行行二十一字在河南登封開元廿五年八月

第一行會善寺之會字景賢之賢字又下身字筆道完好與末行八字下月十二日建五字不損者舊拓也以後筆道清晰之字不勝舉若第二十九行之業字未泐尤舊

易州田公德政碑正書二十九行行六十字在直隸保定開元廿八年十月

舊拓第一行田公之田字未泐

莒國公唐儉碑正書三十八行行八十五字有額隸書陰文十二字在陝西醴泉開元廿九年

昭陵諸碑之一是碑明拓全本君諱儉字茂約等字清晰計多四百六十九字然拓往往及半每行二十四字止則儉字正在下截無從校校第十六行於兹逾等字下淺字有無泐去未泐者亦舊拓本之證也

夢真容碑行書十九行行四十字是碑有二一在直隸易州一在陝西盩厔開元二十九年六月

易州本作侍中牛仙客盩厔本改為張九齡易本是原石盩本當是後

人重刻樓觀碑亦是陝西重刻石墨鐫華論之甚詳

石壁寺鐵彌勒像頌行書二十三行行五十八字金泰和四年重刻本末有泰和年跋字七行亦行書在山西交城開元廿九年六月

碑宋元祐五年燬于火重刻之金大定二十六年又燬于火泰和四年又重刻之據交城人云至國朝道光末碑亭傾圮碑又斷裂為五六塊高氏之碑抑何不幸

校碑隨筆卷六

定海方若藥雨甫著

唐

雲麾將軍李秀碑行書已殘成柱礎二各十二行五六字至十二三字不等在直隸大興天寶元年正月

二石殊漫漶以乾隆拓本較諸近拓本則乾隆拓本第一石第十行末勝字未泐第二石第六行使下節上持字亦未泐又第十行首其一之一字與末敦字全見今一字泐敦字泐左半有全碑重刻本

兖公頌正書二十二行行四十九字有額隸書陰文四字側太和中題名二列一二行一三行在山東曲阜天寶元年四月

是碑自第二行第四十一字起至第八行第四十字止缺下角舊拓本下截埋土中未拓如史晨碑每行缺字凡全拓皆升碑以後拓也稍舊拓本第十二行粢食之粢字米右未泐作一空

靈巖寺碑行書二十一行行四十一字斷爲二石下石前八行殘缺在山

東長清 天寶元年
碑再出土為道州何子貞掌教濼源書院時訪得舊拓本下石末第二行碩德勤脩之脩字完好與下真字可見者則再前二行閒寂内警延四字未損

洪州高安縣令護軍崔夫人獨孤氏墓志正書二十三行行二十三字歸西安趙氏 天寶二年十一月
石當第八行閒直裂初拓第九行善無二字未泐落次則善字只餘下口近二字全滅矣

任令則碑行書三十行行五十五字在陝西武功 天寶四載十二月
嘉慶二十年乙亥七月段嘉謨訪得越三年戊寅吳榮光刻跋于下截左邊空處至己卯年又添聶銑敏題識段氏初拓未刻跋然殊草率

振威副尉左金吾衛成□墓志正書十八行行二十二字前半下角缺占八行在陝西西安 天寶六載十月
舊拓只缺下右角今則上右角已斷裂首行全泐缺次行并序二字亦

泐第三行赫赫宗周之周字與下昔有天下之昔有天諸字皆泐第四行連字下曾祖二字上下各存半第六行參軍之軍字亦存半矣第十行首何字全泐

多寶塔感應碑正書三十四行行六十六字在陝西西安天寶十一載四月

康熙年間泐闕十八字為合掌開等字下泐佛妳見法為五字微空等字下泐王可託本願同六字正議等字下泐大夫行內侍趙思七字惟大字尚存半近拓此泐闕處微下空字與議下大字之半又泐有摹刻本近有石影本乃內府所藏宣和舊裝本以賜香東少宰曾歸覺羅崇恩者也又考宣和舊裝本鑿井之鑿字未損其他宋拓則已損矣旋見摹本數種皆後未闕泐本其臃腫全無顔書神氣者不足辨矣即就中佳者如前可息之息字缺末點如後福應之應下心與真龍之龍字下半同謬之謬字下半泐處未能奏刀乃只刻其半又亦行河南史華華字下所餘半刻字所泐左半亦顯然剜痕究易辨也

雲麾將軍左龍武將軍劉感墓志行書二十三行行二十三字在陝西咸

甯天寶十二載十月

舊拓本首行唐故二字未泐者其後每行行首之字皆完好今則首行唐故下雲麾之雲字亦泐矣後之泐字不備舉有摹刻首行彭城之彭字作泐下并序之并字亦作泐原石實尚存也又第三行河岳之岳作岳第四行馬作馬又祖字缺一點末行荒字缺一撇又瘗不成字可辨也

内常侍孫志廉墓志銘正書二十四行二十四字歸江蘇鎮洋畢氏靈巖山館已佚天寶十三載八月

東方畫贊碑正書碑陽贊十八行碑陰記十七行行各三十字額亦二各陰文十二字一篆書一隸書在山東陵縣天寶十三載十二月

原石宋時已剜過今則剜而又剜者也最舊拓本碑陽第十行跆藉賢勢作賫後剜為貴近有石影本即丹徒劉氏所藏舊拓也

折衝都尉張希古墓志行書二十二行行二十二字歸吳縣蔣氏天寶十五載四月

有摹刻本原石首行郚字右有石花摹刻無之下尚德二字原石未損

摹刻損及筆道第十三四行耒五水二字石泐處摹刻鑿痕顯然第二十一行表情琬鑿等字原石皆不損摹刻已損又末行歲次二字摹刻泐左旁其他相異尚多

劉智墓志正書二十行行十九字此志有二一作張遘文不明所在一作蘇靈芝書歸丹徒劉氏天寶十五載五月

作蘇靈書一石疑摹刻

鮮于氏離堆記正書碎為五石共存四十七字又半字七在四川南部近處置使入等字一石佚又闕十二字故嘉慶年間題記謂存四十二字是也舊拓本尚耒之耒字只下撇筆少損而虛口之虛字水者之水字俱完好今本此三字皆泐下半

郭氏家廟碑正書三十行行五十八字有陰作三列共三十四行在陝西西安廣德二年十一月

宋拓本銘詞内第二句肇見虢土之虢字右半虎清晰國初尚可辨今漫漶矣又是碑至嘉慶壬申刻趙懷玉陸耀遹董曾臣觀款隸書在末

行建字下空一格地位有摹刻本粗俗全失原神首行原石已泐諸字摹刻皆完好

太子賓客白道生神道碑正書二十一行行四十字有額篆書在陝西西安永泰元年

碑先在咸甯鳳棲不知誰氏移置西安其時當在嘉慶年間因嘉慶年間人著錄尚在咸甯也道光二年錫山周君行訪得重立于府學前下角即有唐仲冕題記四行正書其末二行首正當碑文撰字下格又十五行空處有黃本驥虎癡題記一行是碑舊拓本撰書人官銜均尚可見今則似鑿滅者非同後之漫滅也碑中凡遇白公官銜亦然如第十三行首同字起至勇上滅二十三字舊拓只國下泐二字郡下泐三字第十六行贈公下滅十一字舊拓只國上泐一字其他漫滅較金石萃編所錄缺字多矣

恆州刺史李寶臣紀功碑正書二十五行行五十五字在直隸正定永泰二年七月

第三行聖人允成等字可見第四行末東下諸侯二字未泐則為多字

舊拓本也若第八行清河郡下王字完好無少損者即稍舊拓本據帖
估云稍舊拓本較近拓本多字予未得最近拓本從校焉姑存其説

扶風孔子廟殘碑正書存八行首行八字又上下半字二第二三行各八字又上各半字一第四行九字第五六行各八字又上各半字一第七八行各九字在陝西華州大歷二年

予見此石拓本于前方距一行地位已刻少華探花王氏家藏八字正書

大證禪師碑正書二十五行行五十二字有額篆書陰文九字在河南登封大歷四年

稍舊拓本末二行文字非文字言語非言語等字與後大曆四年歲次己酉等字又下河南屈集臣鐫字等字筆道無少損則第十七行　雨字上如雲等字亦完好其後如字雖漫漶尚未全泐雲字已無字跡可尋矣此碑剝落殊甚未見最舊拓本王氏金石萃編據文苑英華注錄全文泐只四字

武衛將軍臧懷恪碑正書二十八行行五十八字至六十四字不等在陝西三原趙氏金石錄以為大麻中立

據國初拓本由此獲免之獲字完好又有馬千駟之馬上半左方與勳勞楙于王室之勳右旁力未損又守節安卑之卑字上半未損又固殊異於他族之於字首一點未損至嘉道年間拓本只獲字完好餘四字俱損近拓獲字亦微損矣

麻姑山仙壇記正書據翦裱本行數不可計字數共九百一字舊在江西南城已佚大歷六年四月

有摹刻本失真之處不勝毛舉摹刻凡三種一唐晏雲本一重刻忠義堂顔帖本何氏刻一黄氏本唐刻最善何刻最劣上海原石石影本即上虞羅叔韞所藏有張廷濟題字之本也

又小字本麻姑山仙壇記正書宋景祐間出土已缺一角至明正德間再出土入郡中為人剜損季氏摹刻羅汝芳跋之

中興頌摩崖正書左行二十一行行二十一字在湖南祁陽大歷六年六月

有摹刻在四川資州據趙氏補寰宇訪碑錄載二種帖估云摹本大麻之麻字二禾作二木

入關齋會報德記正書八面刻各五行行二十八字在河南商邱大歷七年舊拓本下段未泐落據東里續集謂永樂丁酉秋余得此本每行下闕四字蓋打碑時爲夏潦所淹也今據宋拓國初拓近拓三種校之碑首書銜名一行顔真卿之真字可辨宋拓也顔字未泐國初拓也又記之首行末有唐大歷歷字上畫猶存有字完好宋拓也有字微損大字損半國初拓也又後左右僕射知省□之知字宋拓未泐國初拓存半近拓全泐其餘泐損相異尚有四十餘字不備舉崔倬跋字國初本亦較今本多二十二字

張書茅山元靖先生李含光碑據翦裱舊拓足本行數不可計字數共八百三十五字後大字紀建立年月十字前另有李陽冰篆額五字篆書有額篆書陰文六字已佚大歷七年八月碑明嘉靖三年玉晨觀火與顔書一碑同燬傳世拓本甚少同治初年

杜筱舫文瀾以歸安吳氏本上木旋毀近有石影本即上虞羅氏所藏有張廷濟二跋之南潯沈氏本也

廣平文貞公宋璟碑正書三面刻兩面各二十七行行五十二字側七行行五十字一側別有記十行行七十字在直隸沙河大歷七年九月

舊拓本其背面第八行之左諭第九行之篤前四字間未損今諭字上泐連及左字篤字下二點與前字上右點泐矣此碑未斷只缺碑側記八字者宋拓本也見崇甯二年范致君題記然久淹沒土中至明中葉出土碑已斷記缺字亦多

容州都督元結碑正書四面刻兩面各十七行兩側各四行行三十三字至三十五字在河南魯山大歷七年十一月

舊拓本經畧等字中間有泐道而未泐去經字末筆之少半及其他筆未粗畧字右各亦未損又下元字中間泐當末筆如未泐然近則只有鉤處可見又後真滈之語語字言旁只損口而未及上二筆與下傷字未大損又文編之編末筆未損又誣湖南都□之都字左半者完好又

君建明承鼎之鼎字未泐又遠近危懼莫□□□之莫字僅少損又顔
垂美以述誠顔字亦僅少損近有石影本

錢唐縣丞殷履直妻顔氏碑正書四面刻兩面各九行行二十八字兩側
各四行行二十九字有額篆書陰文分刻兩面各六字在河南洛陽
是碑碑陽中斷剥落殊甚舊拓本第二行金紫之紫字下損些微次之
則紫糸下泐作幺然猶未泐及第三行人字今則紫字惟餘首而人字
末筆亦與石花併矣

干禄字書正書宋人重刻二石行列字數新舊本不同在四川潼川大歷
九年正月
第一石五列今本第五列計三十五行每行下半皆泐明初拓本則僅
中間之十六行泐末一字或二字共泐字才二十餘第二石舊本六列
今本則五列而第五行下半幾分泐幻詠之跋存上半二十三行得字
百三十九最舊本幻跋共五十八行存字四百九十四次之存二百六
十八字尚不失為明拓至國初只存一百七十餘字或一百三十餘字

今則碑既漫漶一片勾跋亦只存下左右角數字矣

真化寺尼如願律師墓志正書二十七行行二十八字在陝西咸陽大曆十年七月石末刻杜林諸生李如蓮存石九字舊拓本第十七十八十九三行末一行未泐次之則此三字泐而未碎今碎爲數塊

顔書茅山元靖先生李含光殘碑存石十四塊合全半字計四百六十一字在江蘇句容大曆十二年五月碑本四面刻盤拓絶不易得乾隆壬子汪稼門志伊蒐訪僅廿三石然尚存全半字共一千四十餘字全碑凡一千六百餘字則闕者已五百六十餘字若明末或國初拓尚較汪拓多二百許字自句經容經兵燹石又散失同治丙寅遵義趙氏訪得十五石共百九十七字旋失三小石計十五字迨壬申揚州張氏更訪得二石移至學宫共二百七十九字重刻本見王澍虚舟題跋原碑斷于宋紹興七年丁巳不知何時毁去按毁于嘉靖三年今茅山所有碑乃是覆刻筆畫細瘦全乏魯公雄健之氣

且字之譌七十餘處原石宋拓本只缺百餘字予見明拓較先共得一千四百四十一字雖無續訪得之字如第一行只從廣陵等字起但上柱國下魯郡開國公諸字魯下半尚完好郡完好公右角未泐又末後大歷十二諸字下較近拓多夏五月建及渤海吳崇休鐫諸字

鮮于氏里門碑隸書據翦裝本行數不可計行二十五字在四川成都孫氏寰宇訪碑錄作韓秀弼書碑實秀實訪碑作正書碑實隸書此碑剜過見數十年前拓本歷履臺閣等字與後顯有剜痕者多處如勃興之興字剜作㒷變風成俗之變字剜作叜則不成字矣

無憂王寺塔銘正書三十三行行七十四字在陝西扶風大歷十三年四月首大唐之大字與下王寺二字未損者舊拓也

顏氏家廟碑正書碑四面刻兩面各二十四行行四十七字兩側各六行行五十二字有額篆書陰文六字在陝西西安建中元年七月第三行祠堂之頌之祠字司鈎筆惟宋拓本完好明拓已鑿粗矣

不空和尚碑正書二十三行行四十八字有額正書陰文十六字在陝西

西安 建中二年十一月

最舊拓本未斷今碑中斷且右上斜裂一角占十一行地位右上斜裂處計泐第一行大興下善字第四行和尚下諱字第五下宗下燭字第六行宗字第七行代宗二字第八行九年二字第九行詔字第十行詔字中斷處計泐第二行馮翊縣之翊字第三行會稽縣之縣字此下自第七行起每行泐一字末行且泐二字中惟十行末泐字第十五六七行泐及上下筆道或半字若第二十行二十一行各一字則已泐矣但此種最舊拓本予只據著錄予實未之見也予得明拓與近拓校之明拓第八行追贈大辯正廣智三藏和尚之大字完好無少損近拓畫下二筆泐併且下泐作點形似太字第十五行異下僧上之凡字中未泐作一白方

彭王傅徐浩碑 正書三十四行行八十字有額篆書陰文十二字在河南偃師 貞元十五年十一月

第一行彭王傅之王字清晰者舊拓也第四行玄宗開元之後等字亦

未漫漶如近拓稍舊拓本第十行當斷處碑下頌字上半可見近泐

柳宗元龍城刻石行書八行行四字在廣西馬平元和二年

舊拓天啟三年小字跋甚清晰近已漫漶有摹刻審宜但原石非難得

内侍李輔光墓志銘正書三十七行行三十六字在陜西咸陽元和九年四月

舊拓本只第十四行至十九行間損十字第三十三四行間軍字損大半績字損少許第三十七行文字損今石已斷裂

宫闈令威遠軍監軍西門珍墓志正書三十三行字數不等在陜西長安元和十三年七月

舊拓不損今已中碎爲二大塊前一長塊下二小塊後一小塊矣

忠武軍監軍使朱孝誠碑行書二十八行行五十六字在陜西三原長慶元年二月

舊拓後上角未斷泐諸字如第十七行加下盪字第十八行廿日下遘字第十九行左石下勦字第二十一行有下也字第二十三行姻下貴字第二十四行石下銜字第二十五行紫下泥字今皆無字迹之可尋

矣至云已成沒字碑則非確也按朱孝誠新舊唐書均無傳

石忠政墓志銘正書十四行行十五字惟第二行十六字石碎不明所在

長慶二年八月

舊拓石碎為三近則于前存七行之一石又橫裂一道

未見著錄

郯國公梁守謙功德銘正書四十六行行八十八字在陝西西安長慶二年十二月

明拓本銘詞中購字下存半似地字可見又後馳光耀谷之光字未泐

柳公權書金剛經正書橫石十二石石每行十一字裝成卷子首藏敦煌石室今歸法國巴黎圖書館長慶四年四月

石在宋已毀故宋人知其名而未見原刻也有影印本

又陀羅尼經翦裝一葉無年月亦敦煌石室中物坿記于此

沈朝墓志銘正書十九行行十九字至二十二字不等係磚刻不明所在

寶歷元年八月

予友羅叔韞云志已碎

未見著錄

西平郡王李晟碑正書三十四行行六十一字有額篆書陰文二十字在陝西高陵太和三年四月

是碑具以狀聞聞字本空一格後爲人妄增一以字作具以狀以聞未增以字拓本予未之見但第一行西平王之王字中筆可見又第二行大學士之學字首在旁未損者第二十二行而身遽不遺之身字未損尚不失爲明拓也近拓重墨周到較舊拓清晰而於以上諸字則損矣

大達法師元秘塔碑正書二十八行行五十四字在陝西長安會昌元年十二月

是碑當第九第十第十一字處中斷舊拓本第三行集賢之賢字右旁又未損若首行上座之上字筆畫未損者尤舊爲初出土拓本有摹刻本近有石影本上字賢字皆損非舊拓也

劉舉墓志正書十二行行十三字至十八字不等有蓋予未見之歸揚州張氏大中元年八月

未鐫張午橋印者即光緒壬午以前拓本

未見著錄

魏公蓍先廟殘碑正書先獲五石後獲二石統計約三十六行行六十字在陝西西安大中六年十一月

是碑雍正初年出土共五石嵌置按察使署二門内將下一小石八行者斜置於最大一石之左後重為移置下方如今拓相傳又續得二石成七石本七石本其最近拓也

萬夫人墓誌正書十一行行十二三字不等有蓋亦正書六字已佚大中六年十二月

志僅百餘字石昔藏儀徵汪孟慈處汪樹糧艘入都時艘火物毀此石與焉

圭峰定慧禪師碑正書三十六行行六十五字有額篆書陰文九字在陝西鄠縣大中九年十月

明拓本第二行同中書之同字未損次之乾隆拓本同字雖損而無遺事矣之矣字末筆未損又受具于拯律師之受字首筆可辨又金湯魔

城之魔字下一撇未泐粗再次則未斷近拓自首行第十九字至末行第二十七字處横斷一道斷後拓本第三十五行内下渴字泐第三十六行上將下軍知内侍省五字均泐則未斷本將來亦是可貴

修中嶽廟記正書二十四行行四十六字有額隸書陰文四字在河南登封咸通六年二月

是碑予所見爲已裂拓本也上右角裂處脱落十二字下右角脱落九字已裂之舊拓本第十三行中天之中字完好無損又下岡巒之巒字山左下角未與石花泐連第十七行將何瞻仰乎之乎字末筆未損又下爾心之心字中點未損第十八行退而自言曰之自字中未泐作空白第二十一行神廟之廟广雖損而未與中泐併第二十二行況公尹正之能之况字末筆未損正字上畫可見第二十三行措下吾民二字間未泐連末行刋石二字可見

集王書鎣藏寺碑行書一段十七行行九字至二十四字不等一段十五行行六字至九字不等在韓國慶州府東三十里

此碑先於嘉慶年間金正喜獲十七行之一石後至丁丑年又獲十五行之一石

江總殘碑行書一石存三行首行半字一第二行七字第三行五字又半字一下餘一筆第四行三字上下半字各一一石存十行前三行各二字第四行三字第五行四字第六第七行四字又上半字一第八行五字第九行四字第十行三字在江蘇上元

光緒辛卯九月江甯陳氏獲殘石二方於千佛岩鐫題記三行于石之空方行書引唐韋應物句若到栖霞寺先看江總碑

邛州刺史狄知愻碑正書三十一行行六十二字有額篆書陰文十二字在河南洛陽

碑下截泐去全碑四分之一予見稍舊拓本第五十行有山巒之山字完好無少損第二十三行豈知□□下有命二字未泐第二十四行嫡子故□書令之書字未泐近拓山字泐半有命二字有字已將漫滅命字泐書字泐首

大州司馬陶君殘碑正書存上截三十二行前二行四字第三行五字第四行六字以下行七字惟末二行六字有額篆書陰文十二字石近年出土不明所在

未見著錄

冠軍大將軍代州都督上柱國許洛仁妻宋氏墓志正書十七行行二十字石不明所在寶鏞案石在台州宋氏

近拓估所携多摹刻本原石末有道光紀元臨海宋世犖自關中購藏倦知山館六月廿四日男經畬書一行又第二行序字下有海昌六舟僧觀款一行下摹印二一六舟印一宋曾昀印

原石第一行都字處未泐與阝連第七行襲字下衣雖損而筆道可辨摹刻則姑以糢糊飾之第八行軫字彡上一筆隱隱可辨摹刻作二筆下衡字原石中魚少損摹刻反完好宋氏又有清河張夫人墓志世稱雙璧是志正書十九行行十九字刻臨海宋世犖藏六字在第一行下隸書又下男曾昀侍四字正書較小旁有陳一桂鑒款末後有陳協寅

觀款

鄉貢學究李顥墓志正書二十五行行二十五字已佚

年月失記故坿于唐刻之後已佚乃帖估云

未見著錄

後周

廣慈禪院記正書二十五行下殘字數不可計有額正書陰文殘存敕賜廣三字在陝西咸甯 顯德二年十月

舊拓雖下殘每行尚存二十餘字近拓只存十二行行五六字王治刻跋刻于右上角跋云按希夷先生廣慈禪院瑞像記雍熙二年立石在今香城寺至淳化二年始刻香城寺牒此石上有大周字知宋初猶唐沿舊名乃寺中碑碣最古者久作書院柱礎因以他石易之嵌于廳事東壁庚戌夏王治識

有摹刻當第九第十行間原損之一直道姑作凿缺形第十一行教下一字鑿痕顯然後當二字間斷裂脫字額亦只存賜字下角尤易辨矣

南唐

紫陽觀殘碑正書僅存四十餘字歸句容駱氏餘石佚作乙未十二年後周顯德六年也

江甯孫忠愍祠藏全碑拓本見孫氏寰宇訪碑錄

坿集柳書金碑一種無攷疑元初碑一種

沂州普照寺碑正書集柳公權書二十四行行六十二字在山東蘭山

皇統四年十月

舊拓本第三行斷碑于土四字未泐

前後出師表正書據剪裝本前出師表二十二行行三十字後出師表二十一行行三十二字石不明所在

舊拓本前出師表此悉貞良死節之臣之死字未損後奉命於危難之間之危字與後夙夜憂歎之夙字與後三軍之軍字中間皆未損

予之隨筆本不欲急急刊印以問世且亦何敢問世諸友不謂然以爲碑版專記剝落未嘗無補于攷古家但搜索求備則前者日見其佚後者日見其出書將永無告成之一日其言良是乃止于此若記

僞刻

夏

大禹岣嶁碑篆書

漢

新政立石隸書陽文鐵鑄以四角作錢形故俗名鐵錢碑更有從此木刻者

荆君畫像右方隸書荆君二字另有題乃割襲安陽殘石中正直等字一石而爲之字則畧小

李昭碑篆書 元初五年三月

李農墓志隸書 建甯三年二月

宣曉墓志隸書 熹平元年十二月

任君墓題字大隸書 光和□年

議郎趙相劉君墓門隸書陽文 中平四年三月

曹參墓志隸書

畫象上題先生乘馬時下隸書十四行行十餘字至廿餘字不等

戎臣奮威等字磚篆書陽文作四磚每三行行三字又于他帖估手見同一制作之皇帝建國等字磚四合讀之似本嶧山碑而湊成者

天有吉鳥等字甎隸書六行行六字又地有羊獸等字甎隸書六行行五六字

命□□□言曰人惟□舊等字殘石隸書就中二國字二爲字泐處相同顯係鈎摹者

破張郃銘隸書

魏

孫二娘等題名隸書黄初元年三月

王五娘等題名隸書黄初元年三月

部曹侍郎史張轉國墓志銘正書咸熙元年九月

晋

鎮東將軍軍司關中侯房玄墓版隸書太康三年二月

王濬墓志銘隸書永平七年十月

李子忠殘志一角隸書年月泐

陳

宣城太守到仲舉墓志正書太建十年

北魏

周君磚志正書天安二年三月十六日

按此志與後成陳二志爲僞品中之最不通者别字無論已其首行作大魏墓故之民顯考周府君之墓之靈位即此可槪全文

處士源嘉墓志正書二帋一作十二行一作十一行天安丙午八月

汝南主簿周哲墓志正書太和十年十月

按此志與孫遼墓志正書如出一手

秘書丞晉陽王雍墓志正書太和十一年十月

逸人陳峻巖墓志正書正始五年八月

孫遼墓志正書正光五年七月

秀才卜文墓志正書 正光七年二月

寧遠將軍陳延貴墓志銘正書 普太元年九月普泰作普太

高植墓志正書兼隸

按此非從正書已殘之高植志摹刻之者又有一志取陶貴志任意改刻二種妄鑿殆相類也

東魏

僧人普惠塔銘正書 興和二年

北齊

題化成寺寶塔造象記正書 武平元年三月

涍海太守趙通墓志隸書 武平二年六月

按此志與楊松志銘詞雷同且與楊松志如出一手

北周

諱通墓志正書 天和二年

按此志與陳峻巖劉桂二志又如出一手

大督楊林伯長孫夫人羅氏墓志銘正書 天和二年八月

魏鎮國將軍劉桂墓志正書 天和三年七月

安昌公夫人鄭氏墓志正書 天和十八年十一月

諸祿元墓志正書 建德元年

隋

廬陵太守楊松墓志隸書 開皇二年三月

女子謝青蓮墓志銘正書 大業九年四月

宋門王氏甎志正書 義甯四年

按此種僞品一望而知首行上作隋故墓之民又作宋門王氏又作老太君即此諸字連書其下可不必讀後義甯作儀甯

類此者又有大漢甎志二各十三行一界方格一直欄故作漫漶姓名似是而非年月則無惟一作魯州人一作□府人可見蓋與所記不通之諸志出一手可謂文不成文字不成字凡類此而未見者以意度之必自多多碑估亦出價收之居爲奇貨也不足與語矣

偽許

成丙生甎志正書天壽元年二月

按志既作天壽而上冠大隋與陳丙南志前行作大隋天保同為可笑

文亦不通

偽鄭

上柱國鄧國公故太夫義安郡夫人元氏墓志隸書二十六行末行在側

唐

陳丙南墓志正書大唐元年

按此志與周君成丙生等甎志諸祿元石志如出一手

女子蘇玉華墓志正書武德二年五月

黃葉和尚墓志正書武德三年九月

涼州刺史郭雲墓志正書貞觀五年十月

或云有真本然未見之

隨清娛墓志正書永徽元年

梁夫人成氏墓志正書麟德元年十二月

都督上柱國□□郡開國公孫管真墓志正書調露元年十月

按此志與文林郎王君夫人墓志試大理司直辛幼昌墓志黄葉和尚墓志拓成一束略一視之皆可疑也坿于此

杭州刺史劍南東川節度使杜濟墓志正書大歷十二年十一月

按志託顔書中有真卿忝居友胥句尤令人絶倒作僞亦須學問烏足與若輩語哉

李術墓志正書元和九年正月

盧士瓊墓志正書太和元年九月

優婆姨段常省塔銘正書天寶三載

柳氏墓志正書

左監門衛副率哥舒季通葬馬銘正書

以上僞刻諸種乃捏造非摹刻也只就近出與常見者録之耳未敢云即此畧備至造象僞刻尤多不勝舉其舊象無字而後人補鑿者亦不

少概勿錄焉 若記

校碑隨筆續集

汪仁壽署

民國十二年校印

續校碑隨筆目錄

卷上

卷下

續校碑隨筆卷上

定海方若藥雨甫撰

宋元碑難得

以張懷瓘書估估碑宋元聲價自不敵唐碑之重然得唐碑易得宋碑難元碑抑又難矣何則歐虞顔褚烜赫已久固家家奉為圭臬即墓誌造象經幢其書雖不甚著名往往妍秀可喜便於臨池通都巨肆尚易物色至宋碑惟蘇黄米蔡四家元碑惟趙松雪尚有拓而售者此外非專工訪拓不能得或藉良友之餽貽或煩屬吏之供億其豐碑高至尋丈或在危厓絶巘人跡不到之區贏糧裹氈架梯引絙然後得之所費不貲及其散失之後流入市肆所售之價不足紙墨估人惟利是圖其孰肯作為無益乎故宋元碑可遇而不可求然無豪奪無居奇則以我所取者人所棄耳余訪求石刻二十餘年所得唐以前碑視孫趙幾十有八九新出土者不與焉五季以下不逮其半（遼金碑以在畿輔久所得較多）其難易不較然哉

總論各省石刻

關中為漢唐舊都古碑淵藪其次則直隸河南山東山西觀畢阮諸家所

錄望羊興歎又其次則隴蜀吾吴皇象碑已亡初平校官一刻巍然爲江以南靈光孫吴蕭梁斐然繼作浙有三老諱日記楚有九真太守碑滇疆僻在南荒而二爨碑一晉一宋可傲中原所稀有足爲雞足增輝此外閩粤諸省隋以前無片石貴州至前明始建行省漢盧豐碑（即吹角壩摩厓）之外不獨無隋唐名跡即宋元兩朝亦無一字可著錄此則限於地也紅厓晚出鄒叔績雖釋爲殷高宗伐鬼方之碑荒遠無徵難爲典要

求碑宜因地

鄭漁仲求書之道有八其三因地也因人也因代也皆可通於求碑而碑之宜因地而求比書尤切經史雕本孳乳不窮不得於彼或得於此苟非麻沙下劣之本即可插架若碑則原石祇此一刻祇在一地不到盧山何從見其真面此地之宜知一也私家棗梨異於官本千里雖遥舟車可致宦游所刻或如廉石之載歸坊肆所雕或以兼金而轉鬻昔在燕齊安知今日不在吴越若碑則高或尋丈重亦千鈞非如大壑之舟可負而趨此地之宜知二也古今雕本或在國學或在郡庠或在公庫或在家塾通都

大邑搜訪易周估船書林咄嗟可辦若古碑則往往出於窮鄉僻壤梵剎幽宮甚至高岸深谷屐齒不到非有土人導引莫施氈蠟此地之宜知三也古人著錄郡邑之外每多略而不詳平津訪碑錄亦第有某省某縣好古者往往迷於物色余所見惟林侗昭陵石蹟攷詳著第幾列第幾區村落方向碑估李雲從每拓一碑必於紙背書在某邨某寺或某冢距某縣城若干里可謂有心人也已若依此著錄後人按籍而稽何至迷其處所

論碑之名義緣起

聘禮東面北上上當碑南鄭注宮中必有碑所以識日景引陰陽也凡碑引物者宗廟則麗牲焉其材宮廟以石窆用木祭義君牽牲既入廟門麗於碑鄭注麗繫也謂牲入廟繫著中庭碑也釋名釋典藝碑被也本葬時所設施轆轤以繩被其上以引棺也臣子追述君父之功美以書其上後人因焉故建於道陌之頭顯見之處名其文就謂之碑也此碑之緣起也

碑穿一

碑之有穿所以麗牲亦所以引綍即檀弓豐碑注所謂穿中於間為鹿盧

下棺以繂繞是也自後世立碑但以述德敘事而失其本義遂不盡有穿矣案史記始皇本紀上鄒嶧泰山皆云刻所立石不言立碑則秦時碑字尚僅用之於宮廟繫牲之石及窆木凡刻石之文皆謂之碑當自漢以後始歐陽公集古錄曰欲求前漢時碑碣不可得則冢墓碑自後漢始有也宋景文筆記曰碑者施於墓則下棺施於廟則繫牲古人因刻文其上今佛寺揭大石鑄文士大夫皆題曰碑銘何也

碑穿 二

王惕甫碑版廣例曰漢碑穿外有暈其暈繚繞或即自穿中出或別從穿外起尚存古制引繂之意其碑文有居穿下者有因當穿而廢其數字者其碑首或刻螭虎龍雀以爲飾或直爲圭首方鋭圓橢不一其制額書亦不必皆在正中偏左偏右皆有之

碑額 一

漢魏碑額筆法奇偉可喜非後人所能髣髴蔡君謨見後漢南陽太守秦君碑額苦愛之歐陽公遂著於錄近時金石家如汝南周君碑額三階大德禪師碑額其碑雖佚猶錄而存之惜拓工棄如弁髦余所見墨本能拓

陰者十不得四五拓額及兩側者尤難得若兼拓額之左右蟠螭則更絶無僅有故非親至碑下摹搨古人制作之精末由得見牛空山金石圖劉燕庭金石苑皆摹全形一展卷而貞珉如見此著錄之善者矣

碑額二

題額篆書爲多分書次之有真書北張猛龍南萬祚爲始有行書張從申銅井鎭福興寺碑有籀文唐開元處士王慶墓幢宋趙王樓記繆篆疑禪寺三級浮圖○諸體各舉一碑爲例不盡此篆體往往不合六書偏旁繁省時乘古誼魏盧江太守范式碑額盧內之田从囟范內之㔾从㔾則在三國時已如此唐宋御製碑多以飛白題額如唐太宗晉祠銘汜水紀功頌孝敬皇帝叡德紀武后昇仙太子碑諸額及宋仁宗賜陳繹碑額皆飛白書也其翩翻之態著紙欲飛前人謂之插花舞女草書絶少蓋章草皆取流便碑榜莊嚴本相鑿枘金宴臺國書碑題額十二字亦國書不可釋元至正三年重修佛堂院記額題郭鉁霽鄧寘脊趙撝叔謂即重修佛堂院記六字而碑陰題首糀珇堯聖四字終莫能明也壺關縣紫團鄉慈雲院碑銘宋董湝書額其文爲彔恷亞窴辟蕆六字即新慈雲院碑

文也新作彔文作蔑不知所出其刻有陰文有陽文陽文洪氏隸續謂之黑字猶本草目陰文之字爲墨蓋子其分別略同但陰陽易位耳又有中間凸起四圍一線陰文深陷如坳大都淺刻平漫黑文滿布此由石質易裂若刻之過深而細稜稜露骨觸之即損恐不耐氈椎耳谷朗碑額題吳故九真太守谷府君之碑凡十一字一行直下其次孔褒碑一行九字校官碑亦四字直下而左右有白文兩線深陷其制畧異然漢碑如此者少大抵皆分作兩行當穿上居中惟高頤額稍偏右有在穿左右者即以穿隔之衡方碑兩行之中刻白文一道爲界陳德碑分棋局如九宮額篆六字左右書之而空其中三格六朝以後始有多至三四行者皆用棋子方格惟陳懷志北徵府君碑額黑字白圍一圍兩字長方如元人押奇古可愛其至多者宋爨龍顏碑題宋故龍驤將軍護鎮蠻校尉寗州刺史邛都縣侯爨使君之碑唐白雲先生詩勑題睿宗大聖皇帝開元神武皇帝賜白雲先生書詩並禁山勑碑皆二十四字魏元萇溫泉頌額題魏使持節散騎常侍都督雍州諸軍事安西將軍雍州刺史松滋公河南元萇振興

溫泉之頌共三十六字若北周強獨樂碑多至十五行六十字則自漢魏迄宋元所見者僅此一刻而已額首多上銳如搢圭或橢圓如覆盂其平方者字多横列陶大舉碑題宣州刺史陶府君德政之碑凡十一字宋潼州府學鄉賢堂記及富樂山詩額八字皆一字一行横列唐殷君夫人碑四面環刻額十二字横列前後兩面每面六字亦有一石相連題首即在碑字之上不别立額者碑陰多無額惟宋顯伯造象之陰分五層上層佛象次層横列邑社曹思等石象之碑九字漢鄭季宣碑陰有横額八字曰尉氏故吏處士人名馬鳴寺根法師碑額作二層上層馬鳴寺三字陰文豎列下層魏故根法師之□□八字陽文横列此皆石刻中所希見非通例也王蘭泉曰大歷文廟新門記篆額六寸分二行字縱二寸横一寸額字之小無逾於此余謂額之大者若臨桂摩厓之平蠻頌宋頌皆字徑逾尺蓋十倍於新門記矣夫碑之有額猶書之題籤畫之引首所以標目也往往有碑文漫滅如昭陵各石賴其額尚存得知之石墨鐫華於馬周碑云今摹碑者多不摹額是一恨余為下一轉語云今磨碑者多不磨額是

二恨此兩言東西易向其為愛惜古人之心則一也自唐以後事不師古如八都壇神君實錄額題大唐二字龍門永徽五年殘造象其首書曰大唐之碑晉祠銘額題貞觀廿年正月廿六日令人覩額不知其碑則駢拇指而已至若靈源寺垂拱造象額上刻經主題名萊州刺史唐貞休碑於篆題空處繪貞休象柏梯寺碑撰者徐彥伯書者胡輔之皆署名於額雖非古法要為金石之變例存之可資異聞

碑額三

漢碑多蟠螭唐碑多蟠龍蟠螭之形有如犇馬四足馳驟兩龍中間或綴以珠有雲氣繚繞之唐大歷八年裴平書文宣王廟新門記額有咸通題字王蘭泉云題字處上銳當銳處懸一珠二龍繞之漢碑畫龍形皆如馬四足犇馳此碑與後世之蟠龍無異碑刻二龍捧珠始見於此亦有下連碑側與額為一余所見全形如九成宮醴泉銘唐之御製各碑宋趙懿簡碑追琢工細無與倫匹嵩岳體元先生潘尊師碣尤奇偉前人紀王忠嗣碑側刻水獸奇異怪偉吳山夫金石存嵩陽觀聖德感應頌頂蓋雲龍下座刻丁甲之象左右旁刻花紋周鋪俱範金彩歷歲久遠絕無損蝕說嵩王蘭泉紀爨龍顏碑穿上蟠龍

穿左右日月各徑五寸日中刻踆烏月中刻蟾蜍余所見宋龍昌期勅額亦如之又紀唐孫師範書太師孔宣公碑碑首形圓左右刻二仙子峩冠羽衣騎鸞而行左右相向鶴含草如竹葉周刻大花葉以為唐畫真蹟以其言推之漢白石神君碑圭首左右兩獸獸内一人以兩臂拄獸腹似彝器文之子孫字形張遷碑四面蟠螭圭首鋭處兩鵲相對此亦漢畫之至精也又若道釋兩家各尊其教碑額往往不題字而造象世所知者如懷仁聖教序額上佛象七軀寶歷二年皇澤寺造象碑額佛象一龕道因法師碑刻釋迦牟尼觀自在大勢至三佛象於額其尤奇者松陽葉有道碑額上畫艮卦作☶☷象治水靜穢丹命告額中層刻符籙離奇俶詭愈不可究詰矣

碑額 四

柳子厚述唐時葬令云凡五品以上為碑龜趺螭首降五品為碣方趺圓首此本唐六典蓋所述者時王之制也然稽之唐碑亦不盡符如逸人竇居士未有爵位以宦者之父而李北海題其碑曰神道潘尊師碑巍然巨

製而題爲碣如此之類未可枚舉

碑額五

前人題名碑陰亦題於額之兩面倉頡廟碑額即有漢題名兩則皆在正面若額之陰有題於立碑時者中山法果寺經主題名是也有後人登覽摩挲因而題名其上者孔林華嶽諸碑是也北齊蘭陵王高長恭碑額陰有五言詩一首則王弟安德王經墓興感而作也隋首山栖巖寺塔其額陰有唐咸亨三年御製詩而姚元崇韋元旦諸什皆刻於碑陰顔魯公家廟碑李少温篆題之後亦有魯公書十行八十餘字齊隋兩碑久著於録而其額世無知者近十年中始先後拓得傳於世以是推之額陰有字沈淪未顯者尚當不盡於此

碑額六

有勅碑在先而題額在後者虞永興廟堂碑武德時建至武后時相王旦始奉勅題額今西安宋刻本非舊額舊額爲大周孔子廟堂之碑八字又說嵩記秦王告少林寺教額隸書曰太宗文皇帝御書後人復記於碑云

已上七字開元神武皇帝書蓋教爲太宗筆額爲元宗筆華嶽精享昭應碑開元八年劉升書左方有華陰縣令盧僎題分書十六字其時興元元年十二月也又有銀青光祿大夫檢校華州刺史上柱國李休光題額二十字錢竹汀云驗其字體亦出盧僎蓋勒碑之後又六十餘年而始題其額耳

碑額七

潛研堂金石文跋尾萬壽山修觀音祠記慶元五年劉震書并篆蓋古者墓有兩石一書誌銘一書某官某府君墓覆於誌石之上故有篆蓋之稱若宋游師雄墓誌全用碑式其篆即刻於額而尚沿篆蓋之名已失其義此記當稱篆額而亦云篆蓋此古聖所譏觚不觚者也又跋紹定二年梅隱庵記云宗學諭方萬里篆其額自稱題蓋攷唐人誌墓云題蓋別於篆而言之（謂用真行分書）此記與額無二石又作小篆體而襲題蓋之名兩失之矣余謂碑額沿題蓋之謬始於南渡以後汴京以前未聞也然宋碑所見尚少慶元五年晉陵乾明寺古殿記其額八分書稱鄒鐵隸蓋嘉熙改元常

熟縣教育言子諸孫記其額正書稱王遂題蓋寶祐三年太平州重建學記稱鄭埜題蓋此三石蓋字雖誤上一字猶各得其實惟臨桂趙郎中德政碑以摩厓亦稱篆蓋端平丙申則其失更甚不徒如錢氏所譏矣元碑承訛踵謬不一而足如常熟縣重修文廟記至元三十年徐琰題蓋湖州報恩光孝寺置田山記至元甲申古涪文及翁篆蓋慶元路重建儒學碑至元二十八年王宏篆蓋太平路重修儒學記大德三年侍其君佐題蓋嘉興路重修儒學碑大德庚子范霖篆蓋采石重建承天觀三清殿記至治元年李希謝篆蓋嘉定州重建廟學記至順三年潘詡篆蓋東祁王先生歸田興學記至正九年換住篆蓋正定龍興寺秦王夫人施長生錢記至正十四年周伯琦題蓋余所藏石刻有元一代最少已有九碑若至元五年代祀北嶽記額爲尚師簡書至正二年重修無錫州學記額爲黄溍書皆稱篆題則固無不可耳

穿中刻字

碑之有穿皆在額下碑文之上亦有移而稍下上距碑文三四字其文空格以避之或稍偏左偏右或在額上篆題分列穿之左右安陽金石記載

大乘妙偈碑鑽空題有州刺史三字又有大金甲午歲大定十四年寶山靈泉寺講經僧法智題名鑽空當即碑穿穿中有字惟此一刻逕寸圓孔不曉何從奏刀

論碑帖之分

今人碑帖不分凡刻石之文統呼為碑及墨而拓之紙則又統呼為帖雖士大夫未能免俗甚矣其陋也夫碑之不可為帖也石刻之不盡為碑也周秦漢魏以下歐趙而降撰述源流雕造形製其為體也屢遷其稱名也雜而不越禮曰遽數之不能終其物悉數之乃留更僕未可終也

墓誌一

一曰墓誌齊武帝欲為裴后立石誌墓王儉以為非古或謂自宋始（元嘉中顏延之為王球作墓誌有銘）或謂自晉始（隋得王戎墓銘）或又據崔子玉書張衡墓銘云東漢時即有之此廣博物志之說也然漢魏以前墓石不獨今所未見即歐趙亦無著錄晉始有劉韜房宣兩誌（劉韜出土已久房宣新出）僅記年月姓名爵里而已至南北朝始有文字後繫以銘兩石對束上為題蓋蓋如碑額有篆有隸亦

有真書南朝刻石禁網甚嚴余惟見梁普通元年永陽昭王蕭敷及敬太妃王氏兩誌皆徐勉文其石久佚惟滂喜齋潘氏藏有宋拓孤本北朝以刁魏公為第一張湛王僧張元劉懿皆為世重張元以廟諱世稱之為張黑女以元字黑女也舊拓在道州何氏吾郡有翻本能亂真嘉興沈子培比部藏高植誌筆意淵穆如古尊卣不在刁遵之下厰肆所售摹本至陋無毫氂相肖處鞠彥雲吳高黎兩石雖寥寥短碣森如利劍可剸犀象世稱崔頠徒以罕而見珍實非其敵若鄭忠則庶幾矣朱岱林房周陁兩誌飄然如曹帶當風吳衣出水出自倒薤書已開隋曹子建章仇禹生諸碑鄭子尚時珍古拙開隋賀若誼趙芬諸碑至隋開皇以後墓石出土者尤多常醜奴梁羅姚辯為甲梁姚未見真本常醜奴誌余曾見兩拓本一為沈韻初孝廉舊藏一為李香嚴廉訪舊藏細如絲勁如鐵隋誌多方嚴勁整此石筆筆飛空在隋石中別開境界或云其石尚在未知待盡餘年猶能一見否元公姬氏兩誌自是精品包慎伯定為歐陽信本書則臆見耳今歸陽湖陸氏庚申劫後僅存殘石兩角全本至與兼金等貴新出之張

貴男張通妻陶最後出之蘇孝慈皆隋石之佳者吳嚴李則輩賓又其次也二張真本極難得陶貴摹本非一南陵徐積餘太守得一石寶為原刻嘗以一通見貽至蘇慈真偽紛如聚訟王可莊前輩詆之尤力疑為李仲約侍郎之筆仲約亦微聞之後為朝貴摹一本自言如邯鄲之學步不能得其神似為斯石辨誣初出土時陝中一達官於空處勒惡札一行貴筑黃子壽師官陝命工劙去之此石遂有未勒字本已勒字本磨治本陝估以此辨拓之先後定價之高下夫以二十年內新出之石共聞共見犂靳之術已如此乃於千百年後得一舊帖指為某宋拓某元拓不其傎歟

墓誌 二

有唐一代墓誌余先後收得三百餘通其所不知及知而未能得者尚不知凡幾也王勝之同年假館荒齋嘗盡發篋中拓本示之勝之仿張懷瓘之例為估其高下得至精者百通又百通遜而居乙其餘皆等之自檜以下然書雖不工自有氣韻雖宋元名家之筆亦未能遽到大抵自唐初至宋約分五變武德貞觀如日初升濡朗莊嚴煥然有文明之象自垂拱迄

武周長安超逸妍秀其精者兼有褚河南薛少保之能事開元天寶變而為華腴為精盤盛極而衰蘇靈芝吳通微之流即出於是時乾元以後體格稍卑其流派亦分為二以肉勝者多近蘇靈芝王縉以骨勝者多近柳誠懸至開誠遂有經生一派學歐者失之枯腊學虞者失之沓拖漫淫漸漬馴至為宋初之袁正己孫崇望於是蘇黃諸家始出而振之此書學遷流之大概也試取有唐三百年墓石從原竟委覃研精究雖覆其年月而射之十可得七八於以知翰墨之事亦隨氣運為轉移閉門造車出門合轍在古人亦不自知也今世所珍莫如甎塔銘及鄭莊所書梁師暕誌世謂之小梁府君次之則李文蕭勝薛瑤華其實開天以前可與頡頏者尚不少惟歐虞褚薛諸家則絕無片石永興之汝南公主信本之邕禪師塔皆摹本黃葉和尚女子蘇玉華誌皆好事者依託不足當信本之奴隸蕭勝誌刺史褚遂良書六字劉智誌武功蘇靈芝書六字亦皆後添蛇足此兩石不失為佳刻本不必以人重近時化人之技為鬼為蜮益工益巧鄭開明燕聖武諸誌何以不先不後一時並出然其文字實皆謹嚴有法幸

匡伯篆蓋陽文六字更非唐以後人所能作雖質之藝風杭叔兩公亦皆未有定論也

墓誌 三

宋墓誌新舊出土者視唐誌不過十之一元又不逮宋之半佳刻絶少余所藏惟陳寂之虞太熙兩誌尚不失唐碑之矩矱虞誌學歐虞陳誌近徐李且皆完好不缺一字子瞻乳母誌摹本尚詄蕩可喜如得原石當不減保母甎辛卯在廠肆見宋曹黼誌舊拓本宛然長公手筆索值甚廉以其宋石姑置之後為蒯禮卿前輩重值購去始知為僅見孤本至今悔之宋開趙埋銘元張伯顏壙誌出土未久石即亡今孤本在藝風處元石至精之品有兩本一為宋仲温七姬權厝誌一為趙承旨鮮于府君誌皆希世珍也仲温一石聞歸邵小邨中丞或云在徐子静觀察處鮮于誌舊為沈韻初孝廉所藏其子筱韻來修士相見禮以此為贄遂歸余五百經幢館

總論撰書

古碑不題撰書人或曰造此碑而已蔡中郎自云平生作文惟郭有道碑

無媿辭今林宗碑摹本尚在未嘗署邕名也惟鴻都石經確為邕跡然禮記公羊諸經後皆有堂谿典馬疋磾諸臣名則亦非一人手筆西嶽華山碑都元敬據徐季海古跡記定為蔡中郎書夏承碑末有真書一行云建甯三年蔡邕伯喈書此後人據汝帖所增諸家聚訟但云非中郎不能作耳亦無確證也小歐陽集古目又以華山碑為郭香察所書蓋以碑末有都水掾杜遷市石書佐廣豐郭香察書刻者潁川邯鄲公脩云云明王弇洲屠赤水皆沿其說洪文惠隸釋云東漢循王莽之禁人無二名郭香察書者察涖他人之書爾趙子函云市石察書為二事洪公言可據按漢碑之有書人者惟敦煌長史武班碑小歐陽以為嚴祺字伯魯書按嚴祺一行在末下無書字隸釋本有紀伯允書此碑六字即在嚴祺一行前翁氏兩漢金石記所據本紀伯允三字尚未泐則洪氏此本亦可據李翁西狹頌後天井題名有從史位下缺仇靖字漢德書文隸釋所載析里橋郙閣頌較今本復溢出五行第三行從史位□□□□字漢德為此頌位下缺四字第四行故吏下缺□□□子長書此頌辭下缺三字以天井題名證

之從史位下所缺者爲下辨仇靖四字前碑其所書此碑其所撰也顧南原云故吏下辨下三字天下碑錄以爲仇子長名紼按集古錄目郙閣頌漢仇紼隸書以此證之下辨之下當是仇紼字子長耳撰書並列漢隸祇此一碑此外石勛撰費鳳碑邊韶撰老子銘亦皆具書於石若孔廟百石卒史碑張稚圭據圖記以爲鍾太尉書又以黃初碑爲陳思王辭梁鵠書皆得自傳聞之說南北朝之際署姓名者尚無幾焦山瘞鶴銘託於華陽真逸上皇山樵究未詳撰書姓氏惟蕭憺碑題徐勉撰貝義淵書齊之隴東王感孝頌申嗣邕文梁恭之八分書周之華嶽頌万紐于瑾文趙文淵書隨之趙芬陳茂賀若誼皆豐碑而撰書人亦闕如龍藏寺碑至精妙但如爲張公禮撰而書人亦未詳也或云古人撰碑皆自書之凡無書人名者撰書即出一人之手如陶長史寇謙之唐初顏師古之於等慈寺朱子奢之於昭仁寺皆其類也北朝造象惟太和孫秋生一刻孟廣達文蕭顯慶書墓誌惟齊朱岱林一刻其子敬脩撰序其姪敬範撰銘此外署姓名者絶少唐時墓誌亦往往不署名其有署者撰人多書人少篆蓋刻字愈

少會昌三年張氏誌沈櫓文安子書宣郎篆閏郎刻趙搗叔以為異特著之咸通四年榮王府長史程修己墓誌温憲文子進思書再思篆蓋如此類在唐石中誠不多見宋元以後撰書篆蓋始皆大書特書於首且繫結銜殤誌或不如此至今以為通例云

碑版文體一

金石刻詞昭示無斁秦漢諸碑炳焉與雅頌同文古文苑一書大都皆采自金石文字即隋唐以下鴻文鉅製亦往往而有試以任昉劉勰諸書攷其流別翰藻斐然莫不具體然有紀功碑而無露布有廠德碑而無符命有受禪尊號而無九錫文有歌詩詞賦而無連珠體率更九歌僅屈宋之一枝鷗波七觀亦枚乘之嫡裔嵩華諸山設醮記青詞之濫觴也唐宋兩朝封祀壇宋大中二年亦有封祀壇頌王旦撰裴瑀書封禪朝覲壇頌陳堯叟撰尹熙古書文園之遺稿也隧道之碑墓門之碣著錄之富可謂裒然而哀誄之文絶少魏孝文帝弔比干文其誄詞之屬乎顏平原祭姪文尚是後人追刻臨桂有范文穆祭新冢文當塗有何瑋祭張飛卿文元至正十四年此皆祭文之見於石刻者若廣禪侯

祠祭告文會稽祭南鎮文（至和二年）如此之類乃皆所以享神如今祝版元時竟謂之祝辭若淮濟諸刻是也神絃曲有四刻羅池廟碑昌黎文子瞻書人皆寶之此外吾鄉居其二一在泰伯廟宋龔頤正文一在天妃宫元黄向文其一臨桂方公祠堂迎送神曲嘉定八年柯夢得之文也上梁文祇有吾吳三清殿一石（嘉定十八年龔頤正撰書）他如牋啟之屬頗少（説見前）序跋之屬較多（凡碑文有後人題辭附刻於後者皆是）設難問答若解嘲賓戲諸篇則石刻中希得見之

碑版文體二

石刻詩文有不經見之體如實錄為左右史之辭非可通用而唐之八都壇神君實錄楊吳天祚二年洪州雲蓋山龍壽院光化大師實錄碑宋之重修仙鶴觀實錄元之存真營仙翁實錄碑皆僭用此二字行狀為上史館之辭唐宋以後神道傳誌之屬無不有惟行狀則若專歸於釋家所見於著錄者唐永昌元年沙門釋法如禪師行狀宋咸平二年傳應大法師行狀碑（青浦王氏藏本）方山昭化禪院政法師行狀金承安五年蓋公和尚行狀銘（趙秉文撰并書在東昌府）余所見僧塔有所謂行跡記狀跡記（金正隆三年僧善公狀跡記）或改

而為勤跡碑此皆行狀之變文而名賢家狀未見有一石傳世此不可解者也釋家之文有三種多見於石刻一為成道記唐王勃釋家如來成道記宋湖州飛英院有一本在浴室記之陰然拓本不易得不如明董文敏所書之膾炙大悲成道傳聖歷中僧義常文宋元符三年刻石崇甯三年天竺寺僧道育重立金有凝真大師成道記大定十六年王鎬文李輔書在陝西臨潼縣一為開堂疏唐以前無有也宋黃涪翁黃龍晦庵和尚一刻著錄最先蔡元度有請確公主淨因院疏兩碑皆名筆惜未見金長清靈巖寺寶公開堂疏（皇統九年）其發端云濟南府今請靈巖禪寺寶公長老開堂演法為國焚修祝延聖壽者下接竊以云云鄠縣草堂寺印公開堂疏（元光二年）其發端云京兆府謹請印公堂頭作本寺山主住持為國開堂祝延聖壽者下接伏以云云凡宋金開堂碑其文體皆如此在石刻中自為一例余又悟諸家著錄有祝聖壽疏其實即開堂疏因無題額節碑中祝延聖壽為題耳一為遺囑亦宗門之語錄但出自涅槃時未命如後周王兕寺禪師遺屬元之龍川大師遺屬記是也以上諸體皆所希見惟石刻時

時有之此文體之異也

兩人合撰一碑

一石兩文唐石亭記千秋亭記（開元十九年在四川中江縣）宋育齋銘履齋說（武岡州新出土）淳祐九年）又如天授三年大雲寺彌勒重閣碑後有聖德芝草頌或一時之事或一人之文連類而書未為不可若井陘之鐵元始讚與承天軍城記同刻一石則如風馬牛之不相及至兩人合撰之體宋元豐元年八會寺大佛石像記題東關劉瑋中山李獲撰（曲陽）紹聖二年重修堯廟碑李勃吳愿合撰（河內）未知其如何命筆或如鄭之辭命有草創者即有修飾潤色者歟古人此體甚多然其標題皆有別齊朱岱林誌其子敬修撰序其姪敬範撰銘唐張元弼誌子東之述李行廉銘此墓石分撰之例也唐宗聖觀記歐陽詢撰序陳叔達撰銘（武德九年）許公蘇瓌神道碑張說撰銘盧藏用撰序（景雲元年）蜀國公尉遲迴廟碑閻伯璵撰序顏真卿撰銘（開元二十六年）玄元靈應頌戴璇撰序劉同昇撰頌（天寶元年）述聖頌達奚珣撰序呂向撰頌（無年月開元中立）此碑文分撰之例也吏部南曹石幢左光胤撰序尹匡祚撰頌（天寶元年）江陰陳

氏心經幢前題僧道恆撰後題張晏撰開元廿八年當亦是一人撰序一人撰銘此經幢分撰之例也體元先生潘尊師碣題雍州司功王適撰序而無作頌之人按序末云尊師有弟子十人潁川韓法昭等永惟靈跡申頌元德則其頌當為法昭等所撰但不著標題耳宋碑如此者如法門寺圓相觀音瑞象頌首題楊傑次公秘本熙州慧日院僧彥泯頌按楊傑熙豐間人此碑立於政和八年當是彥泯取傑舊作刻之而復為之頌又永濟有曇延法師傳贊舊題宣和二年王千撰今攷拓本贊後有千跋云蜀郡王時雍求傳於大寶藏高僧又屬予刊正重複書之於石因系之贊則傳為寶藏僧文王千特為之贊耳此二碑者亦謂之兩人分撰可也又攷唐百門陂碑既題辛怡諫文又題張元琮記而碑又有銘而無記或是前為記後為銘碑題以銘為主故怡諫列銜在前耳此當在闕疑之列

總論撰書題欵一

唐人應制碑文書撰皆稱臣稱奉勅如永興廟堂顏師古等慈寺朱子奢昭仁寺之類是也褚河南書聖教序稱臣以太宗御製也張燕公撰鄎國

碑稱臣以元宗御書也唐時人主右文燕許皆稱大手筆燕公撰裴光庭碑明皇賜敕以褒之即刻於碑之上方詞臣榮遇千載一時已高麗碑皆稱奉教南詔碑皆稱奉命所以別於中國示不敢僭古時東宮官屬皆稱應教然隋仁壽中所立首山舍利塔碑題司法書佐會稽賀德仁奉教撰則教敕二字亦可通用若書奉命者更不一而足余所知如唐碧落碑題鄭承規奉命書梁重修北嶽廟碑題劉端奉命撰宋篆書千字文序題皇甫儼奉命書已有三刻若宋大觀聖作碑孫氏所錄有九種興平一刻題通直郎書學博士臣李時雍奉敕摹寫則以碑為道君御書時雍惟摹勒上石耳又如唐嵩陽觀聖德感應頌李林甫撰文題臣林甫上不書姓此如三省牒文宰相以官尊不書名李寶臣紀功碑題支度判官朝散大夫行監察御史王佑上即書姓矣周大足元年大雲寺碑武盡禮下書勒上唐天寶二年玉真公主靈壇祥應記道士蔡瑋下書撰上此亦應制之詞又如西門珍墓誌題從姪元佐上則對尊者而言之唐宋奉敕撰書題銜皆通行直下敕字上空格余所見惟元武當山大五龍靈應萬壽宮碑揭傒斯奉敕撰并書許有壬奉敕篆皆題行高十餘格與碑文平列古人無此式

總論撰書題款二

碑文書撰有出自一人者舊例皆曰某某撰并書或曰并書篆則兼題額而言也亦可云并書題額又有自書自刻者如唐福田寺三門記題南嶽李少鴻書并篆兼鐫此常例也若變文言兼如唐齊州神寶寺碑題李褒篹兼書裴道安墓誌題族叔禮部員外郎朏撰兼書魏邈墓誌題孤子匡贊自撰兼書澤州處士王斌建經幢題處士趙洞微述文兼書若變文言及如景龍元年□部將軍功德記題郭謙光文及書又如懷惲奉敕贈隆闡大法師碑次行題懷惲及書此及字蒙上奉敕而言蓋文亦為懷惲所撰及書者猶言并書云爾此變例也

父子撰書

有一碑而父子撰書者唐之元氏石燈臺頌張尹撰文男希雅書又如宋之江陰壽聖院莊田記撰文者為孫。沂而其子茀書之（政和元年）金之博州重修廟學記撰文者為王去非而其子庭筠書之（大定二十一年）元之元氏重修廟學記撰文者李冶而其子玩復書之（至元十九年）諸碑皆撰人在前書人承其父下不署姓書曰男其例當如此然未可以概神道碑墓誌銘譬如唐崔敦禮碑出於于燕公父子其碑久斷裂明趙子函所藏本書人于立政姓名已泐未知其書法若何若依諸碑舊例亦書曰男某書則設使敦禮之子為父書碑將何以示別可知其必不然矣唐宋摩厓題名詩刻亦往往命其子姪書之

兄弟撰書

一石而兄弟撰書或兼篆刻如趙撝叔所記程修己墓誌子進思正書再思篆蓋會昌三年張氏墓誌安子正書宣郎篆額閔郎刻字皆昆弟也前於此者如李氏之三墳記栖先塋記皆嗣子季卿撰從子陽冰書閔鄉臨高寺碑宣義郎前行懷州獲嘉縣主簿常允之撰舍弟承奉郎前行商州參軍□□□軍下泐三字王蘭泉謂當是某人篆允之之弟也第三行□弟文林郎吏部常選演之書以前行例之弟上所泐當是舍字偃師昌黎馮王新廟碑十二代孫鄉貢進士元德述弟進士元度篆額弟進士元錫書宋保甯寺浴室院鐘樓碑冉曾撰并書弟商篆額王氏雙松堂記晁說

之文晁詠之書黄石山仙公觀大殿記范致虛文范致君書一門華鄂輝映貞泯亦謂之棠棣碑可也

刻字一

古人書碑重鐫字此物勒工名之意也通例皆書曰刻字或曰某人刻或以鐫字刋字易之溯其由來蓋與書撰人皆託始於漢如西嶽華山碑郭香察書之後有刻者頴川邯鄲公修是其證也唐宋諸碑猶或沿其例書刻者或曰鐫者漢中新修堰記鐫者程彥思或曰刋者宋紹聖高陵重修縣學記刋者安永年崇甯三年五臺山靜應廟記刋者劉源或曰鐫人唐廣明二祀上谷郡隴西公幢鐫人梁清開劉詹泰或曰鐫文唐甯思道書浮圖銘題上柱國丁處約文鐫或曰刋石人金明月山大明禪院記刋石人張鏞或曰刻石人王屋山劉若水碑銘刻石人李崇絢皆書法之稍變者惟魏石門銘題石師河南郡□陽縣武□仁鑿字南詔淵公塔銘題金襴杜隆義雕書唐大歷二年重刻扶風夫子廟記題張遵刻丹宋嘉祐二年龍川白雲巖陳儛題名題僧應璣開石刻丹開石雖常語在石刻已不多見鑿字雕書更未見有第二碑也宋爨龍顏碑後書近碑府主簿益州杜萇子近即匠字此亦刻匠而倒其文曰近碑義未詳元大德

甲辰嘉興路儒人免役碑後題嘉禾曹德新梓夫梓木工也棗棃可以稱梓刻石曰梓失其義矣又按古碑凡書模勒與鐫刻為二事何以證之如唐懷仁聖教序既書諸葛神力勒石矣又曰武騎尉朱静藏鐫字紀信碑既書勒碑人史缶勤矣又曰石工張敬鐫字青城山常道觀教既書觀主甘遺榮勒字矣又曰晉原吴光口刻宋上清太平宫記既書副宫楊志振模矣又曰長安忠善居士黄德用刊此蓋勒字為一人鐫字為一人若鐫勒出於一手者如唐之張延賞碑將作官馬瞻刻字并模勒梁守謙功德銘天水强瓊模勒并刻字澄城縣令鄭公碑姜濬模勒并刻字再建圓覺大師塔誌韓師復模勒并刻或先書刻後書勒或先書勒後書刻又如宋祭狄青文書任覠摹鐫鄭仲賢緱山詩書張温其模刻約以兩字郭忠恕書陰符經但書安祚勒字而無刻工名此即為祚所刻宋初刻字人皆安姓可證言勒可以賅刻也蓋古人刻碑或書丹於石或别書丹而雙鈎其文以上石模勒即鈎勒今人以勒字為刻字失之矣又吏部南曹石幢後題彭城劉承恩專心勾摹以摹為模惟此碑又孜劉若水碑銘刻石人李

崇絢之前有檢校覆鐫字劉元覺此蓋刻石之後恐有脫誤古人之審慎不苟如此所見亦惟此一碑

刻字二

唐宋以下石刻勒碑刻字往往列名不一人有三人者如鎮州龍興寺大悲象閣銘李思順李嶼李繼元鐫字是也有四人者如石保吉碑瞿□鈞鄒從善王德用瞿文會鐫字是也或並列或直書而下其例不一昇仙太子碑陰薛稷鍾紹京書而薛稷又爲敕檢校勒碑使鍾紹京又奉敕勒御書又有宣議郎直司禮寺臣李元□勒御書既有麟臺楷書令史臣□伯□刻字矣（在中截）下截左偏又有直營繕監直司韓神感刻御字洛州永昌縣臣朱羅門刻御字又有采石官洛州來庭縣尉臣□晙采石之人列名在前亦可證王惕甫古人重選石之說又潭州鐵幢真言之後既有沙門道崧鐫經年月之下又有李昇鐫字先後分題不似他碑但言某某等刻字無從識別

刻字三

古人能書類能刻不盡出於匠氏緇黃亦多能奏刀如宋温泉雙阜荚行元豐五年道士梁宗道刊涇陽重修孔子廟記元祐四年雲臺觀賜紫道士董宗卿刊釋子能刻者尤多畧舉兩碑為例如唐之憫忠寺重藏舍利記景福元年為僧守因鐫宋之李太尉祠堂記皇祐元年為僧普臻刊刻工又多筴名仕版如邵建和刻符璘碑署銜為中書省□□□官昭武校尉守京兆周城府折衝上柱國官上當闕鐫玉册三字裴耀卿碑姜濬模刻署將仕郎守恆王府參軍王璬造浮圖銘上柱國丁處約鐫文懷仁集聖教序武騎尉朱靜藏鐫字少林寺同光塔銘延州金明府別將屈集臣鐫南漢新開宴石山記鐫者李道員署銜為製置務客司軍將宋福州重修忠懿王廟碑開寶九年鐫字人闕其署銜為討擊使然柱國為勳級武騎尉等皆武職至蕪湖縣新學記翰林張士亨模刊則文學侍從之臣亦為之又有官私之別唐時中書省置玉册官宋有御書院皆專司鐫勒之事邵建初所刻圭峰碑及杜順和尚行記劉遵禮墓誌其署銜皆為鐫玉册官或無鐫字牛頭寺經幢亦題中書省鐫玉册自官字以下皆闕姓氏未詳重修法門寺塔廟記

題玉册官孫禑鐫字兩刻一乾符一天祐皆在邵建初後矣宋北嶽醮告文題御書院祇候臣王守清鐫而增修中嶽廟碑（乾興元年）刻字沈政等署銜又作祇應中嶽醮告文題中書省玉册官御書院祇候臣沈慶臣晉文寶鐫中嶽中天崇聖帝廟碑（大中祥符七年）題中書省玉册官文林郎守高州司馬御書院祇候臣王欽刻字據此則中書省御書院兩署可以兼官王欽以玉册官出為高州司馬仍帶御書院祇候故猶奉敕刊碑安文璨嘗攝鎮國軍節度巡官見所刻夢英十八體篆然則宋時刻工亦有出身且玉册祇候兩官皆有升途可轉非必以篆刻終其官也又如梁守謙功德銘强瓊鐫勒而琅邪王夫人墓幢云夫人為玉册官内供奉强瓊之妻是内侍亦得為玉册官矣韓國華神道碑（嘉祐八年）題中書省玉册官王克明蹇億刊而億刊晝錦堂記但曰潯陽蹇億刊字不署銜蓋一則奉敕一則私家所刻耳謝天書述功德銘（大中祥符元年）但書御書院奉敕摹勒刻石無人姓名此官刊之又一例又攷唐時官刊之碑亦有付將作監者如興福寺殘碑（即世所稱半截碑）

刻字四

題文林郎直將作監徐思忠等刻是也遼陽臺山清水院藏經記題通天門外供御石匠曹辯鐫亦工之在官者私家之碑或稱都料或稱石工石作蓋石匠亦間能刋字宋遼金石幢及里社神廟之碑皆出此輩有雅鄭之別矣金重刻鄭康成碑題濰陽劉元紀仙本店于全刋刻字之有店始此

刻字五

古今人不相及豈獨書法為然哉即刻工亦不同唐初名家遺墨使今之良工上石雖歐虞精詣確為真跡視廟堂化度諸碑亦必相徑庭則時為之也余嘗見趙文敏仇公墓誌及膽巴禪師碑真跡淋灕奮張筆墨皆有生氣石印本不得其用墨猶得其用筆至摹本則每下愈況矣書畫跋跋述宦秦者言唐碑石皆如玉其字皆直刻入深一二寸如今刻牙小印不似今碑但斜掠也多寶塔等碑所以經久不模糊

一人兼書篆鐫

書碑篆額鐫字出於一手者惟咸通壬午雩都縣福田寺三門記楊知新述李少鴻書并篆兼鐫此外未見他刻海甯安國寺有咸通六年經幢周瑛刻字并書而并無篆額北海李元秀碑逸人太原郭卓然模勒并題額咸通十五年大般若波羅蜜經王居安鐫字并篆額而書經人爲楊元弘皆祇兼兩事唐碑自書自刻者多矣顏魯公李北海皆如此元至正十六年曲陽禱雨靈應記王鑒書鐫

續校碑隨筆卷下

定海方若藥雨甫撰

石工

撰書鐫勒各題姓氏造碑之匠亦間得附名簡末通稱曰石匠曰石工亦稱都料匠惟唐叱干公三教道場文後有都料丈六彌勒佛匠雍慈敏其書法稍別有稱石師者如漢之白石神君碑石師王明魏石門銘石師武□仁是也淡山巖熙甯七年楊巨卿題名末有梓作石永洪唐戒珠寺經幢有郢人應成與鍊客程曇並列鍊客猶言方士郢人用莊子運斤成風事吳天發神讖碑有巧工九江朱□同為石匠之嘉稱遼憫忠寺舍利石函後有閣殿砌匠作頭蔡惟亨又有故蓋閣都作頭康日永其姪敏為蓋殿寶塔都作頭觀此知今人稱工師為作頭遼時已然矣（王惕甫碑版廣例曰漢碑不列書撰人姓名而市石募石石師石工必謹書之樊敏碑建安十年造石工劉盛息懆書書人居石工之下）金重修漢太史公墓記（大定己亥）石匠之外有甎匠按陝西通志墓在韓城縣芝川鎮邑令翟世祺築高砌以甎石層級而上此所以有甎匠非他碑所得例也少林寺唐同光禪師塔銘有造塔博士宋王後唐行鈞塔銘有造塔博士郝溫此博士

非官名亦當時稱石匠之詞

施石

二氏之碑往往有施石姓氏圭峰禪師碑王元宥施碑石題名在年月之前經幢則有施幢人宋文安公牡丹詩後題香城院主賜紫某僧出石出石即施石之變文五臺孫真人祠記有施碑座人宋九齡

選石

漢時上方銅器有監有省余所見石刻亦多有管句當姓氏唐裴光庭碑末行有奉敕檢校樹碑使庾公德政碑第二跋後有管句造碑佐史耿口口此不獨營書監刻爲然也（金濟瀆靈應記有監刻碑人州吏趙原）蓋古人樹碑必先選石華山碑杜遷市石與郭香察書並列固矣泰山都尉孔宙碑末云陟名山采嘉石洪氏隸釋載武梁祠堂碑云孝子仲章季章季立孝孫子僑竭家所有選擇名石南山之陽擢取妙好色無斑黃飭工庀材鄭重如此余奉命度隴道出西安詣郡學碑林見唐初刻石如廟堂聖教諸碑皆黝然作淡碧色光如點漆可鑑毫髮扣之清越作磬聲真良材也吳越間古碑

絶少唐以後碑雖有存者亦多淺蝕若無屋覆露處田野其久也剝至漫漶無一字燕趙間遼金幢多黄沙石坳突不平搨出之後疢痏徧體石質尤脆者歷年稍久字面一層劃然蛇蜕拂而去之片片落如拉朽如此等石其壽不及百年不如不刻古人書碑遇石泐則避之然唐中葉以前無是也余所藏光啟二年封崇寺幢避泐文繞刻至一二十寺此皆選石不精之弊也不獨碑石即摩厓亦有之同一題名或存或佚或波磔如新或瘢胕莫辨則以石質有美惡絶壁顯露雨淋日炙之處與深藏洞壑者亦不同

古碑先立後書

桂未谷曰（札樸卷六）古碑皆先立而後書李綽尚書故實東晉謝太傅墓碑樹貞石初無文字水經注沂水南有孔子舊廟漢魏以來列七碑二碑無字或疑碑立則下段逼地人不能書若陷地數尺人在陷中乃可書又疑自左書起然乙瑛曹全皆首行字大當自右起或又疑横排按漢碑年命二字垂腳長過二三字此非横排所能預計也河南於土中得曹魏王基碑

僅刻中段上下丹文隱隱此則未立先刻者潛堂金石跋曰王基碑出土僅刻其半土人傳云下截未字隱然惜無人辨識付之鐫工遽磨拭以沒今存者凡得三百七十字

古碑一刻再刻一

古碑一刻再刻如唐之聖教序有五本據古石琅玕所記一為懷仁集右軍書一為王行滿正書褚登善書有三刻一序記分刻二碑龕置慈恩寺塔下世所稱雁塔本也一序記并為一碑即刻於同州倅廳者蒼潤軒帖跋有諸公行書聖教序刻於咸亨三年儲藏家罕著於錄宋端拱元年沙門雲勝分書新譯聖教序尚不在內也竹雲題跋云褚聖教序行書一楷書二行書為宋道君瘦金書之祖今已亡又按觀妙齋金石畧云余於同州雁塔二刻之外又得一本年月同雁塔本而字法不同碑已有斷蝕處不知在何所諸評論者皆不之及焉然則褚公聖教序實有四本夢真容碑一在易州龍興寺一在終南樓觀觀妙齋金石畧夢真容碑又得白鶴觀一碑先是党光所書漢乾祐三年楊致柔奉命重書此本從未見著錄宋之黨人碑五嶺以西即有兩刻元之張留孫碑京師一刻貴溪一刻此金石家所共知也吾吳郡學有湻祐元年張安國書疏廣傳及唐盧坦對杜黃裳語藝風拓寄當塗石刻亦有此兩本後五年陳塏刻蔡襄書韓魏公祠堂記安陽一本元豐七年刻於畫錦堂記之陰堂塗亦有一本年月皆同惟缺撰書人名耳天聖二年涇州回山王母宮頌凡兩本一為南嶽宣義大師夢英行書一為上官

似篆書其文無一字異也元祐元年惠因院賢首教藏記在西湖集慶寺紹興府學亦有一本撰書年月皆同惟額一篆書一真書此外表忠觀碑東坡有大小二本醉翁亭記東坡有真草二本蘇唐卿有篆書一本坡翁草書本世不經見篆本則更難得矣韓昌黎伯夷頌范文正公書之金皇統九年楊漢卿又書之題曰重書伯夷頌長安有安宜之重書阿房宮賦元祐八年曰重書亦必有原書一石余曾見米南宮行書一本安米同時宜之當別有所承此與舊碑已燬而後人重書者如蔡元度書曹娥碑重累異也又如陽冰城隍廟記原刻在縉雲程浩夫子廟碑原刻在三原他郡邑廟及學宮亦閒有借刻者大都明人不學者為之耳

古碑一刻再刻二

李藥師上西嶽文不知其所自來當是好事者為之耳然摹本頗多世所通行者惟長安一本明人摹刻余所見有潞城一本宋崇甯三年楊大中刊藤縣有一本宋紹興丙寅知軍州事施某重刊明人叢帖中亦往往摹刻之此真以康郄為寶也

古碑一刻再刻三

宋真宗登泰山謝天書述二聖功德銘今所傳拓本其碑在泰安府城南門外五石合成高九尺額高二尺八寸聶劍光言此碑有二一勒山下即城南之碑也一勒山上在唐摩厓碑之東字僅二寸明嘉靖閒俗吏鄞人汪坦又汝南人翟濤題名鑱蓋於上每行毀三四十字不等額十三字尚完好後人第知有城南之石不復知岱頂之尚有摩厓一刻也

摹本

醴泉皇甫諸碑摹本充斥家刻坊刻無一足觀然前人名跡已損後人得初拓精摹不見中郎猶見虎賁未為無益虞伯施夫子廟堂碑唐時已泐黃魯直所謂孔廟虞碑貞觀刻千兩黃金那易得宋時即有兩翻本肥本在長安瘦本在城武互有得失臨川李氏有唐拓殘本以肥瘦兩本較之天壤懸絶始知原本不可及（詳見翁學士廟堂碑跋）歐書化度醴泉皆有宋翻宋拓本覃溪見化度最多范氏書樓本皆祇四百餘字其多至八百餘字者皆非原刻溫虞公碑亦祇存四百餘字宋拓八百餘字多不過千字覃溪嘗自

至昭陵碑下精拓得一本云可辨者有二千餘字其實筆畫皆損不過匡廓尚存約畧以文義聯屬之耳今陜西有裴刻本多至二千餘字蓋即以新拓精本仿其結構用筆非真有多字祖本其面目雖是其精神則非譬之優孟衣冠耳醴泉惟錫山秦氏本能亂真今亦僅存殘石人重之與舊拓原刻等余曾見南宋榷場本雖宋翻遠不逮秦刻皇甫碑有三監二字者尚可觀若得線斷本則更爲至寶矣然三監本拓之先後亦不同拓最早者僅降線斷本一等碑估之作僞者往往以摹本三監二字裝入無逸本鑒別稍疏即爲所罔褚書惟孟法師碑有翻本枯樹賦哀冊文皆帖類所見以嶺南葉氏本爲最勝今宋拓孤本亦在臨川李氏翻本大都皆從玆出聖教未見重摹本而懷仁聖教化身最多亦最不易辨孟津王覺斯及西安苟氏兩摹本皆能亂真北海之秦望山法華寺碑娑羅樹碑皆石亡補刻顔書八關齋記亦宋時燬而重刻中興頌蜀中有三本干祿字書有一本皆宋時摹刻宋廣平碑在沙河宋氏家祠後裔恐其剝損不輕椎拓碑估以拓之難也別刻一本以應四方之求然視原本遠遜磚塔銘摹本最多王

蘭泉云長州鄭廷暘嵎谷吳縣錢湘思贊兩本最善鄭娟秀錢瘦勁原刻破裂則此二本皆可寶也宋蘇文忠書因黨禁磨損重刻者過半此外如漢之桐栢廟碑郭有道碑魏之弔比干文唐之曲江張氏兩碑皆經後人重刻孫吳天發神讖碑舊斷爲三在江甯府學尊經閣下庚申之刼燬於兵發吾吳帖估張某精於摹勒以木梯餬紙爲質仿刻一本鑒古家皆爲所衒然碑文可以亂真其後元祐胡宗師崇甯石豫兩跋行書神氣全非並多誤舛不難一覽了然人自不察耳此碑篆體奇古郭胤伯詆爲牛鬼蛇神雖非知言然亦可見畫鬼神易畫狗馬難也六朝唐誌之佳者其石或亡佚碑估得舊拓往往刻以充孤本如崔敬邕張黑女之類皆有贋鼎好古而鑒別不精者其愼旃

贋本

舊碑摹本已如犂靳之善衒更有憑空結撰者如世傳涼州刺史郭雲誌女子蘇玉華墓誌黄葉和尚墓誌皆題爲歐陽詢書無其人無其事謬種流傳稍有識者能辨之李邕之戒壇銘雖有所本亦是重起爐竈與原碑

渺不相涉因焦山有瘞鶴銘遂有瘞馬銘瘞琴銘琴銘小楷妍媚世頗好之余知為吾吳顧南雅先生作馬銘字亦不惡其石出於關中安陽有漢殘碑五種齊魯之閒斷碑一角時時出土文多者不過數十字無人名地名年號可證益復不可究詰人言熹平殘碑即不可信若朱博頌確知為諸城尹祝年明經所造李昭養奮破張郃銘亦皆後人所偽託造象北朝多南朝少今蜀中新出梁造象數十通似刻於甎多天監大同年號皆贋造也大抵贋造者墓誌造象居多不能為豐碑其文或有所本其字雖有工拙古今氣息總可摩挲得之趙撝叔以甯爨碑為依託王可莊太守疑蘇孝慈誌為李仲約侍郎書則皆賢者之過矣

古碑已佚復出

世有古碑已佚忽然復出碑估挾以居奇無足奇也北海靈巖寺碑平津訪碑錄注云已佚光緒初元市上忽有新拓本頗得善價不知此碑仍在長清本寺但久不拓耳魏之高翻碑唐之焦粃碑趙明誠皆著錄自元以後無見者據金石錄焦粃碑貞元十八年從弟郁文朱獻貞行書近數年高翻碑與高盆生高盛兩

碑同出於磁州焦蜣碑出於中州此蓋淪入土中高岸為谷耕犂發掘得之高長恭碑趙撝叔所收僅有半截今全碑俱出碑兩面皆有字額之陰又有安德王經墓興感詩此蓋下半截舊陷於土今始舁而出之初未嘗泐損也昭陵之張允杜君綽諸碑舊拓字少新拓字多其事正同栖巖寺韋晨六絶文并韓懷信詩皆在首山舍利塔碑之陰趙明誠亦著錄從來拓舍利碑者不拓陰世遂以為佚矣其實一字未損并未沈埋土中裹氈而往者自熟視無覩耳湖州墨妙亭有宋人書玉箸兩篆字並題名數通同刻一石亡友陸存齋丈輯吳興金石記列之佚目余從廠肆得拓本紙墨尚不甚古決非舊拓此當是湖之舊守攜以壓廉石歸裝耳以此推之歐趙洪所錄諸碑今雖淪沒安知吾生不再見之吾生即河清難俟安知後人之不復見之其可以為已佚而不復訪求邪

碑重舊拓一

碑以舊拓為重歐虞褚顏一字增損價踰千百碑估相傳衣鉢如聖教雁塔同州兩本皆以治字避高宗諱開口者為舊拓懷仁聖教舊拓以高陽

縣開國男一行未泐者為別又以佛道崇虛崇字山頭中間一直斷續為摹本之證皇甫碑以無逸本為稍舊三監本為更舊然同一三監本相去先後亦在百年上下至線斷本則非宋拓不可矣醴泉銘以有雲霞蔽虧字為勝衛景武公碑以有黿鼉字為勝北海李思訓碑張叔未云有并序二字及竇氏夫人四字者為宋本余得一本碑末楚㝵追刻四字尚未泐則更在前矣此皆言唐碑耳漢碑如韓勑史晨亦皆有泐字據為先後之別其實紙色墨色精神氣韻所見既多自可望而知之尋行數墨猶非神於鑒別者今世拓本元明已難能可貴若得宋拓歎觀止矣唐拓則天壤閒惟有臨川李氏廟堂一本其中亦羼入宋刻非完本也余在京師見李子嘉太守太守寓米市胡同嘗從丁叔衡前輩登其堂觀所藏名蹟聞曾為中州一郡守忤上官投劾歸童顏鶴髮健步如飛今之畸人也所藏諸書房梁公碑踰一千字的真唐搨可與廟堂競爽海内恐無第三本余去年自隴上歸得北海李秀碑世所稱北雲麾也此碑在前明已斷為六柱礎朱椒堂侍郎得一本以為宋拓重開一石置之都門法源寺以校余所得全拓不差一字泐紋亦處處脗合始知重摹本刻手頗不惡

然祇能得其結構其神韻終不能到余謂此石舊在良鄉當宋之日燕雲十六州先入於遼後歸於金此拓如在北宋則為遼拓即在南宋亦為金拓藏書家有金刻尚書正義證類本草金石家未嘗聞有金拓有之自余此碑始世有真賞當不以為敝帚自珍耳

碑重舊拓二

收藏家重舊拓惟在烜赫巨碑而不知小唐墓誌尤可貴蓋醴泉聖教諸碑原石具在即非宋拓歐褚面目畧可髣髴至墓誌宋元出土者十亡八九即乾嘉以前出土者亦十僅存二三幸而僅存者日見其少唐以前崔敬邕常醜奴諸石存於世者殆無幾即唐以後如元之開趙張伯顏藝風所藏一本之外不聞更有第二本范氏書樓化度原石傳留至今千金不易即其龜鑒幸得舊拓可不寶諸

孤本

原石已亡海內又無第二本是為孤本較之歐虞宋拓尤可矜貴漢碑如婁壽夏承兩刻舊為何義門所藏婁壽今歸虞山相國夏承藏藝海樓顧

氏潘文勤師奉諱歸里以千金得之文勤藏漢石最富小蓬萊閣五碑亦歸插架一爲成陽靈臺碑元丕二朱龜三小黄門譙敏四圉令趙君五又得梁永陽昭王蕭敷及其妻敬太妃墓誌皆人間絕無之本青浦王蘭泉侍郎藏四楊碑（楊統楊著楊震楊□）烏程嚴鐵橋曾見三費碑（舊在墨妙亭）皆僅存碩果今不知尚在天壤否四楊碑余曾得上海徐紫珊雙鈎本天津樊文卿所藏也酸棗令劉熊碑與唐茅山王先生碑皆歸毗陵費屺懷同年王碑自何公邁馮己蒼葉林宗轉歸於鮮溪管氏屺懷又得之中江李氏漢石經殘字有兩本皆有覃溪跋先後歸沈韻初孝廉今以重值售於楚北萬觀察航魏崔敬邕墓誌聞在陽羨任筱沅中丞處宋開趙埋銘元張伯顔壙誌亦自韻初没後轉歸繆筱山隋丁道護啟法寺碑唐魏栖梧善才寺碑皆在臨川李氏薛舍人信行禪師碑沈傳師羅池廟碑皆在道州何氏此皆海内烜赫名跡藏弄源流昭然在人耳目此外若泰山秦碑華山漢碑隋之常醜奴墓誌唐之魯公大字麻姑仙壇記所見尚不止一本麻姑仙壇記亡友姚鳳生明經藏殘拓三四葉精采煜然吾邑彭氏道州何氏所

藏兩足本拓手皆在其後鳳生墓有宿草兩子皆不能肯構今不知所歸矣張長史郎官石柱記明王元美所藏董思翁據以刻入鴻堂帖者亦為六丁收去其餘見於諸序跋者尚不少以非所見聞不備錄

雙鉤本

模勒古碑古有響搨之法今人輒喜用雙鉤歸安吳氏化度溫虞恭公皆有雙鉤本潄素飛清閣雙鉤舊帖多至數十種吾友費屺懷同年嘗謂余云重刻石本滯於迹象不如雙鉤本之傳神洵為知言然亦視其工拙何如耳小玲瓏館馬氏重刻五經文字九經字樣氣動墨中精光四射視西安原本幾幾青出於藍劉燕庭金石苑縮豐碑於尺幅大小真行各極其態皆黑文也試以初印精本隸釋黑文與新刊隸篇雙鉤白文校之黑文何嘗不勝白文惟作偽者以雙鉤本墨填四圍空處中留白文以充古拓此則惡俗不可耐爾

縮臨本

賈秋壑玉枕蘭亭為縮臨之濫觴牛空山金石圖每一石皆摹其形製縮

臨數十字以留原碑面目金匱錢梅溪有漢碑縮臨本頗為世重字小如豆鬚眉畢現然梅溪隸法從唐碑出豐贍有餘遒古不足與石門夏承諸碑尤鑿枘仍是我行我法耳吾鄉顧耕石學士傳停雲書派工於小楷余曾見其縮臨虞廟堂碑精謹絕倫無一筆不神似然古人所謂方寸千言亦非無施不可篆籀之繁重隸草之飛動地小即不足以回旋若魏之趙文淵唐之薛純陁宋之蔡元度黄魯直奇峰突起大波瀾淪累黍之地安能全神湧現惟近時歐州電光攝影之法可大可小雖剎沕皴染筆墨所不到之處亦無不傳神阿堵此為古人續命第一妙方垂燼之鐙火傳不絕真翰墨林中無量功德也

帖架

讀碑鋪几平視不如懸之壁間能得其氣脈神理於是臨池家製為帖架對面傳神如鐙取影然影摹不如對臨又不如先閱其結構用筆掩卷而後書之所謂背臨也

封禁碑文

甚矣陰陽鬼神之説之中於人心也定興標義鄉石柱頌自唐以來無著録者前十餘年碑估李雲從始訪得之一字不損新出於硎土人以此石為一方之鎮風水攸關封禁甚嚴其後潘文勤師兼管順天府尹始檄下邑宰拓之至今傳本稀如星鳳長安暉福寺碑土人云碑有神能為祟非昏夜不能潛拓碑估恐其聲之聞也不敢用椎咄嗟氈蠟安有精本余官京師十年屢欲拓戒壇寺兩遼幢碑估述寺僧之言云拓此幢寺中必有僧示寂竟失之眉睫趙撝叔云海甯扶風馬夫人墓誌（唐咸通四年李直文并書）其墓在安國寺址出土時鬼為厲懼而埋之此真所謂妖由人興也而古刻遂因此不傳矣

著録

酈道元水經注録漢碑所以博異聞證古跡非著録也著録之書傳於世者自宋人始洪婁以隸為經以碑為注腳當入小學類歐趙有録有目皆為私家之籍陳思則網羅無外所録不必其所藏約而言之厥例有六一曰存目王象之輿地碑目詳於南畧於北于奕正天下碑目更非善本然

筆駱藍縷禮重先河近人如陽湖孫氏會稽趙氏之訪碑錄搜輯最廣然亦不無誤舛私家之目余所見惟天一閣范氏刻於書目之後竹崦盦趙氏江陰繆藝風前輩雲自在龕碑目分省分郡分縣網羅宏富冠絕古今其次則太倉八瓊室陸氏星農先生父子兩世訪求亦多前賢所未見一曰錄文如陶南星古刻叢鈔都南村金薤琳琅是也涇縣趙紹祖但錄皖中古刻意在桑梓文獻別為一體至仁和魏稼孫績語堂碑錄闕文泐字空格跳行皆以原碑為準鉤心鬬角毫髮無遺付梓時手自繕校易簀之辰尚未卒業禮堂定本付之後賢余先後得百餘通歎為精絕得未曾有一生愛好自天然遂有河清之歎一曰跋尾如朱樂圃之墨池編盛時泰之元牘記是也然皆評隲書品第其高下拓本先後析及毫芒猶為賞鑒家而非攷據家清朝亭林顧氏金石文字記始以碑文證明經史之學竹垞竹汀博聞宏覽窮源溯流上自經史下逮說部文集輿地姓氏莫不釐訂異同釋疑匡謬孫淵如嚴鐵橋繼起益精世始不敢薄金石為小道翁覃溪劉燕庭張叔未皆以書學名家故其緒論詳於古今書派而亦不廢攷訂言皆

有本不為鑿空之談一曰分代求之曩昔此體未聞始於翁氏兩漢金石記嘉應吳氏南漢金石志近諸城尹祝年明經輯漢石存亡友福山王文敏公嘗欲輯六朝金石記尚未草刱隋碑上承六代下啟三唐為古今書學之樞紐余嘗欲輯隋石記專論書派吳越南唐亦可仿吳氏之例補霸朝掌故悠焉忽焉老將至而耄及悔何追矣一曰分人惟有宋寶刻類編一書然其所分名臣處士攷之史傳不盡可徵體例踳駮難可依據故後賢編輯無依為程式者一曰分地以一省為斷者畢氏則有關中金石中州金石阮氏則有山左金石兩浙金石粵東有翁阮兩家粵西有謝氏一畧劉燕庭長安獲古編三巴孴古志亦依此例而有圖有釋摹印極精朱排山雍州金石記已等祧墠阮小芸滇南金石故限於荒裔陽湖孫氏京畿金石攷歸安姚氏中州金石目皆有目無錄山右鄉甯楊氏湖北皆新出附麗省志可分可合皖中但有金石詩一碑一絕如新出齊山浮山石牛洞諸刻皆尚未收此外諸省作者闕如以俟來哲以一府為斷者江甯嚴氏會稽杜氏搜錄在先常山至精沈西雍濟南斯下浙之天台永嘉括蒼吳

興皆有定本吳吾瞿萇生有編目韓履卿有錄文皆未付梓收藏家尚有傳錄之本以一邑為斷者秦之武功（段嘉謨）齊之益都（段赤苓）汴之安陽偃師（武億）最為膾炙山左諸邑不乏操觚燕（王侶樵茂才有滄州金石志）秦之開開有好事茫茫天壤如斯而已此外有專攷一隅者如林同人之昭陵葉井叔之嵩室張秋水之墨妙亭劉燕庭之蒼玉洞（余欲為伊闕石刻攷以附諸君之後有志未逮）有專攷一碑者如翁覃溪之瘞鶴銘吳兎牀之國山碑皆顓門之絕學著錄之附庸海外金石則朝鮮某氏有羅麗琳琅劉燕庭本之為海東金石苑近傳楙元觀察輯日本金石志李仲約侍郎又有和林金石詩王蘭泉金石萃編以大理諸碑附於卷末雖篇帙寥寥亦可與之並駕歐陽公集古錄其子叔弼始別為目十卷趙明誠金石錄其目二十卷亦別行譬之春秋三傳雖附經而行要之經自經傳自傳至萃編之例以時代為次先錄碑文次附諸家跋尾次列已說譬之唐人義疏經與傳合注與疏合雖異古本實便學者在金石著錄家可謂集其大成矣又若元潘昂霄轄金石例王止仲繼之（墓銘舉例）黃梨洲又繼之（金石例補）其後劉楚楨郭頻伽等後先趾美共有九

家雅雨堂盧氏刻金石三例近滬上書肆又彙刻為九例然其宗旨惟在義例書法不關著錄茲姑從畧

金石圖

前人彝器著錄必圖其形製如宣和博古圖是也以此例求之石刻惟牛空山金石圖每一碑節臨數十字摹其款式詳其尺寸皆褚千峰為之奏刀此外惟劉燕庭三巴孴古志長安獲古編亦先畫圖而後釋文間如弢跋鳳舞螭蟠惟妙惟肖然其界畫之工刻鏤之細摹印之精斷非俗工所能從事必如歐陽公所云好而有力又需之以歲月始可葦觀厥成燕庭惟三巴一集及身付梓長安獲古編雖梓而未及印行故傳本絶少其在浙藩卒以風雅獲譴此亦好古之鑒已

護惜古碑

孫莘老守湖州建墨妙亭以藏古刻如漢之三費碑皆在焉今其石泰半亡矣烏程張秋水輯墨妙亭碑攷分別存佚采摭甚詳關中有宋趙抃重置饒益寺石刻記文云自唐宋以來名臣賢士往還稅駕或題名於壁或

留詩於碑寺遭兵火焚燬殆盡暇日命僮僕搜抉於荆榛瓦礫之間皆斷折訛缺讀之令人悲惋即其稍完者萃而置於藏春軒壁蜀綿州有宋淳熙十二年集古堂記其文云舉近郊石刻列值秦漢隋唐其碑凡十壁立森拱然其所謂蔣公琰碑及孫德碣已淪於灌莽矣此兩公者皆師萃老之用心護惜古人之意可師可敬西安府學碑林及洛陽之存古閣其裒集古刻之法並同或久埋於敲火礪角之餘或新出夫隧道重泉之底庋藏於此以蔽風日孑遺賴以不亡法至良也碑林剏始不知何年後人不加修葺蕪穢不治幾難廁足畢秋颿尚書撫陝始繕完堂廡周圍繚以欄楯又為門以司啟閉壬寅四月余被命度隴道出西安駐節往游徘徊不忍去嘉祥紫雲山武梁祠堂漢刻亦賴孫伯淵之力得庇一廛好古之士宜知所取法焉

藏石

東觀餘論載張壽龍圖家有漢石經十版其壻家有五六版解春雨集言宋慶歷初范雍使關右歷南山佛寺見化度寺碑已斷為三矣以數十縑

易之置里第賜書閣下此為藏石之濫觴畢秋颿在關中得四唐石觀置之靈巖山館孫淵如得北朝造象置之家祠一榭園近時藏石家余所知者隋太僕元公及夫人姬氏兩誌在陽湖陸氏庚申兵燹兩石皆裂失其半閩縣陳氏揚州張氏南海李氏皆有藏石陳李亦得之秦中張氏唐墓誌董惟靖諸石即廣陵出土長安趙乾生濰縣陳壽卿所藏最富陳多造象趙多墓石曾從陸蔚庭前輩處見陳氏拓本全分共百餘通趙氏七十餘通余陸續得之去年又得兩全分以隋刻寶梁經及唐高延福墓誌為最精

訪碑圖

野寺尋碑荒厓捫壁既睹名跡又践勝遊此宗少文趙德甫所不能兼得也前人往往繪圖記事以留鴻爪余所見有兩家一為沈西雝河朔訪碑圖即編輯常山貞石志時所作也共十二幅舊在江建霞處建霞弱冠好弄千金輟散早已流落人間一為黃小松嵩洛訪碑圖共二十四幅小松本工山水親為點染超入神品初見於廠西含英閣虞山翁叔平師論值

未諧適奉命主順天試悤促入闈遂歸武進費屺懷同年壬寅度隴及門秦介侯大令為余言嵩洛訪碑圖尚在川沙沈氏屺懷所得其臨本也此兩圖皆至寶也每圖各有子目惜未能記之

碑估

書估如宋睦親坊陳氏金平水劉氏皆千古矣即石工安民亦與黨人碑不朽惟碑估傳者絶少畢秋帆撫陝時有郃陽車某以精拓擅場至今闗中猶重車拓本趙撝叔補寰宇訪碑錄搜訪石本皆得之江陰拓工方可中撝叔之識可中也因山陰布衣沈霞西猶牛空山之於褚千峰也千峰與聶劍光雖文士亦以氈椎鐫刻餬口四方余在京十年識冀州李雲從其人少不羈喜聲色所得打碑錢皆以付夜合資黄子壽師輯畿輔通志繆筱珊前輩修順天府志所得打本皆出其手荒巖斷磵古剎幽宮裹糧遐訪無所不至夜無投宿處拾土塊為枕饑寒風雪甘之如飴亦一奇人也郃陽碑估多黨姓前十年厰肆有老黨者亦陝産其肆中時有異本余及見時已老矣沈子培比部嘗稱之筱珊在南中得江甯聶某善搜訪耐

勞苦不減李雲從余所得江上皖南諸碑皆其所拓戲呼為南聶北李云

碑估名

文人題品土俗通稱古跡流傳等洞簫之有謚嘉名肇錫益敝帚之可珍有如碑之裂而存半截者多矣惟唐興福寺殘碑世皆稱為半截碑碑之環而刻四面者多矣惟顏魯公家廟碑世皆稱為四面碑皇象天發神讖碑在晉時即折為三段（見丹陽記金陵續志新志）世呼之為三段碑或呼經幢為八楞碑此類尚多摭而錄之可資談助

竹葉碑　漢殘碑陰也牛空山金石圖云曲阜顏樂清懋倫得之藏其家碑兩面隱隱有竹葉紋或謂之竹葉碑云金石萃編此碑陽今皆為竹葉文所掩無一字可辨陳氏以綱定為魯國長官德政碑其論最核

三絕碑　漢隸字源受禪表魏黃初元年立在潁昌府臨潁縣魏文帝廟劉禹錫嘉話王朗文梁鵠書鍾繇鐫字謂之三絕

潛研堂金石文跋尾金博州廟學記（大定二十一年）東昌人謂之三絕碑三絕者王去非文王庭筠書党懷英篆額也

魚子碑　隋栖巖道場舍利塔碑石質斑駁細點墳起打主如顆顆丹砂又如大珠小珠落玉盤雖精拓不能泯其迹世謂之魚子碑

鴛鴦碑　顧亭林金石文字記泰山之東南麓王母池有唐岱嶽觀土人稱為老君堂其前有碑二高八尺許上施石蓋合而束之其字每面作四五層每層文一首或二首皆唐時建醮造象之記

金石萃編云此碑今俗稱鴛鴦碑二石合為一兩面兩側共刻三十二段

碧落碑　汪由敦松泉文集董逌廣川書跋云段成式謂碑有碧落字故名李肇謂碑在碧落觀然攷之國史補則肇正謂碑有碧落字耳李漢又謂碑終於碧落字董逌駁其非今以篆文驗之僅有樓真碧落一語既非全文結束亦非文中要語攷古人詩文字迹舉一行首標目者有之無以末字者歐陽公集古錄謂龍興宮有碧落尊象篆文刻其背宋濳溪亦云韓王元嘉子訓等為其妣房氏造碧落天尊於龍興宮攷其記知為碧落觀今以篆文驗之但云立大道天尊建侍真象無所謂碧

落天尊疑廣川所云碑在碧落觀而龍興舊為碧落者為得其實此碧落之所由名也

潛研堂金石跋尾云右李訓等造大道天尊象記世所稱碧落碑也篆書奇古有鄭成規釋文余按此碑當如潛研所題李訓等造大道天尊象記為正而碧落碑其後起之名也

追魂碑　處州府志松陽葉法善以道術遭遇元宗時李邕為處州刺史以詞翰名世法善求邕與其祖有道先生國重作碑文成請并書弗許一夕夢法善請曰向辱雄文光賁泉壤敢再求書邕喜而為書未竟鐘鳴夢覺至丁字下數點而止法善刻畢持墨本往謝邕曰始以為夢乃真邪世傳此碑為追魂碑

金石萃編書譜引法帖神品目云追魂碑李邕書在松陽永甯觀

透影碑　中州金石記重修古定晉禪院千佛邑碑天成四年九月釋道清撰俗名透影碑

風動碑　隱綠軒題識鎮州察院前庭有風動古碑乃李寶臣功德頌永

泰間立王士則書

雷合碑　寰宇訪碑錄茅山乾元觀碑陳䌤撰蔡仍行書政和五年俗呼爲雷合碑

無字碑　金石萃編乾陵唐高宗陵也在乾州東至太宗昭陵六十里有于闐國所進無字碑高三十餘尺螭首龜趺巋然表裏無一字今題名有十三段崇甯政和宣和年者凡金正大元年一興定五年二丁亥清明日一

泰陰碑　潛研堂金石文跋尾登泰山謝天書述二聖功德銘宋大中祥符元年上石在泰安府城南門外北向明巡按吳從憲篆刻其陰曰泰陰碑俗謂之陰字碑王蘭泉曰北向屬泰山之陰故題泰陰碑三字以訛傳訛遂謂之陰字碑矣

囤碑　雲麓漫鈔吳禪國山碑土人目爲囤碑以其石圓八出如米廩云吳騫國山碑攷云碑形微圜而橢又云碑首上銳而微窪石色紺碧

按右所錄碑名循名核實各以義起未爲虛搆若夫流俗滋訛方言虛

造郢書燕説非可理測訪碑者若非親見其文字僅憑耳食未有不徑庭者如關中大中二年經幢于惟則所造王鉉書土人通呼爲顏石柱問以于惟則經幢不知也問以王鉉愈不知也余來龍坂關外僚吏皆言敦煌學宫有索靖碑及拓而釋之一面爲索公碑一面爲楊公碑皆唐中葉後刻索公特靖之後人耳買王得羊固自可喜然問以楊索二公碑不知也李翕西狹頌在成縣此碑後爲五瑞圖内有甘露黄龍字官斯土者書帕餽遺即題爲黄龍碑若問以西狹頌五瑞圖亦不知也諸如此類非沿其土俗所呼之名以求之不可得公羊傳所謂名從主人也

隋唐以下金文一

余所論皆石刻不錄金文然唐鐘銘如景龍觀寶室寺之類下逮五季宋遼金元余所收即有三十餘通其字皆隸楷無篆籀與三代尊彝固有間矣唐大中之國清寺磬台州金大定之三清觀鼓長安五溪銅柱潭州鐵塔成都鐵幢吳越之銀簡鐵券金塗塔南漢之鐵塔南唐之鐵香爐蜀之

壽山福海鐵器皆金文也其尤難得者荊門武當山玉泉寺有大業鐵鑊別有元鑊一湖南君山有熙甯八年鐵鍋湻祐五年有鐵梢又有咸湻六年崇勝寺雲版乾道三年南華寺方響亦冶鐵而成訪碑錄以非石刻皆不收然文體書法實與石刻無所區別譬之螟蛉有子式穀似之若置之古金文中雖雲礽百世轉歎音容之不屬矣

隋唐以下金文二

余奉使西征渡河登隴所見古鐘皆沉埋於野田蔓草中殆未可僂指計諦視其文大約皆前明刻輶軒所經拓得三刻其一最古在甘州山丹縣城內雷壇寺陽文在鐘腹無年月其文云沙州都督索允奉為法界衆生及七代先亡敬造神鐘一口共二十三字筆勢雄偉唐初刻也一在鞏昌府城內中開鼓樓上周刻皇帝聖壽萬歲重臣千秋法輪常轉國泰民安十八大字下題大宋丙戌歲崇甯正月皆陽文題名陰陽文不等有六宅使權發遣通遠軍事劉戒朝散郎通判通遠軍事孫俣又有住持壽聖院僧體原等一在蘭州城內即使廨之左普照寺俗名大佛寺金泰和二年

歲次壬戌五月甲辰朔二十三日丙寅鑄中有敦武校尉商酒都監女奚列都兒進義副尉商酒同監薛庭秀及普濟院會首講經論沙門海珍等題名後有銘云刱之者誰海量珍公銘之者誰鶴髮崆峒皆陽文至訪得而未拓者平涼府城内關帝廟有宋天聖七年鐘四面刻天尊象制作奇古會甯縣城内亦有宋鐘一涇州之回山宫平涼崆峒山之寶乘寺皆有金大安鐘按平涼會甯四鐘第二次行部皆拓得又拓得慶陽鐘兩通以上除寶乘寺皆在使節所經官道旁窮鄉古刹若有好事者訪之震旦鐘聲隴上噌吰遠矣

木刻

木刻之文有二一為王大王菴池記唐天祐中刻在閬縣黛榦霜皮歷千餘年未遭斧斤之厄一為都門民舍有古藤一株夭嬌拏空上有元大德閒題字見戴菔塘藤陰雜記其餘滇南有吳道子大樹觀音象隴西慶陽郡廨有范純仁屋梁題字

瓷刻

瓷刻之文有三一為曹調造瓷盆題字僅有七年二字紀年已泐一為鄭

德與室林三十一娘捨東嶽廟蓮盆題字元豐元年正月兩器皆在福建省垣一爲元延祐二年瓷甕題字在淄川縣高氏造象有銅有石其曰白玉造象者但石之似玉者耳惟善業埿造象出於埏埴唐時江以南墓誌有刻於甎者此類皆當作石刻觀

夢碧簃石言

夢碧簃石言

宗元

內務部據顧燮光呈送石
言壹種著作物請予註册查與著
作權法第一四條規定相符應即填
具執照給 顧燮光 收執

中華民
二十六日給照

敘

學必求諸古簡策以外足以窺古人之陳迹者無過金石有清以來金石學家後先相望然金石日出而不盡則爲學亦孳乳而益緐惟取宏而見廣擇精而語詳乃可以治金石之學顧子襟癯致力於此有年矣其學泛濫閎肆博聞彊識而必徵諸實驗當其襆被裹糧訪碑獨往荒墟廢刹深菁斷崖足音跫然萬籟岑寂攀捫摩挲窮日後已及其陳書几坐寢食都廢左槧右鉛手自校錄往往更漏既盡一鐙熒熒猶達戶外烏乎其勤而專且精若此則其學之過人也固宜癸卯之歲余與襟癯相見於汳中時襟癯方壯已盡歷關中江右之勝每語古人名迹所在與夫殘石斷碣探訪之所得軒然抵掌而不知倦及觀其記錄文字則闢於吉金樂石所見所聞一鱗一爪而無不備載焉余方從簿書之役未遑事此心竊偉之今忽忽十餘稔而襟癯意氣猶昔其裒錄又日益富殆所謂取宏見廣擇精語詳者是烏可以無傳襟癯因就所錄釐爲若干卷而名之曰石言傳云石不能言或憑焉夫所憑者豈有他

哉以襟癯之勤而專且精以著之於文字而永其傳是卽其所憑者與

歲在彊圉大荒落律中黃鐘之月紹興范壽銘謹敘

評語

仁和吳昌綬印臣

承示顧君鼎梅所印石言二冊繙閱數日遂爲友人攜去道盡文微賞音不孤良可慰幸顧君此編乃隨所見略爲紀載非著述成書可比讀者宜知此意近代言金石者頗不乏人愚意總嫌骨董氣太重前賢動以證經補史作大題目其實搜殘剔賸所得幾何不若質言文章之美書蹟之工與夫圖畫藝術之精異較有真際再進言之直是吾儕之嗜好已耳以嗜好之專自成一種學問眼福遠勝古人及今著錄適當時會比來摸金發邱愈無底止嘗歎其能颺古於國外不能韞古於地中大河以北六朝都會之區佛無所倚魂無所棲骨董家造孽至此嗜好家亦有以導之誠得大雅閎達於搜玫之中寓保存之意厥功不甚偉哉顧君此編其可貴尤在此竊謂專收新出諸碑刻略如筆記體裁而以他人釋跋下一格備錄於後積稾既富蔚成閎著其汎論前人金石學者李金瀾陸剛甫已有專書依以續編亦不朽之業但不宜羼雜一處

耳昌綬久病荒冗舊義散棄略盡廿餘年前亡友王扞鄭仁俊欲補金石萃編弟告以非一手一足之烈所能辦不若專就薈聚一處之碑如龍門造象鄭氏摩厓之類詳爲攷釋倣成一種是一種楊星翁亦如吾言亦可單行王君依我說頗有成稿惜早逝矣今昌綬所望於顧先生亦如是既在河南即專就新出前人未見各種一一著錄大約乾嘉以來金石書獨魏稼孫績語堂碑錄最爲精細因一人所作不限時日甚且屢易其寫稿惜未全刻有槀本多冊手摹碑文至碻他書不及在藝風老人處實非常可愛也魏氏如不早死有財力則此書殆空前絕後矣作此等書第一講義例勿空費日力紀載欲詳攷據不必太繁又近代所出有恠恠奇奇者愚見只可另爲一卷不必羼入總以正當碑版爲重曾見顧先生藏元寶建志深佩鑒別得當此志兼載姊妹一例他石究曾見之否諸公精勤實爲畏友敢貢鄙懷鄉里同志或不以爲迂如致顧君函時乞採錄一二轉達爲叩碌碌語無檢擇未能罄所欲言公當有以教之

江陰繆荃孫筱珊

石言讀兩過知收藏攷據爲蘭泉派之不乏其人喜吾道之不孤明人碑亦應收入荃衰年薄力不敢發此宏願耳

上虞 羅振玉 叔言

大著石言之賜已敬讀一過甚有功於藝林望一續再續以頌海內也

秀水 金蓉鏡 甸丞

承寄石言二冊繙讀一過足爲此學津梁改革以來尚能爲此寂寞之事與乾嘉諸老不同與端午橋吳仲懌又不同彼則後名聲爲梯榮之媒今則無所顧藉洵獨立之彥也

仁和 高時顯 野侯

尊著石言拜讀感佩翠墨遺聞搜討頗富爲近數十年攷藏古刻者別開生面之宏著也惟其中略有習見習聞之事及綴錄原題跋似宜於再版時稍稍審擇刪減則粹美爲必傳之作矣

德清 蔡寶善 師愚

大箸精碻淹雅並世無幾敬佩敬佩昔在秦中弟令涇陽時于大

寺中訪得北周造象一具高八尺餘座中有駢文序一首金石各書未載題名五十人字體雅近龍藏大寺爲唐時惠果寺回亂燬於火佛象露立庭中（似達摩象一手已斷）又宣統二年醴泉新出土唐魏國夫人墓志一方字體近董美人惟時弟在學務公所勸余提學檄取來所儲藏曾拓數十本至京贈送朋好刦餘書冊蕩然已無存者吾兄現於秦中關系未斷似可託友精拓數本以爲石言之資料也

紹興酈嘉穀禾農

蒙賜石言二冊收到謝謝語石之外又樹一幟談金石者夥矣如此有趣味令人讀而不厭實屬僅見耳

丹徒陳邦福墨簃

石言非常精博欽佩奚似惟二老碑商城楊石清有跋在函青閣金石記中（此稿現藏如皋沙氏）俟天氣稍涼（弟）致書皋人展轉將此跋錄出寄奉左右嘗謂金石學從趙撝叔沈韵初以後大江以南黃河以北寥若晨星（福）與先生能假郵傳命討論吉樂幸福過前人矣

夢碧簃石言總目

卷一 碑刻類

卷二 墓誌類

古無言金石札記隨筆諸書也有之自葉鞠裳先生語石始其書學博思精融會修潔非數十年讀書讀碑之功未易臻此曩取讀之竊歎觀止矣余於甲寅秋日來館河朔訪碑讀書几几五載憶及石墨故實足爲隨筆札記者凡若干條編纂餘暇輒信筆書之不區別朝代不分析門類耳所聞目所見者胥取而著於篇名曰石言於丁巳秋日付諸石印中更風木之悲未能親校訛脱滋多海内名流以足與言金石學也辱書下教同好者又從而贊揚之初印數百冊旋即告罄茲修改訛誤再付寫官删其繁冗詳其未備蓋增十之三而損僅百之二耳再版已成謹志原委殆所謂不賢識小愈於博奕者乎若云媲美語石則余豈敢己未仲夏顧燮光鼎梅識於衞輝河北道署

己未迄今七年再版石言早已無存海内同好函索紛至苦無以應且當年信筆記載體例間有參差茲特重加修正析爲碑

刻墓誌造象法帖區域人物著作各類搜集羣籍約增二萬餘言温故知新金石之學亦如是也爰用仿宋排印費半載光陰始克成書較初二版似稍精審此後如有餘暇尚擬搜輯金石佚聞續纂二集期與海內金石家共研究之三版書成謹綴數語於後至助余校勘者吳縣吳君修闇（頤）風雅好學士也合併記之乙丑正月顧燮光再識於上海科學儀器館之遯世无悶樓中

會稽　顧燮光崈癯著

秦泰山刻石殘字彙攷

翁覃溪云岱頂秦篆宋汶陽劉斯立作譜至吳同春所記云僅存劉譜之半矣其後北平許名闕半字於榛莽中得二十九字嵌置碧霞元君廟東廡之壁褚千峯金石圖云泰山石刻高三尺五寸圍四尺二寸字徑一寸七分在泰山頂上碧霞元君宮之東廡至乾隆五年庚申燬于火此二十九字原拓本存者罕矣今又七十餘年知泰安縣事常熟蔣君於廢池址剔得此殘石二片尚存十字朱士端宜祿堂收藏金石記云按碑已殘缺舊存廿九字可辨又經乾隆某年爲火所燬從灰燼中搜出又去其大半今僅存十餘字尚不全戊子冬道出泰安府謁岱廟道司持贈云是原碑殘字別有重摹本字數較多神氣頓減方朔枕經堂金石跋云太山二十九字於乾隆庚申已燬於火剩有殘石二片計共十字嘉慶乙亥始爲蔣伯生大令因培縋玉女池而出予今所得即此本字雖所存無多而較之小字聶刻梁刻相去天淵矣仍以嵌諸廟壁蓋二千年以前之篆蹟自周石鼓外唯此與瑯琊臺是真刻之僅存者瑯琊石在海崖拓者艱致按方氏校碑隨筆云瑯琊臺刻石篆書存十二行行八字舊在山東諸城瑯琊臺故名已佚完全拓本首行五大夫㯹前尚有五大夫殘字第八行成功盛德之德字舊拓本宛然後不可見迨雒縣精拓又見德字蓋苔蘚沙土所封

也末行制曰可三字則早泐石裂曾鎔鐵東之字雖漫漶究留一
方秦篆乃忽失去或云觸電或云寔傾墮海中秦刻石遂絕于天
壤繆年伯云此碑尚在方朔枕經堂金石跋云瑯琊臺石刻在宋
趙明誠已誤傳蘇文忠公令廬江文勛模刻然是刻在超然臺上
相距尚百餘里與此無涉趙君爲諸城人何遽訛聞乃爾予之此
本神味完足當是數百年前舊拓阮文達公嘗謂碑字高跂足始
可及拓時須天氣晴明否則霧重風大拓不可成
此拓墨乾字顯當是拓者得意時作尤可貴也而此殘刻尚賸
存十字往者黄岳張雲谷登岱山訪碑借嶽廟道士錄本以考證史
文同異則以今日遥想宋莒公歐陽文忠董廣川所往復致慨者
後先有同情也按方氏校碑隨筆云太山刻石殘字篆書存四行
前行四字餘各二字據明拓本此刻石已佚只存
四行二十九字末有北平許氏隸書跋二行舊置碧霞祠東廡乾
隆五年庚申祠燬石失所在嘉慶二十年乙亥再訪得卽今碎石
爲二方之十字也訪得後初拓本斯字其旁下半畫尚存且筆
道較近拓本稍肥石既置山頂東嶽廟西屋因傾圮又移置山下
道院壁間但此刻石恐尚出宋人手先我辨之亦自有人後有二
十九字本傳摹者金石刻之金字原作金摹誤作金別見不誤本
筆道石花宜審孫星衍徐宗幹阮文達吳熙載輩皆摹之豈止一
聶本乎又嘉興馮雲伯石經閣金石跋文云太山秦刻世無石本
宋慶歷間江隣幾宋莒公曾翻刻亦少流傳大觀中劉跂親至山
頂拓得二百二十三字爲泰山篆譜明北平許□僅得二十九字
乾隆戊午燬于火近蔣伯生從廢池中得殘石二片僅去疾臣請
等十字孫退谷所得亦二十九字而已今閱天一閣碑目有此種
暇日至閣遍查不得主人范桐齡云錢竹汀編碑目時曾屬張芑
堂摹刻一本竹汀有跋石藏於家始恍然于原本之不復見矣其
翻摹石本異日當索之不知與洪筠軒何如也洪本從絳帖中摹
出又在十字殘石下徐氏宗幹跋云秦李斯篆書在泰山頂玉女

池上志釋文□□□□文其可讀者一百四十六字明嘉靖間移
於碧霞祠東廡僅存二十九字乾隆庚申燬于火後人摹岱□邑
人聶劍光又勤勤於縣署土地祠後岱廟亦佚唯存聶本而已嘉慶
甲戌徐石生鉊司理言於汪夢崖汝弼刺史云岱頂有趙老人年
九十餘數十年前登玉女池見殘石依稀有字次年蔣伯生因培
明府同邑人柴紉秋蘭皋廣文縋井求之得殘石二尚存十字摹
勒郡城文廟繫以芸臺淵如諸先生題跋而已原石嵌於山頂東
嶽廟西新築之室馮晏海雲鵬金石索所謂寶斯亭也後名讀碑
亭丙戌秋梁芷林方伯又以所藏二十九字拓本屬摹於岱廟公
輸子祠然好古者必求殘石十字以模本神氣不若也壬辰四月
東嶽廟西牆圮覆其室亟索殘石於瓦礫中□□人劉傳業移之
山下嵌置道院壁間庋易以守護不致湮沒云道光壬辰仲夏崇
川徐乾識又王文愍公翠墨園語内載宋于庭太山石刻殘字攷
引證聶氏太山道里記劉跋泰山篆譜序諸說證以瑯邪刻石而
以泰山頂無字碑定爲秦刻石之磨滅者原文頗長錄其大致於
此繆年伯云王文敏公重價求此拓本未得遂力詆爲宋翻其枝
如此不足憑也鮑氏金石屑中鉤摹有翁覃溪行書七古一章字既夭矯
文尤蒼古今並錄後詩云秦篆岱頂廿九字庚申之夏火所焚後
七十載殘字十燼餘却來補舊聞元君廟剩廢池址瓦礫堆起光
輪囷粗可讀者臣請矣斯臣去疾昧死臣依然之罘嶧碑上李斯
小篆留先秦蔣明府拓到葉子持贈蘇齋同鑒真葉子正摹秦篆
石甲秀堂蹟完如新我爲辨方題小隸劉斯立譜次第循工鐫力
怯屢縮手欲息古法難傳神葉子精思燈取影阮侍郎共舊本論

芸臺亦摹刻此篆於家塾天鑒苦心何以畀物惟絶少彌見珍不比會稽鵝鼻頂申屠巨幅勞貞珉頗聞江寧嶧山本李刻近亦嗟灰塵寄語江城嗜古客儻獲搜佚毋薶湮葉子亟摹此殘拓硯璞匹之歧鼓辛我附北平許跋後卷石氣已雄天門常熟蔣伯生大令新剔秦篆殘石二片見惠拓本因錄去秋此作奉鑒并附拙題葉東卿刻秦篆詩於後烏絲幅削山岳形向背離立如列屏學易老人秦篆譜岱山頂目欲追千齡上蔡獵師牽犬罷狂敓肆來焚六經殘編脫簡綴不得絲竹科斗淒魯廳嗟爾刻石亦遭燬區區篆畫殘玲㻞願爲書師閭里合胡毋博學誰撫型倉頡之七爰歷六籀篇仿佛餘奇零琅邪字小之眾失獨此五段辭猶聆茁公兗公拾又補爲爾氈蠟車屢停由西北東轉南向界行邐迆中絶陘行疏密與畫肥瘠我嘗上下剖渭涇於秦篆溯周十鼓若款堂戶窺窗櫺寸尺以差度闊狹肯執瘦細爲畦町此譜懸諸篆刻例廣川跋較非遥庭圓鑴鵝鼻如小指姚令威語天下局毒之漢江禹廟壁遠勝甲秀廬山廷蘇齋葉子共手校歐劉氣合闢日星迴視壁間廿九字溼苔墨湧羣峯青丁丑春日八十五叟方綱近人歐陽棠丞所著

集古求真云秦始皇東巡至泰山羣臣請立石頌功德相傳爲李斯書宋劉跂泰山秦篆譜云石四面廣狹不等凡二十二行行十二字起自西面而北而東而南末行制曰可三字後轉在西南稜上前十二行是始皇辭後十行是二世辭共二百二十二字可讀者百四十有六歐陽公所得及宋莒公與江鄰幾所摹刻皆不過四十餘字僅南向一面也其三面斫蔽拓者遺之明楊文貞公所藏有四十六字其石不知何時毀滅後許某搜得斷石置碧霞元君祠尚存二十九字乾隆五年燬於火嘉慶二十年蔣因培訪得碎石二片於玉女池止存十字覆刻頗多明李處巽刻四十七字本於應天府學岱廟先有摹刻本不知何人所爲不久即佚邑人聶劍光又刻於縣署土地祠梁茝林刻於岱廟公輸子祠阮文達刻於揚州孫淵如刻於高貞碑陰葉東卿刻於大別山吳熙載徐宗幹俱曾摹刻皆爲二十九字本十字本亦有覆刻按十字本與二十九字本均不足信以十字與二十九字對勘筆畫已有不同以二十九字與四十七字對勘字體更多不合所有四十七字本或亦爲宋人所摹然字體與明應天本同與琅邪刻石亦合可証原刻如此乃知許蔣二石非僞託亦覆刻之殘剩耳且原石爲方形其毀也必碎礫不能成片

張叔未摹刻泰山廿九字覃溪亦跋以七古長歌與此足相頡頏合并錄之秦篆今剩琅邪存尚遜岱頂雄嶟嶟琅邪字八岱十二行行圖譜猶可論會稽鄒嶧字尤鉅彼皆重勒誰手捫之眾過肥壯鮫鰐斤權最細騰鼅鼊摹形漸失去漸遠此獨河海從崑崙依然相斯筆畫在一彎一直窮本根秦政不綱篆則古劉跂所以搜霾昏劉君拓在歐宋後手量石頂肩背臂董逌書跋雖攷異甲秀堂帖仍重翻其

石由南轉東北夢躡參井經躔垣吾嘗胸羅陟盤磴松濤夾路排天門夜披層雲禱神聽冀叩匡壁通真源鸞飄鳳泊渺何有如探南岳窺舞奔依希記省隸題語北平許名失攷援六十年前石既燬（乾隆庚申六月此石燬於火）廿九字勢箋徒煩中間迴環斷與續摹者贋蹟爭囂喧嗚呼此本不易得籀鼓而後追陘渾符書蟲篆別八體爰歷博學空芟繁說文不獨攸省水相承互證覩與言徐家袪妄有伯仲陽冰衍說其兒孫史書大篆久不作周秦刻釋知誰尊焉得衞宏攷并注更訂馬史施于昆寥寥缺畫二千載古苔尚想風雨痕小指圓鐫石筍迹洪鐘勁弩鯤鵬騫近人論篆豈識此但取細瘦撐籬樊吾聞右軍法秦篆古今書勢珍魯璠安得此本搨千紙窗光日日摹朝曦以爲篆師定圭臬何減爻畫尋羲軒庚庚挂壁稜起立墨濤響答雲吐吞茶煙裊纏一元氣蚤湧大海山厓邨岱頂秦篆廿九字殘拓本歌嘉慶己未夏六月廿六日北平翁方綱

按此詩較金石屑所作早十八年蓋己未係嘉慶四年丁丑係嘉慶二十二年耳

漢太室少室開母三闕

曩見范鼎卿先生所藏開母石闕銘拓本較金石萃編所釋文多五字如防百川上是工範二字（範字半旁作弓拓本甚清晰而王氏謂止存車字半旁何哉）震驚下是禹字爰納下是塗字心濟下是隮字（即古隮字）拓本均明晰可辨萃編釋文皆誤按三闕舊拓本多模糊不清拓工惜紙多不拓全近見碑估用宣紙精拓本花紋字畫均能畢現真後來居上矣（丁巳夏日曾辛安先生親攜氈墨往遊登封精拓三闕較百漢研碑所刻尤爲完備擬著圖攷而先生遽歸道山矣己未春余糾資選工往登封拓整本三闕計五大幅闕陰花紋間有遺漏然亦鉅觀矣）諸城王無閣先生近日來函論三闕拓本各節至爲精核足補兩漢金石記金石萃編所未詳先生年已七十而好古不倦真今之魯靈光矣（嵩山刻石五大幅收到拓手甚精而少室伊字請雨銘末何字皆清晰前收新舊拓七八份均無之故尤愛玩可謂一字千金矣惟請雨銘典大君以前六行隸書較舊藏字多缺且模糊固由石泐亦拓工粗率所致殊可惜矣其最要者太室前銘必須精拓漢石字小而精無過此刻也後銘四十餘行雖多缺泐然若精拓字跡必有比兩漢金石記等書多出者又少室叢林前後出篆書二十餘行此段金石各書未有載者字雖多泐然精拓一字必繁多爲尤要也再少室闕銘末三行請將作椽四字前所空一行及開母廟後二行前轉角處雖云多泐而寔是有字跡首行尚有川口陽三字又少室東闕題名細觀之約計七八行各書只云四行若拓工不惜紙前後定多出數字也）

漢朱博殘碑

朱博殘碑光緒乙亥山東出土西漢石刻傳世者稀如星鳳茲刻書法古雅尤可寶愛或云此石爲濰縣尹氏彭壽所僞作繆年伯云近人凡有新出土碑卽云僞作眞僞作者轉寶藏之茲得匡君源跋語一則攷證頗爲明晰金石諸書未見徵引恐其久而忘也爰錄之

右漢瑯邪太守朱博頌德殘碑計十行存三十餘字光緒元年出自東武故城不知何時爲人取作閾下石尹生彭壽訪得之藏於家按漢書本傳博初服官在成帝時首行惟漢河二字下缺當是河平某年也次行尉朱博三字下遷字尚存其半博由護漕都尉遷琅邪太守上下文俱缺矣三行曹史諸佐四行布治境吏五行賞過必誅各四字傳稱博新視事右曹掾史皆移病臥迺召見諸曹史書佐選視其可用者出教置之皆斥罷諸病吏部中大驚又云視事數年大改其俗又嘗令屬縣各用其豪桀以爲大吏盡力有效必加厚賞懷詐不稱誅罰輒行卽其事也六行姑莫縣捕七行鄉奉檄十各四字傳云姑幕縣有羣

輩八人報仇廷中皆不得博檄游徼王卿馳騖十餘日捕得五人姑幕卽在諸城地鄉卽王鄉十字下當有餘日等字也八行漸除豪强下一字似伐字九行恩周郎邪民五字十行頌萬世三字上一字露其脚當是以字蓋以博除暴安良民感其恩故立石以頌德也張德容氏曰頌德之詞必無直斥其名之理以意度之疑是詔令襃策之文若隸釋所載賜豫州刺史馮焕之類稱其能事而美之也碑缺下截而其文首尾完具中間辭義雖不聯屬以意會之悉與本傳脗合且出自西漢隸法遒古在費縣新出麃孝禹碑之上幕字从莫琅字从郎尚存古體亦可證後來沿寫之誤眞希世之寶也博位至丞相功名不終史薄其爲人然誅鋤豪强爲一時能吏有德於民頌之宜也河平距今千九百餘年是碑始出爲從來金石家所未見及吾身幸見之豈非平生一大快事哉乙亥秋九月膠州匡源跋

漢王尊碑

讀象山陳君漢章綴學堂初稾四卷內分說經說史襍著跋尾四類卷四中有僞漢石經唐石經南宋石經西漢王尊頌德碑西漢

邊達碑魏曹真碑陰前秦修鄧太尉祠碑等七種跋尾攷證均精碻南宋石經余家尚有藏本杭氏世駿石經攷異馮氏登府石經補攷均詳言之陳氏此跋足補杭馮二氏之書未備亦足見學問之道無窮也其漢東郡太守王尊頌德碑云係戊子時新出土海內金石家均未著錄王尊碑陳伯弢亦不知出自何處蓋係象山縣令某囑其校勘者亦瓌寶矣茲錄跋語於後

右碑凡四行行八字頌王尊以身當決水事與漢書本傳合尊自京兆尹罷官爲徐州刺史通鑑繫於河平二年自刺史遷東郡太守蓋三四年間距王延世塞東郡河決尚未數歲也溝洫志河決東郡金堤河堤使者王延世下竹落河堤成以五年爲河平元年成紀建始四年河決東郡河平元年詔□校尉王延世堤塞輒平志又云後二歲河復決平原流入濟南千乘後二歲卽河平三年平原河決不決於東郡當時實賴王尊禱神之力吏民烏得不紀碑文下民夫止止字稍泐以與水恃紀韻定爲止字夫卽失字鄭周碑家失所帖校官碑官不失實失與失

同斥彰長田君碑寢疾不豫李翊碑九族內外袁良碑纘神明之洪族漢隸失作夫亦作失可知失亦作失矣萬二袁紀卽萬萬表紀下萬字重讀作大二字漢碑自有此例孔耽神祠碑遭元二轗軻楊君石門頌中遭元二西夷虐殘元元作元二趙德父淇盤洲據二字大書非石鼓銘重言之例作二字釋之然古字大小不拘元二實卽北海相景君碑之元二後漢鄧隲傳注必謂古重讀之字作小二字未必然也如此碑萬二不讀作萬萬不辭甚矣碑新出土諸家並未箸錄字學史學俱足證明西漢碑之可寶者也

漢三老忌日碑

吾浙漢碑自吳興三費佚後三費一堂邑令費鳳碑一費鳳別碑一梁相費汎碑隸釋謂並在湖州校官之壁僅跳山摩崖足張一軍咸豐二年餘姚客星山出漢三老碑碑文分列左右兩方右方又分四層第一層四行第二層六行第三層六行第四層五行左方列長行三全碑闊工部營造尺一尺四寸高二尺八寸五分書體渾穆如錐畫沙以碑文稱毋忌日在建武二十年攷之則此石當在中平永元間較跳山摩崖爲古當爲吾浙第

一石藏縣人周清泉家陸氏金石學錄補周世熊字清泉餘姚人官光祿寺署正所居客星山多出古磚皆收藏嵌壁間咸豐壬子訪得漢三老碑爲海內東京石刊之冠築亭庋之並攷碑稱掾諱忽字子儀者爲董子儀自爲跋記得碑緣起甚詳真本藏周氏所寓室壁間至爲珍貴複刻本則砌置廳間以應四方之求然形式極肖辨別甚難惟以刀法證之則真僞立判此石已以數千元售諸日本吾浙人士以古物不可外徙合資八千元購存於西湖西泠印社築石室藏之丁輔之諸君子之力也至攷證是碑近代通人如俞曲園沈韻初魏稼孫譚復堂李越縵張德容傅以潛楊鐸羅叔蘊徐呂遜陳墨迻諸先生均有攷訂是碑跋語合彙錄之以當石史

俞氏曲園春在堂隨筆　咸豐二年餘姚客星山新出一漢碑碑文首有三老二字故即名曰三老碑宗湘文觀察源瀚以搨本見贈余諦視之碑前半分四截其最上一截四行二十二字曰三老諱通字少父庚午忌日祖母失諱字宗君癸未忌日次一截六行四十六字曰掾諱忽字子儀建武十七年歲在辛丑四月五日辛卯忌日母諱捐字□君建武二十八年歲在壬子

五月十日甲戌忌日次一截六行三十八字曰伯字玄曰大孫次子但曰仲城次子紆曰子淵次子提餘曰伯老次子持侯曰仲雍次子楹曰少河最下一截五行二十九字曰次子邯曰子南次子士曰元士次子富曰少元子女曰无名次女反曰君期其後又直書三行共八十二字曰三老德業赫烈克命先己汁稽履化難名兮而右九孫日月虧代猶元風力射邯及所識祖諱欽顯後嗣蓋春秋義言不及尊翼上也念高祖此字大寫補入左旁至九子未遠所諱不列言事觸忌貴所出□及□敬曉末孫□副祖德焉詳其文義三老生一子而有九孫此碑乃九孫中第七孫名邯者所立以識祖父名字且存忌日然祖及祖母忌日有日而無年月亦殊略矣所引一春秋之義殆即穀梁傳孔父不名爲祖諱之說其人乃爲穀梁之學者也父殁于建武十七年則九子之生必有在王莽之世者莽禁二名而提餘持侯名皆二字其亦有用漢臘之意乎名字俱備而姓氏竟不得詳當更考之又其文字有不可識者姑作空圍記之闕藏是碑者爲周

君世熊字清泉有釋文當求其詳幷證異同也

余既得三老碑搨本未數月卽有以周君清泉釋文題跋見示其所釋與余微有異同三老諱通字少父少作小母諱捐字□君君上是謁字次子盈盈作盆次子士曰元士士字均作土字女曰无名无作元汁稽履化化作仁貴所出□及□出下是嚴字及下是焦字敬曉未孫□副祖德焉孫下作蕭字注曰疑古莫字因附於此俾覽者詳焉其題跋曰先君子解組後卜居邑之客星山下嚴陵塢卽漢徵士嚴先生故里也咸豐壬子夏五月村人入山取土得此石平正欲以甃墓見石上有字歸以告余余往視碑額斷缺無從辨其姓氏幸正文完好共得二百十七字因卜日設祭移寘山館建竹亭覆之按東漢光武晉惠帝東晉元帝後趙石虎西燕慕容忠齊明帝魏北海王皆紀元建武惟光武有二十八年且值壬子碑紀其母忌日卽未必刻於是歲字法由篆入隸與永平建初諸石相類定出東漢初無疑三老諱通邑志失傳掾諱忽字子儀考後漢書任延傳延爲會

夢碧簃石言

稽都尉時避亂江南者皆未還中土會稽稱多士如董子儀嚴子陵延皆以師禮待之以諱忽字子儀者歿於建武十七年時地悉合豈卽董子儀歟原注云吾邑董氏盛於漢代董昆董巻董襲見太平御覽北堂書鈔引會稽典錄謝承後漢書會稽先賢讚諸書漢碑盛桓靈朝當建武時碑制未備額右七形頗類碑字末筆其文奧衍大意爲子儀第七子邯追遠而作祖母母有諱字而不及氏末云貴所出嚴及焦或二母之氏歟又云碑出咸豐壬子上溯建武壬子正得一千八百一年辛酉之亂賊火吾廬亭相去稍遠得不燬事平碑仆于地旁甃漢晉甎數十如寶突然蓋賊用以作炊者石受薰灼左側黝黑而文字無恙凡物隱顯成毁固有定數此碑幸免刦灰先賢遺跡賴以不墜知海内好古家同此愉快也

咸豐三年餘姚客星山新出一漢碑碑文首有三老二字遂名之曰三老碑余既詳載其文於第二卷矣碑云三老諱通字少父庚午忌日祖母失諱字宗君癸未忌日但云庚午癸未不載年月余始識其疏略既而思之其於父母既備載年月日何於

祖父祖母遂疏略如此此必有故也竊疑古人以幹枝紀日不以初一初二紀日其家相傳三老於庚午日死祖母於癸未日死相傳既久忘其年月民間不知歷術安能推知爲某年某月某日乎於是子孫遇庚午癸未則以爲忌日蓋古人忌日之制本是如此試以子卯疾日證之子卯有二說鄭司農以爲五行子卯相刑此固不必問其何月也賈逵云桀以乙卯日死紂以甲子日亡則有日無月似不可通乃鄭康成何劭公等翕然宗之無異詞者蓋援忌日之例止論幹枝不問爲某月第幾日如紂以甲子亡以三統術推之爲武王十一年二月五日至次年二月五日乃上年紂亡之日在今人必以此爲疾日矣古人不然二月五日不值甲子即非疾日而凡遇甲子即是疾日一年有六甲子是有六疾日也疾日忌日其例並同今人但以父母亡日爲忌日非古矣因三老碑而得古人忌日之制故補記之於此

節鈔沈韻初中翰書袖中書　漢三老石刻曩時所見皆甚模糊

故各家釋文多就意義所屬揣度爲之及前年得精拓本有字甚明顯而不可識者心甚惑焉竊以此刻中經椎鑿字體古拙可愛惟文詞則朴野之至殊覺費解吾師既有藏本必曾詳究其義今以精拓之本並舊釋文呈請鑒定

魏氏稼孫績語堂碑錄　同治乙丑臘月廿八日自里門渡江訪碑住會稽趙撝叔家次日同觀禹陵窆石丙寅正月三日挐舟獨遊拓一紙次日遊妙相寺亦稱石佛寺在五雲門外五里地名塘下金拓南齊石佛背字撝叔皆爲題記此六七日訪碑之暇與撝叔暨傅節子何竟山兩君道古甚歡節子贈余汪刻金薤琳瑯劉太乙金石續錄魏高植墓誌淡拓本青浦王氏舊藏宋元碑數通其意甚厚余從沈氏書肆得明刻隸釋又黃龍元年甎一人日遊跳山土人呼跳山頭問跳山則不解觀建初大吉摩厓旋以事赴甬上得山左金石志兩浙金石志金石契高刻小蓬萊閣金石文字明拓整幅北魏弔比干文等碑中金石契兩部分其一贈節子十一日歸次餘姚於羅戟門家晤汪述菴十三日侵晨偕兩君買舟出郭午抵客星山俗呼陳山介戟門訪周清泉光祿世熊主人聞其爲漢碑來也甚喜導入別室拾級而登有竹石之勝則三老碑在焉即設賓榻其中天雨戟門去余忽痔發述菴感

寒疾尤憊徑擁被臥見余席地據石力疾氈椎撽裘塵坌間出語相慰勞清泉亦時時纖屐攜童饋藥食至十五日拓本竟余自存整幅一零楮二又爲清泉述菴各搨一本乞清泉手題清泉因出舊跋屬更定數十字語碑所自得及遭亂無恙眉來猶軒舞也十七日述菴病愈偕辭清泉清泉藏漢晉甎甚夥以永元十二年殘甎見貽余贈節子又見宋元嘉碎鏡數片文淺質脆竟不能拓余復獨遊跳山信宿徐姓家拓大吉摩厓成石爲山陰杜氏買真書券納糧屬徐姓守之摩厓施拓尤難鄉中小兒多告余地有馬熊初謂讕言後知往年果有野獸傷人還訪述菴於陶家堰同詣撝叔既至郡城記失卯匜一於航船急棹小舟至東關取之中有鄧石如刻二卯乃郡中孫氏世守之石節子借拓者越日偕兩君渡江旋里時廿有二日矣嘗恨大江以南古刻淪毀而越中巋然存漢石二孫吳蕭齊各一足爲山川生色吾家距越甚近承平時忽不措意直至兵火後間關跋涉而得之人情賤易貴難大抵如是抑友朋金石之樂具有因緣非其時不可强邪三老碑椎鑿而成鋒從中下不似他碑雙刀故每作一畫石膚圻裂如松皮非細審原石不能定爲某處字畫某處泐痕佳手精拓非用小墨圓加樸數四其凹陷之筆亦

都不顯方出土時周君命工拓百十紙但具形模自余拓後轉語碑工張文蔚渠如法爲之近拓乃朗晰勝前矣小父小字謁君謁字次子盎盎字君期期字力射射字嚴及焦嚴焦字不可識之亡字蕭字及額間乚形剮下横畫鐫歷歷可辨諸家多有悮釋由未見原石也碑中義字及字右波但刻外匡中不去空與太室石闕前銘同前人稱爲雙鈎實則刊工取省筆耳余輯金石萃編遺碑既以諸刊入錄近從俞蔭甫丈假觀春在堂隨筆中及此碑索觀手拓黏綴之頃憶當日情事如昨因牵連記之當訪碑遊記一則時庚午歲二月十七日也

李氏悉伯越縵日記　按三老碑于咸豐壬子年新出餘姚客星山土中今藏縣人周氏家其碑九行凡二百七十字前五行分四層横隔之第一隔云三老諱通字小父庚午忌日祖母失諱字宗君癸未忌日第二隔云掾諱忽字子儀建武十七年歲在辛丑四月五日辛卯按後漢書光武十七年二月乙亥晦據此推之則四月五日非辛卯如三月是大盡則此日當是庚戌十六日始值辛卯忌日母諱捐字□君建武廿八年歲在壬子五月五日甲戌忌日第四隔記其九子二女名字後三行總曰三老德業赫烈云云字多漫漶不可辨自來以建武紀元者

晉元帝僅二年齊明帝僅五年後趙石虎至十四年然于越無涉（西燕慕容忠後魏元明皆僅數月皆于越無涉更不必論）惟漢光武至三十二年其十七廿八兩年正值辛丑壬子其曰三老者漢時鄉各有三老見於前後漢書者不一曰掾者漢晉自公府至令長其曹佐皆曰掾此單言掾則非公卿州郡可知蓋縣掾也禮云內諱不出門西漢及六朝史家間書婦人之名然不悉出惟范氏後漢書則皇后紀皆書后諱其餘婦人亦多書名獻帝伏皇后紀載廢后詔云皇后壽云云可知當時詔策皆書婦人之名故此碑于婦人皆書諱字其兩女亦有名是爲東漢之制無疑其字法由篆入隸古拙可愛所記諸子有名提餘字曰伯志名特侯字曰仲雁者亦可證當時民間固已多用二名據稱其母之忌日在建武二十八年則此石當是中元永平間所立浙中石刻向以嘉慶間會稽跳山新出建初元年大吉買山題記爲最古建初爲漢帝年號（成李特後秦姚萇西涼武昭王皆號建初皆于越無涉）此石蓋更在前其出土乃更後碑額已斷無由攷其姓氏其文字體制非表非誌疑是碑

陰所題故稱之曰三老碑（漢無貴賤碑碣之分）爲兩浙第一石耳

譚氏復堂日記　稼孫屬予審定餘姚周氏藏石漢三老碑文漢人最重避諱恐祖禰久遠子孫或不知而悞觸此碑當施于家廟之庭或堂非墓碑薶在地比文有曰念高祖至九子未遠所諱不列言事觸忌貴所出嚴及焉敬曉末孫其副祖德焉文義明白碑載其父母忌日在建武十七廿八兩年而爲第七子邯所立石計時相距不遠仿翁方綱年月表當附建武後矣

張氏德容二銘草堂金石聚　同治庚午晤何竟山學博澂爲容言近餘姚周清泉世熊於陳山得漢三老忌日碑蓋董氏祖墓物也并以拓本見贈高二尺九寸廣一尺四寸五分前半三老掾子女作四列後記二行半中邊皆有界綫按名勝志陳山亦名客星山在餘姚縣東北十里碑稱掾諱忽字子儀考後漢書任延傳更始元年拜會稽都尉會稽頗稱多士延到皆聘請高行如董子儀嚴子陵等敬待以師友之禮以碑合之此子儀當即延所聘禮者碑爲忽第七子邯所立文字俱極醇古邯於

三老爲孫而稱高祖者疑通言示後之詞非高曾之定稱也下文云敬曉末孫以末孫對高祖猶詩言曾孫皇祖云爾汁即叶字漢碑以汁爲叶如史晨孔廟碑汁光柳敏碑汁洽及帝堯碑以汁皆是叶本古協字漢人多作汁也

傅氏以潛有萬憙齋石刻跋尾　右三老諱字忌日記乃其孫邯所作額斷闕姓氏里貫無考左分四列外加界僂其中四五六行不等一二列爲祖父母父母諱字忌日三四列爲九子二女名字邯亦與焉右通作一長格載記文三行共二百一十七言據所記父母忌日一在建武十七年辛丑一在建武二十八年壬子考歷代建武紀元者凡六惟漢世祖有十七暨二十八年正值辛丑壬子與此脗合雖未著刊勒歲月而爲東漢初物則無疑義咸豐壬子餘姚周君世熊得之客星山中今藏於家兩浙石刻向以建初元年大吉買山記爲最古此則更在建初以前且兩石均出越州足爲吾鄉生色買山記已載越中金石記此以晚出見遺近時趙撝叔續寰宇訪碑錄始存其目蔣生

沐東湖叢記弁錄其文惜叢記所釋多誤殊不足據爰與魏稼孫鹺尹參互審定另釋於右同治丙寅立夏節識

三老諱通字小父

庚午忌日

祖母失諱字宗君

癸未忌日

右第一格凡四行行十字

掾諱忽字子儀

建武十七年歲在辛丑四月五日辛酉忌日

母諱捐字謁君

建武二十八年歲在壬子五月十日甲戌忌日

右第二格凡六行行字不等

伯子元曰大孫

次子但曰仲城

次子紆曰子淵

次子提餘曰伯老

次子持侯曰仲雍

次子盆曰少河

次子邯曰子南

次子士曰元士

次子富曰少元

子女曰无名

次女反曰君期

右第四格凡六行行字不等

三老德業赫烈克命先已汁稽履仕難名兮而右九孫日

右第三格凡六行行字不等

月虧代猶元風力寸第一行邯及所識祖諱欽顯後嗣蓋春
秋羲言不及尊翼上也念高祖祖字左側補刻至九子未遠所諱
第二行不列言事觸忌貴所出嚴及焦敬曉末孫讙副祖德
焉

曩歲丙寅里居姚江周清泉過訪攜贈是刊拓本數通并出跋尾手稿相質藏之十餘年疊經友人請乞今夏曝書檢貯行賸勤存此本亟翦裝成帙手識釋文復屬郭幼安茂才爲錄此跋附入冊末俾此碑出土顛末有所攷見惜清泉墓草已宿不獲重與賞析撫物懷人曷勝敞网

楊氏鐔函青閣金石記右石前刊四層層後二行近出浙西餘姚客星山中歸安丁犀舫跋云洪氏碑式所載東漢石刊以建武中元二年何君閣道碑爲首案史記祭祀志光武以建武三十二年改爲建武中元元年是碑載其母氏忌日在建武二十

八年則是碑之立更在何君閣道之前矣其第一二層字體收斂不放三四層與後三行筆勢開拓迥出兩手然皆古拙方勁有篆法西京文物于此猶可想見第一層諱通字下疑是欽字猶有仿佛可尋失諱字下疑是風字夏承碑作鳳孔耽碑作凨第三層曰少河上疑是監字後三行之首三老德下是美赫二字汁稽之汁與史晨前碑汁光之精樊敏碑歲在汁洽均作協字義顯作顯與嚴發碑同萺字疑是曾或是冀文義古拙不可妄爲穿鑿也焉字與三公山碑筆跡小異由篆入隸之漸也至碑內諱作諱子作予富作富虧作虧讖作讖嚴作嚴皆漢碑中所未見然皆奇古可愛又末行言事下示旁疑是禰字公羊傳註生稱父死稱考入廟稱禰詳審念高祖以下數語似謂所載忌日詳于父而略于祖并不及其高曾之諱忌者所以明示專事禰也審是則爲禰廟之碑非墓表也又第二行之首邯及二字是第六子次女名而不及餘子之名疑此碑爲邯及所立然此碑非碑陰即是後碑均當存以待考余按隸釋載有漢故國

三老袁良碑百官公卿表漢之縣令長皆秦官名然縣所轄鄉不一大率十里一亭亭有長十亭一鄉鄉有三老百官志凡縣各署有諸曹掾史是碑所載諱字其祖曾爲三老父曾爲掾也末行云念高祖至九子來遠所諱不列言事邇也古者建國始得立五廟北宋以前猶有四廟三廟二廟之制程子謂人本乎祖服制以高曾相屬則時祀宜及高曾冬至宜祀始祖遠祖自是以後學士大夫及庶民皆遵用而功令亦不復爲之程以人情所安不可强抑耳而朱子于始祖遠祖則不敢祭非獨疑于僭也蓋内反于身覺哀敬思慕之誠遠于高曾已覺分之難滿又進而推之遠祖始祖恐薄於德而於禮爲虚矣漢人寔事求是不尚浮誇故不及高曾之諱忌也欽字下疑是文字子字右下垂是籀文說文冀作冀此作亯當是冀字陳氏邦福云按史記祭祀志五字疑有誤文函青閣金石記原稿本祕藏如皋祝氏別無傳本也

羅氏叔蘊唐風樓金石文字跋尾　此碑末行敬曉末孫亯副祖德焉之亯字以前著錄家皆不識亡友邱君于蕃曩嘗以爲

問當時無以答今細審之乃冀字也此字久不能識一旦得之惜邱君墓已宿草不及告之矣記之不勝感愴

徐君呂愻石墨盦跋尾　漢三老諱字忌日記出土甚晚近年以來日夕錐拓尤多漫漶此四十年前家大人親至客星山周氏手自精搨較俞曲園所見本更爲完善足以證諸家攷釋之未當

陳氏墨逸金石記　曩得漢三老碑細繹其文右方第三行云不列言事爾也貴所出嚴及□敬未孫蕭副祖德焉邦福案蕭楊氏鐸函青閣金石記羅氏振玉唐風樓金石文字跋尾皆釋作冀福謂三老碑右方第二行別有冀字明與蕭爲兩字矣細審蕭上从艸下从𣶒與淵字相近確爲蕭字省去中畫無疑考漢碑中淵多書作淵或作㴊北海相景君銘及三老碑第三層（第三層云次子紆曰子淵淵正作淵與蕭字下半絕類）皆彰彰可考也碑文蕭副祖德者肅副祖德也論語不在顓臾而在蕭牆之內何晏注蕭之言肅也牆謂屏也君臣相見之禮至屏而加肅敬則此碑假蕭爲肅

益信而有徵矣

漢朝侯小子碑

辛亥冬季陝西長安縣西鄉楊家城掘地得漢碑一方修廣均二尺二寸餘分書計十五行行十五字書體酷似史晨後碑而秀勁過之事蹟無可攷證惟朝侯見於漢書職官表其爲劉姓可知惟小子何人尚待蒐討以首行有小子二字姑以小子名之亦猶元孫子游諸碑例也（此殘石初在西安車家巷原姓旋歸閻甘園以千元售於天津周季木）行篋攜有拓本錄諸左方以資金石家之攷證

□朝侯之小子也□□□□止卽齒履（第一行）參學兼游夏服勤鄙□□儉而度一介（第二行）學中大生晨㠯被抱爲童冠講遠近稱（第三行）僚贈迯禮賻五百萬已上君皆不受竭（第四行）不見雖二一連居喪孟獻加等無㠯踰焉（第五行）㠯君爲首郡請署主薄督郵五官掾（第六行）否好不廢過憎知其善每休歸在家匿（第七行）廉除郎中拜謁者㠯能名爲光祿所上（第八行）訪姦雄除其蝥賊曜德戢兵怕然無爲（第九行）□卜葬舍憂憔頓精傷神越終歿之日（第十行）聲形銷氣盡

遂曰毀滅英彥惜痛老小第十一行死而不歾當在祀典者矣故表斯碑曰第十二行第十三行無字金之真辭膊距賵高志淩雲烝烝其孝第十四行□頑凶哀動穹旻脈弁氣結曰隕厥身第十五行按此碑陰尚有字已多磨泐矣

高麗好大王碑

戴君葵甫名裕忱奉天人為余言好大王碑分書高丈餘廣四尺餘四面刻在奉天省輯安縣按輯安縣即古高句驪都城舊址戴君昔年查學至該縣祇人家三十餘戶蓋新設治者也東門外十里將軍墓即好大王墓方形巨石砌成凡十一級第五級則砌石室一方廣約丈五高約丈餘室內有石槽二道似昔用儲金棺者墓頂有柱眼多處大僅二寸餘尚有殘瓦敗灰似昔年曾建亭榭者土人有得全瓦者長約六寸寬四寸餘瓦質堅實側面有文係八分書文曰願大王魂安如山固如岳按隋書東夷傳慕容廆破高句驪都城並殘其王墓然則石室中棺已杳殆斯時所毀矣墓旁尚有大冢數處想係好大王之眷屬附葬者相傳墓中皆係畫壁今已殘陷亂石堆積而已墓南六里即鴨綠江從東北來西南下勢極雄壯墓石均長丈餘偉大堅固想見當時國力雄厚唐風樓金石文字跋墓尾好大王陵塼跋云此塼嚴肆碑賈李雲從得之好大王陵中文一行每字有界格曰願大王陵安如山固如岳隸書朴厚如兩漢人較好大王碑字為精李君言此陵已破壞渠曾入其隧道中壁上畫龍鳳采色如新陵中明器已為人取盡又專門名家云好大王塼跋好大王陵在奉天輯安縣陵前有享殿三面塼壁此有字一行之甎砥三壁之一層塼兩端微削以相銜接者文曰願大王陵安如山固如岳字兼篆隸極精湛殆與王碑出一手書從來未經著錄者越中梯香樓主人得一全專於關東珍同拱璧丙辰二月十九日余挐舟蠡城道古信宿摩挲此甎借

至旅舍手拓數本以實遯齋藏專冊中識古甓之異品也平江楊寶鏞記南里許光緒元年葉氏語石作六年開懇東邊荒地始發見碑面爲蒼苔漫沒剔除極難土人以糞塗碑面俟乾縱火焚之蒼苔去而碑裂矣按此碑字大如盌方嚴厚整在隸楷之間俞曲園先生書卽取法於此攷其時正當東晉之末紀高麗開國武功甚詳爲滿洲第一古碑常州吳氏椒圃甲午中日之役從軍遼東所得拓本已多殘缺上海有正書局印據此本石印神州國光集九集載有羅叔蘊先生攷訂是碑跋語極爲詳贍葉氏語石卷二云好大王碑在奉天懷仁縣東三百九十里通溝口高三丈餘其文四面環刻略如平百濟碑光緒六年邊民斬山刊木始得之窮邊無紙墨土人以徑尺皮紙搗煤汁拓之苔蘚封蝕其坳垤之處拓者又以意描畫往往失真乙酉年中江李眉生丈得兩本以其一贈潘文勤師共三四十紙屬余爲排比攷釋竭旬日之力未能聯綴其後碑估李雲從裹糧挾紙墨跋涉數千里再往返始得精拓本聞石質麤駮又經野燒今已漸剝損矣足爲此碑石史集古求真云按余所得本爲高麗紙淡墨拓無字處竟不著墨亦高麗拓法也惟字明晰筆畫尤整潔無鬍缺痕且絕未描補比楊刻雙鉤與上海縮印多十餘字正其描誤者亦十餘字殆中國未發見以前高麗有心人之拓而秘藏者也

苻秦廣武將軍碑

苻秦石刻僅廣武將軍□產及鄧太尉二碑鄧碑尚存而廣武久佚吳江楊氏龍石跋云碑之亡著錄家不記年月大約在乾嘉間世傳拓本或有碑陽無碑陰側或有陰側無碑陽且多是翦裝

本惟江陰繆筱山荃孫藏整幅本餘杭褚氏理堂跋云廣武將軍□產碑石久亡失所見皆百年前舊物同治中吳愙齋督學陝甘曾至宜君學宮親訪之據土人云咸豐中已爲人燒作石灰拓本在世間者有日減亡日增完本至爲罕覯海內流傳僅顧湘舟李眉生英蘭坡所藏三本（杭州楊見心先生亦藏有一本）顧本現歸繆藝風年丈壬子六月與鄰蘇老人所藏陰側合印（鄰蘇老人跋云此廣武將軍碑陰幷側余四十年前得於京師厥後求碑陽竟不得今始以江陰繆氏本合印之以爲完本使承學之士得見由分而隸之遷流亦一快也）李本辛亥四月歸鄒君適廬陰側均全尤爲至寶丁巳夏日蒙以石印本見詒與繆本合裝堪稱雙璧（按此碑杭州有複刻整幅本幾可亂眞聞係蘇州人張德生所刻此外尚有圉令趙君涼州刺史魏元丕碑均係複刻賞鑒家愼之）英本歸王孝禹今歸姚茫父商務印書館印以珂羅版神采未失惜已翦裝矣至庚申（民國九年）陝人雷召卿訪得於白水縣史官村山麓倉聖廟中三原于右任先生初誤爲李春堂所訪得曾作長歌紀之至甲子春得雷君函始悉其詳又作七絕二章紀之碑旋爲渭北靖國軍趙某所據禁人氈拓市間拓本又復珍貴至此碑湮沒百餘年者皆畢氏關中金石記誤云在宜君縣之故古物顯晦殆有時與爰萃錄各家跋語（當以吳絅齋姻伯跋語爲最碻）及于君右任所著詩以作此碑石史

武氏授堂金石跋云碑已殘剝文前題建元四年歲在丙辰晉書載記興寧三年堅又改元爲建元今以碑證之四年實爲丙辰而歷代紀元彙攷乃以爲戊辰何也

畢氏關中金石記文有云使持節冠軍將軍益州刺史上黨公之元孫又云建忠將軍□□護軍扶風太守遷□匡侯之□子諱産字下缺又有與馮翊護軍云云皆未詳其事蹟上有額作立□石山祠五字又有陰刻部將姓名

毛氏關中金石文字存逸攷云此石本在宜君縣今未詳所在矣武授堂氏億金石跋謂建元四年歷代紀元彙考皆作戊辰碑作丙辰疑史之誤今蒲城縣鄧太尉祠碑苻秦建元三年立題云歲在丁卯則四年當作戊辰史不誤而碑誤也當從史爲正苻秦建元四年爲東晉海西公太和三年

吳絅齋先生九鐘精舍金石跋尾右廣武將軍碑在陝西宜君縣文云惟大秦建元四年歲在丙辰晉書載記苻堅於晉興寧三年又改元爲建元是年乙丑則四年當爲戊辰武虛谷授堂

金石跋謂以碑證之四年實爲丙辰而歷代紀元彙考乃以爲戊辰何也云云案鄧太尉祠碑首云大秦苻氏建元三年歲在丁卯紀年不誤乃此碑四年書作丙辰殆是一時筆誤虛谷未及細推長術而以紀元彙考爲疑亦偶有疏忽也碑敘冠軍將軍益州刺史上黨公之元孫建忠將軍撫□護軍扶風太守遷壽臣侯之元子（毛俊臣世叔云碑文是胤子非元子）上黨公壽臣侯不詳其名碑首又不著其姓無從考索至爲憾事上黨郡屬并州苻丕時封張蚝爲上黨郡公尚在其後壽臣史志無徵必是縣名不知隸於何郡可據碑以補逸文中有董槃苟輔二人苻生時嬖臣董榮官尚書右僕射董槃蓋其族人苻堅之母及妻皆爲苟氏其將有秦州刺史苟池屯騎校尉苟萇此碑苟輔當即建元二十年爲新平太守者見於載記亦苻氏外戚也

右碑陰一列十五人其中十三人地望爲京兆始平馮翊南安扶風略陽天水皆繫以郡攷晉書地理志苻堅建元六年司隸所領九郡有京兆馮翊扶風始平此碑立於四年則四郡先已

設立當苻生時曾以苻黃眉爲左馮翊苻飛爲右扶風太守也始平郡屬縣亦有始平長安志稱舊圖苻堅徙始平於茂陵故城者是惟碑陰蓋以郡繫與京兆以下一例天水郡見前秦錄云甘露五年白虎見天水略陽郡晉書堅永興元年平羌將軍高離據略陽二郡亦先設立均屬秦州南安郡則屬河州惟司馬京兆石安（毛俊臣世叔云清一統志咸陽縣石趙時名石安）卽默歆一人獨兼著其郡縣與諸人歧異石安當爲京兆領縣於史無徵可據碑陰以補十六國疆域志也碑陰姓氏有杜盡臣卽默歆盡臣爲藎臣之省體卽默乃卽墨之叚猶墨曹之爲默曹也又有相訓歷靜維敘三人皆三輔稀姓十五人之後又有十七行連貫而書每行三十二字亦有二字并書一格者其中如傒部大王帛初部帛大谷部稠兒部傒酋大王良酋大王臈部夫蒙護部太王夫蒙大毛部夫蒙傷大部夫蒙大祁部夫蒙進部夫蒙犂部所謂部者蓋西羌部落之名故或則冠以大王二字晉書苻堅載記建元時徙諸雜夷十萬戶于關中虞烏丸雜類于馮翊史文不

詳諸夷之名幸得此碑以存一二也鄧太尉碑云統和寧戎鄜城洛川定陽五部五部者爲分置羌人於內地建立各部之名與此碑諸部爲西羌本部之名絕不相同鄧太尉碑又有領屠各上郡夫施黑羌白羌高涼西羌盧水白虜支胡粟特苦水雜戶七千夷類即類字十二種亦爲羌人種族之名惟與此碑無一同者或者鄧太尉碑以種族名此碑則以部落名耳舊傳此碑在陝西宜君縣署科房某年已燬於火

此苻秦廣武將軍孫弓產碑也君爲張蚝孫繆年伯云廣武將軍非張蚝年分不符也謬始於張介侯吳綱齊姻伯云廣武將軍碑余前已詳攷之近見王扞鄭跋云此符秦廣武將軍孫弓產碑也君爲張蚝孫蚝本姓弓張平養子封廣武將軍上黨公見晉書載紀通鑒晉紀士鑑案載紀符丕即位改元太安以張蚝爲侍中司空封上黨郡公此碑立於建元四年尚在太安改元前十七年豈有其孫已爲將軍碑文得預稱上黨公孫之理繼以封地相同牽混歧謬直謂之爲弓產武斷太甚不得不辯正之余前跋固云張蚝封公尚在其後也蚝本姓弓張平養子平降堅蚝多力趫捷呂光刺蚝隨降與鄧羌俱號萬人敵封廣武將軍上黨郡公見晉書載記通鑑晉紀君承名祖父之遂令池陽兼征西大將軍左司馬其時迺祖廣武舊部同寮同城

卽默歆杜孟臣等刊石立界山祠矣君臨此城一節頌君屏法與農戎翟來褒也躬臨南界一節誦君之勘留道也史建元中堅徙諸雜夷十萬戶於關中處烏丸雜類于馮翊正此石事推之前此一年鄧艾祠碑俾鄭弘道統和寧戎鄜城洛川定陽五部領屠各上郡夫施黑羌白羌高涼西羌盧水白虜支胡粟特呰水雜戶七千夷類十二種尤爲此石之近證爲以碑陰旁述可以補史矣馮翊將軍是堅要職因悟鄭弘道爲鄧羌而修太尉祠卽默歆等爲張蚝而立界山石祠事旨密合羌蚝固堅之萬人敵也若護軍苟輔則堅二代外戚權力與產三代侍中沕故與君參分所部厥後建元二十年輔仕至新平太守死姚萇難可謂不負苻宗石名非倖存矣唯四年丙辰有疑戊辰者但碑詞典雅隸分樸茂開首紀年卽已譌記度无是理或者秦沕乎別有釋文再錄十行埒譌沕　適盧社長齊年方議建探古會謹以謷說獻惜舊藏銅章廣武將軍未及攜印此拓也壬子上巳

吳民王仁俊

苻秦廣武將軍在陝西宜君縣畢氏關中金石志始著之按建元四年當晉太和三年戊辰此曰歲在丙辰誤也蓋部將紀功頌德之文臨海洪氏與潛研堂金石跋以爲立界碑皆誤是碑隸體漸變漢法間用篆勢碑陰有逸致奇趣橫溢每縱筆爲之漸露草隸之勢其變更部位妙處不可方物此碑與鄧太尉同時苻秦僅存二石近聞廣武已佚是拓尤可寶也予稷山論書絕句曰廣武將軍號大酋（北史羌之酋豪曰大以官爲民故碑陰有酋大之稱）細筋宕逸氣雄遒舍移部位迷方物衣鉢千年蜕道州何蝯叟晚年多忝此碑妙諦宣統三年歲辛亥五月跋於姑蘇旅次東湖居士陶濬宣年六十有五

十六國時代石刻無多傳於世者僅鄧太尉祠記呂憲墓表蜀中書令賈公闕白石神君碑後題字及此廣武將軍產碑也就中惟鄧祠與產碑有敘述文詞憲表不過寥寥數行賈闕宋人題字定爲李特時刻（劉燕庭說）尚未敢以爲碻據白石碑題字字僅一行坿于碑後然則可稱爲碑者惟鄧記與產碑耳今數石俱

存惟產碑出世既晚未見金石著錄又罕拓本流傳今石復隱佚不知尚在人間與否此碑正面碑文姓氏原缺已不可攷碑陰題名有界格而仍似錯落書之頗見逸致碑側僅一面刻字海內同好諸公藏有此碑者甚屬寥落碑陰僅聞楊星吾孝廉有一未翦整本亦祇見其縮印者未有其原拓也此本僅正面曩年得於京師書肆中長白英蘭坡中丞故物也數十年來欲覓一全碑卒未一遇未知何年能償此願耳光緒三十一年中秋後一日孝禹瓘記於津門

此碑正面藏之三十餘年矣頃由京師海王邨友人以書來爲余購致舊拓碑陰一紙展而讀之不禁喜欲狂也數十年積想今一旦獲償幸何如之宣統二年人日銅梁王瓘孝禹識於金陵権署

近欲攷禊帖之僞因搜晉刻諸家所錄次第備致獨无廣武將軍碑（碑建在建元四年當晉太和三年去右軍修禊後十有五年碑云丙辰實戊辰之誤也）海內數本又在嗜古有力之家恐卒不可得然積之於心無或忘殘冬欲盡

忽聞銅梁王氏藏本流入市間幾爲豪者所奪幸得以重金易歸而寶藏之其欣慰何如耶

碑在陝西宜君縣畢秋帆沅關中金石記始著錄同治中吳愙齋視學陝甘曾至宜君學宮親訪之不獲又遣拓工偏赴各鄉搜討父老无知之者吳題兩罍軒藏本云然楊星吾守敬以爲在乾嘉間昔楊龍石瀣自題藏本卽兩罍軒所得本謂求之二十餘年始獲按題是庚子二月七日題後卽傳他人蓋道光二十年也龍石所贈其號湘舟未詳何人又道光二十有六年有仁和龔袗觀於湘舟賜研堂款故知爲道光庚子由二十餘年上溯之則嘉慶末卽已難求必當時碑早亡矣楊星吾說當可信也愙齋亦云百餘年來無人過問金石著錄又不詳其鄉土則是拓乃希世之寶矣題在光緒丁丑與楊說亦合碑既佚去拓本傳世日減故完本尤爲罕覯據所知者丹陽鄒氏壽祺本是得之中江李眉生者面陰俱全至完整江陰繆氏荃孫本卽楊龍石本歸賜研堂後歸兩罍軒終歸繆氏此本僅碑陽有愙齋補額宜都楊氏本守敬碑陰弁側均整紙而分藏兩家終未璧合亦其亞也餘若溧陽忠愍公端方本仁和楊氏復本亦僅碑陽皆不全如此完璧允與鄒氏抗顏雄視人間

得茲墨寶抵吾掌珠已今年九月士吾文氏女鑾字長鑾有康花軒遺稿昨夜夢鑾心念其未死耶晨興而成議晚而來歸殆鑾之靈爲之致焉耳

夢女而得碑應題曰棗靈茳父補記

碑有諱無姓武威張澍云按十六國春秋前秦錄廣武將軍乃張蚝也養素齋文集十九據此則產蚝之元孫當題張產碑楊星吾以所藏碑陰側假江陰繆氏碑陽於壬子合影行世已據題張產碑矣於爨寶子碑見古隸之結局古隸於漢曰分於張產碑見今隸之開宗今隸曰真亦謂之楷古今書法變遷關鍵於此覃谿號精鑒曾不之覩而畢生俯首蘭亭何耶

丙辰太陰十有一月四日蒸猗室晚窗姚華記

前題既竟仁和陳叔通敬第過弗堂云鄒壽祺浙江海甯人己丑舉人云丹陽者誤也叔通又有書來據楊見心復云鄒本已歸日本果爾則寒齋所藏正可獨步一時矣二十三日茳父題

張澍考張蚝本弓氏子冒張姓故亦可題弓產碑見心藏本即稱弓產是也

廣武將軍碑復出土歌九年七月贈李君春堂于右任

宇內符秦碑鄧艾與廣武鄧碑在蒲城完如新出土廣武將軍

不復見著錄謂在宜君縣碑版規模啓六朝寰宇聲價邁二爨僧毀化度鬼猶哭雷轟薦福神應眷七年躍馬出山城披荆斬棘搜求遍老吏痛陳久無蹤前朝敝邑有懸案愙齋學使駐征軺雷霆萬鈞徵邦憲小民足繭山谷中頑石無言留後患又云上郡石理粗日銷月爍或漫漶不然父老畏差徭或埋或棄或掊斷自從改革興兵戎如毛羣盜滿關中天荒地老文物燼存者難保搜無功我聞吏語增悲哽仗劍歸來結習屏李君忽出碑一通部大酋大字完整（部大酋大爲碑中特有官職之稱）驚詢名物何處來爲道新出白水境出土復瘞百餘年金石學者望爲穿昔人誤記後人覓掘遍宜君郭外田（余曾在宜君掘之）我與李君別離久持贈真如獲瓊玖中夜繞屋起徬徨疑似之際頻搔首世事新潮復舊潮知君身世恨難消何堪回首添新淚不盡傷心唱大招（指于鶴九君死事）凄其朋友餘僧子寂寞家山是魯橋吾聞至人在天下入水不濡火不化亦猶至寶藏山阿千年出土光騰射偶作無益遣有涯休拋心力矜插架松譚閣（郭胤伯閣名）子弔郭髯敦物山

人趙涵思趙大士禮居中宋一廛拜經樓上元十駕匋齋簠齋新散遺天一結一近論價雲煙過眼有何常出入半生我乃罷老見異物復眼明現身說法君休訝歌成爲君更放歌闕中金石近如何石馬失羣超海去昭陵六馬中之旋毛騧颯霜紫被盜賣入美國博物院寶鼎出現爲盜訛王飛虎得巨鼎後不知去所慕容文重庾開府咸陽復出土之慕容恩碑文是庾信撰載在集中道家像貴姚伯多道家造象海內出土者並此而二也增以廣武真三絕夫蒙族人文化甚研磨戎幕聞淒日色黃西北秋老劍生霜年荒時難人憔悴豈徒掩卷悲流亡珍藏哭笑樓中物一一担挑換米糧

紀廣武將軍碑

廣武碑何在彭衙認蘚痕地當倉聖廟石在史官村部大官難孜夫蒙城尚存軍中真有暇稽古送黃昏

贈雷召卿君

訪得廣武將軍碑者余初作歌謂係李君春堂因李君持以贈余也十一年春李君殉國十二年雷君函述其發見

始末因爲詩贈之

好古遺聞自足珍彭衙名物重苻秦回思舊事增惆悵誤記當年訪古人

李春堂死天難問廣武歌存感更多夜半摩挲頻下淚闕門風雨近如何

北魏張猛龍碑

金石之學區爲二大派言攷訂者祖蘭泉言賞鑒者祖覃谿近則人喜空疎好譚功利於是賞鑒一派日盛漢魏碑舊拓一紙恆數千百金驟富偉人爭爲購置於是作僞百出如著名漢魏之碑大都有整幅翻刻本其精者竟可亂真而葉公好龍一流入其彀中而不知儼然以賞鑒收藏家自命擲黄金於虛牝可恫也夫郎如張猛龍一碑冬温夏凊本近人歐陽棠丞集古求真云舊拓第十行温字未泐者比近拓多四十餘字若冬字未損則明拓矣乾隆以前拓本第一行翦字上蓊字甚明四行史字上刺字可見比近拓亦多十餘字其夏凊清字可見者亦稍舊拓本有翻刻本當審辨有石印舊本也清字原止兩點今已剜作三點至不易得近日碑肆中往往有之細爲攷察皆杭州某估之複刻本聞某君浙人藏此碑拓本

至多人咸以所藏碑名呼之某名流曾以重金購得一本聞尚係舊拓惜余未之見也近日汴垣某君以重價購得一紙審視爲僞作起訴於法庭判碑估以詐欺取財罪亦可謂金石趣話矣關於此碑各家攷訂金石萃編胥已著錄近見湘鄉陳士廉蘭眉室雜著有魏張猛龍碑跋所言較各跋尤詳其雜著僅附印於中國學報中學報早停懼其逸也爰附錄之

湘鄉陳士廉蘭眉室雜著右魯郡太守張猛龍碑正光三年建正光三年魏明帝之七年也猛龍字神囧字人多不識金石史讀爲呼骨切不知何據王述庵謂只字上有丿形不盡是只字或是囦字之別體爲古淵字恐亦未必然士廉案囙字疑是回字之譌六朝人書回已字末筆多挑向上歲久漫漶石紋偶相連混遂譌爲囙形歟猛龍爲晉西平公軌之八世孫錢辛楣金石文跋尾謂軌安定烏氏人而碑云南陽白水人當以史爲正案碑稱軌第三子素晉臨羌都尉平西將軍西海晉昌金城武威四郡太守遂家武威則軌子孫或由武威徙南陽故遂爲南陽人歟碑中多俗字如族作挨鑿作鑿巉作巉老作先渠作渠風作凬辭作辤禽作禽旌作旌式作式儒作儒鄒作郰又亻旁多書律彳使作使像作像儀作儀脩作脩信作信休作烋僧作僧之類皆異文不可訓罄力作磬力左傳室如縣磬魯語作縣罄磬同聲故古人互通用也王氏金石萃編載碑文以延曰中出身除奉朝請延字下闕今驗拓本延下有半日字据下云以熙平之年出爲魯郡太守則此爲延昌無疑復涿於洙日金石萃編洙字下闕今細驗拓本疑是中字盡地乀庶金石萃編地字下闕今細驗拓本疑是民字以㙫盛美金石萃編誤作㙫氏煥天文金石萃編誤作煥皆當訂正者六朝人喜矜私智往往以己意增損點畫寂別體觚整古法顏氏家訓嘗譏之顧氏亭林亦深斥其紕繆而里巷小儒者奇好怪反以此等字爲古諧亭林書生以識難字

爲厭蓋好惡之無定也久矣迴黃以就綠棄周鼎而寶康瓠事之顛亂於庸庸之口者可勝嘅耶而此殆其微者矣至神囮囮字毛伎臣世叔細審拓本實非囮不作回陳說誤只上亦無丿形述庵之說亦非惟仞爲囷之別體其上說頗有理六朝俗字囮不當以六書律之歐陽棠丞按碑云字神囮囮字殊怪異字書所無諸家釋作囮不加攷正惟郭宗昌金石史云囮呼骨切日出氣也不知其何所據攷集韻囮呼骨切六書略囮出氣詞也郭殆合二書而釋之而板刻又誤衍日字然冋與囮不合與猛龍尤不相涉囮字碑實作囻惟王蘭泉審及之因疑爲囷之別體囷古淵字猛龍而字神淵意義相連矣余再爲之引伸古淵字亦作㴋封上下口變作囻於形爲近淵回二字本相連屬今於回內加四小筆以爲淵字於義亦通然余別有說淵字雖可通究嫌曲解轉借太多不如釋爲冏字於形更近冏鄉監馬神冏則豢龍矣此雖臆說較爲簡捷北碑別字往往以私意增減變易不能律以古法古義但以意逆之而已若碑中何以鼻懎之鼻字卽欲曲爲之說無法附會矣所云亦各有見地兩存其說可也

唐省堂寺碑

光緒戊戌燮光隨宦萍鄉邑人劉金門鳳誥先生後裔出售家藏舊拓一篋以賤值得之皆乾隆間金門先生督學山左所得各縣碑拓有唐永徽元年密州莒縣纂賢里卅五人共修佛堂一佛二菩薩碑整幅拓本繆藝風先生云山左金石志題省堂寺碑而不載全文知州許紹舒又言難拓其實全文可繹也雖拓工未精書體文字隱約可辨金門先生親釋其文於每行之左復作攷證於後全

文賴此以顯爰錄於篇以免散佚

密州莒縣慕賢里卅五人共修故佛堂一佛二菩薩碑正書高四尺二寸廣二尺九寸共二十二行行三十六字

文起若夫至理澄寂事□□□之□妙□□□□□□之□□□□不可知知万戶千門入其綜者尠矣縱有迴山□海之力詎廣三塗經天緯地之才終論苦海若不涅中藉髮盡地布金焉能渡此愛河蹬斯彼岸者□然此密州莒縣□城鄉慕賢里老發心構營故佛堂弁貢功德主正議大夫王須達孫定國□□陳孫順宋子敬縻虞孫瑸臧□□君衡東莞縣正甯道鄭邢天□武騎尉孫子貴宋仕□□□則雙樹生雙侍郎張繕才淳于義孫寬飛騎尉徐道趙君桂張仕達李義林臧思脩唐德感徐仕勛菀副昝公亮王海智張白郎成陌仁解瑋臧弘幹謝述孫□達合三十五人等並達因緣於往刧知德報於將來共捨五家之財建立故佛堂一所於是運石他山求師外國三空之上□□九□之下□□砌玉壁而上青霄架銀榑而穿雲道

脊梲五星飛甍掛月近視共五嶽爭峯遠□與崐崙競勢海龍王之寶殿未足以爲儔感須達之天宮何能㓹其妙矣雕題剋削于殿之鬼懃工度影安基班公之能恥制實世上之奇功人中之宸業也兼造石碑像一軀并二菩薩粧嚴以洛浦之珠雕□以藍田之寶鏤玉爲奇特之身鐫石起縱□之面眉閒毫相儼若五山鬟裏神珠如輕雲暎月龕圖二諦梵志見而摧威壁盡三乘魔王聞而屛術伏唯國　主帝王永刼興隆父母師僧俱蹬八正羣僚同時悞道蒼生普離三災刀山□此摧鋒濩湯於玆心沸束矚源隰之澤水陸之畜縱横西踀憂思之山嶊嵬漢裏南□□□□□之族衆𠀋北杌吳河蛟龍之徒涌沸於中乃有瓊田香草裛舡滎碏繡柏文桐自然踊出交柯相暵奕葉程章佛錦難名衆諸叵識其林蓊欝得並歡憘之薗霧氣雲生祇陁之住無別八功德水甘露恆垂阿耨地中常說菩空之事獸王金翅逐日來過鳥鷹鴛鴦翅遊兩性來□頂禮如世逢尊去仕傍偟碁柯朽爛事曠難周重申言頌其辭曰

元氣渾沌造化之初言無復貪言有若無清爲玄像濁作地圖
陰陽創設○居凡諸三乘二教化引凡夫於茲勝地脩奮福堂
泉中定石雲裏架樑東西正直南北相當如來湛湛菩薩陽陽
純隱等鉄各住一方九十人等功高福重識越□阿智過周孔
罄竭家資粧嚴釋種刧火無燃石窮不動足下蓮生庭中塔踊
暉暉妙像赫赫金容眉如却月面似花藂不數春夏不落秋冬
神儀叵值聖像難逢因斯勝善刻石留功
大唐永徽元年歲次庚戌四月二十八日刊

劉金門先生跋

密州莒縣□城鄉慕賢里三十五人共脩故佛堂一佛二菩薩碑頌無撰書人銜名首行若夫至理澄寂上有文起二字亦異式其云捨五家之財以漢書文帝紀贊及食貨志金當錢數計之當費錢五万或有碑陰　山左金石志三十五人作三十六人不數春夏不落秋冬志作春秋冬重一秋字疑是夏碑正是夏字粧嚴以洛浦之珠志作莊嚴皆誤雕字十

行無繪形相　第十五行之族衆多族作䘵多作弓十七行
敫作㪉　前已覺志之誤今檢志弟一行不辨今可辨者廿
一字弟六行苑副昝公亮非副督弟九行飛甍掛月近觀共
五嶽爭峯月近二字非冄道近觀遠□偶句可證也第十四
行上句言止沸下句言東矚非沸騰也檢志再正之如此
弟四行甯道願亦非道顯
文云海龍王之寶殿未足以爲儔感須達之天宮何能測其
妙殿鬼慙工班能恥制頌辭眉如却月面似花叢文體輕豔
實唐初之佳構也泥中作涅孫瑍作瑧菀昝姓作㫺外國作
国穿雲作窜飛甍作薨競勢作埶龕圖作啚俱登作蹬西望
作埅之徒作佐梟那作梟舥縈階作揩亦雅亦俗測妙作惻
悟道作悞乃別字也頂禮作礼合書大傳㊀民之外五嶽而
宮兩性參以篆格景龍鐘銘亦然一時風俗人心好尚皆於
金石見之矣于作亏伯作佰幹榦往徃求求刻剋原隰作源溧涌踊映暵喜加心園加艸普借菩凫从人供
作鐵復有有字亦篆格崔又加山別緇作純合三禮論語屯作渾乇合風俗通所言乇姓水經注所言乇氏地名五山五

字去仕仕字亦涉筆之誤唐永徽永隆永淳永泰淳泰元固非庚永徽之元庚戌永隆之元庚辰皆在武后前頌中〇凡字乃蘇綽畫諾之製非則天所製〇字庚下字近戌是永徽非永隆金石志誤矣永昌永貞元亦非庚

唐李秀碑

唐李北海所書雲麾將軍碑有二一李思訓一李秀也李思訓碑尚存天壤李秀碑僅存二石礎集古求真云碑原在直隸良鄉石已久裂明末被人製爲六礎今僅存二礎在北京每礎十二行行五六字至十二字宋拓全本世尚有之上海已石印二本一爲臨川李氏所藏一爲朱椒堂所藏葉鞠裳亦有一本朱本曾翻刻於北京法源寺曩在京遊城南法源寺見穹碑矗立審視乃大興陳崑瑜以河南郭氏舊藏拓本複刻者李秀原碑復見於世間洵爲金石功臣原石下截有英和朱爲弼蔣策陳萬璋四跋以朱陳兩跋較詳郭氏藏本旋歸臨川李氏宗瀚宣統間歸於仁和王子展觀察李跋亦足資攷證合彙錄之以爲此碑石史朱氏跋云道光四年歲在甲申余以順天府丞謁宋丞相文信公祠見嶽壁二石礎卽世所稱李秀殘碑也搨以歸因步蘇文忠石鼓韻作詩其末云華亭曾見全壁東巖壁行搜付梨壽余同年蔣簡圖侍御策見之曰子誤矣華亭刻入戲鴻帖中止數百字安所得全壁乎盍往觀法源寺石刻乎遂同觀之其石凡五乃大理卿楊介坪前輩家藏舊搨前內閣學士翁覃谿先生手摹勒石者又數日謂余曰廠肆書畫樓陳君萬璋有完本盍往觀乎余曰此碑海內無完本近者江右李氏亦有墨刻僅數百字安所得完本乎簡圖曰此

碑陳君得之於河南省城藏諸一家有年矣遂邀陳君假觀焉諦審再四定爲宋末元初搨本文凡一千五百二十九字剝蝕者弗計篆額文九字洵鴻寶哉爰與簡圖釐正其裝潢文字之次序顛倒者居然可讀矣簡圖迺選善工摹勒貞珉越三年碑成用白金若干斤樹之法源寺竊附覃谿翁石刻之後既而嘆曰物之顯晦固有時乎此碑碎於艮鄉移於宛平今存僅二礎乃以余一詩而獲全璧奇矣且此二礎之存於今者吾鄉吳匪庵少京兆之力也越百三十餘年而余官此又得此翰墨緣豈偶然哉爰搜集此碑各考證及前人詩歌題跋爲一編付之梓人因敘爲記刻於石之下方以證志及簡圖好古之篤卽以一志我兩人金石之交後之覽者或有取焉道光六年丙戌秋八月朔當湖朱爲弼陳氏跋云嘉慶二十五年余以汴梁市肆郭姓購得此碑搨本視向所見字數多至數倍惜裱工剳裂讀之不成文嗣於法源寺壁上見有大興翁覃谿閣學手摹此碑殘石者五乃摹自文丞相祠壁者也與此本參校就五石分裂之痕追其連屬之迹字櫛句比竟成完善蔣簡圖侍御見之曰安得此無縫天衣也鴻寶出世不可不公諸同好遂傾囊屬余重刻一碑以還盧山真面時道光七年丁亥春陳萬璋記李氏跋云北海書雲麾將軍李秀碑碑碎裂於艮鄉重甃於宛平自明以來久無全本矣廠市書畫樓陳君萬璋於汴梁郭姓偶得此碑搨本篆額碑文居然完璧觀者咸詫爲希有陳君爲予物色妙蹟極多此本亦亟欲歸余其時朱椒堂侍御蔣簡圖侍郎方謀鳩工重勒一碑於法源寺未成貿也越三年碑成而陳君已逝因以厚值購於其家諦玩其筆法李思訓碑及麓山東林諸碑皆在其下予家有莫氏珤墨齋殘本存五百七十餘字雲卿思翁手跋並目爲唐搨此本完善殆又過之去秋乘傳南來攜隨行篋暇時臨倣惜其文多紊亂爰覓善手細意重裝起訖班班可讀剝蝕才廿餘字雲錦有章天衣無縫真吾靜娛室中奇寶也道光九年屠維赤奮若人日臨川李宗瀚呵凍識於武林使院

唐闕特勤碑

三六橋都護昔年駐節庫倫有闕特勤碑跋以斯碑爲其創獲惟碑陰及左右側係突厥文字始由其椎拓耳不知盛伯熙祭酒意園文略中已有題跋作於光緒丙申間近代詩鈔有吳綗齋姻伯題三六橋朔漠訪碑圖七古一章至爲淹博攷訂較詳突厥文字世少傳本得此碑而廣布之亦金石文字中之佳話耳

盛氏意園文略云右闕特勤碑在三音諾顏之哲里萼伯愚表弟訪拓寄余此元耶律文忠後一拓本也闕特勤建碑事載新舊唐書突厥傳闕特勤以開元十九年卒舊書作二十年此据新書三月此据通鑑明皇詔金吾將軍張去逸都官郎中呂向齎璽書弔祭并爲立碑上自爲碑文仍立祠廟刻石爲象耶律文忠云其象至今存焉四壁畫其戰陣之狀以上据舊書特以高手六人往此据新書今碑云開元二十年七月七日建蓋市石寮書非蕃人所習亦須驛遣高手故遲至二年有半也文忠雙溪醉隱集自注和林城苾伽可汗之故地歲己未聖朝太宗皇帝城此起萬安宮城西北有苾伽可汗宮城遺址城東北有唐明皇開元壬申御製御書闕特勤碑闕特勤骨咄祿可汗之子苾伽可汗之弟也名闕可汗之子弟謂

之特勤文忠此數語云引唐書今無其文疑文忠語鈔誤後有數語與唐書合茲專引文忠語故不錄其碑額
及碑文特勤皆是殷勤之勤字唐新舊史凡書特勤皆作銜勒
之勒字誤也諸突厥部之遺俗猶呼其可汗之子爲特勤特謹
字也則與碑文符矣碑云特勤苾伽可汗之令弟可汗猶朕之
子也唐新舊史並作毗伽可汗勤苾二字當以碑文爲正今据
拓本正作特勤知文忠之言不誣特勤轉特謹特謹又轉爲台
吉今蒙古呼王之子弟皆爲台吉台讀爲太吉讀若級太特吉
謹聲固相通矣毗伽可汗新舊書皆作毗明皇帝弔苾伽可汗
苾伽華言足意也弟闕特勤書猶作苾字惟特勤字唐修隋書五代宋
修唐書凡數百見無不作勒者載筆之臣何渠若是或者譯音
長短如孛堇孛極烈之論乎大凡譯無定字尤多虛音如此碑
撐梨出班書匈奴論天爲撐犂卽今蒙古語之騰格里騰撐爲
一聲犂里爲一聲格則虛音也孛堇之近特謹孛極烈之爲貝
勒騎驛二者其皆是耶特勤固非名而闕亦近號如今之格根
三音類闕可汗闕啜闕俟斤屢見傳中沙陀傳之處月朱邪闕

俟斤阿厥尤明顯處月部朱邪姓闕號俟斤官阿厥乃真名烏質勒傳闕啜忠節闕號啜官忠節名亦其義西突厥五啜五俟斤處木昆故祿屋又作胡屋又作胡祿攝舍提又作執舍地突騎施鼠尼失又作鼠尼施二阿悉結又作阿悉吉二哥舒又作姑蘇一校寒斡一作校汗那斡字原作斡音不近形譌又作拔塞斡合三者證之當作拔寒斡塞斡二字形譌拔字可取舊書聞本皆作援字益非潑寒胡戲可取皆部名啜俟斤皆官名闕也闕律也曒也賀邏施也沙鉢也曒泥孰也泥孰屢單出此有曒字加號也處木昆律啜後加闕字爲闕律啜亦加號處半也皆號也五啜闕弟一二五俟斤闕亦弟一二而處半各居其末以是知處半近於小闕近於大闕特勤乃特勤之榮號耳蕃人不願以名語漢漢人又不察而即以官呼之自漢至今比比然矣獨惜闕特勤反默啜之虐政復骨咄祿之舊物挈位而授之兄而身佐之拔曒谷欲於仇讎而舉國聽之突騎施跧於西結骨蟄於北回紇懾於南遠則吐蕃强與交而不可近則奚契丹願爲臣而不受觀明皇待之之厚與擢滅奚契丹之易可懸斷其不受也尊中國而息其種人突厥之賢相抑阿史那氏之聞人也舊書小殺等等字最有意與碑旨合殺也

設也察也一也蓋國人視闕特勤爲重而小殺拱手聽命故不稱可汗斯書盡改爲默棘連使闕特勤之本諱不彰猶幸舊書存之而名字卒以不通中國文字之故徒以官爵稱千古翳如可歎也闕特勤曾祖祖名不見於史賴碑以存父名骨咄祿祖亦名骨咄祿頡斤蒙古父子不嫌同名至今猶爾頡斤官名鶻屈頡斤都摩支闕頡斤可證突厥官二十八等史僅載十一而俟利發高於頡利發三等則頡斤必俟斤之卑者也碑述阿史那世系云首自中國雄飛北荒乃用淳維舊說李思摩在本國時以貌類胡疑非阿史那種則隋書國以西海語必非無本此特諸史在朝者親唐之言明皇据之以招徠猶戛黠斯之爲李陵後也碑文揲梨居耆眩雷丁零皆用漢事而處月用今名蓋取工對處月即北庭地永徽四年即處月置金滿州此据新傳金滿州都督寄餘北庭界內此据舊志長安二年處月酋沙陀金山爲金滿州都督据傳與庭州改北庭爲一年之事据志先天初沙陀輔國避吐蕃徙部北庭開元二年復領金滿州都督當闕特勤時正輔國及其子骨咄支相繼效忠之

會故曰西鄰處月之郊比內地也處月雖爲西突厥然其部最東在東西突厥之間與葛邏祿同然葛邏祿北處月南最近中國聽說以爲西突厥東五姓本有處月處蜜賀魯惡其親近庭州故析哥舒阿悉爲二以足十姓而擯之駱宏義請赦處月等或有因也四世效節雖道不通且與北庭相倚直至貞元四年而始陷則沐浴唐德舊矣宜明皇之視若編氓也文忠有處月說亦爲此碑而發謂涿邪轉爲朱耶朱耶轉爲處月涿邪轉爲朱耶朱耶轉爲處月自据處月轉爲川闕川闕時謂沙漠而言然唐書於處月朱邪往往連稱處月朱邪孤注處月朱邪阿厥當時官牘不應乖舛駱宏義請發射脾處密契苾以擊賀魯處月朱邪孤注引兵附賊射脾沙陀那速不肯從處月射脾同姓而異部此又不能以朱邪概處月之一證然射脾之名後不復著或是處月之別部如葛邏祿之謀落族婆匐族踏寔力族（苾伽可汗可敦曰婆匐蕃人以父姓爲名婆匐爲暾谷欲之女則暾谷欲乃葛邏祿之婆匐族也）宏義不審而舉之歟處月朱邪之連稱或者處月之後爲唐莊宗繼唐統而有

天下故鄭重書之歟是碑余小時讀四庫全書提要卽省識之嘗作詩送表兄鄂特薩爾巴哈爾郡王卽用特勤字士友周耆生見而詫之余乃繙提要以示今忽忽二十年矣繼乃得寫本雙溪醉隱集繼又見洋照本碑圖今伯愚乃爲致石本而耆生不可復作矣感逝傷別執筆黯然碑中幬作壽按禹貢惟土五色孔傳壽以黃土釋文曰壽覆也周書作維解亦同詛甚古今中庸作幬恐唐本不爾撑作樸按說文樘衺柱也鼎臣曰俗别作撑非是此不作牙猶近古字體峻整與石臺孝經同真明皇書特勤爲特勤異譯僅見此碑特勤爲突厥大官語見北史至闕字應作何解史無明文竊謂碑陰暨兩側均刊有突厥文字則說此碑者自當根據彼文重加譯述乃能下一斷語古籍傳譯過涉疎略不足恃也世有精繙突文者乎拭目俟之

二六橋跋云是碑在土謝圖漢三音諾顏兩盟交界處庚戌駐節庫倫乘邊之暇搜獲古金石數十種此碑尤爲瓌寶可讀者共四百五字逾年重拓二百紙又爲風霜漫漶二字於是建亭護之所稱闕特勤者非名官也曰諱從俗以成文也古碑額例書官不書名此爲故闕特勤之碑可知官矣何官貳特勤也骨

咄祿之次子苾伽可汗之弟非貳特勤而何疑卽欽定金史國語解之德特伯伊勒也解曰迭勃極烈倅貳之官迭勃極烈卽德特伯伊勒也蒙古謂其次曰德特漢書單于旣得翕侯以爲自次王陳湯傳康居有副王傳云毗伽可汗以特勤爲左賢王此三者又可爲貳特勤之證可汗爲酋長特勤亞於可汗以第行論以官爵論闕均可訓次且隋大業中西突厥酋長射匱有弟曰闕達設今蒙古汗王第二子猶稱德特台吉滿州語謂貳讀若拙與闕音尤近突厥語與蒙古語輕重緩促微有不同突厥曰可汗今曰汗可汗妻曰可敦今曰哈屯大臣曰葉護今曰賽特長言之爲德特伯伊勒短言之豈非闕特勒乎特勒爲特勤本音汗王子弟之通稱近世所謂台吉者也譯人人殊碑作勤蓋御製御書取雅訓耳然不僅此唐人以勒作勤亦數見焉唐書武后改默啜爲斬啜又改骨咄祿爲不卒祿碑云特勤可汗之弟也可汗猶朕之子也父子之義旣在敦崇兄弟之親得無連類其改勒爲勤宜矣樑梨皆借字撐犁孤塗此言天子屠

者此言賢皆匈奴語眩靁漢書匈奴傳又北益廣田至眩靁爲塞服虔注地在烏孫北處月五代史唐本紀沙陀者大磧也在金莎山之陽蒲類海之東處月居此磧號沙陀突厥是眩靁古塞名處月部落也唐世突厥寖大北變西隣以包全境而言丁零故地在匈奴北今俄羅斯義爾古德部其疆域廣矣此碑自耶律鑄以來世所罕覯雖經俄人入尼達氏暨蕢盦將軍先後發明中外文學家又各有考證然碑陰並左右側附刊突厥文字無一統傳亟命廣拓以公藝林有阿史那氏墨緣者宜共珍之宣統辛亥立秋日

題三六橋朔漠訪碑圖　吴士鑑

北徼貞石似星鳳諸老夢想和林碑李（文誠師）袁（忠節公）王（文敏公）盛（意園祭酒）悉搜討曾從末座參然疑斡羅布拓苦未審（俄人用洋布拓之送至譯署）蕢盦初至施氈椎（志文貞始用紙拓流傳甚少）吾友可園晚持節眩靁處月鋒車馳萬安宮圮獨憑弔窩朵故址無留遺兩盟之間訪巨碣摩抄卒讀忘胼胝手打百本餉朋輩築亭蔽翼勤護持碑陰

深泐突厥字旁行左右蟠蛟螭雙溪醉隱惜未見得君表襮珍瓊瑰碑陰及左右側均突厥文從未經人道及君始椎拓之我思李唐全盛日北庭金滿開藩柂鼠尾昆木來稽顙都摩支闕覲朝儀下馬捧兕學舞蹈丹鳳樓下揚棱威骨咄次子實人傑光復舊物恢層基兕爲可汗身作佐默啜虐政親芟薙棄仇獨能用暾谷殊方載赫無愧辭呂向賫詔致賻賵戰圖畫象森崇祠御書特遣高手刻六人姓氏知爲誰特以高手六人往、刻此碑見新唐書察書市石越沙磧千載屹立光北陲特勤音轉即台吉古今譯語無柴僞耶律北人可徵信史文作勒原誤歧方今北盟正雲擾雄圖妄覬成吉思金奔巴瓶詎足信覺迷益使從者迷展圖喟息拓遐想安得再遇開元時

唐法華寺碑

北海書法照耀宙裔吾越秦望山法華寺一碑尤爲傑作敲火礪角原石久亡翻刻本已如蘭亭僅具面目曩見左文襄新疆何蝯叟濟南二複刻本態度各極其妙真古墨續命之湯文襄平定西域闢地萬里奏凱天山投戈講藝讀其跋語雖寥寥百餘言風度

真有不可及處蝯叟跋語則攷訂詳贍足爲此碑石史又楊惺吾望堂金石跋歐陽棠丞集古求真均有跋亦足備攷證以闗吾鄉金石故實合彙録之按濟南複刻本現藏山東圖書館

左文襄公跋云北海法華寺碑世稱孤本道光初先仲兄景喬先生從勞文毅公許借得一本示余蓋賀耦耕尚書所藏者愛玩不置未久勞復索還光緒三年余持節酒泉督諸軍平西域疏勒既定餘威仍震王霞軒觀察贈我是本屬從事李佐與鉤泐諸木以廣流傳溯自創見至今蓋五十有四年矣頭白臨邊追維曩昔髣髴長沙夜讀時也刻成拓一本貽霞軒並原拓還之識此

何蝯叟跋云李石刻惟大照禪師碑余未及見所見者若戒壇銘葉國重碑娑羅樹碑東林寺碑皆翻刻失真李思訓碑任令則碑端州石室記麓山寺碑李秀碑盧正道碑靈巖寺碑龍興寺額各造妙境而純任天機渾脫充沛則法華寺碑爲最勝去春在吳門韓履卿文詒此宋拓本攜至濟南付老僕陳芝重刻

神理難追規橅粗具矣高僧傳載曇翼構法華精舍事與碑悉合惟翼逝後立碑山寺會稽孔逭製文不知北海曾及見否此碑翻本疊出無論筆勢全非卽文字亦多臆改如秦望山上增大唐字與後題唐開元複出括州或作栝州十徵誤十徵基筆作其筆或誤不缺陳州邑吏隨國檀施誤作陳隨國施州邑吏檀傴僂萎花作優曇異花有耿投竿作有取拔竿像光發瑞下誤接臺壓龍首刻石人東海伏靈芝之作東海伕靈芝之刻石皆訛舛顛倒可笑末題開元二十三年十二月八日建按新書本傳開元二十三年起爲括州刺史立碑正在其時金石錄輿地碑目俱不誤翻本作十一年十三年者皆謬也戒壇銘開元三年立葉有道碑開元五年建皆題括州刺史僞作顯然盧正道碑以天寶元年二月立尚題括州刺史上距開元廿三年祇八年靈巖寺碑題天寶元年某月壬寅朔十五日丙辰攷是十一月所立銜書靈昌郡太守者時初改州爲郡刺史爲太守靈昌郡太守卽滑州刺史其年蓋由括州遷淄州又遷滑州舊書謂由

遵化尉累轉括淄滑三州刺史天寶初爲汲郡北海太守新書謂開元二十三年起爲括州刺史歷淄滑二州刺史上計京師出爲汲郡北海太守天寶初李林甫忌之因傅以罪敘次皆未翔實此拓足正諸碑之誤兼糾二史之疏矣近日阮氏兩浙金石志杜氏越中金石志皆從翻本錄入杜志云法華寺唐大中時改爲天衣寺碑高八尺六寸廣四尺又引周錫珪跋云碑重立殊陋惡曾見舊拓三種亦不知誰爲真又引萬歷紹興府志云寺後十峯堂有李邕斷碑石按周氏所見定皆翻本上峯堂前斷石或是原來妙蹟耶北海書與魯公同時並驅所撰書多方外之文其剛烈不獲令終亦略相似余於顏書手鉤忠義堂帖收藏宋拓本祭伯文祭姪文大字麻姑壇記李元靖碑於李書見北宋雲麾原石全本於番禺潘氏收得宋拓麓山寺碑於杭州蒐得靈巖寺碑兩段於長清見古拓盧府君碑於崇雨舲中丞處今復得此帖墨緣重疊可云厚幸竊謂兩公書律皆根矩篆分淵源河北絶不依傍山陰余習書四十年堅持此意於

兩公有徵尚焉苦臂腕孱弱復多耆少專瞻望前哲徒增歎媿耳此跋陸氏金石續編已箸錄少戒壇銘下一段

楊氏惺吾望堂金石跋云北海法華寺碑原石久佚翻本疊出文字筆法皆失本真近傳道州何氏重開于濟南者考證詳密足訂俗本之謬然其神理難追何氏已自言之余酷嗜金石文字逾三十年凡何氏所臚北海之蹟皆得見之又得見大照禪師碑及李秀碑全本又藏麓山寺宋拓獨未見法華寺原本光緒甲午三月南通州范君仲林鐘以所藏相示字勢雄奇墨色沉古乃知何氏刻本雖文字不誤其體格筆蹤失之遠矣據仲林言此碑藏其家數世其間得而失失而復得若有緣契者仲林以余好之篤也假而摹之匝月乃竣括州棐几猶能想像遇之何氏稱北海與魯公書律皆根矩篆分淵源河北絕不依傍山陰余意今日所傳右軍真跡何如唐代今日所傳北碑又何如李顏二公所見依人門戶不自立面目安能籠括一代智過其師方堪傳受山陰河北皆在合離閒此李顏所以歷劫不磨

者也道州書法爲近世一大家余所服膺其不耳食禊序故能獨出手腕然其斷斷於南北之界未知後世視李顏二公爲何如也既爲仲林跋于原本越二年以鉤本入木卽書其後丙申二月宜都楊守敬

歐陽棠丞集古求眞云原石久佚元明以來翻刻迭出訛謬亦迭見有題首增大唐二字與末行唐開元未免重複並序二字誤居中不旁寫括州或誤作栝十徵誤作十徵慧基基字不缺末筆陳州邑吏隨國檀施或誤作陳隨國施州邑吏檀傴僂萎花或改作優曇異花有耿投竿或誤作有取拔竿像光發瑞下接松巘蕭疏或誤接臺壓龍首六句刻石人東海伏靈芝或作東海伏靈芝之刻石末題開元二十三年十二月八日或作十三年二月廿八日或作十一年一有此誤者卽翻刻本也惟何子貞藏宋拓本曾爲摹刻近已石印

唐乘廣禪師碑及甄叔塔銘

江西爲古豫章郡地而古刻甚稀卽唐碑僅寥寥數種光緒初吾

鄉趙益甫大令以金石名家纂江西通志竟未編金石一志讀者引爲憾事嗣讀繆藝風年伯各省金石編目至爲詳盡江西全省古刻亦僅二百餘種宜益甫修志時之無從著筆矣唐乘廣禪師碑甄叔塔銘爲江西唐碑之著者在萍鄉縣西六十里楊岐山寺中萍鄉縣志楊岐山在宣化里距城六十里縣治發脈於此高出衆山有九房石五色石仙碁石羅漢洞白猿洞諸勝普通禪寺在縣北宣化里楊岐山下舊名廣利唐開元時乘廣禪師建示寂後立塔寺傍劉禹錫爲碑銘元和時甄叔禪師立塔太和六年僧至閑撰銘僧元幽書宋慶曆時普惠禪師改今名元毁明僧嗣觀重建光緒中葉　先君宰萍鄉時余曾親歷碑下摩挲竟日兩碑均有陰題名遍焉著錄家均未之及爰氈拓數十紙分貽同好餘則什藏今猶有存者嗣讀趙德甫金石錄始知乘廣禪師碑在宋時已極名貴而武虛谷授堂金石二跋竟誤乘廣禪師爲甄叔塔碑銘至續跋始將乘廣禪師碑著錄猶云前著錄未之及一誤再誤金石攷訂之難如此金石錄跋尾云唐乘廣禪師碑劉禹錫撰初余爲金石錄頗以唐賢所爲碑版正文集之誤禹錫之文所錄才數篇最後得此碑以校集本是正者凡數十字以此知典籍歲久轉寫脫誤可勝數哉授堂金石二跋云唐甄叔禪師碑銘并塔銘跋云碑銘爲劉夢得撰文及正書劉申錫篆額當元和二年五月塔銘爲沙門至閑譔僧元幽行書瑯琊王周古篆額當太和六年四月並由澤州胥燕亭官萍鄉得之寄余

遠方墨搨著錄家絶少艮可寶也碑銘劉夢得題銜云司馬員外
置同正員顧亭林謂此在元宗時猶不能盡革及諡之此碑則當
憲宗時亦不盡革也又續跋云楊岐山乘廣禪師碑銘禪師諱乘
廣其生容州姓張氏十三慕道至衡陽依天柱想公至洛陽依荷
澤會公後又識上首甄叔率其徒道進道宏如亮如海等具役建
塔于禪室之右廣公始生之辰歲在丁巳當元宗之中元生三十
而受具更臘五十二而終終之夕歲值戊寅當德宗之後元月既
望之又十日後九十年其門人還順始請建銘而中山記之是爲元
和二年矣碑記書中元後元他碑亦希見鳳
臺胥燕亭官萍鄉拓得之予前著錄未及也

宋二體石經

北宋篆真二體石經亦一代鉅典佩文齋書畫譜宋仁宗至和元
年八月十六日己酉以皇姪右
屯衛大將軍克繼書國子監石經以上所寫論語求書石國子監
帝從其請二年九月十五日功畢上之命國子監取易詩書周禮
禮記春秋孝經爲篆隸二體刻石兩楹嘉祐六年國子監言草澤
章友直篆石經畢詔補試將作監主簿以同篆石經殿中丞張次
立與堂除書目云石經七十五卷楊南仲書周易十書十三詩二
十春秋十二禮記二十皆具真篆二體宣和書譜章友直工玉筋
字學與楊南仲篆石經於國子監周密癸辛雜識汴學即
昔時太學舊址九經石版堆積如山一行篆字一行真字滄桑屢
換半付刼灰清康熙間黃氏叔璥纂中州金石攷時府學東廡僅
存易書二碑中州金石攷按石經遺字三碑石長五尺四寸寬二
尺六寸凡六排各三十六行篆隸相間表裏鏤字剝
損過
半矣陳留縣文廟存周禮殘碑二面刻每面六排各三十行上下
不相屬石長與祥符石經等寬減
三寸朱士端宜祿堂收藏金石記按畢氏中州金石記云二體石
經周禮殘碑嘉祐六年五月立章友直楊南仲篆書在陳留玉海

云仁宗命國子監取易詩書周禮禮記春秋孝經爲篆隸二體刻石兩楹篆書甚工但多別字其有可採者如禁外內命男女之衰不中法者此刻作纚其朝踐用兩大尊其再獻用兩山尊皆有罍此刻作檑按說文亦或作檑諸臣之所胙也祀先王胙席此刻皆作醋按周禮註胙讀爲酢字之誤也考儀禮酢皆作醋故凡從乍之字亦或從昔古人凡酬酢皆作醋此刻作醋是也擽事今版本作摻事乃形近轉寫之譌至乾隆中府學二石或云失去故畢氏中州金石記未載讀固始蔣氏子瀟春暉閣詩鈔卷六宋石經殘碑攷序序云同歲生宋校官佩緡家藏石經拓本一乃周禮大司樂章也余借觀不得遍訪其石久無知者或云康熙中有此石故黃中丞中州金石攷載之乾隆中石已失去故畢尚書中州金石記遂不復載余遍借兩書亦不得也偕育從告余曰嘉慶七年土人掘地于三官廟旁得禮記檀弓一碑字剝蝕過半當事者移置府學劉大令飾陸主講大梁書院時曾搨數本以後無過問者余聞即往觀字兼真篆二體據宋史藝文志大理丞楊南仲書也因念大梁金石存者惟此二碑與女真碑耳女真字不可識王侍郎金石萃編但目爲國書而無攷此碑出土晚前輩金石家皆不著錄懼其久而或湮作歌索和以廣其傳陽湖洪幼懷符孫和詩註云碑中字可全辨者僅一百九十餘字按蔣氏嘗著有華山圖志四卷修潔精審一洗向來方志冗雜之習慣世少傳本矣嚴氏鐵橋金石跋跋云二體石經禮記僅存一石舊在開封府巢門內觀音堂中嘉慶七年張二橋孫仲璇偶至此廟見康熙間所刻重刻觀音堂記碑側甚厚疑是古碑改刻試探其背果有字審視乃嘉祐石經遂告馬撫部遂之府學文廟與易書二碑竝樹焉惜一面已磨去但存一面凡六横爲檀弓上篇文剝蝕過半篆法視周禮碑稍遜與今本對校亦無異惟於字皆作烏其字皆作箕說文只是一字經典相承無此本也知嘉慶時又得禮記殘碑一方竝樹立府學中按嚴

氏跋則嘉慶時易書二碑尚存蔣氏所云乾隆中失去之說殆不足據今未知尚存否今開封圖書館存有孝經殘石一方又未知何時出土耳上虞羅叔言先生近欲影印汴學二體石經僅得周禮禮記中庸檀弓及孝經各拓本而闕周易尚書二石暇當赴汴向府學尋拓以彰經籍之光羅叔言先生五十日夢痕錄云四月初七日(前略)是日初欲至嶽廟訪汴學石經中庸殘石以雨不果汴學石經今僅存周禮數石嶽廟一石乃近二十年出土者亡友蔣伯斧諸議曾以手拓見貽云石在嶽廟今不知尚在否今取叔言先生所刊吉石盦叢書三集影印周禮禮記四集影印禮記檀弓二跋讀之知先生於嘉祐石經攷證固深致意焉汴學石經寰宇訪碑錄載陳留有周禮殘石據古錄目同而增檀弓一石均不記石數及諸經所存行數惟彭文勤公知聖道齋讀書跋一所藏十二版三百五十四行周禮卷第一說序官宮正三十行序官凌人說掌金府二人史三十行序官九嬪說逢人女御八人女三十行太宰五曰保庸說八曰山澤之賦三十行小宰曰廉辨說而觀治廿四行大宗伯禮若王不與祭說小宗伯辨吉凶三十行肆師牲繫於牢說類造上三十行司尊彝享祼用虎彝蜼彝說司几筵加莞席紛純三十行典瑞玉器而奉之說典命几諸侯之適子三十行典祀司隸而役之說世婦掌事於婦三十行墓大夫所供職喪說大司樂大合三三十行所述至詳顧不及易與書予三十年中求汴學石經得新舊三十本曰周禮檀弓中庸孝經亦無周易與尚書嘗以予所藏以校文勤所記周禮行數知文勤亦有小舛文勤記凌人以下三十行今詳核之實是二十八行序官九嬪說逢人實是二十行則文勤藏本實三百四十二行予所藏本太宰五曰保庸以下但存二十六行太宰小治以下但存

二十八行小字曰廉辦以下但存二十一行視文勤藏本又損泐九行矣予所藏檀弓存六十行當是據古所著錄中庸存五十行孝經存四十一行殆晚近所出前人未及見者合計都數得四百八十餘行予往歲遊中州但聞孝經一石在開封圖書館他石不知所在易書二石則存佚不可知矣予既影印魏蜀石經殘字因取藏本同印行易書殘石當託同好訪之若幸存天壤異日補印於後至山陽丁氏所藏舊本三千一百二十有八行今歸皖中劉聚卿京卿曩在京師屢得披玩已移書聚卿商借影印聚卿倘不我拒乎汴學石經禮記檀弓石最晚出予往歲得海豐吳氏石蓮闇藏本文字可辨者僅六十一行而摩滅不可辨者又三之一欲求初出土時打本垂十年不可得今春影印魏蜀北宋三朝石經遂取吳氏本付印意舍本不復可得矣比者養疴春申浦忽得一本於某故家整紙初拓凡六列每列三十三行都僅百九十有八行去漫漶不可辨者六十餘行尚得百三十餘行較吳本存字殆再倍之爲之驚喜乃復印入吉石盦叢書四集中俾世之治石經者有所稽焉

讀何子貞東洲草堂集有寄題丁儉卿新獲嘉祐二體石經冊七古一章其序言丁氏係從淮安舊書肆中所得爲易書詩春秋禮記周禮孟子七經較諸今日所存不啻倍蓰惜未知丁氏藏本現歸何處耳丁儉卿舍人兄新得宋嘉祐二體石經三百七十餘紙爲易書詩春秋禮記周禮孟子七經玉海等書述汴石經不言有孟子表章亞聖自此刻始是足補七史志之闕吳山夫嘗見四冊於吳門薄自崑家乃尚書周禮禮記孟子山夫自得之碑止有易書周禮顧亭林朱竹垞皆謂汴經久佚拓本之富未有如今日所得者既黏綴爲四大冊有重出者冊餘片另爲一冊寄京師付賢郎頤伯兄弟頤伯來飲余齋持冊丐題余因憶祥符陳留兩處石經余皆曾尋獲摩賞行路悤悤未及詳討不知汴中湮匿者尚有幾碑亭林竹垞謂其全佚者非也若

歐陽棠丞集古求真所云亦足以資攷證也二體石經宋仁宗嘉祐六年勅刊於國學一行篆一行真比附相間原刻周易書詩周禮禮記春秋左氏傳孝經其石不知何時散失故朱竹垞經義考以爲全佚嘉慶時畢秋帆於陳留見周禮殘石孫星衍於汴梁佛寺碑陰見檀弓一段訪碑錄載周易尚書殘石在祥符縣據宋史篆書爲章友直楊南仲胡恢張斯立所作正書則不知爲何人玉海以爲皇姪克繼然非一人之跡克繼亦其中之一耳余得周禮殘拓一冊尚存三十一頁每頁篆真各三行又得孝經一紙存篆真各二十行周禮有翁覃溪跋云真書學虞勝於今之廟堂碑孝經正書則瘦健似歐亦勝於袁正己輩

宋謝景初書孝經碑

吾越府學內宋熙甯壬子八月孝經刻石爲北宋謝景初所書兩浙金石志誤爲張南軒書陸氏存齋儀顧堂題跋以南軒生於南宋紹興三年上距熙甯壬子六十二年不但南軒未生卽南軒之父張浚亦未生譏文達攷證之疏陸存齋儀顧堂題跋卷八云兩浙金石志十八卷阮氏輯卷六載有宋張南軒手書孝經碑款題熙甯壬子八月壬寅書付姪慥時宴鄧之廢寺居東齋南軒書案張南軒名栻字敬夫廣漢人卒于淳熙七年年四十八見朱文公集右文修撰張公神道碑據此當生于紹興三年上距熙甯壬子六十二年不但南軒未生卽南軒之父張浚亦尚未生耳文達疏矣不知此碑爲謝景初所書碑款居東齋南軒書乃東齋之南軒非人名也陸氏未見越中金石記杜氏越中金石記蕭山王北蘭書後云孝經石刻不載書者姓名亦不詳刻時

歲月據歐陽永叔譔知鄧州謝墓銘及山谷集任淵註續會稽掇英集詩王介甫譔謝景平景回墓誌辨經後所題書付姪慥定慥爲知越州謝景温之子景初之姪景初卽謝絳之子此刻卽景初所書熙甯六年所刻以證乾隆紹興府志等書據南軒二字以爲張敬夫書之誤又未攷盧陵集以疏譏文達不知己亦疏矣

宋徐昉乳洞記

距宜春縣東三十五里曰彬江地當袁河之濱蔚爲市鎮距二里許高峯崒嵂景極幽邃山巖下有洞高及人深不可測宋徐昉所書乳洞記在焉文既修潔字亦娟秀酷似北海數百年無知者爲余訪得喜可知矣袁爲州在禹別揚州之西南治宜春按寰宇記宜春有石室山今乳洞是也大中元年刺史蘇公球於嘉平節率其僚游而觀獵焉命從事魯受爲文識之題曰乳洞文久失傳莫馨其迹後有蕭元宗者縣掾也書于壁間亦能言 大中事惜當時之文不援無以紀勝槪元宗雖能言何益也余被命典教於袁有休嘗從容茲所佳其隱然天成殆鬼謀神力與三人世絕遠自立區域也將使聞四方傳不朽因敘其略洞在縣東三十五里洞之前有石亭衡二十五步廣三步有奇崇五十尺坦而明無翳礙亭之中有門自門而入窈不容光若廣宮大廈闃然而夜半也執炬循行歷歷可數曲而入深度百尋其廣自三步其崇自五十尺而殺之環蓋雖石入門而履之初則平土也可驟可馳已而降登旋折所觸惟石素乳盤結下垂旁出異狀爭進人物可命若觀音若羅漢若鐘者若田者若井者若觀音之狀上覆下承羅漢之狀森列不下鐘無形而有聲附壁莫辨叩之乃應田宿水有丘塍卑高廣狹爲之制井分三級水清而甘滿不溢酌不減田之上有小洞方廣二十餘尺峻不可入號石倉井之旁深入可十

尋裂兩歧終合而一號南市北市洞之略如此洞之中冬温而夏涼昔有李生者隱焉里落每憂旱則往往問雨之日告無羌期人咸異之其化也又析木堊漫立象而神事焉象今存於亭猶爲里路所事或無雨禱之必從生既失其名字且不知其世聲聞相傳在人耳目余意天造石室當有物護持代不乏處者豈一李生止哉恐未易窺耳抑嘗聞陸羽茶經其評水謂山水上乳泉石池又上信也然羽雖喜泉源使其品第必知洞之水不劣於惠山虎丘也及讀韓吏部江山多勝遊之句其謂宜春則是矣然吏部雖賞宜春江山之勝亦未必知乳洞又其勝者也政和癸巳弋陽鄭口賓記　信安徐昉書　上饒周烈篆額宜春李宰立

金女真國書碑

鴻雪因緣二卷係嘉慶道光間麟見亭先生記宦轍所經流連山水之作圖畫多出錢叔美張仙槎二君之手鏤工又復精美舊日圖書中之美術品也內有宴臺訪碑一則涉及金石之學茲錄之

宴臺在河南省城曹門外七里本宋時迎春遊宴之所今其後堤有廟有碑字不可識劉子敬同年名師陸山西進士時聘主大梁書院後官道員博雅好古聞而往訪碑面刻明宣德時修廟記碑陰用筆如楷而難識別因命工洗搨以歸翫字攷證惟翁樹培古泉彙攷中載有金都統郎君修陵記每字以兩三字合成有如琴譜又一碑疑係其陰字體稍異伏丟日月升光等字近是己丑秋攜以相質曰先生姓完

顏大金之裔也識此否對曰某不識女真字惟記金史太祖命完顏希尹製大字於天輔三年頒行熙宗天眷元年又頒小字皇統五年初用御製小字云越二載辛卯秋九送客宴臺憶及此碑易服而往一路柿林芾蔭點碧綴丹秋色澹而艷勝春色遠甚且晚稼豐登商歌於途農嬉於野爲之心神俱暢至廟下馬見碑在廟右諦視其陰額字曰爲利芑戊午尖伏丢臾卒早臾凡三行行四字碑二十三行字數不一除日月二字餘均不識歸語子敬子敬曰前閱中州金石攷內稱一碑在宴臺河關王廟類金郎君碑顯係指此但某曾對校筆法不同昨又閱癸辛雜識云汴學有女真進士題名其字類漢爰攷搨本行數文義均可意會確是此碑意當日碑面必有正書惜爲前人礱去且查郎君刻於金天會十二年其時小字未頒則彼爲大字此爲小字更無疑義余聞之益覺暢然又金石萃編卷一百五十四著錄金天會十二年皇弟都統經略郎君行記碑前爲女真書後有譯文在陝西乾州繆年伯云在乾陵王氏跋云女真書別無傳者僅見此碑因摹錄之按晏台國書碑

通體女真書而無譯文萃編卷一百五十九已著錄之而不詳所在然則前云僅見皇弟都經略郎君行記碑者殆未細攷耳繆年伯云藏女真字三碑一宴台碑一乾陵郎君行記一居庸關佛經丹徒陳邦福古器物叢話云仁和徐花農侍郎寄我河南新出土女真碑拓屬爲攷訂並云張鳴岐巡按新搜得者碑狹小不滿四尺余留玩齋頭十日無從審定復寄還按張鳴岐名鳳臺河南安陽人其字與張堅白名同非一人也

明挑經教碑

開封教經胡同西有萬歷時所立猶太挑經教碑言該教源流頗詳余壬寅應順天鄉試時寓表姊丈龔淡人先生宅距之甚近猶及見之光緒末年是碑已爲某教堂收庋時君經訓作有釋文登河南教育報中惜未能記憶矣按挑經教見俞理初癸巳存稿俗訛爲挑筋教藏有羊皮經聞爲外人出重資收去不知尚有片羽存否

夢碧簃石言卷一終

夢碧簃石言卷二

會稽　顧燮光䃎癯著

漢杜臨封冢記

漢刻小字極少，僅見於武梁祠畫象中濟南金石保存所藏漢石一方字大四分許攷其文義體製實墓誌濫觴洵爲瓌寶羅氏正鈞定名後漢人封父墓刻石未能詳攷姓氏殊爲闕略而方氏校碑隨筆稱爲□臨爲父通作封記亦未妥也近見丹徒陳君墨簃邦福所箸古器物叢話及其弟進宜邦述所箸貞珉跋尾攷訂此石至爲精核知爲漢杜臨所作爲此石增無量聲價元方季方競爽著作之林洵足繼美前徽矣原跋附後以彰漢石之光

惟漢永和二年歲在丁丑七月下旬臨乃喪父故刊石立𥓓其辭曰父通本治白孟易丁君章句師事上黨鮑公文郡掾史功曹主簿載史一三封祉衰微遂不□起才然至斯孤子推□庸當奈何婦孫□□靡不感悲臨兄弟四長□莫年□伯仲立子三人委、之子□弟□□過奄離春秋永歸長夜昭代不立言之

切痛傷志□謂能□□秀能不實昔武王遭疾賴□周公爲王
氵命復得延年等有罪□□□者□由斯言之命有□□追念
父恩不可稱陳□作□封因序祖志□□杓祠蒸嘗魂靈富貴
無□傳於子孫□之無竟亂曰陰陽變化四時分兮□命短長
祖□□兮改畢陽宮震垢□兮□□恭清集神門兮日月照幽
時晝昏兮精□惟□□□兮悲傷永別失壽年兮升□下征
赴黃泉兮□□□義□恩兮永和二年歲在丁丑喪父來年
臘月葬□延熹六年歲在癸卯積廿七年□爲父作封□孫伯
度傳望□□時工憲□前功天費人并直□萬六千二月卅日
畢成

昆明蕭紹庭觀察以事自嶍縣歸示此碑搨本爲言碑在縣西曹馬社田中盍以致之保存所逾數月用舟運至以漢慮傂尺度之橫尺縱二尺三寸强文刻石之左方當一尺七寸僅數字難辨識碑不見前人著錄光緒三十年始采入縣志其文有辭有亂前後記其父永和二年歿越二十有七年延

熹六年迺爲父作封中叙兄弟喪亡追念父恩文詞悽惻藹然仁孝人也作碑人名臨不著姓縣志謂首行孟陽似人姓名碑言父通本治白孟易丁公章句甚明志誤易爲易也漢時尚無墓志曰封父墓撰文刻石爲定名曰後漢人封父墓刻石漢碑小字世尤罕見予設金石保存所迺創獲此石眞爲環寶矣宣統元年冬十二月羅正鈞記

陳氏墨簃古器物叢話按此刻石近出嶧縣曹馬社田中前人未經著錄光緒三十年新採入縣志者碑云嗚呼哀哉每字下皆作二蓋重文也又云師事上黨鮑公據後漢書鮑永傳永字君長上黨屯留人也少有志操習歐陽尚書又子昱傳云昱字文泉少傳父學獨无通其人足證史冊之逸者多矣碑末云永和二年歲在丁丑喪父延熹六年歲在癸卯積二十七年爲父作封云云與通鑑永和二年爲丁丑延熹六年爲癸卯正合文中莫年即暮年奄離即早離晝昏即晝昏亦古人通假例也然此碑不書姓氏致後人難於考核仲弟

邦述云杜操字伯度後避曹公諱因以字行然則通爲父臨爲子操爲孫以時定碑則此碑當命名漢杜臨封父墓刻石無疑

陳進宜貞珉跋尾此碑今藏山東濟南金石保存所光緒三十年始采入嶧縣志立碑者名臨爲父作封通本以永和二年卒碑以延熹六年立通本治孟喜丁寬二家易師事上黨鮑昱於范史儒林傳無攷余攷通本當姓杜碑文末行有孫伯度等語案杜操字伯度後避曹公諱因以字行然則杜伯度爲通本之孫臨之子無疑惜通本世系無从考核又考魏武帝年二十舉孝廉除頓丘令遷濟南相杜操必爲濟南人無疑既在部民之列不得與長官同名吾意改字伯度卽在其時此碑第一行嗚呼哀哉下均作重文猶有石鼓之遺風第二行刊石立碟不曰立碑而曰立碟朱龜碑文中亦有之又碑文云秀苗不實秀爲世祖之諱爲東漢所忌避故秀才皆改作茂材蔡邕作袁滿來碑亦改作苗而不穗以是金石

家頗疑此碑之僞不知順帝時童謠曰見五行志舉秀才不知書舉孝廉父别居足證當時亦有直用秀字者蓋鮮見耳去歲曾將此跋尾致書於館長莊心如先生渠報書云此碑湮没千餘稔今獲手翰考證塙鑿引據詳明此君姓氏藉以流傳不朽矣并以兩打本見寄近日每一氊拓已增價至佛番兩餅矣

晉荀岳碣

西晉石刻存天壤者寥寥無幾劉韜一誌尤爲銘幽珍品然文字無多嘗鼎一臠而已丁巳夏季酈禾農先生郵贈偃師新出土晉荀岳墓誌一方爲文千餘至可寶愛出土所在縣西二十里汶莊鄉人穿井得之以錢四十千售諸鮑姓曾存蔡莊小學堂其左近尚出一石聞亦晉誌距劉韜誌出土之杏園八里皆在覆舟山西此據酈禾農先生來函酈君與武虛谷先生後裔有戚誼故詳知偃師事泉唐吳絅齋侍講辛亥後隱居湖上閉户著書補注晉書已成五十四卷丁巳春閒撰成敦煌石室殘本經典釋文校證二卷極爲賅博光緒間曾著補晉書藝文志若干卷郵贈荀誌拓本侍講喜甚侍講來函云荀岳元欽二誌聞之喜極欲狂尤欲得荀岳以裨注晉

書之用晉代荀氏實爲後漢八龍之裔如荀闓荀勖荀羨史皆有傳此誌牽連攷證必可證史成跋尾一篇攷訂搜剔至竭一日之力知此誌足補史闕固瓌寶矣按荀岳已有複刻三本字畫較細羅叔言曾出千金購原石未得此碣初歸偃師鮑姓藏庋甚秘者數年近因事獲罪此碣現爲洛中某使所得

晉故中書侍郎潁川潁陰荀君墓碣分書高二尺廣一尺三寸共十六行行二十一字

晉故中書侍郎潁川潁陰荀君之墓

君以元康五年七月乙丑朔八日丙申歲在乙卯疾病卒君樂平府君之第二子時年五十先祖世安措于潁川潁陰縣之北其年七月十二日大雨過常舊墓下濕崩壞者多聖詔嘉悼愍其貧約特賜墓田一頃錢十五萬以供葬事是以別安措於河南洛陽縣之東陪附晉文帝陵道之右其年十月戊午朔廿二日庚辰葬寫詔書如左

詔中書侍郎荀岳體量弘簡思識通濟不幸喪亡甚悼愍之其賜錢十萬以供喪事

詔故中書侍郎荀岳忠正簡誠秉心不苟早喪才志既愍惜之聞其家居貧約喪葬無資脩素至此又可嘉悼也舊墓遇水欲

於此下權葬其賜葬地一頃錢十五萬以供葬事
皇帝聞中書侍郎荀岳卒遣謁者戴璿弔
皇帝遣謁者戴璿以少牢祭具祠故中書侍郎荀岳　尚饗
碑陰高廣與陽面同共十八行行二十一字
岳字於伯小字異姓以正始七年正月八日癸未生於譙郡府
丞官舍以咸寧二年七月本郡功曹史在職廿四日還家十月
舉孝不行三年七月司徒府辟四年二月十九日戊午應命署
部徐州田曹屬太康元年十二月舉秀才二年正月廿日被戊
戌詔書除中郎三年八月廿七日庚戌詔書除太子舍人六年
十月七日辛巳除尚書左中兵郎七年七月十七日丁卯疾病
去職被壬申詔書除中郎十年五月十七日除屯騎始平王司
馬十二月廿七日除中郎參平南將軍楚王軍事永熙元年九
月除參鎮南將軍事永平元年二月三日除河內山陽令元康
元年三月廿五日到官三年五月四日除領軍將軍長史六月
六日拜四年五月五日除中侍郎六月二日拜

夫人劉年卌五東萊劉仲雄之女息女柔字徽音年廿適樂陵
石庶祖次息男隱字鳴鶴年十九娶琅邪王士瑋女次女和字
韶音年十七適穎川許昌陳敬祖三曰婦次女恭字惠音年十
四適弘農楊士產拜時晚二女皆不育
左側高與陽陰面同廣三寸共三行前二行行二十一字後一行五字
夫人劉氏年五十四字蘭訓永安元年歲在甲子三月十六日
癸丑卒于司徒府乙卯殯其年多故四月十八日乙酉附塟
右側高與陽陰面同廣三寸共二行行十字八字不等
隱司徒左西曹掾和夫卒
子男瓊年八字華孫
右晉荀岳墓碣丁巳年於偃師出土碑陽敘卒葬年月及陪
塟洛陽縣東晉文帝陵道之右後載詔書二一為賜錢十萬
以供喪事一為賜葬地一區錢十五萬以供塟事又稱皇帝
聞中書侍郎荀岳卒遣謁者戴璿弔以少牢祭具尚饗云云
碑陰云岳字於伯小字異姓以正始七年生歷敘為本郡功

曹史舉孝司徒府辟應命署部徐州田曹屬舉秀才被戊戌詔書除中郎庚戌詔書除太子舍人除尚書左中兵郎疾病去職被壬申詔書除中郎除屯騎始平王司馬除中郎參平南將軍楚王軍事除參鎮南將軍事除河內山陽令除領軍將軍長史除中書侍郎年月又敘夫人劉年卌五東萊劉仲雄之女息女柔次息男隱字鳴鶴次女和次女恭晚生二女皆不育碑左側云夫人劉氏年五十四永安元年三月卒於司徒府其年四月附葬碑右側云隱司徒左西曹掾子男瓊年八字華孫案荀岳晉書無傳荀隱見陸雲傳云雲與荀隱素未相識嘗會張華坐隱曰日下荀鳴鶴鳴鶴隱字也世說排調篇注引晉百官名曰荀隱字鳴鶴潁川人荀氏家傳曰隱祖昕樂安太守父岳中書郎隱歷太子舍人廷尉平蚤卒荀昕不見於史碑云君樂平府君之第一子家傳作樂安乃爲樂平之誤是當以碑爲正晉書地理志樂平郡屬幷州泰始中置樂安國屬青州王國當稱內史不應稱太守也魏志荀攸傳攸叔父衢裴注引荀氏家傳曰衢

子祈字伯旗位至濟陰太守疑昕與祈郎一人因字形相近而誤或曾歷濟陰樂平兩郡而碑與傳各舉其一耳晉書職官志州置刺史及諸曹從事等員田曹屬殆即諸曹之一志文從略左中兵郎爲三十四曹郎之一領軍將軍屬官有長史具見史志始平王瑋爲武帝第五子（北堂書鈔七十引王隱晉書作第九子與唐修晉書異）封於咸寧三年至太康十年十一月改封楚王碑言十年十二月參平南將軍楚王軍事其時正在改封楚王之後本傳云徙封於楚都督荊州諸軍事平南將軍轉鎮南將軍武帝崩入爲衛將軍領北軍中候職官志云中領軍將軍魏官魏武以曹休爲中領軍文帝始置領軍將軍晉武帝初省使中軍將軍羊祜統二衛前後左右驍衛等營即領軍之任永昌元年改曰北軍中候楚王以衛將軍領北軍中候即領軍也（事在惠帝初年非元帝永昌元年始改）故荀岳爲其長史碑即稱爲領軍蓋岳兩參軍事一爲司馬一爲長史皆爲楚王屬官西晉飾終之典如王祥鄭仲何曾石苞羊祜裴秀王沈鄭袤盧欽

庾峻皆賜錢三十萬唐彬劉頌皆賜錢二十萬惟荀勖則賜錢五十萬山濤賜錢五十萬將葬又賜錢四十萬荀顗李胤則賜錢二百萬開國諸臣隆殺有等荀岳位僅中書侍郎而喪葬共賜錢二十五萬亦云優厚矣東萊劉仲雄卽劉毅晉書本傳云東萊掖人子暾妻前卒先陪陵葬此足證西晉有陪葬之例碑云岳於元康五年七月卒其年十月葬時劉夫人年卅五至永安元年卒則年正五十四也碑云隱官司徒西曹掾而家傳云歷太子舍人廷尉平蓋先官舍人廷尉平而終於西曹掾耳晉初禁立墓碑故此碑但叙家世生卒及歷官年月惟詳載詔文弔祭之禮乃是創例較劉韜墓版詳贍矣劉韜題爲劉府君之墓與此題作荀君之墓其例正同此西晉金石文字之僅存者可補史傳實爲瓌寶鼎梅老兄自衞輝以初拓寄眎因亟爲攷釋之丁巳八月士鑑呈稾

魏元顯魏元銓墓誌

書體至元魏如河之星宿山之崑崙包羅萬有無體不精古碣豐

碑存於天壤者風雨摧殘半已殘蝕惟銘幽之文新出土者神采煥如發硎無異置身正始延昌之際近年以來洛下所出各魏志約百餘種而元顯魏元鈴尤爲傑出元顯魏書體與李超極似而雋永過之乙卯夏間石出洛陽某區常熟曾辛庵先生適宰是邑輦至署中珍如拱璧拓本秘不示人余在衞輝得宋大觀鐵錢按宋史食貨志兩宋錢幣本有銅鐵二等而折二折三當五折十則隨時之制太祖初鑄錢俱銅凡諸州輕小惡錢及鐵鑞錢悉禁之蜀平後仍用鐵錢其所謂小平錢夾錫錢最後出然亦不能通行郡縣大觀二年蔡京復相江南東西福建兩浙始許鑄使鐵錢至紹興末年淮楚屯兵月費五十萬南北緡錢之入境者不知其幾于是沿邊皆用鐵錢乾通初詔兩淮京西亦用鐵錢司農許之中以舒蘄黃皆產鐵請各監鼓鑄舒州有同安監蘄州有新春監廣州有齊安監江西有廣寧監興國有富民監大冶監臨江有豐餘監撫州有裕國監湖北有漢陽監是以大小鐵錢通行于兩淮今諸錢之背有文曰同曰春曰漢者卽同安新春漢陽諸監之鑄也今范鼎卿先生宋大觀鐵錢攷民國五年秋汲縣西鄉古壙中發現大觀鐵錢不知其數余先後收得十五枚顧君鼎梅得九枚趙君春華得四枚唐君廉清得一枚售者云出土時三四枚均斷其完整者盡於此矣錢外廓徑四寸二分厚三分重庫平二十兩有奇蓋自來錢錄之所未著而品質之奇可歎觀止錢文大觀通寶四字兩面同文作瘦金體與銅質大觀錢文無毫髮異固徽宗所御書也攷宋史食貨志鐵錢有三監邛州曰惠民嘉州曰豐遠興州曰濟衆益州雅州舊亦有監後並廢大錢貫十二斤十兩以準銅錢今按是錢每枚重二十兩有奇十枚適合貫十二斤十兩之數是一枚當一百矣志載御史沈晦奏曰小錢便民久矣古者軍興錫賞

不時或以一當百或以一當千此權時之宜豈可行於太平無事之日是知宋初固有當千當百之錢嗣後相沿不廢大觀元年二月首鑄御書當十錢降錢式於鑄錢之路此錢應卽其時所鑄福山王文愍公懿榮天壤閣雜記云合州黄刺史號景周好聚古泉有極大之大觀錢雖所記未詳殆與是錢同質同範與 以一枚易得五紙驚爲鴻寶郵滬影印分詒同好此誌流傳實自隗始嗣曾先生複刻一本以應求者幾可亂真 惟石四周較真本稍廣二分餘 丁巳仲春先生解組洛紳爭此石甚力以原石度存古閣載複本以去 原石嗣移於中學校今入保存會羣相氈拓萬本已傳石則漸損

元銓書體以峻峭勝丁巳正月出土卽爲曾先生之子虞民所得寶愛逾恆外間拓本極稀 碑估積習凡售石時必先拓多張損石字一二虞民習知此弊聞石出土夜赴鄉間出重值購回石固未損拓本之少亦由於此 懲於元顯魏之競爭託名於某鉅公石賴無恙今洛陽已有複刻二本 北京琉璃廠亦有複刻本曾虞民有石印本原石四角方複刻稍圓比原石小二分餘第二行元銓銓字原刻人下無石花紋複刻稍有石花第七行二十三字將軍將字原石寸處被石花略蝕複刻石花未蝕 鑒别極難 燮光 藏有二紙皆曾先生所贈者

元顯魏墓誌 正書高一尺九寸廣一尺八寸共二十八行行二十八字

魏故假節輔國將軍東豫州刺史元公墓誌銘

君諱顯魏字光都河南洛陽人景穆皇帝曾孫鎮北將軍城陽

懷王之子也大啓磐石花萼本枝先哲邁而流光峻極降而爲
祉夙成之歎播美於知音穎脫之姿殊異於公族加以孝友淳
深理懷清要水鏡所鑒㯽題自遠雖高翮未舉千里之望俄然
始爲散騎侍郎在員外尋除給事中加伏波將軍旦夕倉龍歲
時青瑣列侍推高儕僚久敬仍轉司徒掾加寧遠將軍始躡龍
門實膺造士激水之勢未申叐秀之悲忽及以正光六年二月
七日終於宣化里宅春秋卌二宮貽傷有識嗟惜贈假節輔國
將軍東豫州刺史以孝昌元年十月壬申朔廿六日丁酉葬於
金陵行滋宿草方積玄霜高深有變聲烈無忘其銘曰
東堵寘眖南國化行是惟帝烈誰尅與京武穆垂欽周徹擒榮
比龍方玉騰實飛聲蘊藉祉容抑楊文史一槩險夷志懷憂喜
注躡丹墀來毗黃耳列榮有聞邦教斯理湲若方駢羊角矜摶
𢿱風夕緊飛霜夜横恨深落秀悲甚摧蘭去斯濟濟即彼㫛㫛
九京京寫百川浩湯朱裳曉褰清笳日響簫簫國路鬱鬱幽壤
永歎生難長嗟化往

孝昌元年十月壬申朔廿一日壬辰窆

皇考諱鸞字宣明鎮北將軍冀州刺史城陽懷王　太妃河南乙氏　父延故東宮中庶子　夫人長樂馮氏　父熙故佂東大將軍駙馬都尉昌黎王除侍中太傅轉使持節定州刺史侍中將軍如故遷太師中書監除使持節車騎大將軍都督并雍懷洛秦肆北豫七州諸軍事啓府洛州刺史侍中太師如故改封京兆郡開國公食邑三千戶薨謚曰武　息崇貂字道宗年廿四右將軍府中兵叅軍　妻河東薛氏　父和故南青州刺史　息崇郎年十八　息崇仁年十四　息崇禮年十三　息女孟容年廿一適長樂馮孝纂　父聿故給事黃門侍郎信都伯　息女仲容年廿適南陽員彪　父樹故兗岐涇三州刺史新安子謚曰世　息女叔容年十六　息女季容年十一

元銓墓誌 正書高二尺四寸廣二尺二寸共二十二行行二十三字

魏使持節驃騎將軍冀州刺史尚書右僕射安樂王墓誌銘

王諱銓字休賢高宗文成皇帝之孫大司馬公安樂王之子少

襲王爵加佽西大將軍尋拜光爵又以本官領太子中庶子及
皇居從御詔王以光爵領員外散騎常侍賫銅虎苻馳傳徃代
中勞留臺公卿奉迎七廟頃之勑兼侍中尋除持節督涼州諸
軍事冠軍將軍涼州剌史尋又進号平西將軍正始之中南寇
侵境詔王使持節都督南討諸軍事平南將軍攻圍鍾離以振
旅之功除使持節都督定州諸軍事平北將軍定州剌史歲屬
災饉王乃開私廩捨袟粟數百万斛以餼飢民元愉猾天王忠
誠首告表請親佽勑王都督定瀛二州諸軍事餘如故氛霧剋
清除侍中又以安社稷之勳除尚書左僕射增封三百户春秋
卌有六永平五年太歲壬辰三月廿八日戊午遘疾薨于第詔
賜東園祕器朝服一具絹布七百匹礼也追贈使持節驃騎將
軍冀州剌史僕射王如故謚曰武康粤八月廿六日甲申窆于
河陰縣西芒山

精緯昞靈蘭殖帝遅是惟盛德有馥其馨玄猷岳峻雅量川渟
堂堂武略焕焕文經纓緌雨禁珩組二蕃金鎔玉響秋鏡春暄

重加惠弁冊撫寅軒彞倫攸序海水澄源允膺納禁且既賓門報施徒聞仁壽誰覿一夢兩楹長淪七尺痛纏樞宸哀震衢陌遄哉夕蒐迅矣晨烏龜筮襲吉毁蹕戒途哀笳北轉楚挽西徂羨扃既掩蘭釭已成泉夜冥冥松飇屑屑天地長久陵谷或斁惟功與德不朽傳斯

魏皇甫驎墓誌

魏皇甫驎誌清咸豐時陝西鄠縣出土金石著錄均未之及洎光緒中葉石藏端忠愍家丁巳後人析售各石與北齊乞伏保達同爲天津金君浚宣所藏貽余精拓一紙神采煥發迥異舊本（原石凸凹不平刻工又深淺不一故舊有拓本往往缺字）此誌先君昔年曾加攷訂著有跋語深以未得精拓本爲憾今韓陵片石尚在人間而（燮光）風木之悲未更歲月對茲翠墨泣涕何從　先君跋語謹錄左方彌深手澤之慟矣

咸豐庚申先伯兄祖香（壽楨）奉母卜居於鄠家相時方八齡越同治壬戌而寇亂作甲子亂定乃復還省垣而伯兄旋歿矣此誌曾

親見伯兄鈔錄稱爲新出土者當在庚申辛酉之間五十餘年未嘗注意昨偶於敝簏中檢得鈔件始復憶其髣髴惜當時未詢及石歸何處（匋齋藏石記有之）亦不知曾否椎拓也甘泉毛子林先生著關中金石文字存逸攷未收此志其爲未曾寓目可知先生久歸道山已無從質問近今好古之士以閻君甘園（培棠）爲稱首余以鈔本示之則謂前所未聞適繆君石逸（延福）自鳳翔來余亟詢之石逸嘗宰鄠數年亦云從未聞士紳述及想文獻俱無徵矣夫鄠距省垣才八十里而湮沒不彰已若是由是推之僻遠各邑則古物之顯而復晦散而無紀者當復何限　按澇水出澇谷北入渭今鄠境山有澇峪（在縣西南二十里）鎮有澇店（在縣西北二十里與盩厔接壤）而無洪澇里之名皇甫君葬所不必濱水而距澇水必不遠其稱爲中鄉者古之鄠境甚廣自北宋割盩鄠地置終南縣元代省入盩厔而未分終南以前之鄠界入於盩厔者多矣（今西門外十餘里即爲盩厔轄）此誌或在盩界出土亦未可知自今伊始當偏託盩鄠二邑士紳訪之甲寅七月下澣會稽顧勴翁識

魏元寶建墓誌

丁巳冬十月直隸磁州漳河側發現魏宜陽王元寶建墓誌石一方字體廣博極似高盛石面積之大爲魏誌所僅見燮光時訪古河朔輾轉以重值得之同時出土尚有北齊寶泰夫婦墓誌分書天保六年二月泰誌面積尤大以售者居奇舍之近已歸安陽古蹟保存所漳河之濱高塚纍纍皆北朝魏齊王公之墓晚近發現誌石日出不窮十二月又出齊司馬遵業一誌分書天保四年二月爲余友姚君銘青所得銘青名禮成英年善書亦嗜金石字體極似蕭正表古人書法具有源流於茲可見按元寶建爲魏清河王懌之孫亶子孝靜同母弟魏書懌傳不詳其子孫本紀書封景植爲宜陽王誤以其字爲名又誤以爲皇子清河王徽義潁川王徽禮史書其名曰威曰謙又錯舉其字均可互證泉唐吳絅齋侍講羅尗言參事范鼎卿觀察均著跋尾梳剔詳贍合槀錄之吳印臣先生致徐君森玉函云曾見顧君藏元寶建誌深佩鑒別之得當也此誌兼載姊妹一例他石究曾見之否

魏元寶建墓誌正書方廣各二尺二寸二分共二十九行行三十字

曾祖高祖孝文皇帝

曾祖母清河王太妃河南羅氏父雲使持節侍中鎮東將軍
青州刺史
祖相國清河文獻王
祖母河南羅氏父蓋使持節撫軍將軍濟兖二州刺史
父相國清河文宣王
母安定胡氏父寧使持節散騎常侍右將軍都督岐涇雍三
州諸軍事雍州刺史臨涇公謚曰孝穆
王諱寶建字景植河南洛陽人也世有崇高之業家開邦家之
基文獻標榜千仞懷袖万頃獨秀生民唯善爲樂文宣道冠周
燕聲高梁楚及永熙棄德自絕民神居中承制載離寒暑大道
功行斡無粃政王資靈天縱稟氣神生房而明察弱不好弄出
言必踐立志無違仁義之道因心被物孝友之行自己形人同
齊獻之竺學等梁王之愛士內無聲色之好野絕犬馬之娛於
是德潤生民譽滿邦國　主上運屬樂推應期入纘乃除驃
騎大將軍開府儀同三司及丁艱苦遂主喪事顧礼僅存扶而

後起服闋除光祿勳開府儀同如故周盛本支懿親並建乃大啓山河封宜陽郡王方謂天聽輔德神鑑祐善錫此大年中茲遠業而旭日收光中霄墜羽以興和三年七月九日薨于位慟發宮闈哀感氓庶非唯收珠解佩釋耒捐鉤而已　詔贈使持節侍中假黃鉞相國太保司徒公錄書事都督雍秦涇渭華五州諸軍事雍州刺史王如故謚曰孝武禮也粵以八月廿一日祔葬於文宣王陵之右懼山崩川改餘芙無傳故敬勒聲徽奮諸來世其詞曰

大君有命利建親賢應茲磐石光啓山川身照日月德潤淵泉入爲卿士乃作宮連　天眷方竺恩光鼎盛九曜連輝三台比暎謨明國道弼諧斡政禍福無門遭隨有命命之不淑曷云能久忽如開電奄同過牖以斯辯智同之先後永捐華屋長歸芒邑賓徒噭噭服馬蕭蕭挽悽野夕笳亂霜斡狐兔方窟豺狼且嗥一經岸下方覩地高

姊河南長公主適潁川崔祖昂散騎常侍光祿勳武津縣開國

公
妹馮翊長公主適郭海高澄侍中尚書令領軍開府儀同三司
郭海王世子
弟徽義驃騎大將軍儀同三司清河王
弟徽禮驃騎大將軍儀同三司潁川王
妻武城崔氏父㥄驃騎大將軍徐州刺史
右元魏宜陽王元寶建墓誌丁巳十月磁州出土文曰曾祖
高祖孝文皇帝曾祖母清河王太妃河南羅氏祖相國清河
文獻王祖母河南羅氏父相國清河文宣王母安定胡氏案
魏書列傳孝文七男羅夫人生清河王懌孝明帝紀懌於正
光元年七月爲元乂劉騰所害四年二月追封爲范陽王以
禮加葬八月又追復爲清河王惟本傳不載追封及其子孫
故文宣王亶紹封年月史無可攷並不知爲懌第幾子前廢
帝紀普泰元年三月以清河王亶爲儀同三司侍中太傅驃
騎大將軍始見其名蓋亶之封清河王當在正光四年追復

懌爵之後亶之世子爲孝靜帝紀稱母曰胡妃安定胡氏與寶建同母亶薨於天平三年十二月在孝靜入纘大位之後越四年爲興和二年紀曰閏月己丑封皇子景植爲宜陽王皇弟威爲清河王謙爲潁川王今以碑證之寶建字景植既爲文宣之子亦孝靜之皇弟紀乃書作皇子且以其字爲名此史之誤也碑云封宜陽郡王紀亦脫去郡字碑末云弟徽義驃騎大將軍儀同三司清河王弟徽禮驃騎大將軍儀同三司潁川王帝紀作威爲潁川王當徽禮二人之名特碑又錯舉其字而史則書其名也均可互相訂正吳士鑑跋

誌稱王諱寶建字景植曾祖高祖孝文皇帝祖相國清河文獻王父相國清河文宣王考魏書孝文五王傳多闕文於清河王懌但稱正光元年七月元乂與劉騰囚懌於門下省誣懌罪狀遂害之時年三十四而不及以後事亦不及其子孫與昭雪事惟肅宗紀正光四年二月追封清河王懌爲范陽王以禮加葬八月癸未追復故范陽王懌爲清河王是懌身

後曾追復舊封見於帝紀而不見於本傳又曾追謚文獻則紀亦不載賴誌知之也汝南王悅傳稱悅就懌子亶求懌服翫之物知懌有子亶前廢帝紀普泰元年三月以特進車騎大將軍清河王亶爲儀同三司侍中出帝紀太昌元年五月己酉以侍中驃騎大將軍儀同三司清河王亶爲司徒公永熙三年八月甲寅推司徒公清河王亶爲大司馬承制總萬幾居尚書省此誌亦有文宣道冠周燕聲高梁楚永熙棄德自絶民神居中承制載離寒暑語孝靜紀天平三年十二月壬申大司馬清河王亶薨知懌之子亶曾嗣父爵且總百寮其薨在天平中也孝靜紀清河文宣王亶之世子也母曰胡妃誌亦稱父相國清河文宣王母安定胡氏又興和二年閏月己丑封皇子（皇子誤北史作皇兄）景植爲宜陽王皇弟威爲清河王謙爲潁川王知亶謚文宣母胡氏史誌正合亶四子長寶建次孝靜帝次威次謙誌稱諱寶建字景植是史以字爲名或以字行也誌載寶建弟徽義清河王徽禮潁川王史稱徽義

曰威徽禮曰謙則又似史舉其名誌舉其字矣惟誌稱宜陽郡王史作宜陽王爲不合耳誌稱王以興和三年七月九日薨於位紀作興和三年己卯薨考長術是月辛未朔九日正得己卯則誌與史正合又誌稱曾祖母清河王太妃河南羅氏父雲使持節侍中鎮東將軍青州刺史羅雲見汝陰王天賜傳載諸部敕勒叛詔天賜與給事中羅雲督諸軍討之前鋒敕勒詐降雲信之不設備敕勒輕騎數千襲殺雲彼稱給事中此稱青州刺史者殆舉雲卒後贈官也誌稱祖母亦羅氏父蓋殆卽雲之子或從子矣近出磁州藏會稽顧鼎梅民部（燮光）許以墨本贈爰以一夕之力爲之考證異日當以寄示民部也戊午三月望羅振玉跋

右宜陽郡王元寶建誌所載世系甚詳非徒清河懌之謚文獻足以補史之缺也其稱羅雲羅蓋官位亦詳於魏書攷羅雲附見羅結傳云結從子渥渥子提並歷通顯子雲早有名位顯祖時給事中西征敕勒爲賊所襲殺子蓋世宗時左將

軍直閤將軍轉龍驤將軍濟州刺史卒贈本將軍兗州刺史今誌稱羅雲爲使持節侍中鎭東將軍青州刺史當係贈官而史失載羅蓋濟兗二州刺史與史同而使持節撫軍將軍則史所未詳史云贈本將軍者卽生時所歷之龍驤將軍誌云撫軍將軍較龍驤之品高兩級（龍驤將軍第三品撫軍將軍第二品）自當以誌爲正寶建之母安定胡氏父寧見外戚胡國珍傳寧爲國珍之孫史稱國珍子祥妻長安縣公主卽清河王懌女卽胡寧之母寶建之姑母而寧之女又爲寶建之母則清河王亶實以甥女爲妻當時婚媾失正於此可見史載寧襲國珍先爵改爲臨涇伯後進爲公卒謚曰孝穆女爲清河王亶妃生孝靜皇帝並與誌合惟誌云使持節散騎常侍右將軍雍州刺史史皆失載而史又僅言歷岐涇二州刺史誌稱都督岐涇雍三州諸軍事則又詳於史矣姊河南長公主適潁川崔祖昂攷魏書酷吏傳崔暹本清河東武城人世家於滎陽潁川之間追封武津縣公子瓚瓚子茂字祖昂襲祖爵與誌合

舉崔茂之字其歷官則史又失之妹馮翊長公主適郭海高澄即文襄皇后也見北齊書竇建妻父崔㥄北齊書有傳北史坿崔逞傳齊書言其以建義功封武城縣公進位車騎大將軍天平初除徐州刺史今誌稱驃騎非車騎疑史之誤而誌不書其封爵豈㥄因貪汚爲御史糾劾逃還鄉里時已奪爵乎誌於所列戚屬各人或舉名或舉字爲各誌所罕見意者舉字爲卑而舉名爲尊故弟徽義徽禮及崔祖昂皆舉字而羅雲羅蓋胡寧崔㥄及郭海世子高澄皆舉名亦書法之最異者矣范壽銘跋

南齊呂超墓誌

大江以南南朝石刻寥若晨星銘幽之文更同星鳳晉保母磚志佚已多年劉宋則僅存劉懷民一誌若南齊金石文字存世更稀海陵王墓銘早佚石刻惟永明六年維衛尊佛背題字尚存然祇十餘字乃造象而非墓誌也戊午正月余歸故里徐君弖遜出示隋郡王呂超墓誌石斷爲三殘蝕過半存字僅百餘用筆如綿裹針猶有

鍾王遺意石於丙辰十一月螭陽謝塢出土爲阮港陳君季才國賢所得民國七年四月十一日越鐸日報載紹屬謝家橋相近發現隋朝殘缺不完之墓誌一方縱橫一尺三四寸其字已剝蝕漫漶可辨者十五行其戚張君拯亢以誌中有己巳干支定爲隋大業五年著有跋語此石丙辰十一月在螭陽謝塢出土即被開灰石工斷而爲二鋪石路中丁巳五月爲內弟陳國賢季才所見出數金易之攜歸洗視可識者尚及百字後半石已磨滅殆盡年號亦損泐不見惟干支己巳尚可辨識知爲隋煬帝大業五年因查隋祇一己巳也君諱超史冊不載無從詳考官銜龍字下疑爲騎字考隋曾置龍騎將軍書法似董美人誌秀逸過之予卽手拓六紙此其一也丁巳五月松島張拯亢識其說未碻范鼎卿觀察暨周君豫才均攷爲南齊永明十一年著有跋尾而范公之作尤爲詳贍並撰誌爲劉玄明亦搜剔得之攷證精審至此真歎觀止二跋錄後足爲越紐光矣

□□墓誌

故龍□將軍隋郡王國中軍呂府君諱超□□□

□東平人也胄與自姜奄有營北飛芳□□□

□□□□□因官即邦今居會稽山陰縣□□

□□□□□□令譽早宣故孝弟出於天性□□

□□□□□□風猷日新而脩封有期春□□□
□□□□歲在己巳夏五月廿三日□□□□□
□□□□□一年冬十一月丙□□□□□□□
□□□□□同錄中軍將軍劉□□□□□□□
□□□□金石以誌風烈者□□□□□□□□
□□藹藹清猷白雲排岫出□□□□□□□□
□□嘉□知□應我□□□□□□□□□□□
□□□□其□眷□□之□□□□□□□□□
□□□□□□□□□□□□□□□□□□□
□□□□夕悄松□□□□□□□□□□□□

右誌文十五行每行十九字可釋者百有十二字以後尚有兩三行然苦無文字可辨矣自此誌出攷古家因文內有隋郡王等字稱爲隋誌不知誌文明言隋郡王國中軍並非隋代則欲攷呂君之時代名位必須於隋郡王證之按唐以前帝室之王隋國者宋明帝之子翽王隨陽而非隨郡唐代宗

之子迅王隨而亦非隨郡且唐時王國所屬無中軍等官惟南齊武帝之子蕭子隆於建安四年六月封隨郡王南齊書百官志諸王國官有上軍中軍下軍三軍通志職官略晉制王國將軍大國上中下軍三將軍次國上下二軍將軍各一人小國用上軍而已宋氏一用晉制惟大小國皆有三軍齊王國有師諮議文學等官餘與晉宋同呂超蓋任隋郡王國中軍而龍□將軍則其贈官也（龍□當即龍驤齊書職官志有龍驤將軍）呂君卒葬時之年號已泐幸第七行存歲在己巳夏五月二十三等字第八行存一年冬十月等字攷齊武帝永明紀元共十一年其七年正歲在己巳隋郡王子隆於建安四年受封（即永明元年之前一年）至延興元年被害（即永明十一年之後一年）其置王國官屬正在永明之時蓋呂超卒於永明七年五月至十一年十一月始葬也史志互證一一吻合遂得確定為南齊之誌耳

按誌文□一年冬十一月丙□細審丙字下是寅字攷通鑑永明十一年十月為戊寅朔則十一月當為戊申朔其十九

日正值丙寅此爲呂君葬於永明十一年之確證又文內有中軍將軍劉□□其名已泐當爲譔誌之人今就精拓本細審之劉字下尚有玄字之筆道可辨攷南齊書有劉玄明者臨淮人爲山陰令大著名績坿傅琰傳南史載劉玄明爲山陰令政爲天下第一終於司農卿蓋呂超爲山陰人玄明曾宰是邑與超有舊故於葬時爲之譔誌而其時玄明已任中軍將軍未幾殆卽攺官司農矣（中軍將軍與司農卿官秩並爲第三品）夫呂超爲故鄉人物而譔文者又屬前代名宦則此誌之可貴爲何如也

金石文字記隨皇甫誕碑云隋字作隨虞世南孔子廟堂碑歐陽詢九成宮醴泉銘王知敬李衞公碑高宗李英公碑天后順陵碑于敬之華陽觀王先生碑裴漼少林寺碑皆然當日金石之文二字通用自司馬温公作通鑑以後始壹用隋字而水經注滇水東南逕隋縣西隨字作隋則知此自古人省筆之字謂文帝始去辵而爲隋者未必然也今此誌隨字

作隋其省筆通用又先於水經注益足徵顧氏之說非謬按戰國策寶珍隋珠隨作隋墨子耕柱篇隋侯之珠文選李斯上秦始皇注引墨子隋作隨淮南子覽冥訓譬如隋侯之珠和氏之璧文選南都賦則金彩玉璞隋珠夜光又海賦與隋侯之明珠又鄒陽自獄中上書雖出隋侯之珠隨並作隋經籍纂詁隨字下云莊子讓王卞隨荀子成相作卞隨皆隨隋自古通用之證誌稱呂君東平人今居會稽山陰攷唐書世系表云齊康公時呂氏子孫先已散居韓魏齊魯之間其後又徙東平壽張元和姓纂云東平呂氏呂侯之後蓋呂超先世由東平遷越者南齊書倖臣傳有呂文度會稽人甚爲世祖寵任與呂超同時當即其族人矣按南史顧憲之傳行會稽郡事山陰呂文度有寵於齊武帝於餘姚立邸頗縱橫憲之至郡即日除之云云是呂文度爲會稽山陰人可證南齊金石遺文存世最罕合甎文造象計之僅十餘種耳石刻則集古錄所收之海陵王墓銘金石錄所錄之桐柏山金庭館碑均經亡佚墨本亦未見流傳惟永明六年之維衛尊佛題字尚存越中妙相寺寔爲天壤孤刻今此誌復出人間翠墨摩挲無獨有偶豈非希世之奇珍越紐之吉光與

典午以還書體遞變劉宋一代如劉懷民誌爨龍顏碑諸刻由分書以入正隸蒼勁肅括與世傳鍾王書體絶異卽子敬所書之保母甎志雖純用圓筆而勁拔姿肆之態亦與世傳洛神賦不同蓋法帖所傳刻者大率齊梁以後人所作非鍾王之真迹也藝風堂金石文字目吳衡陽郡太守葛祚碑額下註云案萃編訪碑錄江寧金石記均繫之吳以題有吳字也然正書始於齊梁之間吳時未嘗有此法帖中鍾繇索靖皆唐人僞造何足信哉此誌雖剝落太甚而存留數字明秀渾穆體意在曹娥樂毅之間當卽原本二王隸法一變至此固當時書體之正宗而後世端楷之初祖矣南齊書劉休傳元嘉世羊欣受子敬正隸法世共宗之右軍之體微古不復見貴休始好此法至今此體大行足徵南齊之世已以右軍之體爲古必無俗書逞姿媚者自劉休輩摹倣其法參以近體趨於時尚於是此體大行然則如曹娥樂毅等帖皆劉休輩託名爲之可無疑耳南朝誌石宋劉懷民而後厥惟此刻而以正隸書誌尤爲此石所掇見能勿寶諸　紹興

范壽銘跋

呂超墓志石於民國六年出山陰蘭上鄉余从陳君古遺得打本一枚以漫漶難讀久置篋中明年徐以孫先生至京師

又與一本因得校寫其文僅存百十餘字國號年號俱泐無可馮證唯據郡名及歲名攷之疑是南齊永明中刻也按隨國晉武帝分義陽立宋齊爲郡隋爲縣此云隋郡當在隋前南朝諸王分封於隨者惟宋齊有之此云隋郡王國則又當在梁陳以前通鑑目錄宋文帝元嘉六年齊武帝永明七年並太歲在己巳宋書文帝紀元嘉二十六年冬十月廣陵王誕改封隨郡王又順帝紀昇明二年十二月改封南陽王翽爲隨郡王改隨陽郡其時皆在己巳後南齊書武帝紀建元四年六月進封枝江公子隆爲隨郡王子隆本傳云永明三年爲輔國將軍南琅琊彭城二郡太守明年遷江州刺史未拜唐寓之賊平遷爲持節督會稽東陽新安臨海永嘉五郡東中郎將會稽太守祥瑞志云永明五年山陰孔廣家園檉樹十二層會稽太守隨王子隆獻之與傳合子隆嘗守會稽則其封國之中軍因官而居山陰正事理所有故此己巳者當爲永明七年五月廿五爲辛日□一年者十一年通鑑目

錄永明十一年十月戊寅十二月丁丑朔則十一月爲戊申朔丙寅爲九日其葬日也和帝爲皇子時亦封隨郡王於時不合唐開元十八年己巳二十一年十一月丙寅朔與志中之□一年冬十一月丙寅頗近然官號郡名無不格迕若爲遷窆則年代相去又過遠殆亦非矣永明中爲中軍將軍見於紀傳者南郡王長懋王敬則陰智伯廬陵王子卿此二云劉□泐其名無可攷□誌風烈者以下無字次爲銘辭有字可見者四行其後餘石尚小半六朝志例銘大抵不溢於志或當記妻息名字今亦俱泐志書隨爲隋羅泌二云隨文帝惡隨从辵改之王伯厚亦譏帝不學後之學者或以爲初無定制或以爲音同可通用至徵委蛇委隨作證今此石遠在前已如此作知非隨文所改隸釋張平子碑頌有在珠詠隋于璧稱和語隋字收在劉球隸韻正無辵則晉世已然作隨作隋作陏止是省筆而已東平本兖州所領郡宋末沒於魏而齊書州郡志言永明七年因光祿大夫呂安國啓立於北兖州

啓有云臣賤族桑梓願立此邦則安國與超蓋同族矣與石同出壠中者尚有瓦罌銅鏡各一枚鏡有銘云鄭氏作鏡幽湅三商幽明鏡十一字篆書俱爲誰何毀失尚識於此使後有攷焉　紹興周樹人跋

按此誌石已斷裂爲三己未春日余再返紹興以重值向陳氏購得范鼎卿觀察聞而驚喜堅商以原價易之重違其意允其請未取其值而石亦未與也壬戌冬日返自秦中觀察以微疾返道山其家人又以爲請延陵挂劍高義可風追念故人敢違息壤仍允以此石歸范氏收藏而以永寶勿他售爲約勒此數語以志余與觀察金石之交久而益著也

陳到仲舉墓誌之僞

曩見碑估有陳到仲舉墓志與陳書本傳核對事實多矛盾處如本傳到仲舉係不得其死子尚信義長公主之類其爲僞作可知酈君禾農云此誌爲洛陽碑估某甲所僞作集蘇孝慈誌字擴大者而全文錄下以告海內賞鑑家焉大陳故宣城太守到公

墓誌銘公諱仲舉字德言彭城人也令尹之後以名爲氏曾祖彥之字道豫仕宋以戰功進爵爲侯佐守荆郢二州刺史祖元慶吉州刺史父洽字茂沿清警才學梁武帝得其文五年遷御史六年授工部尚書公立身耿正篤信好義詔授總管諸軍事又授都官聯事封蓮芳縣侯遷尚書左僕射授持節車騎大將軍儀同三司以光大元年三月十有二日遘疾終於州舍春秋六十有四夫人文帝之妹信義長公主卒於大建八年春秋五十有八粤以大建十年八月十有四日葬於洛陽縣之北芒行里之中銘於玄石銘曰世重五姓冠於百蔟悼彼山川來字獄瀆前川爲陵北地爲谷世系德代於是乎獨

陳劉猛進墓碣

丁巳秋七月王君鞠存元常自武昌郵贈陳劉猛進墓碣拓本屬爲攷訂按猛進之名不著於史行篋無粤東地志亦無可蒐攷然以文攷之劉之祖父均仕南朝世爲顯宦猛進當陳亡不仕獨抱松筠之節其品可欽碣書前陳云云例所僅見文中不書隋之紀

元而以大荒之歲代之當爲開皇十七年亡國遺民黍離深痛於此可見孰謂南朝無氣節之士耶此碣爲王雪澄廉訪秉恩鞠存伯兄前官廣東欽廉道時所發現金石諸書胥未著錄海南石刻極稀得此足與甯贙並峙南天炳耀昭如日星正氣浩然終古不墜當必有鬼神呵護之矣廉訪尚藏隋徐智竦墓誌拓本形式與劉猛進同惜石已外輸矣廉訪改革後不仕隱居滬上閉戶讀書亮節清風足勵頑懦正氣所感金石爲開豈僅一碣已哉五十日夢痕錄云十三日晨拜藝風丈爲言宋會要徐星伯先生輯本已由王雪澄廉訪秉恩許歸南潯劉氏將分類校寫付梓星伯先生所輯乃長編也又聞廉訪旅滬境況頗艱廉訪與予不相見者十餘年矣刼後聞尚健春間聞予殷虛書契考釋成乃亟訪予弟子敬購求之謂予所著書其行篋中無不備老而劬學至可欽佩廉訪富收藏近多出以易米欲往看以時促不果乃託知好爲予致意葉鞠常范鼎卿兩先生著有此碣跋語攷訂至精爰著錄之按此碣近已歸南海曹氏

陳劉猛進墓碣正書兩面刻陽面高二尺四寸廣一尺一寸共十七行行三十一字陰面高廣與陽面同共十六行行三十一字

前陳散騎侍郎劉府君墓銘幷序

君諱猛進字威□彭城綏輿里人漢楚元王交之後也肇洪源

於陶唐顯著姓以季高十尺八紘之德□草屈茲之瑞大小盈
縮之祥虹胎虬孕士芍戎刃之災天福所持豈有直門之難斯
乃玄祐之徵非㗊夫能測應□之妙理也祖曉少集經學士藉
俱服內解蔎□丹府水辯出乎情舍仁德虞飜未竝孝悌益悒
豈儔志性恬淡澹□寂□窮撥五典極研十教□茲虛靜畢願
生年不尚世榮垢焉祿位遂以先基景業罕得自潛三辟六徵
讜纖士請乃以梁天監二年癸未七月廿五日除通直散騎常
侍寧遠將軍桂陽太守□□三稔獸知報澤禽識人恩霍顯之
謀不行於杯杸荆珂之變帷幄□輿害藚士蹤烏徒潛影木生
連里畎秀嘉茱巷出葳蕤衢舒紫兑懽謳溢陌棋誦盈阡僉簡
廚徵如從海運者少轍寢坻吏路眠棘甚喪親悲深逝子長幼
相攜俱趍象魏請以永留長爲坻父天從民欲抑守桂邦遂經
九載乃值辰佐□弁六三禍集甍于桂陽之任庶民斬經悲痛
喪親父仕□以太清元年丁卯七月十六日除邵陵王常侍宣
遠將軍正階縣令承聖三年甲戌八月十七日除洪烈將軍始

昌縣令永定二年戊寅十月廿五日除武毅將軍歸善縣令是
乃業運厤鍾值龍潛鳳隱九五之應未寍七旬之末猶變壽遷
去本天道上升綱維絕人倫失統選司廢序天府輟徵辟簡
既淪皇符罷記遂爵杪位徵絕生平之念牛衣不□哀輔陳窂
緘印挂冠息丹穉之踐金剛雖鈌不愧淨腸龍淵見瓾猶堪剖
驥逯焉侍郎鼢逢朱季孩遇分崩鋒刃爲仁□舒以□手持干
楯身帶鞬弓甘心旗旆之先慕志趫麾之首望□取吸嗤關羽
非人□江瀆□哂賀齊不勇齡方二九壯氣始隆乃屬陳祚龍
興神州金屋偃甲息戈儀秦之志便潛脫胄解韜周魯之權仍
沒韓功樊爵罷冀匪布王李深勞永焉士觖去武席文而恭清
緒以陳大建四年壬辰十月廿七日除散騎侍郎非解巾之□
剗驎之刄用栟鳺雖甲士屈躬拊從丙位一生林□掩氣蓬閭
決命家園不欣冠冕大隋啓業天庭淤夐闢路邈遐弥淪所覬
大荒之歲建酉之月瘐瘵忽增奄從殯櫝春秋五十有五文武
之氣既窮仁和之行仍平卽以其年建子之月三日丙寅窆乎

南海郡西北朝亭東一里半墳向艮宮厥名甲寅之墓山則盤礴宛引迴首坎鄉左右相攜前迎後送平陵坦蕩來涼吹而進温風明庶蕭條凱票飂颮慈兒万慟寃隨霧而不歸悌子億悲魄同雲而永去褭兮傷兮乃爲銘曰

羨乎元族厥裔彭徐膺靈啓業秉璽神書傳符永代獨擅邦除先根坻主末葉斯多可傷黔宅□愧皇墟古今乃異盈長空無瑞扶上紀凡挾踹愚晉食九土今士賢君所莅唯守所宰唯今五等相仍無期九命欽咨散騎水潔璆輝州里崇仁朝敦君子德傳沮溺行儕□李文秀長卿武該樊杞獻袂孔戚林茅拯士天祿殲淪歸馬窀里歲久月長靡言迴紀

前陳散騎侍郎劉府君墓銘廣州新出土辛亥國變王雪澂廉訪攜以壓海船載至滬癸丑客次出拓本一通見餉其石分兩面刻面各十六行行三十一字字小而遒密與甯瓚碑文字如出一家但有脫文並多省筆贅牙難讀按文云猛進彭城綏輿里人楚元王文之後文字自爲交之駁文彭城雖

通爲郡望然攷梁書諸劉之孝綽劉苞劉惠斐諸傳皆云彭城人也惟劉儒傳則云彭城安上里人此銘旣書郡又書里書法正與儒傳同蓋自其祖父宦轍由郢而越遭世多難遂乖首邱之願雖卒葬於越詳書舊貫不忘先河之義也自起家以逮除授備書年月日此他志石所無者祖曉以梁天監二年癸未七月廿五日除通直散騎常侍甯遠將軍桂陽太守其下云遂九載值辰作殃集菀於桂陽之任按集枯集菀菀非隕悴之義字義有誤釋以甲子推之梁武帝天監十一年歲在壬辰其卒年也桂陽爲隋之郴州攷之隋書地理志桂陽郡平陳置郴州大業初復置郡梁書武帝紀帝卽位追封弟融爲桂陽郡王又桂陽嗣王象傳叔父融無子天監元年以象爲嗣襲封曉守郡卽在其後一年如志所云在任九載不爲不久民安其政去而見思錄其循良良非溢美而姚察不登於良吏非有此石曷補史闕六朝軍號猶唐之有散階統施於文武據隋書百官志梁初奏置一百二十五號將軍共二十四班以班

多爲貴此銘寗遠宣遠洪列武毅共四號寧遠爲十三班武毅爲六班宣初無宣遠其後更加刊正大通三年移寧遠别爲一班卽增入宣遠振遠等號武毅亦改爲十武之一號威武猛壯等號號有十字各爲一班惟洪列志所不載梁陳之間江表鼎沸置名置官皆如弈棋朝令者夕或改宜史之不詳也父仕□仕下一字汾以太清元年七月十六日除邵陵王常侍正階縣令邵陵王武帝子綸也正階隋之始興縣隋書地理志始興下註云齊曰正階梁改名焉據此銘正階之名梁沿齊舊太清之前初未嘗改大寶以後救亡不暇隋志所言始未可信銘又云承聖三年甲戌八月十七日除始昌縣令永定二年戊寅十月廿五日除歸善縣令承聖尚在梁末永定已入陳初始昌隋幷入四會歸善帶龍川郡均見地理志卽今之惠州也猛進以太建四年壬辰十月廿七日除散騎侍郎綜厥生平歭逢梁季孩遇分崩臺城江陵之際也歲丑之災當謂歐陽紇之叛隋初韋先度嶺卽陳亡之歲是歲值己酉非丑也按陳書

歐陽紇傳坿父頠傳後紇都督京廣等十九州諸軍事廣州刺史久在南服高宗疑之太建元年徵紇紇懼舉兵戰敗伏誅又按廢帝紀慈訓太后詔書數帝罪有云別敕歐陽紇等攻逼衡州嶺表紛紜光大之末太建初元正當子丑之際嶺外兵興越民塗炭非其時乎此志所謂災也其歿在大荒之歲建酉之月釋天太歲在巳曰大荒落隋高開皇五年值乙巳其時尚未平陳嶺外州郡非隋有銘中不當稱大隋此巳歲自當爲十七年丁巳無可疑者梁陳皆書紀元而於隋年獨變文書甲子陳士未久喬木世家或尚有故國故君之思既曰決命家園不欣冠冕言乎其不爲隋臣也又曰關路邈遐彌淪所覬言乎其尚非隋士也篇中雖曰大隋標題特書前陳其義尤微而可見不先不後出於桑海之交千載之下摩挲精石有同感焉陳祚不永碑禁尤嚴海內石刻希見著錄此石在寧贊碑前雖爲隋末志陳志巍然片碣不與光大定界碑同爲瓌寶也哉癸丑立夏前三日葉昌熾書於瓠棲別墅

又按其文比物連類固是當時風气然有難於索解者即如雁門牛哀未爲僻典而其意則不可得詳也刳鱗之双用栫鴂雛自是牛刀割鷄之義然猛進寔未嘗從政甲士丙位甲丙當第其高下言位不副才也望播取吸播俗幡字吸當爲首級之級此用關侯白馬斬顏良事傳所謂望見良麾蓋策馬刺良於萬衆之中也非人非勇人即仁字論語仁者必有勇反文以見義屈坙之坙當从巠屈坙猶言屈軼此四句述降生之祥也嘉禾增艸紫莬去艸皆俗字棋誦與歡謳對文棋析同音或借祺爲祈此類非一略舉其隅其所未詳謹從蓋闕緣裝坿識

右誌兩面刻陽面十七行陰面十六行每行三十一字近年廣東廉州出土爲華陽王雪澄廉訪秉恩所藏余輾轉求得拓本石雖不甚磨泐而文既詰屈字多舛誤逐字斠識略可卒讀按誌稱猛進彭城綏輿里人漢楚王交之後（誌文輿訛作與交訛作文）元和姓纂劉姓彭城侯下云漢高弟楚元王交生休侯富

富生辟彊辟彊生陽城侯德德生向向生歆子孫居彭城分居三里叢亭綏輿安上里又云綏輿里宋武帝所承是猛進尚爲宋氏之宗室而誌中曾未敘及僅有先基景業罕得自潛之語豈當時因禪代之際諱稱前朝之宗屬乎猛進之祖名曉任桂陽太守前後十一載被徵則長幼相攜趍象魏以請留虆後則庶民斬絰若傷親之悲痛此必有特殊之治績而梁書良吏傳曾未及之蓋南荒遼夐表彰無人殊可惜也誌文有翟顯之謀不行於杯杪荊珂之變帷幄□興害董猛亡蹤烏徒潛影等語似桂陽有變而劉曉定之於俄傾者進之父仕□以太清元年七月除邵陵王常侍宣遠將軍正階縣令按梁書邵陵王綸傳天監十三年封邵陵郡王中大同元年出爲鎮東將軍南徐州刺史太清二年進位中衛將軍開府儀同三司是仕□之除常侍正在邵陵王綸爲南徐州刺史時隋書地理志南海郡始興縣齊曰正階梁改名焉洪齮孫補梁疆域志云始興沈志吳立梁移治正階縣一統志案齊志始興郡有令階縣梁書邵陵王綸傳子確大同二

年封正階侯隋志始與齊曰正階梁改名當是齊置令階尋改正階梁大同後始移始與縣來治也今誌稱劉仕□於太清元年爲正階令是始與移治當在太清以後此足爲洪氏之說左證矣太平寰宇記始興縣本漢南海縣地吳置始興縣梁於此置安遠郡西七里有蕭齊正階故縣城存誌又稱承聖三年八月除洪烈將軍始昌縣令永定二年十月除武毅將軍歸善縣令按始昌屬樂昌郡地理志韻編曰今廣東肇慶府四會縣北歸善屬梁化郡地理志韻編曰今廣東惠州府歸善縣東北五里隋書百官志載梁陳官制有寧遠宣遠武毅各將軍惟未載洪烈將軍據志可以補史之闕梁制通直散騎常侍爲顯職天監六年革選詔曰名公之胤位居納言曲蒙優禮方有斯授陳制散騎侍郎秩千石今劉曉劉猛進起家即授此官自非常例故疑爲宋代宗室之裔也誌末有墳向艮宮厥名甲寅之墓山則盤騰宛引迴首坎鄉左右相攜前迎後送云云然則形家之言至六朝時已盛行矣　范壽銘跋

隋常醜奴誌

丙辰冬日南陵徐積餘先生乃昌先生爲南陵名族癸巳孝廉曾官江蘇江安道嗜古好學藏宋元槧書極富鼎革後隱居滬上著書自娛所刻隨庵叢書初二集均影刻宋元舊籍至爲精湛於西泠印社吳君石潛處重值得隋常醜奴志拓本以題字證之知爲龔瑟人舊物蓋石墨珍品也神州大觀第十二號輯錄餘譚云常醜奴誌爲龔定庵藏本有龔自珍字瑟人印有定庵之子孝珙題字以畀顧千里後復買還者孝珙窮死海上遺物盡散此本歸會稽陶心雲死後此本復來海上友人徐隨庵以重價得之碩果之遺不知人間復有幾本可珍也

上海蓺術叢編及神州大觀中均印以珂羅版附入編中而有正書局復石印單行本嗜古之士始得羣飽眼福燮光按此誌始著錄於石墨鐫華而竹崦盦金石目寰宇訪碑錄金石錄補授堂金石三跋關中金石記均著錄之原石在興平縣崇寧寺壁間乾隆二十四年朱氏近漪楓修雍州金石記時此石已佚蓋湮沒久矣然以葉氏語石證之知天壤尚有兩本語石云常醜奴余曾見兩拓本一爲沈韻初孝廉舊藏一爲李香嚴廉訪舊藏細如絲勁如鐵隋志多方嚴勁整此石筆筆飛空在隋石中別開境界或云此石尚在未知待盡餘年猶能一見否而張尗未貝見香瞿頴山葉石君毛意香之藏本吳缶廬先生云常志久燬於兵燹世人得一紙幾同星鳳清儀老人云嘉定瞿根之持一本來歸惜濡脫不精擬乞吳門貝見香武林瞿頴山二拓相對合勘以悉其全文爲快其釋文其祖黑獺祖上一字闕文諦審是拓筆痕顯然一族字似較張瞿貝

三拓尤爲精晰惜老人未獲之見吾人何幸得饜眼福洪楊兵燹後不知尚存否若劉聚卿京卿所得則石埭徐氏藏本也毛子林太夫子著關中金石文字存逸攷時竭力蒐求深以未見拓本爲憾關中金石文字存逸攷云陝中古誌原石雖亡而拓本尚可覓得惟此誌及梁羅墓誌購求廿餘年迄未見過拓本是可怪也鄭蘇戡先生云張瘦同舍人修輿平縣志時遍訪不得然趙味辛跋在乾隆四十八年吳江楊龍石乃謂此石佚於明季故少拓本殆非也又云劉聚卿所得石埭徐氏藏本自云海內有數之本勝於毛本物之顯晦殆有時與葉鞠裳繆藝風羅尗言三先生所著跋語極詳近見歐陽棠丞集古求真此誌亦有攷訂均附著於後焉

周禮職方氏其川滎雒書禹貢滎波既豬導沇水溢爲滎左傳閔二年衞懿公及狄人戰於熒澤古今本熒滎互異从火者是从水者非阮文達校勘記及錢曉徵段若膺諸先生已有定論熒澤之熒毛倢臣世叔云熒滎同音通用此稍知叚借者知之乃辯論至二三百言是攷據家習氣令人厭處所以从火段云濟之顯伏不測如火之熒熒不定也至滎之本義爲絶小水揚子雲甘泉賦梁弱水之濴濙段謂濙卽許之滎字一爲熒省一不省也二字之別如此余所見石刻魏鄭文公碑

熒陽字猶作熒此志題滎澤縣令及文內鄭州滎澤字皆已从水蓋熒滎二字遞變其在隋唐之際乎熒澤在今河南而左傳杜元凱注云當在河北以此時衛都河北戰地不得在南也正義圓其說云沇水入河河南多故專得熒名其北雖少亦稱熒通鑑唐開元十五年洛陽人劉宗器請於熒澤引河入汴胡身之注隋開皇四年分熒陽置廣武縣仁壽元年更名熒澤屬鄭州與隋書地理志合今據此刻常醜奴以開皇九年授鄭州滎澤縣令則縣之更名尚在開皇以前梅磵詆史之譌可以此刻糾正之黃武改名避煬帝諱不應開皇時已然如謂志石出後人追改又無鐫鑿痕跡疑不能明也杜工部詩云書貴瘦硬方通神此刻細如髮勁如弦足當瘦硬二字原石已佚此本爲 積餘觀察所藏娟娟缺月之中鋒棱未損余所見愙齋西蠡兩本皆遜而居乙真希世之珍也丁巳二月既望長洲葉昌熾

志又稱醜奴扶風始平人攷隋志始平不屬扶風屬京兆其下注云故置扶風常自周入隋溯其先而言之故始平猶繫之扶

風耳唐原州屬關内道卽今之固原州而隋志無原州但於京兆下注舊置原州今攷此刻其第二子結銜爲原州司户參軍事則隋時固有原州非唐始置亦可以補史闕　緣裻又識

右常醜奴墓志萃編未收入石已久佚清儀閣据兩搨本爲之釋文而爲鄯善之强族族字未釋立履沈毅沈字未釋里泉宿鸞誤宿作夙鸞舉齠年誤齠作髫餘尚合醜奴以周保定元年赴家右勳侍下士三年轉膳部下士建德元年遷天官府治中士司會隋初不仕開皇十九年詔以周代文武普加優選因授都督又授鄭州滎陽令大業元年卒春秋八十有六攷醜奴爲扶風始平人隋志始平縣屬京兆郡故置扶風郡開皇三年郡廢非隋志之扶風矣右勳侍西魏書志掌非皇帝所御門閤之禁屬天官有下士六人膳部掌飲食亦屬天官小膳部有上士無下士外膳有下士醜奴其外膳歟司會亦屬天官府有中士鄭州滎澤令隋志滎澤屬滎陽郡大業初攷鄭州與志合其子五原縣令隋志五原屬鹽川郡西魏置西安州後攷爲鹽州亦

與志合　荃孫

隋常醜奴墓誌傳本頗罕平生所見三本一爲劉聚卿京卿藏本一爲費屺懷太史藏本一爲陶心雲觀察藏本劉費二本皆剪裝惟陶本乃整紙光緒戊戌在滬上予曾一見之歲丙辰陶君藏本歸吾友　徐積餘觀察觀察既付影印郵印本至屬爲跋尾前三本中屺懷藏本以壬子秋寄海外乞書留寓齋者兼旬曾據彼本校勘吾鄉張叔未解元所錄文一過補釋三字正張釋之譌者十一字爲鄯善之强族族字張釋未及今案是族字又立履沈毅之沈文淵□施之施皆張釋所無者也至張釋誤字得據此本是正者若言遊京輦遊誤作歸君器局貞正誤作真三年轉膳部下士三誤作五爵以才昇昇誤作升是日登賢是誤作具重泉宿鸞誤作里泉夙鸞輕財守信財誤作才蘭藥空傳藥誤作薰扇席承歡歡誤作顏優游纂歲纂誤作暮於義當矣而碑文則是纂字蓋書人繕寫之譌也今以校石印本則同者十五六餘則印本漫漶不可辨矣惟第二子原州司戸

參軍事滎滎字費本下半已不明晰印本則作滎尚可辨張釋作滎亦誤則得據此本知之者也張釋可疑之字尚有烏呼似哉之似費本頗類似字然于文義不合印本漫漶不可别異日過滬上再就　觀察乞原本觀之或可定爲何字乎碑中蘭蕖空傳之蕖卽菊之别字六朝人之菊字多作蕖又變作蘂耳質諸　觀察以爲何如　丙辰九月廿一日永豐鄉人羅振玉書于海外寓居之尚寐草堂

丁巳四月赴滬養疴就觀墨本嗚呼下一字頗類似字與費本正同仍未碻定也振玉再記

集古求真云常醜奴墓誌二十七行行二十七字趙子函云石在興平縣崇寧寺爲童子摩挲幾平余拓一本書亦未佳是明末此志猶未見重於世而今則以爲墨寶可見近世之偏尚北碑舊拓惟二行張字下缺一字三行履字下缺一字七行衡字下缺一字十六行文淵下缺二字餘俱完好頌末載其五子銜名則多缺泐有石印舊拓本也

唐玄宗第五孫女墓志

藍田閻甘園前歲貽書來云新得唐玄宗第五孫女墓志字體完好酷似宋拓岳麓寺碑及見拓本細加審視其書庸俗似蘇靈芝何足比肩北海甘園之論未免阿所好矣原文亦甚可觀姑錄之近見范鼎卿道尹所藏唐上元二年正月朝議郎行內寺省內寺伯劉奉芝墓志亦係劉秦所書用筆疎朗較此志爲勝

皇第五孫女墓誌銘并序　中大夫行中書舍人翰林院待制上柱國臣張漸撰朝議郎行太子宮門郎翰林院供奉臣劉秦書

臣唐宗系混元貽謀道德保祐之慶儲自上天令淑之姿誕於中掖恭惟皇之第五孫也傳芳玉扆挺秀銀潢率禮閑和秉心柔順而夙秉青宮之範載輝彤管之則生知道要幼誦真言跡慕神仙心凝虛白鉛華不御常思鸞鶴之遊瓊蘂方飡詎假鳳凰之北勤脩祕籙克受靈方歌八景之洞章究三清之隱訣鮮膚綽約儼冰雪之容慧識精明割熏華之玩每習靜觀妙練形忘理契窅冥氣合沖漠代俗不測其用視聽莫見其端栖志太虛寧樂人寰之貴脫身懸解詎論脩短之期以天寶十三載歲

次甲午十一月七日丁酉恬然委順時春秋廿一載仙駕淩空天樂在聽白雲一去瞻帝鄉而未歸素轜啓行捐佳城而將掩皇上慈深軫念禮重哀榮式備羽儀爰從卜宅以其載閏十一月廿九日庚寅法葬於京兆咸寧縣義豐鄉之銅人原禮也詔使護葬鳴笳引路詣上清而日遠瞻留舄而增傷乃命小臣誌於幽壤銘曰家膺執象系纘猶龍太和保合至道斯宗誕生女士有婉其容松柏之茂桃李之穠其一虹彩孕靈星輝誕質淑慎任只秉心專壹慕跡靈仙全形芝朮受籙玄鍵歸真靜室其二碧落降節玄洲召名刻藉瓊圃遊魂玉京載飛仙馭尚軫皇情履舄猶在壟隧方營其三松野蒼茫堇原重複羽駕齊鑾雲輿並轂弔鶴初飛瞻烏已卜敢書令範以誌陵谷其四按唐自玉真公主得道仙去遺蹟猶留濟源其人賢於太平公主等遠矣乃以廿一歲女子夭折亦託於道家解脫未免涉於虛誕是可嗤耳

唐襄陽張氏墓誌

臨桂況夔笙先生香東漫筆云襄陽張氏唐墓誌凡十種玄冊景之

慶之敬之朏季彰點嚏　在襄陽張公祠十種之外尚有張漪墓志一
石爲吾邑唐子實先生啓華所得載歸粵中釋文見楊海琴先生
粵西得碑記唐氏有別墅在吾邑南鄉六塘三十年前即已荒蕪
此誌石不知尚存否茲讀魏稼孫績語堂碑錄有唐襄陽郡張氏
墓碑跋備載各誌出土原委特錄於下方予守襄陽郡壬寅春席子介右于田塍間得古
碑三石又于臨漢門外得三石剔苔檢讀搨以示余一爲故唐功曹參軍張公元㺯洎夫人邱氏合葬墓誌銘蓋漢陽王柬之父母
也一爲處士景之則漢陽王之弟而功曹君之第二子一爲新定太守朏則漢陽王猶子其豫州之鄖師縣丞季河南府參軍彰二碑
一丁鳳譔一呂巖說撰則皆漢陽王孫也字迹完好逼近褚虞考其地爲樊西之長豐洲即墓誌所云安養縣相城里之平原洲屢
爲襄水所齧不復辨垣壠矣憶古墓犂爲田松柏摧爲薪之句不禁黯然今六石尚置樊城之跨鶴樓予以王有故宅在城外二里
許後改衍思寺康熙間太守尹會一祀王于其中因名張公祠則此石移置公祠廡下爲是事未舉適有武昌之行爰跋數語識之
俾人知數石當與羊叔子墮淚碑同爭不朽矣羊太傅祠前向有石幢宋慶歷七年范文正諸賢題名其上王阮亭過襄尚搨諸賢
之姓名而去矧爲漢陽王父母若弟若姪若孫壙中物哉噬古者尚共寶之道光二十又二年月日長白興存詩稿父識并書
吳門董培庵刻石　右跋別刻橫石二十九行行書　吳門七字正書
又李蒓客先生越縵堂日記
內言張氏各誌攷訂亦詳譚復堂先生復堂日記汪穰卿先生雅
言錄歐陽棠丞集古求真亦言之合附錄焉近閱襄陽李佩葱先

生楚珩致范鼎卿道尹函云各誌向藏襄陽中學堂辛亥之際軍隊佔居用以砌竈遂全炸裂矣吳印臣先生云姚君柳平所作襄陽張氏志十一種攷釋並爲張氏作世系表與范先生所作元氏志錄堪稱雙絕

李氏越縵堂日記云張蓉江贈予襄陽新出唐碑九通皆漢陽文貞王張柬之家墓志也一爲益州功曹參軍玄弼字神匡及其妻邱氏文貞之父母也司元大夫李行廉譔銘詞而文貞自爲之序一爲孝廉慶之字仲遠功曹之第三子一爲處士景之字仲陽功曹之第二子一爲將仕郎敬之字淑謇功曹之第五子以上三志文皆文貞自譔簡雅有法四志俱無書丹人姓名蓋皆文貞自書者其字以篆隸法行之據功曹志序言攺卜新塋於安養縣西相城里之平原時惟與晦僅存處士志言以大周天授三年正月六日攺卜先墳移諸兄弟並窆可知諸志同時所作其書年月日及天授等字皆依武后所攺古之大臣沈幾觀變初未嘗自異於人及事會所至投袂急起回天返日之功頃刻而就此非其一端耶一大中大夫新定郡太守朏字朏

郎文貞弟晦之子先以文貞奏授職以天寶十二載與其配李氏合葬於臨漢縣平原無譔書人姓名一偃師縣丞孚字孟信文貞之孫朝散大夫著作郎漪之子其配呼延氏志不言其葬年月但有姪縡述三字一河南府參軍軫字季心亦漪之子郎縡之父也以開元二十一年十月祔葬相城里呂巖説撰文一名點字子敬亦文貞孫嶧之子志言其卒年十七而額題曰故秀士張君亦以開元二十一年十月祔於先墳其兄駕部郎中愿撰文三志皆不言何人書孚點兩志書出一人之手一穀城縣令曛字繼明郎愿之子文貞曾孫志言愿歷官曹婺等十州刺史吳郡太守兼江南東道二十四州采訪黜陟使曛以門蔭補奉禮郎貞元中以推恩文貞子孫由武衛兵曹參軍調右神武軍錄事參軍抗表爲文貞請謚遂下宰臣集議五王同時得謚特授曛襄州穀城縣令元和八年六月歿十一月祔於大塋其壻鄉貢進士崔歸美譔文節度討擊副使屈貢書文貞再造唐室事功赫然其文章學術亦高視一代所譔私志輯唐文者

未嘗得見自宜有神物護持爲其父母作志序而系以他人之銘辭此亦變例爲言金石例者所未及五王得謚由文貞曾孫曛所請舊新兩唐書皆未載尤有關於史事自道光二十二年於樊城長豐洲田間出三石又於臨漢門外出二石後次第續出共十餘石蓋由襄水齧岸邱墓已無復存而碑志幸出於世金石家未有著錄者深可寶也

譚氏復堂日記云馬華宣小農自漢上來以張氏墓志十品見貽名玄弼者漢陽郡王柬之父名景之慶之敬之者柬之弟名朏者柬之猶子名軫名點名孚者柬之孫名曛者柬之曾孫而軫字季心有二碑一丁鳳撰一呂巖說撰道光二十年出土舊無著錄汪研山所見金石錄（按汪研山所著係金石過眼錄）僅載慶之孚軫三志

汪氏雅言錄云余於癸未甲申間館於漢口時在武昌省從伯父子用公見所藏張氏墓誌咸張桓王家中人蓋其時新出土也云本有十八塊爲知好某攜去一塊故今止十七塊矣

歐陽氏集古求真云張元弼墓志子柬之撰序李行廉撰銘二十五行行二十五字元弼爲柬之之父此志稱永昌三年攷唐書永昌元年十一月改元載初載初二年九月改元天授永昌三年實天授二年柬之身爲大臣豈無見聞何得仍稱永昌或謂永昌時武后雖臨朝稱制尚未僭天位改國號柬之稱永昌所以存唐正朔與陶淵明稱義熙同意然張景之志亦柬之所撰中有大周天授三年云云則又何說以解之

張景之墓志文中有余與晦之云云則柬之所撰也景之爲元弼第二子柬之之弟十七行行十七字題首缺一字餘俱完好

張慶之墓志文中有援翰雪涕語亦柬之所撰十五行行十六字完好無缺慶之元弼第三子

張敬之墓志文中有執奠惟弟紀德乃兄亦爲柬之所撰十九行行十九字有裂紋四道長短參差自第九行首起皆斜向左九行首缺一字十一行刻石刻字止見首點與長直第七行情懷二字缺損大半

按以上四志皆張柬之所撰其書亦一手所作殆卽柬之書也文詞高古樸實筆法遒勁開展元瑶一志獨爲嚴整爲父母書加倍敬肅耳文與字在當世皆可自樹一幟因勳業忠義照耀千古故不以文字傳然尚論古人文字者固不可不知也昔人以稱永昌三年爲疑竊謂三字或爲元字之誤筆否則以父卒於龍朔全爲唐人母雖卒於天授應從父爲唐人故權稱永昌三年以完其爲唐而已與諸弟皆授武周官職不敢不用其紀年故景之等三志皆稱天授矣元瑶先葬南山志銘爲李行廉所撰後與夫人邱氏合葬安養縣故柬之别撰志序而仍用李銘首行署李行廉撰不細核全文不知序爲柬之撰

張軫墓志呂巖說撰三十五行行二十三字先叙考後叙祖與曾祖自下而上爲志中所罕見末行紀此玄下缺一字再下一字半缺

張軫妻邵氏合葬志丁鳳撰二十七行行二十八字完好無缺

軫先卒已有志邵後十四年卒故又志之非重複也惟州下缺一字

張孚墓志姪緯述二十行行二十三字完好無缺

張點墓志十六行行十五字年未冠而卒文中有君之兄愿痛萼跗之不祿銘詞末棠棣之華上春墜之則知爲張愿撰六代祖策以軫志校之當作五代以宰相世系表攷之亦爲五代則六字誤矣瘗於私第瘗當是卒之誤軫孚點皆柬之孫

張曛志二十八行行二十九字崔歸美撰屈賁書字繼明作小字平列志中所罕見石完好無缺標題云唐故文貞公曾孫穀城縣令張公墓志銘文貞柬之謚也曛爲愿子

張朏墓志二十七行行二十七字雖有石花不甚損字朏爲柬之姪晦之子文中再太子僕寺丞再下當有脫漏

按張氏十志乃道光十一二年間漢水泛溢岸崩冢塌出自土中皆張文貞一家物尚有文貞子漪墓志張愿撰其石爲桂林唐氏所得未有拓本此十石今猶在漢陽王祠傳本頗

多今拓已不如舊拓矣光緒丁酉襄河又出張惟墓志屈賁述弁書爲一武人所得匿不示人未見拓本

唐杜弁墓誌

近年偃師縣出唐杜弁誌石一方事既孝烈可傳文則雅飭可誦書亦端整足法在唐誌中洵爲佳構范鼎卿道尹從新舊唐書中攷知弁爲審言之子即少陵之叔父文則蘇許公所作宜其修潔如此也爰錄誌文並范公跋語於後索隱闡幽可謂善於攷古者矣

大周故京兆男子杜弁墓誌銘并序

男子諱弁字惟兼京兆杜陵𤯔也漢御史大夫周晉當陽侯預之後世世冠族到于今而稱之曾祖魚石隨懷州司功獲嘉縣令祖依藝唐雍州司法洛州鞏縣令父□□皇朝洛州洛陽縣丞皆文學俊異無殞厥德子生而聰敏有老成𤯔之量日誦萬言尤精翰墨八歲喪母不勝其哀每號哭涕泗中有血宗族歸美搢紳虛期者久矣聖曆中杜君公事左遷爲吉州司戶子亦

隨赴官聯者阿黨比周惑邪醜正蘭芳則敗木秀而摧遂構君於司馬周季童妄陷于法君幽縶之子鹽醬俱鄧形積於毀□無所言囯公府宴集手刃季童於座期殺身以請代故視死以如歸仇怨果復神情無撓嗚呼彼奚弗仁子斃之以鞭撻我則非罪父超然於尉羅爲讞之理莫申襃明之痛寧甚以聖曆二𠡦七𠥱十二終於吉州之廳館春秋一十有六悲夫安親揚名奮不顧命行全志立歿而猶生豈與夫李暠終還蘇欲雠而莫中甘寧或備陵既舞而空往則知貫于幽顯通于神明義結魯𡈼寃深趙卒者不亦痛乎子曾未婚冠便羅夭杜休其家聲著在史筆者不亦高乎今以長安二𠡦四𠥱十二瘞于建春門東五里杜君流目四野撫膺長號情惟所鍾物爲之慼乃謀終古之事而刻銘云

嗚呼淑哲兮不享餘慶玉有碎兮蘭有摧何斯𡈼之斯命冥冥泉下兮身可歿兮命逾令

右杜并墓誌并爲杜審言之子其手刃周季重事並見新舊

唐書審言傳中舊書審言坿杜易簡傳舊書稱審言累轉洛陽丞坐事貶授吉州司戶參軍又與州僚不協司馬周季重與員外司戶郭若訥共搆審言罪狀繫獄因事殺之既而季重等府中酣讌審言子幷年十三懷刃以擊之季重中傷而死而幷亦爲左右所殺季重臨死曰吾不知審言有孝子郭若訥誤我至此審言因此免官還東都自爲文祭幷士友咸哀幷孝烈蘇頲爲墓誌劉允濟爲祭文與此誌所敘事實悉合是誌文雖不著撰人名字其爲許公大手筆無疑也惟杜幷之年史云十三誌云十六自應以誌爲正可據以訂史之誤元和姓纂襄陽杜氏當陽侯元凱少子耽晉涼州刺史生顧西海太守生遜過江隨元帝南遷居襄陽遜生乾光乾光孫叔毗周峽州刺史生廉卿憑石安石魚石黃石魚石生依藝鞏縣令生審言膳部員外審言生閑武功尉奉天令閑生甫檢校工部員外甫生宗武宗武生嗣業今誌云曾祖魚石隋懷州司功獲嘉縣令祖依藝唐雍州司法洛州鞏縣令父下空兩格以審言尚

在故闕而不名洛州洛陽縣丞魚石官位賴此誌以著之並足補姓纂之闕矣并爲審言之子閑之弟亦即少陵之叔父史稱杜審言襄州襄陽人杜甫本襄陽人後徙河南鞏縣惟北周書稱杜叔毗其先京兆杜陵人徙居襄陽今誌云京兆杜陵人者蓋舉其舊郡望言之耳并以十餘齡童子卒能於廣筵盛集中手刃父讎純孝奇烈足以不朽攷杜叔毗傳叔毗因兄君錫爲曹策所害白日手刃策於京城斷手刳腹解其支體然後面縛請戮并爲叔毗之玄孫何其克肖祖德也此攷少陵家世者所亟宜表著之者矣

唐郭彥道墓誌

乙卯夏間北京南下窪掘土得唐天寶二年郭彥道墓誌銘一方行書售者將天寶年號改刻天保僞作齊誌旋爲某國人購去范君禹勤名振緒甘肅進士善山水嗜金石在京覓得拓本一通持以相示錄文於下

真定縣故縣錄事郭彥道墓誌銘并序拓本高一尺三寸廣一尺四寸二十二行行二十

字不等

君諱彥道本望太原郡今爲真定人也君以神識沉敏風宇條暢竹馬全信零□顯術家殷金穴不愈禮節之規辨□懸河自得言談之□斧藻至德琢磨令範王方平之作誕滌想簪裾仲長統之風□放情山水朱霞汎酒闢東閣以嘯清風白雪調琴虛北堂而□明月嘗被鄉人舉爲縣錄事〻長提挈賓儀式序□□鹿効□謌當□□□□□大德無睽奉黃裳則□務□□□□□朝鉅□郡守□朝任鄆長陸機國史迺遒龍□□□謝弈家風郎□玉樹□文□西□武□□□莫不表□□常銘勳彝器□子仁恭□□等陟岵流涕循陔失緒□□□□易陵谷□□嗟馬鬣之□塋卜牛眠而有地遂以天保二年正月二十三日□之□□城北五里平原禮也青烏宅兆撫隧□□麗□□未□□歌攀轜動北陸之思石幽永㧞勒三□□□□□□□埋知九原而不作式陳盛烈迺紀銘云其詞曰

門稱通德里號高陽令聞令望如珪如璋放曠山水婆娑故鄉

不應　明賁誰擢幽芳□□我祖早承閥閱國□□符家藏金究學□楊左才優顧薛□若邛山朗如縣月德音在耳清芬未□玄穹賦命□我明哲刊石銘勳騰焜曩烈

後周韓太尉夫婦墓誌

擾攘干戈武力是尚紀綱隳毀極於五代若晉桑丞相維翰周韓太尉通勁草疾風頑廉懦立固足以羞天下利祿之士死難之慘韓甚於桑雖七歲幼男胥罹國變陳橋兵變之際史謂肆不易市其誰信之太尉墓在洛陽縣志無徵光緒辛亥太尉及夫人董氏墓誌發現於洛陽石藏張仲魯家羅叔言先生見拓本驚名賢遺隴遭發乙卯四月赴洛訪之欲封樹而未果五十日夢痕錄云予以辛亥秋見周臣韓通及夫人董氏墓誌墨本于翰文齋書肆云石藏一張姓家今方待價予驚名賢遺隴之遭發也欲至汴訪遺址爲封樹之以國變不果此次到洛訪張氏于骨董肆俾遂夙願乃僉云不識其人爲之悵惘無已　午間見蘇原告以訪韓墓事始知張固林之戚也謂此石碻已入都乞售而墓址恐秘不肯言予告以初非欲究發塚事乃欲求埋碧之處封樹之耳費由予籌不以累地方且予瀕返國時東友有富岡君謙藏者聞予將訪通墓捐銀幣三十以助封樹之費遠人好義尚爾望君與張氏協商卒有以成之又告以聞此石卽出張氏田中田中封樹估地幾許其地價亦由予任之林君唯唯謂當有以報予及夜膳時端甫來言頃又見林君及此

間當道已將韓誌事協商由當道購二石存之署壁並刻石述始末不許移徙再徐商封樹事云云于是韓誌事稍有端倪而全失予之初意予意首在封樹購石其後也今乃先購石恐封樹仍不可期予之初衷恐將付諸泡幻矣爲之長太息是年秋常熟曾君辛庵調署洛陽卽託張君仲魯在原出墓誌地方購地一區爲之封樹重立墓碑名賢遺隴復存天壤曾君致范鼎卿先生函云前羅君振玉尋求周韓太尉夫婦墓而不可得今秋炳章調任洛陽與彼都人士素相熟悉訪明兩墓誌卽在張紳仲魯家勸其公諸同好現移縣署擬送存古閣中俾廣流傳一面卽託張仲魯在原出墓誌地方購地一區炳爲之重立墓碑保存古塚是亦守土之責也今墓誌石二方已庋存古閣中曾君已物故安陽旅次書此爲之黯然按五代史無韓通傳宋史卷四百八十四周三臣傳中則有通傳敘遷轉官階則誌文較詳文爲陳保衡所撰駢麗端雅不愧作者述太尉殉難事著筆婉惻可誦爰錄誌文於右以彰忠烈世有長樂老讀之能無慚恧耶

韓通墓誌高廣各二尺七寸四十一行行三十七字至四十三字不等正書

故檢校太尉同中書門下平章事使持節鄆濟等州觀察處置等使兼侍衛親軍馬步軍副都指揮使仍加食邑伍伯戸食實封貳伯戸贈中書令韓　公　墓誌

前鄉貢進士陳　保衡　撰

崇蘭之馥信有敗於商飈瑞玉之華忽無薦於清廟靡不有此曷致厥終

我相公諱通字仲達太原人也享年五十三時耶命耶歲在涒灘月弍太簇卜葬事于洛水之北平洛鄉杜澤村以隴西董氏衞國蔣氏二夫人祔之禮也考詳誄德宜屬辭人僕乃不才遽承哀託况預下賓豈追退讓敢取魯史之文直述往行庶傳美於終古惟韓氏之姓華宗茂族其來盛焉若九曲洪河千尋建木不言知遠大矣曾祖諱瑩授太子太保曾祖母京兆郡第五氏封汧國夫人祖授左驍衞將軍贈太傅祖母清河郡太君張氏封衞國夫人父諱章授左龍武軍大將軍贈太子太師母譙郡太夫人李氏封陳國太夫人嘻山岳之厚植貞操之材長必爲梁棟賢哲之裔產奇特之子起必爲公相　公即太師長子也幼不好弄則天付龍駒長乃有謀則神傳英略漢高祖起義河東於軍伍之中見　公謂左右曰此子有猶角之

表遂授
公銀青光祿大夫檢校太子賓客兼侍御史充飛騎尉天福七
禩轉檢校國子祭酒兼御史中承驍騎尉餘如故劒埋豐部難
掩光芒璞在荆山終逢聖鑒八年超授檢校尚書右僕射仍改
賜忠貞佐聖功臣餘如故雲方捧日漸覩舒卷之容濟乃截溟
別展澄清之志乾祐初少帝嗣位授檢校尚書右僕射二年轉
檢校尚書左僕射使持節雷州刺史兼御史大夫應分選之命
酬征伐之勞竭勇志以策勳盪祓巢而絶跡大周廣順元年太
祖自鄴中起以　公混金璞玉難拘瓦礫之間附鳳攀龍已極
煙霄之上轉金紫光祿大夫超授檢校太保使持節睦州諸軍
事睦州刺史充本州防禦使兼御史大夫封南陽縣開國男食
邑三百户仍改賜輸忠翊戴功臣餘如故孟冬授檢校太保使
持節永州諸軍事永州刺史充本州防禦使兼御史大夫知豹
略之精微軍功衆許奮鷹揚之志氣忠節自持三年進封南陽
郡開國侯加食邑七百户仲夏復授檢校太保兼御史大夫充

保義軍節度觀察留後功臣如故顯德元年授檢校太保陝州
大都督府長史兼御史大夫充保義軍節度使陝虢等州觀察
處置等使仍加食邑三百戶功臣散官如故爲　明君之
心腹作聖代之爪牙地接洛師猶觀雄盛津當陝服須藉龍韜
仲秋授檢校太傅使持節曹州諸軍事曹州刺史兼御史大夫
充彰信軍節度使曹單等州觀察處置等使進封開國公加食
邑五百戶仍改賜推誠奉義翊戴功臣散官如故三年
公授特進檢校太尉持節許州諸軍事行許州刺史兼御史大
夫充忠武軍節度使許蔡等州觀察處置等使仍加食邑七百
戶功臣如故五年授檢校太尉使持節宋州諸軍事行宋州刺
史兼御史大夫充歸德軍節度使宋亳等州觀察處置等使侍
衛親軍馬步軍都虞侯功臣勳封如故傾摧八陣式嚴六師壁
假酬勳未爲多得商墟受命所較幾何六年授檢校太尉同中
書門下平章事行宋州節度使散官勳封如故鏘鉞壇場分閫
顯將軍之貴鹽梅鼎鼐持衡見承相之尊仲秋授檢校太尉同

中書門下平章事使持節鄆濟等州觀察處置等使兼侍衛親軍馬步軍副都指揮使仍加食邑五百户食實封貳伯户功臣如故數地之英風凜物臨民之利刃投虛封土廓清奸邪屏跡五方異俗更無晨飲之羊千里同風旋乏夜吠之犬雖疊承鴻渥未釋惣戎嚴肅禁掖撫察　京都值

今皇帝天命有屬人心　所歸雪刃前交莫辯良善雲師才定已溺干戈亦猶火炎崑崗玉石俱毀　聖上哀訴忠赤　追念移時乃命　天人用營葬事兼贈中書令

長子鈞二十二終尚食副使大小娘子適彭城劉福祚充西頭供奉官二小娘年十三保安年十一　終充節院使三哥九歲終三小娘子五歲四小娘子四歲七哥三歲授東頭供奉官守諒姪男守琉充東班第二班都知嗚呼哀哉　公之德不可得而備言　公之行不可得而備錄雖有　大位而不永遐齡逝水驚波關長川而不返白駒流影過空隙而無迴刻石他山聊伸識墓披文異日庶備變陵銘曰

星辰之精　河岳之英　出爲閒傑
來扶聖明　器宇恢偉　武略縱描
有典有則　唯忠唯貞　力負乾坤
手擎日月　龍韜一受　狼煙四滅
佐邦棟梁　瑞時英哲　後擁旌旗
前持鉾鉞　無名無功　君子之窮
有爵有位　君子之貴　令善令德
余之紀兮　直筆直言　幸無愧兮
建隆元年庚申歲正月辛丑朔二月二日任申寄
葬于河南縣平洛鄉杜澤村記耳

宋義國夫人虞氏墓誌

讀吾鄉趙益甫先生補寰宇訪碑錄云宋保信軍節度使趙與華妻義國夫人虞氏墓志道光己酉江陰方可中得於會稽州二都昌原水中余曾爲之跋并願購置家廟以貧無資中止後可中移至杭州庚申以後無從問矣年月遺忘姑書其目以俟見者按此

誌全文載魏稼孫績語堂碑錄係德祐乙亥正月趙魏交誼極篤
趙著補寰宇訪碑錄魏曾與參訂竟未告知足見著書之難二金蜨齋
尺牘云義國夫人志弟已裱成立軸既摹刻則可以連拓本奉贈按此則此誌拓本趙氏尚有之而原石久佚矣以關吾
鄉金石錄其文於右

義國夫人虞氏誌據會稽潘君艮駿錄十八行第四行卅五字餘行卅六字正書趙撝叔云石高二尺二寸廣一尺五寸裁尺數咸豐庚申杭州亂佚

先妣虞氏諱與恭世居越之山陰　曾大父諱賓朝散大夫比部郎中知饒州　妣桂氏封宜人　大父諱明夫朝散大夫妣氏封恭人　父諱卿儒林郎池州錄事參軍　妣杜氏正獻祁公五世孫也　先妣生於開禧丁卯五月二日及笄歸于先君保信軍節度使與華爲楚孝節王伯昕之曾孫婦吳宣獻王師意之孫婦　咸寧郡王希丞之冢婦淳祐七季目榮文恭王姝婦　特封宜人景定三年進封碩人咸淳六季以孟饗該皇后款謁恩　特轉和州防禦使　進封咸寧郡夫人七年該明禋恩　封禾政郡夫人　先妣稟性溫柔律己勤儉事上以

孝侍下以寬接姻族以和處閨門以肅不幸
先君蚤世嫠居謹守柏操甚堅惟延師教子期紹家聲孟寀侍
母游官入綴宗班未嘗不以承順爲先咸淳壬申冬得
旨特轉福州觀察使充　榮王園令奉　侍歸里以便　親養
暮景優游自謂可登上壽忽一夕呼孟寀來前曰吾衰矣勢必
不久復戒之曰忠孝勤儉爾家相傳之道爾宜遵守言未竟倏
然而逝人皆謂此生平好善之應母子相依俄頃永訣嗚呼痛
哉時咸淳癸酉十月一日也享年六十有七訃聞
度宗憫悼特輟視　朝錫腦氶秘器以斂頒内帑金以賻　恩
隆世母追封義國夫人綸誥有柔嘉有儀慈儉爲寶之褒其爲
哀榮可謂至矣男一人孟寀孫男二長由烈承節郎次道真尚
幼女四俱忍死以德祐乙亥正月一日奉柩葬于會稽五雲□
□鄉□□之原從　先志也葬日薄未暇乞銘於當世鉅筆姑
識歲月納諸幽孤哀子趙孟寀泣血謹誌
眷末中大夫直秘閣會稽縣開國男食邑二百戶趙時彌填

諱

附 近人題字二段

道光己酉六月江陰方可中得此石一角于禹陵北二里使人求諸河三日乃尋全石案夫人爲宋度宗世母葬應不薄今墓無可考矣石泐其姓諦視是虞非盧知紹興府事漢軍徐榮記 右正書二行在誌前

此刻雖五百餘年文中諸人妙是越州名賢可寶貴也己酉六月得此石因記可中注 右行書二行在誌後

宗滌樓先生恥躬堂文集跋宋保信軍節度使趙公與華妻義國夫人虞氏墓志自信郞葬昌源石傘峯而榮王園亦在其地義國夫人此志獨削所窆地名惟五雲二字約略可見當在秦望平水之間何以石沉塗山之下意必逆髡肆毒時趙氏子故匿其迹而磨去之與抑歲久侵失而然與片石幸存可與冬青同弔天水之裔盍求而歸諸己酉七月日跋

夢碧簃石言卷二終

夢碧簃石言卷三

會稽　顧燮光襟癯著

魏齊造象名稱之繁

元魏石刻以造象爲多書法亦極優美題名稱謂有非今人所能解者曩讀王述菴先生金石萃編中有北朝造像諸碑總論詳攷名稱足備金石家參攷茲節錄之論曰按造像立碑始於北魏迄於唐之中葉大抵所造者釋迦彌勒及觀音勢至爲多或刻山崖或刻碑石或造石窟或造佛龕或造浮圖其初不過刻石其後或施以金塗綵繪其形模之大小廣狹製作之精粗不等造像或稱一區（或作堰或作軀）或稱一堪（或作龕或作礁）其後乃稱一鋪造像必有記（記後或有銘頌）記後題名凡造像人自稱曰佛弟子正信佛弟子清信士清信女優婆塞優婆夷凡出資造像者曰像主副像主東西南北四面像主發心主都開光明主光明主天宮主南面北面上堪中堪像主檀越主大像主釋迦像主開明像主彌勒像主彌勒開明主觀世音像主无量壽佛主都大檀越都像主像齋主左右箱齋主造

塔者曰塔主造鐘者曰鐘主造浮圖者曰東面西面南面浮圖主造燈者曰登主（同燈）登明主世石主（未詳）勸化者曰化主教化主東西南北面化主左右箱化主都化主大都化主大化主都錄主坐主高坐主邑中助緣者曰邑主邑子邑師邑正左右箱邑正邑老邑胥（疑同胥）邑謂（疑同諝亦同胥）邑政（疑同正）邑義邑日（未詳）都邑忠正邑中正邑長鄉正邑平正鄉黨治律（並未詳）其寺職之稱曰和上比丘比丘尼都維那維那典錄典坐香火其名目之繁如此

魏劉根造象

劉根造象洛陽出土藏開封鄭清湖家視爲瓌寶雖重金不能得其片紙辛亥後以事陷獄有諷以獻石得免者鄭持璧碎身碎之說極堅獄解石存鄭仍無恙亦金石家之幸福矣定海方藥雨著校碑隨筆攷訂此石語焉不詳（校碑隨筆劉根卌一人造象記正書象前記十九行行十七字題名十七行前四行直行後作四列石不明所在未見著錄有摹刻宜審原拓首行饗滅字少損摹刻只泐及鉤筆而石花皆露鑿痕）范鼎卿先生藏有初出土拓本及複刻本校勘一過複本較原本廣約短三寸餘修約短三分餘（原本象前記十九行象後題名亦十九行蓋第十八行空第十九行

僅董珍二字又第十行下有馮□二字已泐馮字尚隱約可見複本題名祇十七行亦無董珍二字馮字亦不現其餘石花皆露鑿痕而方氏於題名不書明象後且不知有董珍二字未免疎漏矣范公此拓本係出土初拓本石之左方尚無跋語迨石歸鄭氏跋已磨去亦猶隋蘇孝慈誌以無跋爲最舊有跋文之磨跋又次之一石之攷證已如此況尚有複本之混雜其間乎蓋複本就所得舊石摹刻不嫌削足適屨之誚故圖象記題名三段均較原本縮小其精到處尚能亂真複本係鄺君禾農所摹刻售諸某國人亦得三百金至今汴垣覓一複本每紙亦需一元丙辰鄺君在輝縣又刻一本尺寸高廣悉如原刻書法酷似趙益甫先生爲魏造象中神品記駢文亦流麗特錄之洛陽有木刻本尤惡劣

夫水盡則影亡谷盈則響滅娑羅現北首之期負杖發山頹之歎物分以然理趣無爽故憂填戀道鑄真金以寫靈容目連慕德尅祝檀而圖聖像違顏儵忽尚或如斯況劉根等託於寘寘之中生於千載之下進不值鷲嶺初軒退未遇龍華寶駕而不豫殖微因心存祈向何以拔此昬壃遠邀三會樹因菩提者必資緣於善友入海求珍者亦憑導於水師故世王之愆藉耆婆而曉須達之倒假門神而悟由此而言自金剛以還未有不須友而成者也於此迭相奬動異心影附法義之衆遂至卌一人

有餘各竭己家珍并勸一切仰爲
皇帝　陛下　皇太后中宮眷屬士官僚庶法界有形敬造三
級塼浮圖一區籍此微因周滿世性慧波洪澍令一切含零悉
入智海學窮首楞究竟常果大誓莊嚴理无虛應十方淨覺現
爲我證
大魏正光五年歲次甲辰五月庚戌卅日己卯建訖
　佛弟子劉根卌一人等敬造刊記
中設刻繪佛像
侍中車騎大將軍儀同三司右衛將軍御史中尉領領左右武
陽縣開國公侯剛前將軍武衛將軍領細作令寧國伯伏乞寶
武衛將軍景明寺都將元衍
冠軍將軍中散大夫華林都將領左衛司馬孟永
浮圖主設永　㐌子劉昇王儁　郝神
浮圖主趙遵　張通成耕李遷
浮圖主劉根　吳奴　王㯷　儀延　韓苟

浮圖主祝顯　王明　王隆　田龜　耿洛

浮圖主邢昇　程傾　沮顯　朱達　黃和

浮圖主袁茂　李文　孟穎　卑周　王奇

浮圖主張纂　蔡雄　常起　王欽

浮圖主劉顯　綦檀　張臺　張老　伯儁

浮圖主趙貴　趙賓

齋主王道隆

唯那主劉根　□□

唯那主張纂

唯那潘伯年　□□　此行原拓本有馮字微顯

董珍　原拓本第十七行無字第十八行有此二字丙辰鄺氏第二刻本亦有此二字

梁山陽令陶遷造象

南朝石刻稀如星鳳造象尤罕曩見范鼎卿先生藏有梁大同四年山陽縣令陶遷造象正面據拓本高九寸餘廣七寸餘凡七行行七八九字不等側面已殘泐高九寸餘廣四寸餘凡四行行九字金石各書未著錄錄其文於下按此造象現藏山東圖書館

維大梁大同四年歲在戊午四月十八日冠英將軍西曹從事山陽縣令陶遷爲上父母亡兄敬造彌勒像一區若在三塗速令解脫若生人間王□（以上正面所刻）子孫永保捨身處身□與佛會願見世安隱願從心使一切衆生咸同斯願（以上側面所刻文中彌見兩字係別體）

周杜山威弟山藏合家敬造觀世音菩薩像銘

丙辰春日有自秦運石觀世音菩薩造象一具高今尺四尺餘像作立形圓容替月秀靨羞花雕刻至精無與倫比至洛陽車站經稅局扣留擬入存古閣以得某名人電始允外輸今此石像已在華盛頓博物院海外貞珉又增一種曷勝悵悵此像在秦爲余友閻甘園所得（甘園善書畫嗜金石所藏至富竟以此起家）石像已多殘損甘園善於修飾以善價售於上海來遠公司運至美洲石斷爲四復加修補所得之價十倍甘園當在洛時曾辛庵葉清如兩先生攝照全象今藝術蕞編所印即此本也銘在像後書體秀逸歐虞外別樹一幟洛陽上海均有拓本（在洛陽時曾葉二先生僱拓工各拓百數十紙）轉瞬已成星鳳余藏

有初拓本乃范鼎卿先生轉贈者范公跋云右造象新自陝西出土一賈人曰重值購得載之而南道經雒陽以古物輸出違禁存留縣署匝月旋有大力者緩頰復南運未知所在此爲在雒署時所拓余得其二以一貽鼎梅二兄共欣賞之

杜山威弟山藏合家敬造觀世音菩薩像銘正書高三尺四寸廣一尺四寸共十八行行四十字

觀世音菩薩像銘并序　　孝門杜崇道弟崇德弟延壽等

一心供養

原夫釋教之爲義也大矣哉至矣哉智識之不能名視聽之莫能及浩浩蕩蕩慈悲等於太虛窅窅寘寘喜捨逾於限量方便神力亘百億以聳禪枝種智難思暎大千而楊慧炬法齊法體非言所言者□爾其助聖辯雄證法雲之妙果傳持演化度有性之含靈成摩訶衍行次補缶覺位者卽觀世音菩薩□謂也分身百億歷无極以拯漂沉救苦萬端盡有緣而泛願桄娑婆大尊之主號曰本師兜率擁教之能發明神智所以此土稟性咸共歸依祈上善於生前搆虹梁於歿後弟子孝門上護軍杜

山威弟山藏等乘宿業之臣因寤將來之勝果達苦空□性宗
泯般若於波羅遂能敬造十一面觀世音像一區其□也光浮
焱采晗曨三界之中捧足之蓮花暉□九天之外璀璨瓔珞鏡衆
目以飛英隱暎奇姿皎清心而□禮白毫感物與善種於端襟
紺髮生慈啓福田於敬信上爲
聖神皇帝道化无窮鴻
基永保□爲七代父母法界蒼生及一切含靈乘是福力等逢
善友發菩提心一時共成佛其像也雖負石名堅□同於舍利
珍逾珣質不刊等於无身二鼠侵銷獨立之榮長守三灾息妒
津俗之患嘗存聖德自任中方不共僧祇孫秀沙劫彌隆乃爲
銘曰
毫暉皎宋紺采凝空三明發曜十方相同一音演妙六度響通
清信宿種仰鼠□風除禪雲嶺遣智王宮西方泒德東國陶恩
兜率垂化此土共尊弘慈罔際臣慧無垠智參佛門體道□分
功果浩汗非凡所論達已无嘗預胄虹梁栖神福崇冀遠業殃
壞貨敬施機巧騁長□茲翠琰相好殊方尊容端雅物莫之志

功德難名唯妙唯精大千溥燭百億齊明无始撥福有遇流英
三灾斂毒一實孤炏 淨智常用會理道成不住所造弃同蒭草
迴施一切供養三寶般若方便解礫煩惱逍遙自在彼岸壽孝
福運羣生等成佛道

大周而稱二季歲次辛卯九㊊戊□□七㊁甲戌河東縣
壽昌鄉孝門杜山威弟山藏合家敬造

寶漢齋藏真帖摹刻漢石八種

北平蔡氏廷賓於清道咸間倩郭鄢陵摹刻漢碑八種於石裴岑石經劉熊朱龜華山婁壽夏承王稚子闕名曰寶漢齋藏真帖各碑均附刻跋語惟朱龜碑無之且陰亦未刻字或未完之作也天津郭君駿卿嗜古富於收藏光緒十六年宦遊山左購得於曲阜農家拓工李石卯爲之介紹葦藏濬縣道口僑寓凡三十年未嘗氈拓乙卯秋日燮光訪古河朔因覓安陽西門豹祠漢殘石四種石在安陽縣學宮光緒間被人竊去近聞石在濟南某氏乙卯秋日范鼎卿先生在輝縣複刻數石模範僅具而已由濬宰吳君宜常寶煒光山縣人治有政聲亦嗜碑刻濬獲交郭君得覩藏石并跋朱龜碑後跋云右碑係據黃氏秋盦藏本複刻者泐處與小蓬萊閣金石文字相同攷此碑在宋時已重刻字畫古勁翁氏謂非宋以後

所能摹勒當作中平原刻觀黃氏藏本今已不易覯得此亦足攷見漢刻模範河朔漢刻僅存劉熊碑陰殘石此雖複刻彌足珍矣乙卯秋日訪古河朔郭君駿卿出示所藏寶漢齋帖屬跋此碑後謹誌左方以誌眼福至攷證是碑覃溪已詳言之矣丁巳春日跋

居停范公復爲總跋於後跋云天津郭君藏寶漢齋漢石摹本八種蓋北平蔡氏廷賓所摹刻而李氏從山左購得之者也夫漢石之存於世有日減無日增其石佚而拓本僅存則更如威鳳祥麟吉光片羽雖收藏家艱於一覯況爲尋常嗜古之士當泰西影印法未行中土以先求古金石文字佚而復傳惟雙鉤與摹本而已雙鉤便於鋟木摹本宜於上石二者各得其用若夫刻畫淺深石花漫蝕則雙鉤固不如摹本之得其真也是刻諸種雖神理難追而規橅粗具蓋摹刻難而摹刻漢石則又難之難者固未可以中郎虎賁相詡矣近今如石經劉熊朱龜華山諸碑皆已影印行世裴岑拓本亦非難得而婁壽夏承王稚子闕舊拓終未一遇亦未有影印以餉遺者尚賴是刻以存其面目則可寶愛爲何如耶河北漢刻最少安陽殘石四種曩爲妄人胠篋以去不可復得今所存者惟延津學宮新出土之劉熊碑陰片石耳郭君其寶此刻也固足爲祖石緜已墜之緒亦將爲河朔增古蹟之光矣紹興范壽銘跋是亦金石中一段文字因緣者矣

東陽何氏蘭亭

定武蘭亭原石久佚五字未損之本在元時已不易得攷求紙墨於肥瘦之間複本至百數十卷古今聚訟棼如亂絲而蘭亭幾無真面目矣東陽郭君子衡爲變言東陽縣東南四十里南上湖何姓家藏有定武蘭亭原石已裂爲三子孫分藏孟仲季三房如欲合拓定章洋二十

元至爲珍貴非彙聚不能氈拓傳本極稀是蘭亭真本尚在人間與河朔漢劉熊碑陰經予訪得同一愉快訪古搜討之功烏可緩哉戊午仲春郭君旋里以拓本郵示雋逸迥異俗本並何氏士英

原跋 王明清揮麈錄云薛紹彭既易定武石刊爲祐陵取入靖康之變藏御府者殆無遺物而此石獨留宗汝霖爲留守見之緘以馳進高宗駐蹕維揚置諸左右踰月兵至既渡江遂失此石及向予固爲揚帥令冥搜之竟不獲余承乏兩淮漕使寔治維揚石塔寺者古之木蘭院也寺僧浚井得蘭亭本缺其一角字多剝落其紹彭所易高宗所失者歟昔黃庭堅與周子發游荊得名本蘭亭意唐時臨仿多有存者南宋悅生堂禊帖廖瑩中參定武諸本命工王用和勒石幾至數千餘匣余幸得諸未渡江以前者計中間遺失凡三百有二年朝廷寵賜臣已身受之許一片石以遺予孫尚世守之勿棄諸榛莽可也正統丙辰季夏望日何士英自識

暨張元忭序何氏家藏石刻蘭亭文 歲壬辰何君靜虛自婺來京持定武石刊蘭亭屬余紀巔末因言曰永和九年三月三日王逸少輩四十二人修禊事揮毫製記乘醉而書若有神助秘藏於家塾凡七傳陳天嘉中爲僧智永所得太建中以獻之宣帝隋平陳又獻之晉王廣廣匆之寶歸於僧智智果智果傳弟子辨才藏寢室之梁下唐太宗好二王書法使歐陽詢求得之詔虞褚輩臨本賜諸藩而真本殉葬昭陵高宗以歐陽詢臨本易之詔留真本於內帑祿山內亂六御蒙塵郭令公得之至德初馳進靈武石晉末德光掠而北至殺虎林中原兵振德光逃歸因棄此石慶曆時李某得之宋仁宗以帑金輸置宮命薛師正監守師正翻刻贋本貯庫中而真本命子紹彭竊負歸紹彭得之刻損天流帶右四字暗記其真爲大觀時蔡京頗覺之矯詔索取紹彭子嗣昌不能隱進於宣和殿汴梁失宗汝霖爲留守得之越明年匣進行在康王置諸座右以搨本待有功者金

兵入天長高宗倉卒渡江命內臣投於石塔寺之井中臣庶不知也東陽一白公何士英歷事五朝既南還圖書藥爐外無長物也天子每稱公爲天下清官第一當轉運時於石塔寺中得此石時爲都運公所得豈公上宣主德下達民情而清風高節饜天心故以此石報公耶若夫機勢之飛揚骨力之古勁名公鉅卿言之詳矣奚俟余言奚俟余言賜進士及第翰林院修撰山陰張元忭撰

公匣至京師 章皇帝詔賜攜歸噫此石自唐迄今千有餘載今

二篇記何氏得蘭亭原石綦詳茲取東陽縣志證之信而有徵蓋何氏士英明永樂間爲兩淮運使得之於揚州石塔寺井中攜回東陽萬歷間邑令黃文炳就觀既畢納諸輿何氏子孫遮道喧聚輿不獲前黃投諸地石裂爲三士英長子澂號靜虛子孫分藏之集古求真云東陽本又稱何氏本明正德四年揚州僧發地得二石運司何士英截齊合之爲一前十八行石理細後十一行石理粗後石首欣俛一行與前石重出故止作十行萬歷間邑令强奪之致斷爲五按何士英本亦見於楊文貞集决非正德時出土矣燮光按歐陽棠丞所云後十一行與正德四年及石裂爲五均有微誤甚矣攷證之難也按明人最重帖學此石以僻藏東陽得免豪奪世無蕭翼孰能賺之阮氏修兩浙金石志竟未列入知天壤瓌寶湮沒者多豈獨蘭亭已哉

高君欣木云何氏蘭亭以後無一白堂三字拓本者爲最佳今已不易覓矣

附郭君子衡所繪蘭亭原石圖係戊午三月郭君回東陽縣向何氏仲房親觀原石時所繪

石之正面

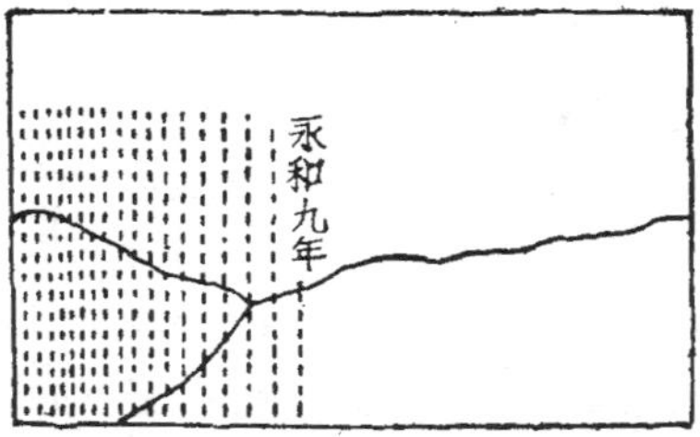

凡十八行永和九年起至以爲陳迹猶不止

石之反面

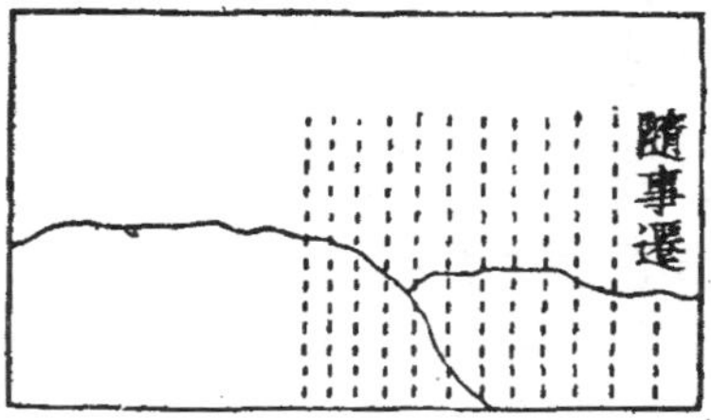

凡十二行隨事遷起至有感斯文止

汝帖

載帖至汝斯爲下乘東觀餘論及弇州山人稿譏之誠是然宋南渡以前帖有六種其後模刻益多澹化絳潭泉各帖原石久燬尚

有一二片石存者僅此汝帖而已雖其中眞僞雜見摹刻均劣猶足見宋時各帖模範至今日亦當康瓠之是寶矣原石今存臨汝縣署花園東牆順治間觀察范承祖綴拾殘石修輯移置得復舊觀歲久剝落已無遺跡道光壬寅州牧白明義購舊拓補刻八石構室藏之汝帖遂成完本所作跋語言之綦詳跋云格古要論云汝帖十二卷摘諸帖字合而爲之金石錄云汝帖十二石並無改摹者舊藏汝之望嵩樓明季頻遭兵燹雜瓦礫中國朝順治間范承祖綴拾殘碣益以詩跋增二石修輯爲十四刻移置署左寅賓館壁剝落日久殆無遺跡道光六年州牧董大醇擇略可辨識者四石從寅賓館復移署西室壁顏曰存古以名軒焉歲戊戌予來牧是邦公餘搜古見壁所存者又漫漶不復識惟范君附刻詩跋目錄字少完整輒感慨係之嗣購古雒故家藏本依舊十二刻其爲范君修輯前原搨無疑也予方纂州乘事竣適有工石刻者囑依原本字畫存缺鈎摹勒石兩載告成就存古軒左構室藏之前朝古物不終湮沒文字之刼不終墮一二好古之士不終患留遺者之寖無考亦數也予固不敢居是功云道光壬寅孟秋三韓白明義謹誌

羅尗蘊先生唐風樓金石文字跋尾清儀閣藏宋本汝帖殘卷跋歐陽棠丞集古求眞所云均足以資印證汝帖殘本存第二三四五六八九十十一十二卷失第一第七兩卷張叔未先生舊藏冊首有叔未先生題識曰汝帖原刻宋拓海昌峴上陳帶溪秀才文通歸來價銀十餅廷濟二十五字同治丁卯歸南匯沈氏上有均初先生題籤考此帖有原本複本兩石汝州志言原石舊在望嵩樓後樓燬瘞馬廄中積數十年成化中廄有光怪石因再出六研齋隨筆云萬歷壬子在汝州署見此石橫

陳於禮房以搨多石有裂紋字皆磨泐中州金石攷謂明末寇亂殘缺順治七年巡道范承祖搜輯置道署增十三十四兩卷似謂僅十三十四兩卷為後人增刊不云別有複本今考此本墨黑如漆剝泐處尚少當是原刻元末明初所拓叔未先生題為宋拓又跋話雨樓本云真宋拓用墨極重墨光可鑑玉意此未必確但此是原石實無疑耳近流傳者皆係重刻本亦遜體剝泐不知為何時所刻又曾見原石本紙墨約二百餘年前拓者則較此本漫漶為甚然則此本為元末明初拓審矣若是宋拓不應在當時已有損泐也予於此本外更有殘本二冊其一存卷與此同其一缺第十二卷均墨光可鑑與此本是同時所拓又有原石全帙則似較此本略後數十年然亦是明代入土時拓本也李竹嬾時已難得善本予乃先後得四本古福可謂後矣又何必如叔未先生必題以宋拓始足驕人哉羅振玉跋

集古求真云汝帖大觀中汝州守王寀雜採皇頡至郭忠恕書刻石置郡廨之坐嘯堂分為十二卷取於閣絳諸帖者不過十之一二集古碑古刻中字託名為某人書者為多又以一帖省其文別為一帖又有非帖而強名為帖者每卷末題云右三代金石八種汝刻一右秦漢三國刻石五種汝刻二右晉宋齊梁陳五朝帝王書三十行汝刻三右魏晉九人書四十八行汝刻四右晉渡江三家十七帖四十八行汝刻五右二王帖并洛神賦汝刻六右南朝十臣書汝刻七右北朝胡臣十二書汝刻八右唐三朝帝后四書汝刻九右歐虞褚薛書汝刻十右唐六臣書汝刻十一右唐迄五代諸國七人書二百六十字汝刻十二末有寀題記一百廿八字每卷後有汝州之印方眾甫汝志云舊有望嵩樓四壁皆嵌帖石後因樓燬瘞之馬廄成化中廄有光怪馬數夜驚因掘出之置州吏舍孫退谷云崇禎時石猶完好順治七年巡道范承祖移置道署又增十三十四兩卷為范及許文秀等購汝帖說記詩跋其石至今猶存但失去輔道題記且多剝落其中割取州輔碑字為蔡邕書割取弔比干文字為崔浩書當時黃長睿已深致譏誚後人亦多訾議其駁雜摭拾不勝枚舉彙帖之中實為下駟今古刻日亡而此帖獨存則昔賢所棄者

未必非來哲所寶過而存之亦好古者所不能廢汝帖之尚存天壤白氏之功不可沒也

石刻之前知

術數讖緯之學在虛無縹緲之間附會者於金石文字亦神妙其說若爲信有其事是可惑矣兩浙金石記云晉保母磚云後八百餘載知獻之保母宮於茲土墓磚之出實八百三十八年獻之前知異哉臨桂況夔笙先生蕙風簃隨筆云唐賈夫人墓志末一行云後一千三百年爲劉黃頭所發道光初元氏縣人劉黃頭墾地得此碑李輔光墓志銘末云水竭原遷斯文乃傳某年涇河南岸崩壅水絶流三日是碣適出考古者因謂唐人術數至精按賈夫人之葬爲建中二年距道光才及千年錢儀吉跋辯之唯劉黃頭之名乃巧合耳夷堅志云昭州郡圃有亭曰天繪郡守李丕以犯金年號易之曰清暉後眂積壤中有片石刻云予擇勝得此亭名曰天繪取其景物自然也後某年月日當有易名清暉者爲一笑此與前兩事相類又池上草堂筆記錢梅溪曰秦磬莊都轉購得族中舊第土中掘一小碣上有字曰得隆慶失隆慶後攷此宅建於前明隆慶初年其售與秦家以清乾隆六

十年立議嘉慶元年交割故前爲得隆慶後爲失隆慶也錢梅溪履園叢話云嘉慶元年吾鄉秦蓉莊都轉購得族中舊第曰寶仁堂土中掘得一小碣上有六字曰得隆慶失隆慶詢此屋蓋建於明隆慶初年至乾隆六十年冬始行立議嘉慶元年交價故曰失隆慶也亦奇矣哉則是明人猶精此術矣方氏彥聞河南縣志云唐范夫人墓志銘中有長夜窮泉兮一閉千年句此志於乾隆二十七年出土距唐天寶三載恰符千年之數銘曰一閉千年遂爲讖語又適於道光三年搜采入志歲次亦在甲申蓋甲子十八周矣脗合之奇亦非偶然羅氏叔蘊隨趙洪專誌跋云誌有千七百年爲樂受所發語與董穆墓誌末記爲張大安所發唐李君妻賈氏墓誌一千三百年爲劉黃頭所發語正相似賈誌以道光三年出土上距唐建中二年計千又四十三年今此專自開皇己酉至今適得二十二己酉計一千三百二十年亦不合七百年之數意此等乃當時好奇者隨意妄書非真有先知之術也又汲縣新出土唐天寶二年正月李宗墓誌末記葬後一千七百年有張大安所發年數亦不符

夢碧簃石言卷二終

夢碧簃石言卷四

伊闕龍門魏造象

會稽　顧燮光襆癯著

洛陽伊闕夙稱名勝元魏之季摩崖造佛以億萬計書體優美雕刻精燦爲五洲美術之冠雖以歐趙之博雅著錄各刻均語焉未詳蓋宋以前書家趨重南宗不復注意於此清乾嘉以後金石家輩出羣知北碑可寶溯源魏齊伊闕龍門各刻始大顯於世有二十品五十品五五百種之目然皆碑估所爲種類亦互有出入其實造象之記遍於山麓得辨文字者約二千種焉常熟曾辛庵先生風雅好古富於收藏丙辰官洛陽知事自出俸錢覓工徧拓伊闕各刻讀其呈省長之文知龍門之佛象大小完損共計九萬七千三百零六尊可謂極宙合之奇觀矣查龍門山及伊水東西兩岸所列石佛二十餘處其以景名者如潛溪寺鑼鼓洞蓮花洞等是也其以事名者如景陽洞齋佛堂敬愛寺藥方洞擂鼓洞等是也他如路塸者爲修路之人曾居此塸也又如王相塸老君洞則是以神名者也其破塸大洞皆因其形而名之其爲唐則天后所建者曰九間房亦名奉仙寺惜久坍塌寺內外皆有佛像或間以蓮花其佛像或坐或立或喜或怒或如涉冥想或昂首遙望形狀不一雕琢精緻其刻工大都出於魏代歷齊隋及唐宋世有作

者至像偉大最生動者莫如奉仙寺之造像其頂寬可以橫臥一人而有餘其脛則一人抱之而猶不足他如身高一二寸者幾觸目皆是大石佛間有破壞者概係年久石泐迨上年兵燹之時忽有無賴之人竊去佛首及半身者則爲五六尺高像者居多而播鼓寺石壁竟失去全身二十五尊斧鑿顯然良以地僻人罕守護不易也實計完全大佛有四百七十六尊破者有一百八十尊完全小佛有八萬九千三百七十五尊破者有七千二百七十五尊合計有九萬七千三百零六尊其間刻字在佛身佛座暨壁岸者錯落參差苔蘚密佈一時未易查悉尚待續考 至所列造象數目表亦極明晰並坿於後

伊闕龍門山等處造象數目表

造像所在地		石佛之大者	石佛之大而破者	石佛之小者	石佛之小而破者	石佛之在門外者	其他	備考
龍門山	潛溪寺	七		一六〇			門外二區 一九〇	俗訛欠喜寺
	正賓陽洞	一一				二		
	左賓陽洞	一〇				二	門外小佛五區 五五二	
	右賓陽洞	四五		五二五	三〇一			
	齋佛堂	三二	四二	二五〇	一九〇			
	景陽寺		六					
	敬愛寺	四三		一五三八	四五二	二		俗名敬山
	鑼鼓洞	四						

伊水

萬佛洞	一九		一五二二五	一〇五		
龍窩			三〇五	一二〇		
大洞	二七		四一二	二二三		
千佛洞	一一	八	一三七〇	一三〇		俗名雙塔
老龍洞	二〇		一〇九一八	三三一		
蓮花洞	一一		←一九〇	三二四		
龍門洞	六		五七〇	四二五		俗名四扭溪
破塔	二〇		一三二〇	四八〇		
位子塔	三	四				
位子南塔	六		二〇九二	三〇七		
奉仙寺	二五	二三	四八	五五		俗名九間房
老君洞	三	一九	一〇四三五	一二五		
王相塔	一		三一〇	一四〇		
藥方塔	一〇		四一五	一三〇		
火燒塔	八		五九〇	一一〇		

岸別								
西岸	路邊破塔	三	一四	五五				
	石窟寺	一四	一九	一〇九	一五〇			
	大路崖		一〇					
	清明寺	二四		二三四〇	五六〇			
伊水東岸	龍化寺		七	三〇〇				
	擂鼓寺	二三	二三	三七七二八	二五九三			
	乾元溝北岸	一七	一一	五七				
	看經寺	五三	三	三六六				
	香山寺山路旁			五				
	總計	四七六	一八〇	八八六三三	七二五〇	六	七四二	

洛陽縣龍門山魏造像題記五十品目錄表

時代	造像人姓名暨題記	年月	所在地
北魏	長樂王丘穆陵亮夫人尉遲造像記	太和十九年十一月	老君洞
北魏	北海王元詳造像記	太和廿二年九月	老君洞
北魏	鄭長猷造像記	景明二年九月	老君洞

北魏	高樹等卅二人造像記	景明三年五月	老君洞
北魏	廣川王賀蘭汗造像記	景明三年八月	老君洞
北魏	廣川王祖母太妃侯造像記	景明四年十月	老君洞
北魏	安定王元爕造像記	正始四年	老君洞
北魏	比丘尼慈香造像記	神龜三年	路　窰
北魏	北海王國太妃高造像記	無年月	老君洞
北魏	比丘道匠造像記	無年月	老君洞
北魏	孫秋生等造像記	景明三年	老君洞
北魏	一弗造像記	太和廿年	老君洞
北魏	洛州刺史始平公造像記	太和廿二年九月	老君洞
北魏	司馬解伯達造像記	太和年	老君洞
北魏	比丘惠感造像記	景明三年五月	老君洞
北魏	馬振拜造像記	景明四年八月	老君洞
北魏	比丘法生造像記	景明四年十二月	老君洞
北魏	齊郡王祐造像記	熙平二年七月	老君洞

北魏	仇池楊大眼造像記	無年月	老君洞
北魏	魏靈藏等造像記	無年月	老君洞
北魏	高楚造像記	太和廿二年二月	老君洞
北魏	尹愛姜造像記	景明三年六月	老君洞
北魏	高思朔造像記	正始元年十二月	老君洞
北魏	宮內仳大監黨法端造像記	正始三年三月	老君洞
北魏	比丘惠智造像記	永平三年十一月	老君洞
北魏	華州刺史安定王造像記	永平四年十月	老君洞
北魏	仙和寺尼僧道晗造像記	永平四年十月	老君洞
北魏	涇州刺史齊郡王祐后造像記	熙平二年七月	老君洞外
北魏	邑師惠暢造像記	神龜元年六月	老君洞
北魏	趙阿歡造像記	神龜三年六月	老君洞
北魏	清信女十六人造像記	正光二年十一月	老君洞
北魏	王永安造像記	正光三年七月	火燒窰
北魏	蘇胡仁造像記	正光六年	蓮花洞

北魏	宋景妃造像記	孝昌三年四月	蓮花洞
北魏	比丘法恩造像記	孝昌三年五月	蓮花洞
北魏	景維寺沙門曇僉造像記	武泰元年四月	蓮花洞
北魏	沙門惠詥弟李興造像記	建義元年七月	蓮花洞
北魏	比丘靜度造像記	普泰二年潤月	蓮花洞
北魏	廿餘人造像記	永熙二年八月	蓮花洞
北魏	鼉天意造像記	無年月	老君洞
北魏	比丘法勝造像記	無年月	老君洞
北魏	比丘惠敦造像記	無年月	老君洞
北魏	尼僧道道安法造像記	無年月	老君洞
北魏	魏桃樹造像記	無年月	老君洞
北魏	强弩將軍趙振造像記	無年月	老君洞
北魏	國學官令臣平乾虎造像記	無年月	老君洞
北魏	劉元醜造像記	無年月	老君洞
北魏	李敬任伯恭等造像記	無年月	老君洞

北魏　法盛二人造像記　無年月　蓮花洞

北魏　多心經一卷　無年月　蓮花洞

已上造像記五十品俗拓尚有優填王造像記一種審係唐刻絕非魏體因選馬振拜造像記補之按曾氏編目年次前後參差未知何故茲姑仍之又曾氏呈省長文云龍門佛象大小完損之數與所編造象數目表列數微有不符未知歧誤所在姑兩存之

按言龍門造象之詳者無過曾氏如所編五十品目錄跋語亦足以資參攷曾氏跋語云按洛陽為九朝都會金石淵藪而龍門山距縣城二十五里名曰伊闕伊水出其下占山水之勝魏隋之代親貴勳戚多在此間建築園林臺館並鑿險鎚幽雕琢佛像冀邀幸福一時佞佛成風歷唐及宋不衰其中書法之精良尤以北魏為最所刻佛像彌崖滿谷奚啻百千而其大者均有題記每在山洞高處不易捶拓以故碑估所攜者僅有二十品且或攙以唐刻間多贋品識者慊之余於乙卯七月由新移洛即思往拓適因天時多雨中止迨至十月始建工搭木為架裹粮燃燈在蓮花各洞洞頂最高之處陸續選得一魏刻像記最佳者二十八品復於老君洞洞外搜有齊郡王造像一品毀垣出之又益以無年月之多心經竟得三十品合之前從拓本為五十品命工精拓以餉世之嗜古者云乙卯十二月六日洛陽縣知事常熟辛庵曾炳章志

其餘如徐氏霞客遊記韓氏隨軺日記西人馬古密致外交部函皆有遊記龍門之作擇要節錄於下徐霞客遊記云由密縣西南行五十里山岡忽斷即伊闕也伊水南來經其下深可浮數石舟伊闕連岡橫亘水上編木橋渡之而西崖更危聳一山皆劈為崖滿崖鐫佛其上大洞數

十高皆數十丈大洞外峭崖直入山頂頂俱刻小洞洞俱刻佛其內雖尺寸之層無不滿者望之不可數計洞左泉自山流下匯爲方池餘瀉入伊川山高不及百丈而清流淙淙不絕爲此地所難韓氏紫石隨軺日記云洛郡南二十五里有伊闕境頗勝適爲赴汝經行之處使者擬假榻是山以曠覽其概同儕喜不自禁辰起出南門渡洛水洛出秦之冢嶺山行千七十里至鞏縣入河由郡南而東性甚溫雖冬不冰蓋其北連山以障北風故謂之溫洛逾洛十許里過闕陵爲壯繆瘞首處下車謁之殿宇崇閎遺像亦英俊不凡入後瞻其墓古柏千餘株蔚然深秀陵前碑碣林立不及細讀返之前門瞥見雙峯插雲劃然中間是爲伊闕闕外爲三塗闕東爲嵩岳其西直接宜陽諸峯古謂洛處澗瀍之中天地交會扼形勢之要洵然攬轡遽發瞬覩伊川循流南行不數武山勢突起峯腰飛瀑直注聲濺濺若瑟筑車過其下珠璣噴落襟袂間舍車徒行至山半抵一寺入門東室三楹俯瞰清渡意爲之遠余假榻南軒北即使者駐節處也軒後小院一勢不甚廣其西皆石壁穴石爲屋素爲禪寮今以棲從者北室則同幕所居部署甫定即出游一路亂石崢嶸左臨伊流愈形險峻循山足而南清泉迸流皆從石罅中出石龕大小不一中皆有佛旁暨羅漢香案之屬亦鑿石爲之其大者如殿宇門闌悉具高百尺寬廣足容數十人小者不盈尺所刻佛無異也四周及頂或有字多北魏時鐫即世傳龍門碑低處非佳者如始平公孫秋生等碑皆在巔頂或峯腰摩崖爲之古趣橫溢洵可寶貴唐刻無大幅然多於魏在洛見百十種悉當時求福者所爲史稱魏景明初遣宦者鑿二佛龕於此其後宦者劉勝復鑿一龕皆高百尺工費數百所見石室均其遺址其後踵行者多故石佛如恆河沙遂不可以數計自佛氏以因果導人世爲所惑者衆其勢至於闢山鑿石舉國若狂亦可想拓拔氏之不國矣隔岸一峯蒼然屋宇鱗次云香山讀書處伊水西南來兩山東之流急如駛直抵偃師與洛會龜緖之勝無逾是也顧景范謂此禹鑿以通水信乎神工之偉焉萬國文藝會祕書馬古密致外交部保存中國古物函云中國在世界上爲最美及最貴

重古物出產地且就中國古物論當以龍門古物爲最可寶貴其地有古城遺址爲上古最精麗都會厥名洛陽今則迹幾盡滅試觀所存少數古物足徵古時財力之富技藝之精卽龍門各物亦有被燬者其地有大小穴室及中字其等差自小牆窟起至二三百尺長一百尺高之大廟裝飾精美在中國爲第一尚有數種繪畫之品係傳自唐代設色極古雅歐美著名古物學家已遊歷龍門者並著有論說轄望納者法國之中國學家已將龍門古物詳加論記艾思河夫人與亞洲會雜志著有描寫龍門之文其餘各處雖有古物足供研究然以富大言之無可與龍門相比按馬古密原函譯筆冗長茲刪節錄之其劉氏燕庭之遊龍門記戊午春在滬見張君菊生所得燕庭先生天下金石苑鈔本內龍門造象千餘種均繪圖釋文至爲精審延臨桂況夔笙先生校勘未知何時出版南陵徐君積餘藏有鈔本霍邱裴氏伯謙河海崑崙錄亦有遊伊闕日記焉洛陽存古閣藏有道光間馬氏所編洛陽存古錄編列龍門造像目錄由北魏迄唐開元間止祇六百餘種較今所得僅及三分之一耳

直隸磁州魏齊各刻

魏高盛高翻二碑近年在磁州出土羅氏振玉唐風樓金石文跋尾云出彰德殆誤高盛在磁州縣署西花廳圓亭下高翻碑在文廟明倫堂丹徒陳邦福古器物圖說云曲阜黃碑賈來云魏高盛碑光緒八年直隸磁州出土當時弗加意焉後汶上徐碑賈復携拓本求定碑末載一跋云盆生之名魏志无徵觀其學行梗槩要自彪炳一時惜乎碑斷文缺不足補史缺而廣宗德也甲寅立秋日宗胄世異識於磁署據此可証黃說不謬近唐風樓金石文字跋尾謂此碑出彰德府說殆失之又天保六年乙亥殘碑碑陰有字亦乙方書

體與高翻相近攷訂者稱爲高藩碑金石各書胥未著錄又勸學所藏有近年新出土魏齊墓誌九種魏華山王妃公孫氏正書天平四年七月司空公張滿篆蓋銘正書天平四年十一月魏華山王元鷙正書興和三年十月伏波將軍諸治令侯海篆蓋銘正書武定二年十月安豐王妃馮氏分書武定六年十月侍中司空吳郡王蕭正表篆蓋銘分書武定八年二月齊是連公妻邢夫人篆蓋銘正書皇建二年十一月大尉府墨曹參軍梁伽耶正書河清四年二月西陽王徐之才篆蓋銘正書武平三年十一月書體以張滿元鷙二誌爲最佳近因學費支絀各石均已出售搜求拓本已等吉光上海神州國光社出售磁州魏齊墓誌八種拓片無元鷙夫婦及安豐王妃而雜王紹梁子彥二誌於中不倫甚矣按王紹石在開封梁子彥石在安陽至丁巳年新出土如元悰分書武定元年三月元顯正書詞分書武定二年八月元均正書武定二年八月廣陽文獻王正書武定二年八月文獻王妃王氏正書武定二年八月東安王太妃正書武定五年五月文宣王文靜馮太妃正書武定五年十一月樂陵王高百年正書河清三年三月妃斛律氏正書河清三年三月高建及其妻王氏正書一天保六年四月一武平四年十月或爲桓桓者所據磁州近年出土誌石必某界人得重價方能出售或爲京估所得如樂陵王夫婦高建夫婦初歸北京德古齋後歸羅卡言元顯元均文獻王夫婦東安王太妃文宣王太妃六誌石旋歸安陽古蹟保存所搜金太尉掘墓中郎倚

古物爲利藪是可惆矣磁州漳河北岸古冢纍纍俗傳爲魏武疑冢其實皆東魏高齊王公之墓以近年所發現誌石證之信而有徵繆藝風年伯云曹操疑冢決無此事宋時已出一北齊公主碑如口外之木簡宋人紀載亦有之

鞏縣石窟寺

石窟寺在鞏縣城西北五里許洛河北岸大力山下地名市灣按諸碑刻寺原名十方淨土石窟寺現已改爲學校唐幢宋碑金牒尚存魏齊隋唐所造佛象遍山麓已多磨泐寺後依山鑿石窟三大如室中垂方石柱廣四尺餘四面刻佛象每尊高三四尺極精緻窟內四牆砌小佛無數門內左右砌執鹵簿古衣冠伎樂人物石刻十餘方廣三尺餘修半之皆北朝時鏤刻品也西人游至此出價二千金購之已有成議因歐戰中止余於乙卯夏五月往遊適天陰雨匆匆而返孫氏寰宇訪碑錄著錄石窟寺北朝造象凡數十種想當無恙葉鞠裳先生語石云鞏縣濱河鄭州之役石窟寺淪於水廠估一王姓者曾至其地云平津著錄之兩經幢及唐造象並入蛟鼉之窟矣徵以余遊此說已係傳聞之訛函告先生亦爲大快葉先生覆書云石窟寺造象都門聞一碑匠云沈於水然山谷摩崖似非蛟鼉所能齧弟往來秦晉雍涼間所見造象年月題字即在象

下今尚偏山麓或爲苔蘚所蝕甃蠟重游盍再訪之已佚者或猶可出也讀武虛谷先生授堂文集游鞏縣石窟寺記日本大村西崖所著支那美術雕塑篇此書約百餘萬言對於吾華雕塑各古物條分縷晰攷訂極詳附圖凡九百七十八可謂極美術之大觀其所依據金石各書外則羅君尗蘊平子君（未詳關野博士收藏拓本亦著錄及之搜輯之功可謂勤矣惟吾華尚無譯本爲可惜耳石窟寺記內記摩崖造象計魏四種齊八種唐三十種而近年內務部所編河南古物調查表此表由內務部檄飭各縣調查大部假手胥吏按縣志填列其真能調查者百無一二所謂告朔餼羊而已所列鞏縣摩崖造象計魏四種齊八種唐十七種五代二種均足以資攷證至所記造象碑與戊午冬拓工孫泰安所拓則互有出入壬戌癸亥間河南設局續修通志遣工大肆搜剔凡沙壅土埋者咸拓之共得一百二十餘種較孫拓倍之咸錄於後備金石家參攷焉

記曰余游石窟寺得唐宋碑刻年月書撰可識者凡五最後迤殿之東偏尋觀石壁又折而西壁皆人力鑿龕洞然深越其龕之大以丈計者有三傍崖稍用剷治輒畫區布界地鑿象者若于題年月日者又莫能殫記焉其有題普泰元年歲次⿰氵辛⿰氵亥比邱某起造聖像普泰魏節閔帝號也辛亥字從水當時僞體字

如是或亦因魏氏水運興故也然帝以辛亥二月爲爾朱兆所立越明年而遂廢矣五月十四日造石像一區東魏孝靜帝建元天平也大統四年二月二十六日造像一堰則爲文帝所改元也又天平三年不記月日者一天平三年書三月壬寅朔三日者一天統七年四月者一天統元年三月者一天統齊溫公緯也河清三年四月者一齊世祖湛也天保二年四月者有三三月者一題許昌郡中正都督府長史字可尋又二月者一六月者二又九年六月者一唐龍朔元年四月八日者一下有鞏縣河濱鄉楊造石像字三年五月者一二年歲次壬戌五月己丑二十八日景辰者一乾符二年八月十日者一總章元年四月二日者一下李光嗣名存咸亨元年五月者一三年十月者一乾封三年者二久視元年六月者一延載元年八月者一咸通八年六月二月者又各有一往者余走四川覩朝天關下瞰江水石壁嶄立積龕無數皆雕鐫佛像形模大小莊嚴悉備于時捨陸就舟水迅不得泊視爲憾也近復聞山西大同城西三

十里雲岡堡巖上亦刻佛像與此窟略似而洛陽伊闕最爲宇内鉅觀以故崖間凡有昔之題記往往爲世所覩今石窟寺僻遠人跡罕所尋歷而余以居閒無事得寓目焉又嘆著錄佚而不書雖近如府縣志亦失載於以嘆其久湮而迹不彰也魏書宣武帝景明元年詔大長秋白整準大京靈巖寺石窟於雒南伊闕山爲高祖文昭皇太后營石窟二所攷此石壁之西金建某像塔記有洛陽郭仁文已云自後魏宣帝景明開鑿爲窟刻千萬佛像則信爲宣武營治矣然史獨不詳此或亦有所漏與時與余偕者杜君雲喬焦君萬年夜同宿寺僧舍匆迫書之時爲丙午歲三月之二十八日也授堂文集

鞏縣石窟寺記

日本　大村西崖著

會稽　顧燮光譯意

石窟寺在鞏縣東南大力山後地當洛河之濱黃河繞其南爲鞏縣八景之一見乾隆二十四年所立石窟寺重修金像碑文中石窟晚鐘爲鞏縣八景之一初名淨

土寺後魏景明間鑿石爲佛像大小以千萬計見明弘治七年重修大力山石窟寺十方淨土禪寺記與洛陽伊闕之賓陽蓮花等洞次第造成像銘以普泰元年爲最古各石洞皆南向居東者三而居西一洞尤大洞之東又一小洞第五百廿七圖以下鞏石窟平面圖從平子君手簿取得其間外崖刻大佛像左右夾侍菩薩及神王第五百三十一圖平子君寫真貌極奇怪大洞之西外崖亦刻大菩薩焉洞中央第五百廿八圖造成方柱如天蓋形式與日本法隆寺金堂同四面均佛象夾侍以菩薩東西北三面石壁上作天蓋形下造千佛象第五百三十二圖斷片市村博士藏十五段凡五十八行其下層則各佛象四龕第五百三十三圖之一部關野博士寫真西龕爲涅槃佛東龕作佛菩薩對坐式係後世補修第五百三十三圖龕下雕伎樂天女鬼獸等形亦奇異洞門內壁之左右則雕禮拜行列式第五百三十四圖一部平子寫真居東第一洞第五百二十九圖外崖爲魏齊唐代造像洞內三面壁東西北各雕佛像五尊當陽之龕上更作五小龕左右龕兩側各刻天女洞口內外壁外雕神王門內雕菩薩各一軀第二洞中央石柱四面各雕佛三尊上有天蓋形如大洞制石壁三面惟中央

佛一龕餘均雕千佛其下作天龍伎樂鬼形等像第三洞形式與第二洞同中央石柱四面造佛像五尊石壁所雕千佛與大洞異攷諸洞佛象形式與伊闕古陽洞神龜正光以下相同外崖之大佛與伊闕蓮花洞之本尊（第五百三十五圖第三洞壁上一龕平子君寫真以上石窟之記載多從同君手簿取得）近似魏時窟龕摩崖造象之盛真令人驚美矣

淨土寺石窟造象目錄

天平二年造象

天平三年歲在丙辰三月壬寅朔三日甲辰幽州北平人楊□□□□□□□□造觀世音一區二菩薩□□□□爲一切邊地終生□□上爲忘父母弟妹妻子眷屬并身願忘者託生西方妙洛國土現在得灾□消除業彰永盡值善知識終緣□□□□□同□（在第一洞口東側左方刻供養二人右方刻一人銘中終爲衆忘爲亡洛爲樂皆借字據平子君手簿及關野博士拓本）

開□□种休羅顛□心□問一知十

清信仏弟子种休羅供養

天平三年歲次丙辰四月十五日清信士佛弟子在第一洞口東側關
野博士拓本
天平三年歲次丙辰三月壬寅朔三日所在同前孫氏寰宇訪碑錄凡四種
長安縣張道家人劉典生造象　顯慶□□□七月十日金石目四
天保二年二月造象
天保二年三月造象
天保二年四月造象計四種
天保二年六月造象
天保九年造象
河清三年四月造象
天統元年三月造象
天統七年四月造象以上訪碑錄
龍朔元年四月造象訪碑錄三
夫曰果之本依釋氏以爲基名教潛敷濟度長者矣粤以大
唐龍朔二年歲次壬戌五月己丑朔廿八日景辰佛弟子

魏處旻仰爲亡孝積善無徵早從□□見存慈母身帶沉痾□弟文寬憂患多□旻等歸欽上聖遂磬家珍敬造彌陁像一龕□使煩籠解脫福慶緣身同履妙因咸登正覺羅君拓本爲彌勒坐像左右爲聲聞菩薩神王侍衞等又刻供養者七人佛前爲香爐銘上刻眷屬人名十四第七百五十六圖平子君手簿

大唐龍朔三年五月七日比丘僧法秤敬造釋迦牟尼佛并二菩薩阿難加葉二金剛力士并造七佛上爲皇帝師僧父母十方檀越法界有形同出苦門利鄣解脫羅君拓本

乾封二年二月廿五日平子君手簿在大洞口左壁

大唐乾封二年八月十日比丘僧法秤敬造阿彌陁像一龕上爲皇帝師僧父母東征行人並願平安又願國土安寧十方施主離鄣解脫成無上道羅君拓本

乾封二年十月二十四日佛弟子衶玄應妻爲亡母□□又爲□造象一龕一佛二菩薩合家大小願得平安一心供養關野博士拓本

乾封二年十一月三十日蘇永生爲亡母造阿彌陁像一龕
題（同前第一洞外崖）

弟子沖遠造象　乾封三年三月廿四日（金石目四在第一洞口石壁　平子君手簿）

元大娘造象　乾封三年三月二十七日（金石目四）

造象　總章元年四月（訪碑錄三）

董承禮造象　咸亨元年三月廿一日（金石目四）

成思齊造象　咸亨元年三月三十日（同前）

張登造象　咸亨元年五月三十日（同前）

咸亨元年九月十八日比丘僧法秤爲國王帝主顛四方寧
靜及爲師僧父母十方施主法界含靈敬造尊像一龕顛
同出苦門離郭解脫成無上道（羅君拓本）

大唐咸亨元年十一月五日比丘僧法秤爲國王□□顛天
下太□四方寧靜及□□□□□□□十方施主□
敬造優填王□□區願法界□□同出苦門□□□脫成

无□□ 同前

造象 咸亨二年十月 訪碑錄三

弟子諸王文造象 咸亨三年十二月日 金石目四

鞏縣令許言造象 儀鳳三年四月十一日 同前

王楚惠造象 萬歲通𠀑貳𠡦伍𠥱貳拾捌𡆠 同前

趙州房子縣馮文安造象 萬歲通𠀑貳𠡦□𠥱貳拾叁𡆠

同前

聖曆元𠡦八𠥱十六𡆠比丘僧道肖爲亡外生□敬造觀世音菩薩大世主菩薩二區今得成就一心供養 關野博士拓本

劉□造象 聖曆二年七𠥱十九𡆠 金石目四

王二娘造象 久視元年歲次庚子十二𠥱乙巳朔廿三𡆠

同前

造象 久視元年二月 訪碑錄三

造象 久視元年六月 同前

造象 長安二年 金石目四

尼真空造象　神龍元年歲次乙巳二月庚辰朔三日壬午

同前

咸通八年二月造象訪碑録四

咸通八年六月造象在大洞口左壁平子君手簿

鞏縣石窟寺石刻目錄據河南古物調查表

石窟寺造象普泰元年

石窟寺造象大統四年二月

石窟寺造象天平三年三月

石窟寺造象四種天平三年

石窟寺造象天保二年二月

石窟寺造象天保二年三月

石窟寺造象四種天保二年四月

石窟寺造象天保二年六月

石窟寺造象天保九年六月

石窟寺造象河清三年四月

石窟寺造象　天統元年

石窟寺造象　天統七年四月

石窟寺造象　龍朔元年四月

石窟寺造象　龍朔二年五月　原表均誤作龍翔

石窟寺造象　龍朔三年五月

石窟寺造象　乾封三年

石窟寺造象　總章元年四月

石窟寺造象　咸亨元年五月

石窟寺造象　咸亨三年五月

石窟寺造象　延載元年二月

石窟寺造象　延載元年八月

石窟寺造象　久視元年二月

石窟寺造象　久視元年六月

石窟寺陀羅尼經幢　開元十九年十一月率府長史王元明立後有大中八年及漢乾祐元年重立

題字

石窟寺大德塔銘元和十四年四月
僧太初淨土寺題名大中八年
石窟寺造象咸通八年二月
石窟寺造象咸通八年六月
石窟寺造象乾符二年八月
石窟寺尊勝陀羅尼經幢長興三年八月
淨土寺開元石幢穆暹題名乾祐元年
鞏縣石窟寺碑目此據孫泰安拓本
東魏
□州北平令殘造象正書　天平三年
唐
僧法秤造象正書　龍朔元年五月
魏處旻造象正書　龍朔二年五月
法秤造象正書　龍朔三年五月
种玄造象正書　乾封二年二月　古物調查表未列

僧法秤造象　正書　乾封二年八月　仝上

林熙同造象　正書　乾封□年□月　仝上

蘇□生造象　正書　乾封二年十一月　仝上

苗承祀造象　正書　咸亨元年五月

張養仁造象　正書　咸亨元年五月　仝上

僧法秤造象　正書　咸亨元年九月　仝上

張文政造象　正書　咸亨元年十月　仝上

僧法秤造象　正書　咸亨元年□月　仝上

成思齊造象　正書　咸亨元年□月　仝上

鞏縣令許思言造象　正書　儀鳳二年四月　仝上

程基造象　正書　久視二年八月　仝上

附　僧道肖造象　正書　延載元年八月

蘇氏造象二種　正書　表未列　均咸通六年八月　古物調查

大德演公塔錄　正書　貞元十八年正月

佛頂尊勝陀羅尼經幢　正書　開元十九年十一月率府長史王元明立後有大中八年及漢乾

祐元年重立題字

李氏造象正書　咸通八年六月

淨土寺毘沙門天王碑正書表未列　中和二年正月　古物調查

施主潘約妻朱氏等造十殿王象題名二幅正書　無年月　仝上

文林郎守尉盧招造象正書　無年月　仝上

王餘慶造象正書　無年月　仝上

□禪師造象正書　無年月　仝上

魏師妻□氏造象正書　無年月　仝上

殘造象已模糊　仝上

造阿彌陁佛像正書　無年月　仝上

寺主惠宣造象正書　無年月　仝上

宋

淨土寺住持寶月大師碑銘正書　紹聖三年十二月　仝上

言論三十頌佛頂尊勝經幢正書　無年月　仝上

金

鞏令陽翟林公等題名正書　大定甲申四月　仝上
鞏令牛承直詩碣正書　大定十九年季冬　仝上
淨土寺牒正書　興定五年七月　仝上
鞏縣石窟寺續碑目據河南通志局續訪得拓本
北魏
清信士佛弟子□□造象正書　普泰元年八月
比丘法雲造象正書　普泰元年
東魏
僧受造象正書　天平二年五月
佛弟子□□造象正書　天平三年四月十五日
佛弟子□□造象正書　天平三年四月十五日
北齊
法定造象正書　天保二年三月九日
左宣等三人造象正書　天保二年四月八日
法訓造象正書　天保二年四月廿三日

沙彌道榮造象　正書　天保二年四月十五日
李奴造象　正書　天保二年六月
比丘□□造象　正書　天保七年五月
比丘□神造象　正書　河清二年八月十五日
佛弟子□□造象　正書　天統元年十月卅日
比丘道敬造象　正書　天統二年二月九日
比丘僧諼造象　正書　天統二年二月十八日
比丘惠慶造象　正書　天統二年三月十二日
魏顯明造象　正書　天統四年二月十五日
比丘僧□□造象　正書　天統四年四月十五日
張□造象　正書　□□二年二月
崔賓元造象　正書　□□二年三月三日
秋進和造象　正書　□□二年四月七日
殘造象　正書　年月泐僅存月卅日世從等字
殘造象　正書　年月泐僅存清佛二字

唐韓妻張及男璧造象　正書　無年月

弟善宜殘造象　正書

佛弟子□□殘造象　正書

殘造象　正書　無年月

佛經殘字　正書　無年月

唐

比丘僧法秤等造優塡王象　正書　顯慶五年八月

楊大軌妻王氏造象　正書　龍朔元年四月

法秤殘造象　正書　龍朔□□

佛弟子趙斐造象　正書　□封三年

李元嗣妻王氏造象　正書　總章元年四月二日

盧贊府造象　正書　總章元年四月二日

□行高造象　正書　咸亨元年五月十四日

張法喜造象　正書　咸亨元年八月卅日

魏師德造象　正書　咸亨三年七月

肇縣□□殘造象正書　永隆二年十月

陳成造象正書　□□十二年十一月

殘造象正書　年月泐

一佛二菩薩造象正書　無年月

佛說盂蘭盆經造象正書　年月泐

宋

淨土寺僧寶月大師惠深劄正書　元豐七年

淨土寺鐘讚正書　宋直方撰幷書　建中靖國元年

記天一閣碑拓事

鄞縣范氏天一閣藏書華亭王文玨聽鸞仙館隨筆云余家向有天一閣書目八冊咸豐庚申遭兵燹失去相傳鄞縣范氏天一閣藏書凡五萬三千餘卷閣在月河之西宅之東牆圍周迴林木蓊蔚與廛市隔絕明嘉靖中堯卿少司馬欽歸田後構以藏書其異本得之豐氏熙坊者居多書藏閣之上通六間爲一櫥而以藏書櫥間之其下仍分六間取天一生水地六成之之義司馬歿後子孫立約凡閣櫥鎖鑰分房掌之禁以書下閣梯非各房子孫齊到不開子孫無故開門入閣者罰不與祭三次私領親友入閣及擅開櫥者罰不與祭一年擅以書借出者罰不與祭三年典鬻者永不許與祭後阮文達公元撫浙時命范氏後人編成目錄幷金石錄刻之名播天下爲海內藏書第一家也商務印書館出版界筆記云天一閣者浙江鄞縣范氏藏書之處也在

范氏宅東經營之初欲以閣前鑿一池環植竹木點綴風景顧尚未命名及搜碑版忽得吳道士龍虎山天一池石刻元揭文安傒斯書而有記於其陰大喜以爲適於是閣鑿池之意暗合乃名閣曰天一爲海內冠攷其碑目僅七百餘通遠遜歐趙收藏之富輓今海內金石家如繆氏藝風堂羅氏唐風樓以及廬江劉氏慧之所藏碑拓在萬餘種以上然溯其源流繆則以劉燕庭借六舟所藏爲多羅則武虛谷劉則平津館也至葉鞠裳先生所藏亦八千餘種已於丙辰讓歸劉葱石矣然孤本甚多如周石鼓文漢西嶽華山趙圉令劉熊侯成王純諸碑皆爲瓌寶孫氏著寰宇訪碑錄時錄取幾二百餘種咸豐兵燹以後閣碑散失殆盡趙氏之謙劉熊碑跋云天一閣所有自咸豐辛酉賊據郡城閣中碑版盡爲台州游民取投山澗爛以造紙迨鄞人亦有聞而急求者至則澗水已墨矣上列各珍本惟華山碑已歸端忠愍公餘均不知何往讀馮氏登府石經閣金石文字跋記天一閣各事及沈氏子惇天一閣碑目跋知物聚則難而散則易著錄之功曷可已乎。

馮氏石經閣金石文跋孫淵如訪碑錄取鄞縣范氏拓本自漢至宋元幾二百種皆天下無雙本也首列西嶽華山碑爲錢東壁攜去後歸竹汀詹事詹事贈儀徵阮公有唐太和宋元豐王子文李衞公題跋爲各本所無阮公曾繙刻于揚州又載宋劉

球隸韻十卷八分書石刻注正書首有劉球表一道今秦敦夫刻是書表已缺又紀原一卷亦劉球著石刻無年月二一書天一閣書目碑目俱不載北宋石鼓文拓本凡四百有二字爲吳興沈中藏本有錢逵篆書以薛氏釋音附之後歸松雪趙氏明中葉爲四明豐氏所得後歸范氏是未入燕京時搨本見鮚埼亭集第十鼓有皇祐四年向傳師跋七十六字見張燕昌石鼓文釋燕昌曾在閣中累月摹此文竹汀詹事亦曾見之謂爲希世之寶也今檢石鼓文似前數十年脫本跋與釋文本亦不見何也

天一閣唐模蘭亭本乃豐道生僞刻後有印記可驗神龍蘭亭有南渡諸公題字墨跡藏天籟閣後付之石爲竹垞檢討所得今不知流落誰氏矣閣本卽從此本繙出而僅留熙寧許將一行翁覃溪認爲真神龍本誤矣近湯氏洪氏皆有繙本更自鄶以下矣又豐坊自有臨本嘉靖三年所刻今石亦存閣中

天一閣書見於鮚埼亭內外集題跋如夏竦古文篆韻吾衍續

古篆韻山齋易氏周易總義夏氏柯山尚書解王端毅石渠意見皆不見於書目外如宇文周神功二字石刻旁勒周文王括石書薛尚功手書鐘鼎款識二十卷有周崧趙孟頫楊伯巖柯九思張天雨王行周伯温七人鑒賞題字靈武幹玉倫徒克莊有跋最後有豐考功坊題全氏謂范氏書帖大半萬卷樓故物而是本獨不知得之何人觀坊所題可見石刻僅有其半而手書精核更爲可珍范氏尚有副本以其副爲贈云云此與趙松雪草書陽春白雪劉球隸韻石刻李衛公跋華山碑皆希世之珍今碑目俱無之

天一閣書目舊有鈔本曝書亭藏書目有之想卽東明司馬所手定黄梨洲爲作序者也碑目亦舊有之全謝山有記是也而今所刊書碑目序皆未之及何也碑目多歐趙洪黄未見者其最顯者如漢趙圉令劉熊侯成王純郭有道諸碑梁陶真隱館壇碑皆與華山相匹而嘉靖以前之本爲今所無者亦足珍貴余屢慫恿芸甫錄成一書終未果耳

東明司馬築閣鑿池之初未有閣名後得元石刻揭公徯斯書天一池三大字并記適合以水制火之意擬重勒三大字于池石未果今碑目僅有池記三大字終未勒石亦憾事也

沈氏天一閣碑目跋云明代好金石者世稱都楊郭趙四家而不及范氏豈知天一閣碑刻之富遠過四家特無人爲之鑒賞遂沈沒於塵封蛛網之中耳閣之碑先未有目全謝山作碑目一通而爲之記迨乾隆丁未錢竹汀偕海鹽張芑堂燕昌及范氏裔孫葦舟懋敏同登是閣則謝山之目已不知流落何所矣因相約撰次碑目葦舟任斯役成碑目一卷竹汀序之稱自三代迄宋元得七百二十餘通明碑不著錄嘉慶戊辰校刻書目乃附碑目於後迨兵燹之後閣碑散失殆盡僅存二十餘通錢念劬校錄書目尚成四卷而碑目不能成卷矣乾隆己酉張芑堂重模北宋搨石鼓文道光丁亥陽羨程璋重模瘞鶴銘並據閣中藏本今重模本尚在而原藏本不知流落何方讀謝山之記竹汀之序爲之慨然

山東圖書館藏石

山東圖書館刱辦於光緒末季蒐聚漢迄清各石刻凡三十餘種各省圖書館藏石之富開封圖書館安陽保存所與此足相鼎足然漢刻之多開封安陽不及也丁巳夏日館長莊心如陔蘭先生郵贈拓本全份展讀驚爲秘寶爰著目錄以告同好其跋語有足資攷證者亦錄諸後

山東圖書館藏石目錄

漢建初甎 建初元年

漢人封父墓 永和二年

漢虎函 光和六年十二月丁丑廿一日丁酉

漢梧臺里社殘石 無年月 附跋

漢畫像 無年月

嘉祥畫像 無年月 附跋

漢畫殘石 無年月

魏崔承宗造象 太和七年歲次癸亥十月朔日

魏李璧墓誌 正光元年十二月廿一日

魏李謀墓誌 孝昌二年二月十五日

魏鹿光熊造象 孝昌四年歲在戊申三月

魏張道果造象

魏孫寶憘造象

大梁陶遲造象 大同四年戊午四月十八日

北齊世業寺僧曇欽造象 河清二年癸未五月甲子朔十七日

李得玉造象 天統三年丁亥五月辛未朔廿七日丁酉

隋開皇造象殘石 開皇三年

唐天寶造象 天寶六載

唐李擬官造象 天寶八載三月廿六日

後周顏上人經幢 顯德五年戊午二月癸丑朔三日

岳武穆北伐詩 紹興五年秋

舊刻石鼓文

舊刻佛遺教經二石

舊刻法華寺何子貞鈎

顔書竹山連句

說文統系圖

陸繼之摹禊帖

朱氏家藏刻帖五種張旭草書懷素草書顔真卿書誥沙門宗朗摹帖鄧文原書跋趙子昂書陶潛年譜朱綵書跋

梧臺里石社殘石跋

梧臺里石社碑見水經淄水注云漢靈帝熹平五年立宣統元年予營金石保存所上虞羅君振玉以書見告有此碑頟新出土詢之黄縣淳于孝廉鴻恩云此頟近歸臨淄馬氏舊嵌縣城西南安樂店某氏門外去安樂店二里許土人猶指爲梧臺也乃屬淳于君亟往購致之頟高慮俿尺三尺一寸五分寬三尺八分厚九寸下有穿尚存半月形篆文古健直逼斯翁頟陰及兩側皆有畫尤漢碑所僅見此碑自見紀酈注歐趙各書皆未箸錄卽近代阮翁黄孫諸公於山左金石搜求不遺餘力獨未

及見此頌神物沈晦千有餘年一旦發見而保存之豈非斯所之光哉宣統二年歲在庚戌秋七月湘潭羅正鈞記

嘉祥漢畫象跋

右漢畫像凡十石甲至己新從嘉祥蔡氏園中出土其陽文庚字一方舊在縣中關廟三小方辛云得自肥城壬與癸二方不詳其所得之處光緒三十四年先後爲日本人所購運過濟南予以此石爲吾國古物出貲購留之而薄懲出售之人漢代畫像存於山左者尚多山厓屋壁間往往見之然歷世已千有餘年後之人其益愛護之也宣統元年冬十月羅正鈞記

嘉祥武梁祠畫像著名海內予所購留漢石其七方皆得之嘉祥洒樧縣令吳君蔚年益求之境內先後獲畫石二十有七方歸之縣中學宫明倫堂而輦致十方於保存所即下所嵌之十石也吳君復來言武梁祠畫石凡五十五方自錢唐黄氏易爲建石室中間曾一修葺其散置室中未嵌諸壁者尚二十方擬捐廉增建石室三楹予與姚君鵬圖集貲助之工甫竣吳君受

代還濟南不數月遽以疾卒吳君字霞村涇縣人以儒雅爲吏有聲復留意護持古物如此故予尤惜之因并著焉宣統二年夏六月正鈞又記羅卡蘊漢石存目跋云宣統紀元山東學使羅正鈞得畫象十石置之金石保存所明年又檄嘉祥令搜境內總得二十七石復輦致其十石于保存所卯編中所列者是也餘十七石置嘉祥縣學明倫堂則斯錄所未載因羅學使所得之石其移自他所已見諸家著錄居十之五六縣龔十七石殆亦類是予篋中無墨本無由定其新出土者凡幾石附識于此以俟異日仇亭老民記

開封圖書館隋唐墓誌

開封城內西北隅積水成湖廣袤數十頃中有高阜貫以長堤高臺翼然繚以僧舍蓋艮嶽遺蹤明周王府舊址也湖東南隅臺榭參差花木森秀曰二曾祠光緒間河帥許仙屏以某君總辦河工侵蝕頗鉅罰出資十萬建築斯祠祀曾文正忠襄昆季臺榭楹聯皆許公所撰書詞翰雙妙最高之樓顏曰瓣香極爲軒敞中懸明文徵仲絹本青綠通景山水十六幅每幅高六尺餘廣一尺六寸餘東西兩幅高度同廣半之雖係贋鼎章法尚完密聞購置亦費六百金想見當日河工糜濫甲寅改爲圖書館現爲陸軍測量局學宮藩庫舊有石刻三種及壬子癸

丑所得隋唐各誌砌於樓之西南榭壁間丙辰秋日赴汴審視摩挲記其目於後

開封圖書館隋唐墓誌目錄

魏殘造象正書　武定五年十月

魏司馬王亮等造象正書　無年月

隋翊師大將軍儀同三司大內史大納言扶風郡太守濩澤寇公墓誌銘并蓋均正書　開皇三年七月

隋故使持節儀同大將軍寇奉叔墓誌銘并蓋均正書　開皇三年十月

隋舍利塔銘正書　仁壽二年四月

隋將作少匠加建節尉任軌墓志銘分書　蓋篆書　大業四年二月

隋故朝請大夫右禦東陽府鷹揚郎羊瑋墓誌正書　大業六年九月

周儀同三司岐山縣開國侯姜明墓誌銘正書　大業九年二月

隋故朝散大夫張盈墓誌銘正書　蓋篆書　大業九年三月

隋朝散大夫張君蕭氏墓誌正書　蓋篆書　大業九年三月

隋金紫光祿大夫豆盧寔墓志銘分書　蓋篆書　大業九年十月

隋張波墓誌 正書 大業十一年三月

唐夫人薄氏墓誌 正書 蓋篆書 貞觀十五年五月

唐故洛州河南縣崇正鄉君齊夫人墓誌銘 正書 蓋篆書 貞觀二十年五月

唐李護墓誌 正書 貞觀二十年六月

唐張通墓誌 正書 貞觀廿二年七月

唐王竟墓誌 正書 蓋篆書 永徽五年五月

唐故雲騎尉王府君及夫人魏氏墓誌銘 正書 蓋篆書 龍朔元年四月

唐故夫人竹氏墓誌銘 正書 龍朔元年九月

唐故文林郎爨君墓誌銘 正書 龍朔元年十月

唐故孫君夫人宋氏墓志銘 正書 蓋篆書 龍朔三年二月

唐故台州錄事參軍袁弘毅墓誌銘 正書 麟德元年十一月

唐故箕州榆社縣令王和墓誌 正書 蓋篆書 乾封二年十月

唐張朗墓誌 正書 乾封二年閏十二月

唐故游擊將軍康磨伽墓誌銘 正書 蓋篆書 永淳元年四月

唐故游擊將軍守左清道率頻陽府長上果毅康留買墓誌銘正書　永淳元年十月

大周唐故文林郎焦松墓誌銘正書　天授二年十月

唐故儀州遼城府左果毅劉元超墓誌正書蓋篆書　開元六年十一月

北宋二體殘石經正書篆書

金宴台國書碑女真書

河陰縣新出土隋唐墓誌

河陰縣置於唐廢於乾隆間壬子時復立爲縣鎮海胡巽青大令莅宰是邑振墜修廢徵獻攷文延聘杞縣蔣恢吾孝廉藩續修縣志於邑西古廟礎石搜得隋唐宋墓誌三十九種別有金文一種著河陰存石記記搜訪石刻原委甚備嗣後續有所獲至戊午止共得六十五種迨河陰金石攷二卷書成而胡君已歸道山不及見矣蔣恢吾河陰金石攷序河陰金石見於前人箸錄者以鄭曾碑爲最著其餘漢唐碑版如水經地志及中州金石諸書所載類皆散佚僅存其目讀者憾焉比以纂修邑乘網羅放失盡力蒐討歲月積久遂裒然成帙其詳已具胡明府存石記中惟明府此記作於民國四年十二月當時存石祗三十有九別有金類一種五年夏陳君子翼訪獲張河經幢殘石一陳垌樊河造象各一

興國寺造象二文殊寺造象一六年春重修金山寺又於壞壁上得造象二柱下龕前得唐臺誌一蓋五臺志殘石一又續得殤𦒿陵殘碑進義校尉墓誌並高村董村經幢殘石三大□□殘石題名二都六十有一種陳君篤志好古於鄉邦文獻素極究心而金石尤其深嗜嘗隻身徒步數十里旁求博訪以冀幸一遇不得則悵悵若失得之則欣然忘食既復與藩審諦文字攷訂事實歷久彌摯最後所得併郵寄拓署時志已脫稿迺復次第研稽重加編輯於以歎河陰古物之夥而陳君苦心孤詣勤勤不已其功尤不可沒云中華民國六年秋八月雎陽蔣藩識于柘城官署之西齋

河陰區域極小竟得古刻如是之多賢令尹闡幽之功蔣君攷訂之詳陳君（名雲路字子翼）搜訪之勤均足令人欽遲者矣至胡君所撰各誌跋刻於各誌石之側攷證至詳河陰金石攷中竟未收入合附錄之以爲石史至河陰金石攷所列各跋均蔣君所作攷訂尤爲詳贍因有專書在故不列入焉

河陰存石記

余以民國三年夏權篆河陰下車後卽議修邑乘因念廣武北障黃河氣勢雄厚蜿蜒盤鬱代產賢哲元魏隋唐以來世家閥人多卜葬于此而名藍古剎又往往而是其間金石遺文足資考證者必夥遂悉心蒐訪積歲餘得墓志銘十有四墓志蓋七墓前題石一復於金山廢寺中發掘唐經幢一宋經幢二均移

龕舊學署他如唐鄭曾碑在城東里許以石多裂紋不便轉徙乃修磚亭翼蔽之唐經幢四二在廣孝寺一在陳鋪頭一在興國寺唐昭成寺地畝石幢在桃花峪大王廟又廣孝寺唐老君像王祥像興國寺宋陳下造像各一皆非私家所有然以土人自願保存故未移併惟唐赫連崇通墨書墓磚藏劉溝民家唐王君及李漪妻范陽盧氏又范陽盧夫人宋提舉汜水輦運張君墓志蓋四藏城廂民家合公私所存都三十九事俱詳邑乘玆復撮舉大要俾來者有所稽攷且相與珍惜庶已得者不至散亡未獲者隨時物色此則區區之願也夫四年冬十二月十三日署理河陰縣知事鎮海胡荃謹識

鄭道育墓誌跋

河陰茹茵廟在城西里許明中葉改建正殿柱下礎皆銘幽之石余惜其薶藏閟掩督工出之餘悉唐時物此則隋志也文闕前段故無姓字幸背有篆蓋得知其爲鄭氏其子德政德眘等案德政德眘見新唐書宰相世系表皆鄭道育子道育名見魏

書鄭義傳官開封太守以此推測其爲道育無疑至儀同大將軍臨渠二州刺史乃入隋後官階所至隋書無傳故莫可考竊意原石爲兩方今上方已佚此其下方耳惟他石刻缺太甚此獨字迹完好且樸茂有逸氣雖非全璧亦殘石之可寶者矣民國四年五月縣知事胡荃記陳雲路按胡公此記作於民國四年至六年縣志脫稿時已陸續增至六十一種今河陰金石考所收以七年出版時爲斷故其數達六十五種云

司馬論墓誌跋

河陰新出唐墓誌以此爲最佳惜石受潮溼甫拓數紙即片片剝落泐數十字迺戒搨工勿用椎擊慎加愛護庶垂永久焉民國四年七月胡荃巽青甫題識

此書秀勁圓潤最爲入時雖格不甚高雅足愛玩亦唐石之不可多得者睢陽蔣藩記

孟頭墓誌跋

右孟頭墓志乃劉溝村民所獲民國三年冬將爲碑估輦去余以重價收之時方纂修邑乘得此深資考據迺捐爲公家物並

龕舊學署廳事保存珍惜是所望於邦人君子四年五月胡荃識

鄭府君墓誌跋

右鄭君誌結體頗近虞褚風神遒媚姿態曠逸可稱能品澄懷觀之當有神契胡荃識

河陰墓誌十四種得自東嶽廟茹茵廟者各四城內民家者二舊存東渠書院及新得之劉溝張莊者各一其原委均散見於各跋惟鄭夫人則獲諸金山寺屋壁柱下者也石已剝泐過半其幸存者尚可攷見世系年月訂誤辨疑不爲無補因附識之以存其略巽青氏又題

盧偶墓誌跋

右唐盧君墓誌乃其子泰撰書字作八分體頗妍雅可觀石藏李氏四年冬售諸公家時又購得吒君志銘于張莊書法秀逸有王居士塼塔銘風格復於城內民家訪獲墓志殘石一惜姓氏已失僅以大中紀年知其爲唐人耳念淍殘磨滅者之日多

則益知發見僅存者之可珍已因並識之以詒後人十二月朔日鎮海胡荃題記

民國四年春余以胡明府聘修志河陰明府博雅能文精勤吏治於志書體例討論甚悉而金石遺文尤所篤好凡境內古刻窮搜遠訪幽隱不遺城東鄭曾碑露立田中風雨剝蝕乃修塼亭保護之又出巨金發茹菌廟正殿柱下礎皆隋唐墓志其文字闕于攷討者甚夥自舊有數石外討先後訪獲隋志一唐志八經幢三墓志蓋七墓前題石一莫不悉心研索逐一題識余于編纂之餘摩挲愛玩藉飽眼福並商量保存位置之方竊自幸古緣非淺云云大雪後一日睢陽蔣藩書

崔府君墓誌跋

崔誌不知何年出土藏東渠書院或斷其下方迺徙於明倫堂民國三年置諸公廨四季七月與各石並移舊學署中彙而存之庶免散佚胡荃記

滎陽鄭氏女墓誌跋

新得茹茴廟墓誌四種多被鑿損而此爲甚下又鎚折一角然諦視其文可辨仞者十尚八九好古者勿以殘闕忽之鎮海胡荃

鄭女墓誌字體樸拙類老人書當係眀所自爲而文辭沈摯安雅亦亹亹可誦初觀似甚平常久視愈覺秀媚殆非□□□□□□□之所能領略也乙卯初秋蔣藩書

史從慶墓誌跋

史君墓誌與王鄭崔三石均在城外東嶽杜下廟毀于捻匪亂時石遂薶沒宣統初居民掘土得之視爲奇貨爭思鬻售青石鄉廣文天麟聞諸大府遂獲保存民國三年余莅河陰屬修縣志蒐羅金石遺文復得經幢墓志十餘事並移龕舊學署屋壁間後之君子得以攷焉四年七月胡荃識

東嶽廟數石四周皆有鑿損處廟未毀時均以代柱礎者此僅缺數十字餘都完好可珍也睢陽蔣藩識於聽秋軒

耿元晟墓誌

右唐耿元晟墓誌乃茹茵廟柱下石文字雖不甚工而於河陰沿革關係至鉅考河陰置縣在唐開元二十二年與漢平陰屬孟津者確係兩地此志一曰權居於河南平陰再曰終於平陰臨闠三曰葬於平陰板城鄉茹茵里臨闠板城茹茵皆河陰地其所在爲今之河陰非孟津之平陰明矣且誤以平陰爲河陰也又明矣既混同爲一後世沿譌踵謬未必不自此始又耿乃平原產於此爲僑寓其人或適京洛或在江表或仕京師不常厥居與土著迥殊藏幽之文必其親戚故舊所爲非河陰人可知沿革未悉率爾稱述遂至於此且誌銘以直書爲主不宜引用古名義昔昌黎爲女挐壙銘秋宮二字尚爲後儒所訾就令河陰果屬古平陰亦稱引失例况別爲一地乎是誤而又誤矣至墓志出土不詳何時而廟之重修則明中葉當未爲柱礎以前土人共見必謂自唐以來皆云平陰矣又孰爲之溯其原委辨其疑似乎故以明代碑版多用此名而創修邑乘時亦遂據爲典要而府志省志乃如出一轍矣吾意爲此文者必嗜奇好

古而未能究心於事實初不自知其蹈妄作之譏遂貽誤至今而未已也若夫地理沿革另有論著茲不贅述民國四年秋九月睢陽蔣藩識

案土人稱此爲古平陰見諸金石者不一而足而以此文爲原始蔣君恢吾反覆辨論足供參稽覽者詳之河陰縣知事鎮海胡荃記

鍾山峽仙篆之訛

江西分宜縣東十里鍾山峽危峯夾河亂石爭流水湍急不可以舟山麓有摩崖篆書四行行九字每字大徑七寸文曰通判袁州軍州事里人孫佽知分宜縣事宣城錢朝卿元豐六年九月九日同登鍾山峽故記俗傳爲仙篆不可識識則金船出焉俞曲園茶香室叢鈔引無名氏述異記云有金船凡七國朝無名氏述異記云離分宜縣一二十里臨江山壁有大石似碑長可二丈闊可七尺就山上鑿成上下四旁皆山石也上有楷書四行每行八字筆畫模糊不能盡讀相傳碑下江中有仙人遺下金船七隻滿載金寶沈此水底此碑乃仙人遺筆有能盡讀碑字則七船浮露以贈曾有人讀至三十字七船之帆盡露因二字不能讀復沈水底按此則近於誕妄聊佐笑談耳馮氏金石索萬載辛筠谷從

益序中亦言之〔袁州昌山峽水迅激多壞舟其崖碑文字奇古不可識相傳有能讀者金舡立見余嘗舟過其下以程急未暇登覽也〕則誤爲昌山峽〔在分宜縣西三十里〕文人好奇而不徵實大都類此光緒丁酉冬余艤舟崖畔攀陟以登氈搨數紙盡識其字金船竟杳

化成巖宋人摩崖題名

宜春縣西五里奇岩當流林巒靜逸曰化成巖爲唐李衛公德裕讀書處蕭寺數椽聊蔽風雨摩崖有宋元人題名七段篆書一則尤精采金石家未著錄戊戌春初余偕陸君拙尊〔名敬修仁和附貢亡室陸宜人之兄能文章學淵懿〕同游至此手拓以歸陸君復將摩崖各石刻無分年代遠近按所在記之亦可爲有心人也茲爲修正附錄諸後回思前塵已二十餘年矣至各題名文字詳所著袁州石刻記中茲從略焉

化成巖石刻蒐訪記

錢唐陸敬修拙尊訪錄
會稽顧燮光鼎梅編次

寺門外左右摩崖

雲屏 正書二大字橫列光緒十二年劉錫禧題

福壽 篆書二大字橫列無款識

天然 篆書二大字橫列光緒丙戌劉錫禧題

淩空石一座

殘題詩一方 正書石上刻字已模糊惟第二行巖依北郭無五字可辨 石背有近人田某刻石一方

石筍 篆書二字年月書人姓名模糊

屏風 分書二字無款識

浚都趙石陵等題名 分書字多模糊年月已不可辨

獅子石 分書三字無年月書人姓名此刻在最高處

郎吉袁州等殘題名 正書字徑寸可辨者僅此四字

天然圖畫 篆書四字光緒癸巳宜春知縣楊焜題

寺門內左右摩崖

仁靜 篆書二大字橫列後跋道光己酉子偕弟錫禧隨侍家嚴之任云云光緒十二年袁州府劉錫鴻題

李衞公讀書處 篆書六大字道光元年袁州府知府隆泰書此似將舊刻剷去鐫此六字

飛來 篆書二字無年月傅臣高題

亦當醒酒分書四字共二行行二字無款識

訪石分書無款識以上三石皆在李衛公讀書處摩崖前面石上

佛正書大字無款識

佛殿左右摩崖

雲香正書二大字無款識在最高處

暮春殘詩一方正書約四五行似係題句已多模糊惟末行暮春二字可辨

携詩分書二大字無年月半□峯

宋程師道題名正書治平丁未八月

殘題名正書字約二寸共十餘字模糊難辨在洞門外

洞口

洞天正書在洞口上已模糊

壺中天篆書三大字辛巳仲秋在洞口右

小太白分書三大字隆泰書在洞口左

進洞右傍摩崖

蜀無名氏詩正書

地載殘刻小行書十餘行模糊莫辨

元安南黎東山題名正書元統甲戌仲夏

元箇正理等題名行書元統二年

殘題名正書嘉靖癸巳秋九月二十二日字已模糊僅後方有命工刻等字可辨

殘題名正書已模糊僅打黎游等字可辨

宋趙師恕等題名行書端平改元仲秋

宋楊嶼等題名正書治平二年

以上四方刻比前四方稍高惟楊嶼題名下方另有一方

太模糊難辨

明人題名一方正書嘉靖乙巳至戊申云云刻在洞內頂上

青蓮洞分書施閏章題刻在洞內右傍

出洞右傍

殘題名二方正書已模糊莫辨

洞外摩崖

殘題名一方正書已模糊

宋季達等殘題名 正書建炎庚戌七月字多模糊

游擊施沛等題名 正書無年月以游擊官銜攷之則明刻也

宋韓仙舒等題名 篆書政和戊戌秋此方刻在最下方

以上四方均在小太白摩崖之左

宋方正孺等題名 正書政和□年刻在最高處

殘題名 正書已模糊在方正孺之下刻

天風醉花鳥 行書五大字横列無款識係將舊刻剷去上下尚有康熙桐城等字可辨係徑寸大字

袁州府署宋元碑

袁州府署儀門外有宋元碑五種僅宋柳淇書慶豐堂碑記方氏彥聞金石萃編補正曾著錄之府志亦僅載阮閱修城記而遺宋徽宗理宗御筆手詔及元袁州路記三碑 武虛谷授堂金石續跋卷十四著錄袁州路修建記云碑僻置遠方著錄者罕能見也 府署儀門非僻地巨碑非細物竟湮沒不彰國學衰微文獻銷沉即此可見 碑文詳見袁州石刻記

盩厔縣重陽宮各元碑

道教全真之制盛於元時大都以丘長春王重陽爲鼻祖盩厔縣

祖廟鎮有重陽宫爲王重陽修練之地宫址極大燬於同治時回亂今僅存破屋數椽趙松雪所書勑賜御服碑尚有拓者其餘元碑十餘通偉然鉅製大書深刻皆紀黄冠道行之碑無人過問金石之湮沒天壤間何可勝數按各元碑趙氏石墨鐫華已著錄矣

夢碧簃石言卷四終

夢碧簃石言卷五

會稽　顧燮光襟癯著

毛子林太夫子考訂金石著作

毛太夫子子林（諱鳳枝江蘇甘泉人）以諸生幕游秦隴酷嗜金石著關中金石文字存逸攷十二卷攷訂訪求頗費心力當時山河修阻交通阻滯而徵引諸書未廣且斷自唐代亦嫌稍隘要之椎輪大輅不廢先河己亥　家君爲刻於長沙余與校讎之役暇時擬廣輯羣書爲之補證橐筆依劉飢來驅我此願未知何日克償又曾膺李雲生大令聘作汧陽述古篇分山川文獻古蹟金石四篇體例精嚴文字修潔可傳之作也未刊尚有金石萃編補遺古誌石華補遺關中金石文字古逸攷三書其稿尚存余家焉

趙乾生之金石學

渭南趙乾生先生（元中）爲秦中巨富好學好禮藹藹長者研究金石之學爲西北冠毛子林太夫子關中金石文字存逸攷各碑刻目錄下註渭南趙氏藏石者皆先生家物也（繆年伯云呂曼生觀察於同治間修灞橋

拆出唐志數十方藏於家著有小唐碑攷一冊其子全歸之趙氏庚子兩宮西幸陝適大祲端午橋制軍時撫秦以振迫先生出巨款盡獻所藏石數百方乃免今匋齋藏石記著錄墓誌四百餘種大半趙氏故物金匋丞先生云書中言趙乾生碑石爲端午橋勒獻此事甚碻彼時隨扈在陝親見午橋勒捐三原高陵富翁多被拘押心不然之午橋乃我卯翼之人卒殺其軀可愧其子宜破散流落亦天道也先生與先伯　祖香公及毛子林太夫子均文字至交　家大人丙戌秋赴陝省視　先塋曾以所藏墨拓全份見贈刻庋西安寓中無由檢視也余甲辰夏日赴秦猶及瞻雅範辛亥先生歸道山竟無著述留貽耆山水極高古不輕爲人作故知者尤鮮

端忠愍藏石

滿州端忠愍公爲有清末季金石大家藏庋之富海內無與比倫所著陶齋藏石記一書爲類凡七百餘攷訂跋尾多出臨桂況夔笙先生手名周頤著有阮盦筆記五種萬縣西南山石刻記蕙風詞各種原稿尚存況處丹鉛遍紙想見著書之愼忠愍殉國後歸元葬於輝縣百泉側項城在位有建祠泉上砌各石於祠壁之議卒以運費過鉅中止京漢火車運費

已允核免由潞王墳至百泉陸路三十里以七百方石計之運費需數百金忠愍後人輝縣士紳均不願擔任因以作罷今各石已由後人析售韓陵片石零落人間散易聚難物固如是也夫

葉鞠裳之金石學

長洲葉鞠裳先生碩學耆年酷嗜金石收羅墨拓至八千餘種經幢一類約七百餘可謂富矣所著語石八卷先生自敘云上溯古初下迄宋元元覽中區旁徵島索制作之名義標題之發凡書學之升降藏弃之源流以逮摹拓裝池軼聞瑣事分門别類不相雜廁自首至尾可析可弁既非歐趙之目亦非潘王之例非攷釋非輯錄但示津塗聊資談圃精博詳贍體例完善寔爲金石書中空前絶後之作余在汲縣訪得香泉寺唐開元二十四年尊勝陀羅尼經塔書法精美完好以拓本郵贈先生覆書云經幢所藏至多唐初皆先序後經中間刻咒其後稍簡無序甚有單刻梵咒者從未見有後序見之香泉一幢始不意垂盡之年得恢眼界始知法海無涯固非凡小可測即金石目錄之學非得良友之助難資多識也先生撰有香泉寺經幢跋一篇考證極詳錄如下

香泉寺經塔跋

尊勝陁羅尼經先序後經經中間咒唐初刻皆如此其後稍簡

而無序至開元以後遂有但鐫咒者謂之真言幢此幢在河南汲縣香泉寺唐開元十六年比邱僧法明造六面刻一二三六面面十五行二四五面面十六行行皆四十四字前無序後有記他幢即有記皆紀建幢年月姓名爲紀事之文此記附經而行前與啓請後與偈頌同例南陽張承福奉禧述雖非完本然余藏唐幢多至數百通從無經後有記者會稽顧君鼎梅訪碑蘭若親至幢下摹拓不遠千里郵筒見貽桑海餘生見所未見非良友之惠不及此據記述張行至長安逢百濟僧贈此經受持如意二年三月廿三日脚氣衝心死在冥途見故懷州刺史韋太真得釋還張韋兩唐書皆無傳此記出於浮屠氏自神其教事之有無人之顯晦不足論第攷郎官題名石柱戶部郎中有韋泰真在劉國□之下盧德師薛克搆之上又攷新書循吏傳薛克搆爲薛大鼎之子高宗永隆初任郎官永隆元年下距如意改元不過十年韋在薛前其歿蓋未久也泰太同字唐時郎官外轉即爲刺史此記所稱韋太真即其人當可信不書郎中當是終於懷州刺史之任戶曹其所歷官也

又据百濟僧自述行至西州邊賊剽刼尋至庭州云云攷元和郡縣志唐之西州庭州皆屬隴右道本漢車師高昌壁地貞觀十四年詔侯君集討破麴文泰父子以其地爲西州由庭州至西州五百里此僧自東而西爲其歸國經行之路文泰雖平逋寇未靖伏戎於莽道路固宜有警元和志庭州下亦云爲賊攻掠蕭條荒廢知僧言爲不誣矣自唐開元至今千有餘載文字完整芒刃不頓有如新發於硎是可寶矣乙卯中秋前一日長洲葉昌熾時年六十有七按此經塔係三面刻葉先生云六面刻係僅見拓本之誤

徐吕孫藏漢樊毅修華嶽廟碑及各碑拓跋

余友徐君吕孫維則己丑舉人治金石目錄諸學撰有東西學書錄余曾續補若干種合印之　羅氏赤蘊台州金石錄序云又吾郡杜氏越中金石記其書詳矣善矣然予二十年前在郡城聞徐以孫大令所儲郡中金石刻墨本其出杜氏外者與杜氏所著幾相埒也大令有繼續之志而未之就予曩嘗通書大令欲乞其墨本自任編寫之役亦未果斯願然寸心耿耿懷之不能去翰怡京卿篤志好古盍徧徵諸郡其有成書未刊者盡刊之則予亦將與大令謀竟此二十年未竟之志異日書成將並以授京卿京卿其有意乎京卿篤學好古隱居越之棲鳧小築園林環山枕水研究種植諸學熙熙有太古之風無懷葛天於茲再見所藏漢光和元

年樊毅修華嶽廟碑爲世孤本羅氏尗蘊再續寰宇訪碑錄曾著錄之吕㷀爲吾越名族折節讀書樂交名士故其學樸實所集石墨盦碎錦若干册片石吉光多世珍品手自標題極爲精美等於范循園先生之吉光零拾癸卯夏日曾贈燮光家藏漢唐殘石專甓拓片多種均綴跋語學力過人不苟如此兹錄諸後以志墨緣展閱拓本垂二十年至所拓越中金石各墨本六百餘通於丙辰夏五月全數贈兩浙通志局編入金石志中是年秋訪碑於建德桐廬得元明碑刻凡百餘種焉

漢三老諱字忌日記

漢三老諱字忌日記出土甚晚近年以來日夕椎拓尤多漫漶此四十年前家大人親至客星山周氏手自精搨較俞曲園所見本更爲完善足以證諸家攷釋之未當檢篋衍偶得一紙郵贈

鼎梅先生清鑒　癸卯四月維則誌

漢潘延壽墓莂

右據王止軒太守繼香越中石刻八種影本遂題是名蓋太守所見尚有五風里潘延壽一行刻于五五泉文處然則是壙中亦不止一莂也以直昂不能得留拓數紙以歸之癸卯四月仲咫補記

漢建寧專文

建寧四專出蕭山縣之航隖山同時出土者尚有一鏡一墓志一墓莂鏡爲土人所碎維則猶見一殘片黝黑如漆背有文字今藏安昌某氏志爲縣令蕭公攜去聞已載入武昌矣莂則曩年尚鬻于市索直奇昂卒未能得此專出土之時購者趾相接有山陰人馮某以原專僞製應四方之求不一月而浙中鑒藏者已家有其物半贋品也山陰沈氏味經堂沈霞西先生舊爲遺經堂其後人乃改爲今名藏是專爲主人親詣山中所取得遂于戊子之冬以四十朱提求售于維則乃得之光緒癸卯四月拓奉鼎梅先生審定之爰記辜較於此　徐維則識于石墨厝

按相傳漢朱儁葬蕭山航隖山咸疑爲儁墓然則曩年見魯丈

瑤仙所藏尚有一專文曰北鄉五風里潘氏其爲潘墓可知馬衞將斷作官名今以墓莂證之知馬衞將爲官名卽葬是墓者建寧下原釋爲六字第墓莂作元年此爲元字無疑矣五月朔述史居士又跋

漢都司空殘瓦文

漢都司空殘瓦琢爲研今藏㬎跛從兄許拓請鼎梅先生粲之　癸卯四月維則志

漢本初專文

漢本初專出吳興曾載千甓亭古專圖釋此陸存齋年丈心源分贈同郡周季貺太守星詒而太守轉以贈余者　癸卯四月拓請鼎梅先生雅鑑　徐維則識于述史廔

魏神瑞周則造像記

魏神瑞周則銅造像舊藏海豐吳氏嗣海寧查氏嘉興張氏亦先後藏弆自光緒丙申六月羅未韞茂才爲余得之文曰神瑞

二年正月十一日周則頋家口平安造象一區

四月下澣拓奉

鼎梅先生清玩　維則

齊維衞尊佛造象記

南齊古墨惟吾越此造象記十八字志金石者多寶之此尚是

匪亂以前　家大人手所椎搨筆勢完全恍如新墼檢得一紙

請

鼎梅先生鑒之　維則

隋法華經殘石

隋法華經刻石在直隸房山爲大業間釋淨琬所書凡石室七

間封閉甚固中有一室封稍壞好事者啓而拓之丙戌之歲世

父在都曾郵請僱工往其字迹完好鋒頴如新其筆法圓健與

紀國陸妃等慈及昭陵諸碑相出入誠初唐之正宗甚可愛也

此卽石室中殘石爲陶心雲年丈濬宣所攜歸今藏其家兩面

鐫刻未諗其嵌列之法然吾越得增一隋刻豈不快哉今分其

一以奉

鼎梅先生清玩　維則

唐龍瑞宫記

賀季真書世不多見龍瑞宫記刻會稽望仙橋摩崖自杜氏收入越中金石記後已無人知之庚寅五月偶訪得之遂命工搨數十紙以其一奉

鼎梅先生　維則

王鄦閣收藏石刻之富

諸城王先生鄦閣緒祖又字蘭西乙酉舉人官内閣中書山左名族金石世家其尊甫戟門先生錫棨酷嗜金石著有亦佳室印集六卷泉貨彙攷十二卷卷一古幣品卷二三古刀品卷四古圜金周正品秦正品漢正品漢僞品蜀漢正品卷五六朝正品六朝附品刀布別品古別品卷六唐正品五代正品五代附品卷七宋正品卷八南宋正品卷九遼正品金正品西夏附品宋僞品元正品元僞品卷十明正品明附品明末僞品卷十一外國品卷十二厭勝品詩牌品馬錢品同治癸亥四月定稿泉貨萃珍二卷遂古閣藏古刻錄四卷墓誌云君幼工篆刻評者比之鄧完白精鑒別鐘鼎泉幣碑碣之屬遙望即辨真贗善僞者不能售其欺尤嫻書法籀篆隸楷各體俱工得片楮者皆珍之未付剞劂論者惜之泉唐陳叔通太史泉

學專門闡此二書至爲歆慕欲力任校勘以闡潛幽囑余爲之商紹因彼此誤會中止鄦閣旋歸道山壬戌正月由陳叔通太史介諸鄦閣之子齊民紹介於中華書局影印行世若齊民者可謂能繩祖武者也鄦閣家學淵源長鑒別富收藏爲山左金石家之先輩行年六十餘孜求不倦避地析津以卷軸自隨饒於資財蒐得益多金品如睽敦以及涂金景雲小銅碑小楷極似褚河南其最著者碑碣造象各類亦十數種去歲曾以拓本貽余而薛迴顯造像其兄念庭先生亦藏有東魏任仙戴樺等二造像又無年月玉像又東平王玉印一方諸城出土金餅一枚周天和瓦像均爲珍品拓本如宋拓孔宙高字下口皆全張遷有翁正三桂未谷李畏吾各跋煥字橫畫未泐禮器有國初楊水心邱來公諸先生題籤跋尾乙瑛辟字尚存大半其餘泐處亦少上海有午橋藏石印本此遠出其上竹葉殘碑同治庚午燬爲兩段此初拓劉子重故物魏曹真諸葛亮等十餘字未泐沈文忠故物吳天發神讖二種宋拓裱本舊拓未剪本魏張猛龍多五六十字勝於石印王孝禹本高植初拓本整拓未剪隋元公夫婦皆初拓唐姜遐斷碑未剪本沈文忠公藏午橋有石印裱本已目爲寶物因宇宙此碑不過二三本而已此未剪尤可珍貴塼塔銘自說謦以下一字未缺靈石楊氏舊藏皆異於尋常流傳拓本其石已亡而尚存有拓本者如漢大將軍楊瑾殘碑見金石存廞肆有複本即從此出此其祖本也陳德殘碑翁阮皆評爲佳品而金石聚諸書痛詆之大誤也劉燕庭藏原石有陰在山東蘭山縣雍正六年亡陽嘉殘石吳子苾閣學藏已燬於火魏晉

潘韓浩橋題字（石刻與石門頌等並列今已佚矣李月汀故物）隋楊瑾墓誌皆今之星鳳矣至著述則有古泉匯補鈌訂譌句鑃齋金石跋（鑃集韻徒弔切燒器一作銚）北齊標賣鄉石柱孜漢魏六朝石刻今存錄東武金石孜略等書至所藏泉刀亦多珍品以非（燮光）所好姑從略焉鄦閣近得匋齋曁各家藏石四十種（多北朝以前物）編句鑃齋藏石目用薄紙精拓每份定價洋五十元以西漢降命殘石一方爲最古范鼎卿觀察審定爲漢遅元宗等祖冢刻石至爲精碻（鄦閣跋云石舊藏寶華盦今爲鄦閣先生所得洗石精拓解釋甚碻足正匋齋藏石記之失惟第二行第四字舊釋爲降藏石記爲隆今細審其文卜右已条是隆字亦未安也爰从闕疑之例定名遅元宗等祖冢刻石循譯刻文蓋元宗與叔宗季宗伯世伯鄉五家共負守冢之責故以漆書爲券後復刊而納諸冢中耳商有遅任此元宗等殆其後裔紹興范壽銘識）而鄦閣先生自撰釋跋其精詳亦遠出匋齋藏石記孜釋之上讀其致乃娙漢輔孜釋此石記析及徵茫字字細審雖侍姬亦善孜古風雅萃於一門已無天壤王郎之憾戊午冬日先生曾以此石精拓本索題二絕旋有和章（西京石刻如星鳳瓌寶人間尚有之降命猶存殘字百神光十丈照臨池不須片石語韓陵我亦天涯行脚僧碧落碑奇三日讀千秋猶憶李陽冰顧燮光隸到西京首典重且將姿媚薄羲之寥寥雙鳳三山外猶有靈光護墨池青箱古學效盧陵摹拓差同金石僧動魄驚心真寶刻應參篆

法證斯冰王鄦閣千里詩筒互相唱龠橫流滄海賞音不孤洵足爲金石林之佳話矣

王君鄦閣釋跋

余藏西漢西安降命刻石首行一二字是西安末四字似君鄉命六次行二月上年字無疑漢輔姪釋降字云漢初隸書無定法多作兩點非際非隆命下漢輔釋竝予釋共下二點在微莚中參執法三字易辨以下漢輔釋逮下勝端釋遠甚此行末是司三行首字或釋爲空未敢定除相國以下十字皆易識丞卽古平字余臧古方足布平字與此同平亭見漢書張湯傳四行遅字余皆釋爲遅漢輔以爲然季宗上漢輔釋叔宗亦塙叔字漢碑多作村五行鄉此下的是五家二字與上遅元宗二云二云一段文字恰合孫姬婉如復釋得祖冢二字亦精之責二字端記誤釋辛酉謬極責下漢輔釋爲巳漆書之精碻之至末行百通上予又釋故降二字又巠亭上漢輔初以爲之字余以精拓諦審始辨爲起字此刻文義古奧字體亦參差遒古不拘故常正是由篆變隸之時

也陶齋藏石記堃文生義舛誤甚多予購得後與漢輔費旬餘心力繹出全文惟首行磨泐甚夥尚有未識之字耳玫宇內西漢碑刻不過五六種獲此妙品頗足自豪羅叔蘊漢石存目釋爲十月亦誤

鼎梅仁兄方家清鑒兼祈　正誤　東武王緒祖

王氏竹林玫釋漢降命殘石記

首行

第一字西西字無疑中數字仍未釋出吾姪用目力再釋之至末四字君鄉命六似君鄉命六四字

第二行

年叔釋年極得意因六年二字即定爲西漢初無疑矣西漢初皆無年號但元二三四等年至武帝後方通行□□幾年字號也此真可沾沾自喜者矣吾姪閱此當同一大快也二月除命共並字似仍以釋共爲是蓋共下二點今尚存影响也參執法以建下國此行一字字的塙可謂一字一珠

第三行

守此字釋守尚近孫姪釋爲索字亦可但惜與下文除字不甚聯貫耳除相國西安之里此字孫姪婉如釋爲里越看越像亟就石諦觀之尤確乎不可易也妙與下高部云云亦貫串矣遅

第四行

元宗遲卅姪釋此字妙妙宗遲季此釋亦的宗遲伯世遲伯

第五行

鄉此又家此字下斷非二字就石細視五的爲五字無疑且上文遲某共五人恰符其數也妙妙祖右且字甚明顯左狙旁少泐然諦觀之亦有大概原書一釋祖當不誤孫姬竟看出是祖字與原書不謀而合亦一奇也家之責孫姬所釋竊疑祖家卽老家之義似亦可通㠯漆此二字可謂妙手偶得之叔釋文雖多自愧弗如也佩服之至書之

第六行

故叔釋此字尤覺得意之至此字千真萬塙隂與降命降字無二不難釋也百通急如律令漢碑漢書中此等文法甚多皆在末尾

此石之妙妙在西漢初年大約在文景之間海內西漢刻石不過四五而皆有年號如五鳳河平居攝始建國等皆在西漢末矣無年號者只此一石可云得寶楊叔恭等雖佳非其比也吾王氏得此亦足以豪矣且書法由篆入隸字波皆不出鋒與西漢初各銅器隸書相似真鑒家必不河漢斯言也　至此碑文義叔肌揣之是漢帝詔書如後世勅旨鐵券等以獎功臣使其子孫永保勿替

者又如前清封誥上諭等文也吾　姪即本此義作文一篇并錄釋文如前拓所記吾叔姪所釋者某某字注明既不掠美尤見各人心得也且（孫姪）所釋里字家字祖字（共三字）亦懇吾姪錄入記中以一婦人尚欲博好古美譽聖人謂沒世不稱君子疾之有以夫（其畫象于石送到時姪一見即看出者畫象與側畫毗連他石未見之也刻龍鳳紋極細）再者據吾二人釋文此石惟首行多泐上六截及左方皆無殘缺文法亦古奧接得下去大約此石如古摩厓等刻但就粗石刊之不加摩治修飾如後世碑碣墓誌也（吾諸延光碑曾見之亦極粗石如此刊同）然則此刻尤為完美無缺之品也　西漢降命刻石釋文錄寄漢輔二姪一觀並乞再案定之為幸　鄦閣記

周句鑃齋臧石目

漢

西漢西安降命殘石六年二月　有畫象　蘭西漢甫同釋文

楊叔恭殘石（建寧四年七月甲子有陰并左側碑正面下截有畫象各家未著錄）

焦城村齊王畫象（有此精美）齊王也四字　畫象三層宮室人物皆

後秦

遼東太守略陽呂憲墓表弘始四年十二月乙未朔二十七日辛酉有額左側末有一石字諸書未載

梁

天監井闌天監十五年太歲丙申

後魏

永昌王常侍定州常山鮑纂造石浮圖記太平真君三年歲次壬午正月戊寅朔十有八日乙未三面及正面皆有畫象精妙之至與曹望憘一石相同

涞縣當陌村維那高洛周七十人等四面造象碑正始元年太歲甲申三月戊申朔九日四面共五百餘字真造象中之巨觀也畫象尤工妙大似武氏林祠匋齋稱爲極精製作碑高三尺餘

唐縣民劉歸安造象延昌三年歲在甲午七月丁未朔九日乙卯三面題字四面皆有畫象極精此石黑綠色與他石迥殊

曠野將軍石窟署□□許君墓誌諱淵字德智正光六年正月二十七日

法義張伯汪等造象記孝昌二年歲在丙寅□□□庚子朔二十七日丙寅有畫象

清信士佛弟子□□造象武泰元年二月二十二日

清信士佛弟子南陳郡太守賈景等七人造玉象 永熙二年歲在癸丑九月丙戌朔八日癸巳上有佛象在龕內如碑石真奇寶也三面及座皆有畫象石如黃玉似楊大眼等刻精妙之極品也

王君墓誌殘石 永熙二年字似褚中令

東魏

南秦州刺史司馬昇墓誌 天平二年歲在乙卯二月二十一日

比邱尼□悅等三面造象 天平二年歲次□卯五月丙午朔五日庚戌三面字並畫象極細

青州齊郡廣川縣孔僧時等爲父母造象 天平三年歲在丙辰正月癸卯朔二十四日丙寅并象

佛弟子王槃虎造象 天平四年歲次丁巳二月丙寅朔五日庚午三象及文字皆全象特佳

佛弟子張敬造石柱記 元象元年歲次戊午六月戊子朔二十一日戊申六面皆題名並鐫佛象並畫象

法義六十等造釋迦象 元象元年歲次己未四月甲申朔二十日癸卯按元年乃戊午此作己未誤否則是二年二字誤元字

佛弟子李次明爲士兒李郙正造觀世音白玉象 歲次癸亥武定元年七月己丑朔是日甲辰甲字誤應作壬字 有北宋元豐元年二月二十三日來高才等三人楷書題字大似蘇文忠極佳造

象有後人題字者只見此一品

比邱僧道和共母人造觀世音象 武定三年五月二十三日帶以草體罕見之品面塗以紅漆乃奇品也

□□縣人造玉象殘石 武定五年歲次丁卯二月戊子朔二日己丑

曹白駒造象佛座 三面皆題名畫象似魏刻 無年月

後齊

□信士佛弟子戴棒等造象 □□次字似保字元年六月□□日

饒陽縣張景林爲亡妹季妃造白玉觀音象 天保五年八月一日右側有堂內地基畝數南北步段爲造象中創見之品

秦亘伽造觀世音象 天保九年十一月二十八日有畫象甚精

雲門寺法懃禪師塔銘 太寧二年歲在壬午正月辛未朔五日

張元法爲亡父母造雙觀世音象 天統三年歲次丁亥正月癸酉朔二日甲戌

佛弟子女傅醜傅巠頭姊妹二人造盧舍那象佛座 武平三年五月二十四日

佛弟子張思文造無量壽象佛座 承光元年歲次丁酉正月乙亥朔十五日己丑二面畫象

兼題名字畫皆佳

王樂等四面造象 似武氏祠畫象甚工　無年月　似魏齊刻

後周

薛迴顯爲亡父母造觀世音石象 天和三年歲次戊子四月丙寅朔八日癸酉佛象精美爲六朝象所僅見者

贈車騎將軍時珍墓誌 宣政元年歲次降婁十二月神佑朔九日

隋

王蘭苊造象小佛座 開皇八年八月八日三面題名

佛弟子姚伯兒造釋迦像 仁壽三年歲次癸亥九月庚子朔十日

寶梁經石刻 無年月三仟數百字關中趙乾生心賞之品甸齋撫陝時以術取之藏石記推爲至寶楷法古秀六朝佛經刻石之冠

唐

王才及夫人毛氏墓誌銘 麟德元年歲次甲子三月己酉朔十三日辛酉字體秀勁極似塼塔銘

弟子張紹緒造彌弛象 麟德二年歲次乙丑閏三月壬申朔九日庚辰三面題字

□信士比丘□□□亡兄鹿德□□成合家亡過父母□盧舍

郜象石□□□□□十八日有上爲天后字陶齋定爲武周刻

吕媛墓誌 太和七年仲冬月朔日　四面畫象　文法特異

范鼎卿吉光零拾及元氏誌錄

讀繆藝風年丈所著藝風堂金石文字目知年丈昔入川東道姚君幕府盡觀所藏拓本金石之學益精所編金石文字目自漢迄元搜羅至萬餘通續編聞又得三千通余自甲寅仲冬迄今遊歷河朔各縣深入太行訪得古人未著錄碑刻凡七百餘種然藝風堂金石文字目所錄各縣碑碣尚有未尋得者宏博爲歷來金石收藏家之冠

燮光甲寅秋日偃息西泠時山陰范鼎卿先生觀察河北來書約襄纂河朔古蹟志入洛機雲自慚齒長先生好學篤古舉廢振墜官中州十餘年宦轍所經尤注意文獻其官安陽縣知事時曾立安陽古蹟保存所安陽古蹟保存所記曰大河以北漳以南前代之所都人文之所聚名山大川之所盤紆精藍古刹之所薈萃者無若安陽古金樂石出於荒冢斷崖高岸深谷廢甃壞壁斁頭而不可勝數者又無若安陽自輪軌棣通販夫麇集尊彝碑碣之屬朝出於村墟暮輦載去其二千年來之所留遺若東漢殘石寶山造象爲人朘竊而零落殆盡蓋近十餘年間安陽古迹之消沈散佚者不知凡幾也夫古今中外人有尊古之思豈徒以娛耳目而已政治地理風俗宗教文學美術將於此求焉重瀛各國設博覽之館集研究之會其致力若此而以吾名都大邑地不愛寶竭其菁華乃視若無覩聽其泯滅焉豈不重可慨與

余重宰安陽之次年獲販豎之盜運者得古物數十品罰鍰千五百緡謀諸士紳就文昌宮東舍三楹以儲之既又得誌石造象匋器若干品復訪北齊西門祠之斷碑均移置於是械之櫜之緘之樹之龕之築之不五旬而蕆事余之去安陽也以屬新令尹龐君續有所得復弆其中蓋至是而所以保存安陽古迹者可謂略備雖然古迹之發見無盡則保存亦無盡覽是所也其所擴張而愛護之者不能不望於後之君子昔歐陽氏有言物必聚於所好余謂聚於一人之私好不若聚為一邑之公好惟其公也乃可久也後之官於是而居於是者當必有同斯懷抱者矣范壽銘並著安陽金石目一卷訪得碑刻凡數十種錢唐吳綗齋先生序之序曰金石之學昉於趙宋至有清而極盛作者蠭起垂數十家大抵攷一郡一邑者翔實可信而網羅寰宇列目繁富者不免有踳駮之譏孫淵如先生世稱通儒其為訪碑錄也藉邢兩民趙晉齋何夢華諸君之力展轉搜求非由目驗或年月之闕略或人地之乖盭拾遺糾謬待諸後人趙撝叔氏踵成續錄亦蹈此失然用力之勤有功匪尠近數十年豐碑幽壙日出不窮攷訂之學益加邃密山陰范鼎卿道尹竺學劬古酷嗜貞石宰安陽者三年頃又觀察河北安陽為古鄴都自當塗高之勃興洎賀六渾之建國聲明文物嬗於兩京然地當四戰之區歷代用兵罔不以河朔為樞紐故金石文字銷鑠於鋒燼者視它郡為多往時武虛谷先生修縣志成安陽金石錄十六卷可謂富矣時閱百年亡佚滋甚予游正直四殘碑漢石之僅存者今已為人竊去乃予游上截忽於近年出土綴而讀之全碑文字闕佚無幾摩挲打本正相忻慰其他新出碑誌往往流轉販鬻攷古者將不知為何方之物鼎卿憂之乃輯安陽金石目一卷都凡貳百餘種其中十之三四皆前人所未著錄如杜宏元晬公孫貽乞伏保達諸誌於北朝地理官制關繫綦宏而寶山谽記訪之摩厓絕壁間者較武氏之書增至三十餘種辨零泉靈泉之為兩縣足正前人之譌爬梳鉤鈲精博絕倫所尤難者一一得諸目驗非展傳壙掇而來且黜武氏羼入彝器之非

體列至爲矜慎實篤往著而突過之鼎鄉精力勝人治事之暇草創河朔古迹志於所屬二十四邑殘碑斷碣搜剔靡遺吾友顧鼎梅主政且助其成蔚爲鉅製然則鼎鄉之有功於古人者又豈僅一郡一邑而已哉甲寅十二月錢唐吳士鑑序

嗣纂河朔古蹟志此目遂未付梓所藏金石拓本約六千餘通分類裝池疊爲巨帙復擇鐘鏡磚瓦造象殘石之精小者凡一千餘種裝爲十餘鉅冊顔曰吉光零拾手自標題精美雅飭過於鮑氏之金石屑俟河朔古蹟志殺青（燮光）擬仿洪氏平津館讀碑記例撰循園金石經眼錄一書誰不敢媲藝風之入川或可希卷葹之遊汴耳先生收藏金石既富尤珍銘幽之文曾編循園選藏古志目一卷計所得北朝墓誌拓本踰二百種屬於元氏者凡四十一曾著元氏誌錄擬用珂羅版印行尚未脫稿也先生於壬戌秋八月歸道山所著古冢遺文迄齊而止凡數萬言元氏誌錄一書在汴雖已付梓迄未印行惟洛中近年所出元氏墓志又增三十四種均先生所未及見者茲並列目於後然取所著元氏誌錄敘及各跋尾讀之固已前無古人矣

元氏誌錄敘　　紹興范壽銘

拓跋氏以胡族入主中國至拓跋宏雅好讀書手不釋卷該涉經史好爲文章於是文教以興凡造象碑誌之精美者皆太和以後所作也而近出元氏諸誌尤多傑作想見當時曳裾侯門者皆一時文學之選梁武帝所以有曹植陸機復生北土之歎其後枝分葉布世歷齊隋其風未替墨本流傳視若球璧蓋其刻畫文字不少簡率若元銓元欽元珍元彥元顯魏元顯儁元祐夫婦元颺夫婦各誌尤足頫視唐宋陵轢鍾王非第爲攷證文獻之資而已今就所得拓本自景明以至武定都四十一種又補至癸亥止出土者三十四種坿以北齊一種著錄於後以備攷焉

北魏河間王元定墓誌銘 正書 景明元年十一月 壬戌 洛陽出土

北魏廣陵王元羽墓誌銘 正書 景明三年七月 洛陽出土 吳興徐氏藏石

北魏獻文帝第一品嬪侯夫人墓誌銘 正書 景明四年三月二十一日 上虞羅氏藏石

北魏元始和墓誌銘 正書 正始二年十一月十八日 番禺葉氏藏石

北魏城陽懷王元鸞墓誌銘 正書 正始二年十一月 洛陽出土

北魏元思墓誌銘 正書 正始丁亥三月 洛陽出土 攷爲正始四年

北魏城陽王元壽妃麴氏墓志銘 正書 正始四年八月 洛陽出土

北魏樂安王元緒墓誌銘 正書 正始四年十月 洛陽出土

北魏彭城武宣王元勰墓誌銘 正書 永平元年十月六日 洛陽出土

北魏北海王元詳墓志 正書 永平元年十一月六日 洛陽出土

北魏江陽王次妃石夫人墓誌銘 正書 永平元年十一月二十三日 常熟曾氏藏石

北魏獻武元王元英墓誌 正書 永平三年十二月癸亥 洛陽出土 正始三年之元暎係僞作隋元英別爲一種

北魏樂安哀王元悅墓誌銘 正書 辛卯十一月 洛陽出土 攷爲永平四年

北魏北海王妃李元姜志銘 正書 延昌元年八月 洛陽出土

北魏安樂王元詮墓誌銘 正書 延昌元年八月二十六日 常熟曾氏藏石

北魏元顯儁墓誌銘 正書 延昌二年二月二十九日 京師歷史博物館藏石

北魏衛尉少卿元演墓誌銘 正書 延昌二年三月七日 天津李氏藏石

北魏元颺妻王夫人墓誌銘 正書 延昌二年十二月四日 日本太倉八郎藏石

北魏高宗嬪耿氏墓誌銘 正書延昌三年七月十五日 上虞羅氏藏石

北魏燕州刺史元颺墓誌銘 正書延昌三年十一月四日 日本太倉八郎藏石

北魏冀州刺史元珍墓志 正書延昌三年十一月 日 陽湖董氏藏石

北魏樂陵王元彥墓誌銘 正書熙平元年十一月十日 紹興張氏藏石

北魏陽平幽王妃李太妃墓志 正書 熙平二年十一月

北魏高宗耿嬪墓志銘 正書 神龜元年三月八日 未詳所在

北魏齊郡王元祐墓誌銘 正書 神龜二年二月二十三日 洛陽雷氏藏石

北魏饒陽男元遙墓誌銘 正書己亥年八月 洛陽出土 攷為神龜二年八月

北魏京兆王息元遙妻梁氏合祔墓誌 正書己亥年八月 攷為 洛陽出土
神龜二年 元遙夫婦均為山陰吳氏藏石

北魏輕車將軍元斑妻穆玉容墓誌銘 並蓋均正書 神龜二年十月 洛陽出
土 吳興徐森玉藏石

北魏恆州刺史謚曰宣公元譓墓誌銘 正書 神龜二年十一月十四日 洛陽
出土

北魏宣武帝第一貴嬪夫人司馬氏墓誌銘 正書 正光二年二月二十二

夢碧簃石言 三

日　陽湖董氏藏石

北魏齊郡王妃常氏墓誌銘　正書　正光四年二月二十七日　日本太倉八郎藏石

北魏寧遠將軍燉煌鎮將元倪墓誌銘　正書　正光四年二月二十七日　常熟曾氏藏石

北魏冀州刺史元昭墓志銘　正書　蓋花紋無字　正光五年三月壬戌　洛陽出土　天津張氏藏石

北魏冀州刺史元子直墓誌銘　正書　正光五年八月壬戌　洛陽出土

北魏彭城武宣王妃李氏墓誌銘　正書　正光五年八月　洛陽出土

北魏樂安王妃馮氏墓誌銘　正書　正光五年十一月　洛陽出土

北魏東豫州刺史元顯魏墓誌銘　正書　孝昌元年十月三十日　洛陽保存會藏石

北魏恆州刺史元纂墓誌銘　正書　孝昌元年十一月二十日　陽湖陶氏藏石

北魏青州刺史元暐墓誌銘　正書　孝昌元年十一月二十日　陽湖陶氏藏石

北魏中山王元熙墓誌銘　正書　孝昌元年十一月　洛陽出土

北魏冀州刺史元壽安墓志銘　正書　蓋篆書　孝昌二年十月　洛陽出土

北魏豫州刺史河南元珽墓志銘　並蓋均正書　孝昌二年十月　洛陽出土　吳興

徐森玉藏石

北魏雍州刺史元固墓誌銘　正書　孝昌三年十一月二日　洛陽保存會藏石

北魏廣平文懿王元悌銘　正書　蓋篆書　建義元年六月　壬戌洛陽出土

北魏東平王元略墓誌銘　正書　建義元年七月　洛陽出土

北魏瀛州刺史元廞墓誌銘　正書　建義元年七月　洛陽出土

北魏趙郡王元毓墓誌銘　正書　建義元年七月四日　紹興周氏藏石

北魏武昌王妃吐谷渾氏墓志銘　正書　建義元年八月　壬戌洛陽出土

北魏司空公元欽墓誌銘　正書　永安元年十一月八日　武進陶氏藏石

北魏元氏蘭夫人墓誌銘　正書　永安元年十一月二十日　上虞羅氏藏石

北魏青州刺史元湝墓志銘　正書　永安二年三月　癸亥洛陽出土

北魏涼州刺史元維墓誌　正書　永安二年三月　己未洛陽出土

北魏散騎侍郎元恩墓誌銘　正書　永安二年十一月　洛陽出土

北魏臨淮王元彧墓誌銘　正書　無年月　玫元彧死於建義三年十二月　洛陽保存會藏石

北魏文景王元誨墓志銘　正書　普泰元年三月　壬戌洛陽出土　鄞縣馬氏藏石

北魏安豐王謚曰文宣元王元延明墓誌銘　正書　太昌元年七月　洛陽

出土
北魏東海王元頊及妃胡氏合祔墓誌銘正書太昌元年八月洛陽出土
北魏林慮郡王元文墓誌銘正書太昌元年十一月十九日吳興徐氏藏石
北魏城陽王元徽墓誌銘正書太昌元年十一月十九日陽湖陶氏藏石
北魏廣川縣開國侯元鑽遠墓志銘正書永熙二年十一月洛陽出土
東魏平南將軍元玕墓誌銘正書天平二年七月二十八日紹興張氏藏石
東魏華山王妃公孫氏墓誌銘正書天平四年七月十六日磁州勸學所藏石戊午售去未詳所在
東魏宜陽郡王元寶建墓誌銘正書興和三年八月二十一日會稽顧氏藏石
東魏華山王元鷙墓誌銘正書興和三年十月二十三日磁州勸學所藏石戊午售去
東魏西河王元悰墓誌銘分書武定元年三月十九日廠肆尊古齋藏石
東魏廣陽王元湛墓誌銘正書武定二年八月庚申安陽保存所藏石
東魏廣陽王妃王氏墓誌銘正書武定二年八月庚申安陽保存所藏石
東魏淮南王元顯墓誌銘正書武定二年八月二十日安陽保存所藏石
東魏安康縣開國伯元均墓誌銘正書武定二年八月二十日安陽保存所藏石

東魏汝陽王元暐墓誌銘正書武定三年十一月二十九日南潯張氏藏石

東魏章武王太妃盧氏墓誌銘正書武定四年十一月二十二日上虞羅氏藏石

東魏任城文宣王太妃馮氏墓誌銘正書武定五年十一月十六日安陽保存所藏石

東魏東安王太妃陸氏墓誌銘正書武定五年十一月十六日安陽保存所藏石

東魏安豐王妃馮氏墓誌銘分書武定六年十月二十二日磁州勸學所藏石戊午售去未詳所在

坿

北齊楊懷穎徐兗五州刺史元賢墓誌銘正書天保三年十一月南潯張氏藏石

右誌齊郡王妃常氏元颺夫婦各誌出土最先元顯儁誌出土最後民國七年十一月出土除元演暨江陽王妃元颺夫婦元祐夫婦六誌載芒洛冢墓遺文其餘出土大率不及五稔或僅數月皆各金石家所未經著錄者也別有隋穎州別駕元英墓誌太僕卿元公暨姬夫人墓誌東宮左親衛元仁宗墓誌或早經著錄或

未覩墨拓且非中州所出故從闕焉
北魏諸誌均出洛陽東魏諸誌均出漳北二代遺文各存片壤珠光劍氣未可終湮千四百年先後呈露地不愛寶理有固然芒山之隈漳流之側纍纍荒冢彌望無際振奇之士數爲神皋而摸金之徒亦視爲利藪恐自兹以往不及十年都成廢壠良足悲已
誌石發見以後販夫貿遷轉徙靡定國家既無保存之術而野老村氓𨓜知愛護致使斯文凋喪瓌寶淪胥或且流入重瀛求一拓本而不可得摩挲翠墨能無累欷上列各誌除元鷙夫婦安豊王妃石已他售未詳所在餘則家珍可歷數焉夫搏搏大地尚歷滄桑片石飄零詎知所屆試置此身於百餘年後覩此石墨有若星鳳可斷言耳
拓拔一朝文字太和以前儒風闃寂造象碑記存者已罕碑之存者惟太安二年中岳嵩高靈廟碑一種造象之存者惟太安元年之李節捨地造象記太安三年之劉龍造象銘殘字太平真君三年之鮑纂造象皇興三年之趙埛爲父母造彌勒象皇興五年之清信女□知法造象記五種墓誌則未有

見者（攈古錄載有皇興二年雍州刺史□唐公魚玄明甎銘一種然係甎記而非石刻）誌石掇見實始於太和廿三年之韓顯宗十九年之周哲疑係僞作而元氏諸誌則始於景明四年之侯夫人（夔光按河間王元定係景明元年十一月廣陵王元羽係景明三年七月均在侯夫人之前元羽范公猶及見之若元定出土則范公已歸道山矣）其時文辭字體均尚簡拙猶存淳古勁逹之氣至永平以暨孝昌掞章摛藻靡然成風詞既雅馴書尤精妙固已盡埽獷悍之習無慚著作之林以儗南朝詎庸多讓可共語者豈僅韓陵一片石哉此爲文化最盛之時過此以往漸就淩替武定之季菁華已竭以視中葉瞠乎後矣故漳濱所出之誌其雋采不及洛中而石之高廣字之繁縟往往過之人文風尚之盛衰果有時代限之者與

誌必有蓋其文字多用篆體其鐫刻多用陽文此四十一種（又續出三十四種共計七十五種）之誌惟耿嬪元湛夫婦元毓元顯魏元玕廣陽王妃誌蓋俱全元顯儁製作尤異（琢成龜形）其他蓋石均所未覩良由肆賈販購綑載艱難遂從割棄買珠舍櫝得魚忘筌寧非憾事夫誌銘之佳者其蓋文亦必精絕安得一一搜羅爲之璧合

乎洛中近出濟南王（据史即濟南王元匡）誌蓋一種則有蓋而無誌意其誌石已早爲人購去耳（變光按元昭蓋花紋至爲精美此爲范公所未見者）魏收魏書本未精覈而書又亡逸不完後人雜採李延壽北史修文御覽高氏小史等書補綴成之其所闕十四十五十七十八十九上卷又二十及二十二卷皆帝系列傳也書雖已補而語焉不詳每多闕略之憾自誌石先後出土於是元氏宗室之世系親屬事蹟官爵謚號瞭然備舉既可以史證石亦可以石補史有裨著述良非淺鮮況誌石日出不窮數年以後裒集益多刪其諛墓文詞取其可徵故實勒爲一編列成世表以永其傳亦中原之文獻乙部之鉅製也（下列各世系極詳有專書在玆從略焉）

按范公此錄作於戊午（即民國七年）然迄癸亥止洛中陸續出土如元定元羽元鸞元緒元思元壽妃麴氏元詳元緦元英元悅北海王妃李元萇陽平幽王妃李太妃元遙并妻梁氏元珽并妻穆氏元譿元昭元子直彭城武宣王妃李氏樂安王妃馮氏元熙元壽安元悌元略元廞武昌王妃吐谷渾氏元

維元㯙元恩元誨元延明元項及妃胡氏元鑽遠計三十四種均未列入多半爲范公所未寓目者玆一併編入焉

王漢輔種瓜亭筆記及劉宋元嘉造象

福山王漢輔先生（崇烈王文敏公長子）以金石世其家學品隲古器別具會心讀所著種瓜亭筆記一卷中記所見所得剛卯若干品及論圭璋區別皆足發明古學精微申論萬村料之研究及攷訂書畫金石之真僞均有特識（夔光）曩讀此書深爲企慕嗣由藝風年丈介紹得締神交津衞迢遞時通問字之函先生古道可欽照人肝膽近日研究殷虛卜骨文字亦擬汾爲專書廣此絕學商遺之外一人而已所藏劉宋元嘉造象（係文敏得於蜀中庚子之變文敏殉國石歸端忠愍公丁巳端氏後人分售藏石漢輔以重值購回羅氏卡蘊唐風樓金石文字跋尾云宋元嘉十三年始康□晉豐縣□熊造象爲福山王文敏公舊藏文敏游蜀時得之成都西關萬佛寺其象無頭卽蜀碧所載明末獻賊所斫去者今歸端午橋制軍考南朝造象極少此雖寥寥數十字不啻韓陵片石洵可寶貴書法極似爨龍顏寇謙之碑其時方由古隸變今隸故字體極朴厚其中別字佛作佛亮作亮壽作討）尤爲罕見之品今歲蒙以拓本見詒並撰跋語數百言契許之殷靡深慚恧爰錄存之以誌雅誼

劉宋晉豐縣□熊造象（正書石象高三尺餘廣二尺記刻象趺高四寸餘廣亦二尺共十五行行三四字不等）

元嘉七壬年太歲□子始庚□晉豐縣□熊造一□亮佛相連光坐高三尺一石佛爲父母并熊身及兒子起願無亮壽佛國土七月廿三日立

陶齋藏石記右元嘉廿五四字僅存左之泰半考是歲爲戊子其缺處則戊字也沈約宋書州郡志晉豐縣屬益州始康郡熊爲造象之人而失其姓亮即亮字古量字或借作緉作兩皆以音近相通無亮即無量也

此造象高三尺餘先文敏公得來於成都以四人肩舁至京庚子之變（崇烈）以窮困居原籍與京師聲息不通水旱兩途皆不克行洎 先人殉節後存物蕩然而所藏造象石刻以舉重僅存端忠敏公本爲至交乃堅索各石以大義相責代爲保存而流傳之未敢以分文貨取也今公後人分奪而售余以重值購回舊石僅能及此以此石爲巨擘名瑶不忍聽

其淪落也不但文字畫象之美即以石質論亦蒼古極矣亦未忍多拓因我與鼎梅先生神交同好寄同忻賞然憶往事已涕洟及之矣崇烈識

劉宋元嘉廿五年太歲在戊子始康郡晉豐縣均益州地以吳氏攈古目錄攷之元嘉文字存者僅數磚耳有廿一年磚甲申年則與此廿五年在子正合先文敏公著有兩漢存石目南北朝存石目稿本均失不知此外尚有元嘉石否崇烈記

先文敏公所著存石目卷帙浩繁而稿本亦多漢石目以藍格紙大本爲定本南北朝石目以松竹齋紅格紙本爲定本現羅叔蘊及況夔生均得有稿本不知孰藏爲最後定本耳羅氏屢言刊行不知何日始可昭示後人按漢石存目二卷光緒乙未尹君竹年刻於山左乙卯羅君尗言爲之校補排印於雪堂叢刻中序云予初治金石目錄之學校孫氏寰宇訪碑錄及趙氏補錄訂正譌複各得數百事既乃苦其多不勝舉而止欲別爲一目意先成一代詳加校核而後徐及他代如是譌誤庶可差減逮歲乙未諸城尹君竹年郵寄所刻福山王氏漢石存目二卷其書分字存畫存僞刻不錄重摹不錄佚石不錄體

例頗完善尹君附書言廉生太史已繼是爲六朝石存目近擬撰唐石存目則繁賾非旦夕所能就也予喜其與鄙意不謀而符謂今海內既有爲之者予書可不作乃撰集孫趙兩家著錄所未及諸石刻爲再續訪碑錄二卷於時頗檢閱是目則稍稍見譌字爲之是正記於書眉比以二十年來兩京石刻又有出土者欲加入編中乃一一校以墨本始知是書之違失始不下於孫趙二錄爰舉其略如司馬長元石門刻字注建初八年六月校以石刻乃六年十月南武陽西石闕注元和八年八月元和無八年他家或作元和三年今驗石刻年上一字雖半泐然是元字乃元年十二月固非八年八月也韓勅造禮器碑注永壽元年石刻是二年魯峻碑注熹平元年石刻亦是二年樊敏碑注建安六年八月石本乃十年三月此書年月之失也楊叔恭碑附書碑兩側今石本但有一側三公山碑有側曹全碑有陰錄中並不著此書陰側之失也楊君頌注篆額而石刻額字是八分劉梁殘石一曰秋博覽云云一曰注爲國云云又有碑側一行曰歲在辛酉三月十五茲乃析一爲三而分著之稱弟故殘石他書或作十三字殘碑與黃初五年殘石書體大小方罫並同確爲一碑此錄乃誤以爲漢刻禹陵窆石形制書迹並同孫吳宋人著錄謂是漢永康元年今石刻具存並不見永康紀年乃亦沿宋人之誤列之漢石此記書體名稱朝代之失也今均一一爲之勘正朱博殘石確爲贋作蜀侍中楊公中書令賈公二闕劉燕庭方伯據宋人題字定爲李成時其說可信此錄仍以爲蜀漢茲並削除而益以近年新出諸石二十有二於是字存一卷略可觀覽至書存彌復糾紛著錄益匪易易此錄舛譌蓋亦非一如沂水鳳皇畫象二石其一署白鳳誤錄作元鳳又誤二石爲三石嵩高泰室少室東西二闕並有畫象乃均屬之東闕武氏祠後石室畫象十石均無題字乃注題字八分書左室畫象十石誤作一石顏氏樂圃畫象二石一得之白楊店嶽廟者有題字一得之兗州劉氏者無題字茲

錄於二石僉注有題字陳氏簠齋藏君車題字畫象二面刻而遺其陰面射陽畫象亦兩面刻而誤以爲二石永元食堂畫象一石裂爲二亦誤以爲二石如斯之類並爲失實又其記錄之例數石之中一石有字便注有題字而不明著幾石有字亦令讀者迷惑今一一取予藏本核定但予之所藏初未盡備然十得八九往歲奉命視學山左輶車所至徵求盈筒如汶上兩石橋畫象等有前賢未曾寓目者乃爲東邦友人借去爲寫眞工人乾沒遺失者過半茲之校訂或轉據他籍至爲憾事又畫象諸石流出海外者不少嘗欲爲海外貞珉錄以記之其成書尚需時日茲先就可知者補入是編雖未能盡其視原錄爲加詳矣予於文敏初未識面方予官京師文敏蓋已捐軀殉國清風大節夙所景企茲之補正非敢暴前賢之失亦聊盡校字之責且以示著錄之難至予之譌誤正恐亦未能免則又將須之後賢倘有能如予之於文敏者則厚幸矣乙卯六月上虞羅振玉又魏晉石存目跋云魏晉石存目尹君竹年撰原附刊於王文敏公漢石存目之後凡著錄石刻二十有四然如孝堂山畫象題字三段文字□□漫滅在有無間范式碑及太公呂望表均有陰並失錄今校補文敏書因並刊正之並補近年新出諸碑十有八而刪孝堂山題名仍附刊於漢石存目之後至文敏所撰六朝石存目其稾本亦存寒齋分類瑣細尚未遑校補將以俟諸異日乙卯六月十八日上虞羅振玉揮汗書又偁盧日札云文敏所著尚有六朝石存目八卷亡友章碩卿大令壽康初擬刻入式訓堂叢書以資盡未果己亥碩卿以稾授予予擬在鄂中刻之文敏致書謝並屬爲之補正嗣匆匆去鄂亦未果刊庚子之變文敏殉難前年碩卿亦歿鍵鑰篋中匆匆十載每思前諾良用疚懷昨文敏門生沈太僕禮部就予求文敏遺書欲爲謀梓因亟以授之所冀早日殺青俾予有以對地下故人則幸甚矣若吳氏攈古錄目太採襍亦因茲老故後經許印

林先生紉之於前丁少山先生校之於後均非此學專家亦草草矣在今日已爲繁富詳贍之書無第二本也鼎梅世老先生既精樂石之學復具譱知識者研定石刻一時傑出亦震古礫今矣幸泐專書嘉賚後學 鄙人 愧焉而亦馨香祝之矣福山王崇烈並識

杜少復臨摹漢魏唐各碑跋尾

松江杜少復先生（羲別號九峯）博雅善書精於金石諸學曾讀其所臨金文三種（頌敦毛公鼎散氏盤）漢碑六種（三公山武榮張壽張遷曹全景北海）魏碑二種（王元詳長樂王丘穆陵亮二造象高貞碑）唐碑計九種（等慈寺聖教序伊闕佛龕皇甫誕道因法師多寶塔顏家廟書譜西平碑）元碑二種（平江儒學記道教碑）篆分楷草各極其妙昔人謂松雪集書學之大成先生書法似宗趙書故能圓轉如意無施不可然臨漢魏各碑古趣盎然逼真北宗則又超乎松雪外矣跋尾八則亦足表章金石之光亟錄諸後（先生又善鐵筆所著耤園印印一書吳仲惲中丞評其已入秦漢三代之室）

又所藏魏驃騎大將軍前東雍州鎮城邑□馬□和造象（正書天平二年十月八日）（此造象書法似欠古雅）

□□合家大小爲士女造象（正書咸亨元年三月）皇甫遠客昆

季等造象正書天寶十一載七月三種當以皇甫遠客爲最

三公山碑

右常山相馮君祀三公山碑與隸書裴岑紀功延光殘碑同一高古近世所傳漢篆除碑額瓦當銅器甎文外其他本不多見此則尤爲傑出較之少室開母等殊有奇氣惟碑久漫漶難以辨識兩漢金石記首一字作元似確至金石萃編所載與雲與字作𦦙掾郭洪郭字作䣄細閲精拓之本與作𦦟郭作䣄和氣不臻下編中釋作乃來道叟本祖衡山上釋作龍殊覺難解今以精本校之和氣不臻下是乃求道要本根即求道本原之意衡山是就字蓋就衡山起堂也其編中闕疑之字如醮祠希罕下審玩點畫作敬當是敬字卜擇吉下作土當是土字魯國顏下作綒當是浮字至神熹其位之位字當是莅字之假借他如以四爲冈嶺爲領不爲丕薦爲蔆醴爲禮喜爲憙德省其彳疾省其冫金石記所載已詳茲不贅焉

張遷碑

右蕩陰令張遷碑前人以碑多借字疑爲僞作若以文義按之誠有未饜人心者然書體樸茂具有筆法其一種麤服亂頭渾然天真氣象實非晉唐人所能彷彿無論宋元以下也碑中以策作荕獸作狩定作宊之羈作羈賓作殯蠶作蠶帶作帶雖作雖歲作感祚作秨張是即張氏繵纏即纏聯相係即相繼中謇即忠謇其氏即箕氏珮瑋即佩韋薜沛即蔽芾曝書亭集與金石評攷兩漢金石記言之已詳惟內紀行來本桼字均未道及僅顧云美釋爲桼字按桼桼耒二字皆通爲七新莽候鉦重五十桼斤桼即七字又鄭固碑膝字旁桼作來太玄經運諸桼政李翊夫人碑三五耒兮桼耒皆七其他尚多可見漢人於三字本通但用此義殊難解耳又查隸釋釋耒爲末顧南原雖曾駁之然洪氏亦必有本或漢人既以耒爲末又將耒通書作桼如此則是處當爲末字於義尚通至既且兩字以文義按之確是暨字離寫而山左金石志乃以終始曲爲解說儩則確是際字而授堂與桂氏跋語又以祭蔡釋之夫終始於君於上文焉能連

貫腸正既祭則下賀又屬贅詞他若以蔡相釋者其説更爲不類矣大凡考据之家每以眼前近語輒好引經證史博考繁徵以實其事而其支離蔓衍傅會穿鑿弗顧也漢人之書本多隨意增減而能書者又不必盡能通文正如金石記所稱似草稿審視未明而茫然下筆者此語頗爲中的蓋古人立碑不過略紀言行儘有草草了事者且當時撰文書丹之人不必皆屬通品亦如今日碑石林立而求其文章爾雅不背體例者殊不數覯古人事多簡質渟樸未漓尤不得以後世繁文例之如定以古人文字必有所本則埶於從旼之旼字又作何説以解歟吾不得而知之矣

龍門造象記

右龍門造象記二種原出漢分爲隸楷八法之祖當時書體甫變結字樸拙而造象記文又皆出工匠之手是以多無書者姓名然用筆有法遂足永傳且開唐賢歐褚門徑今人染翰臨池師其意取其法可也若以結體驕人未免罔人自罔後之識者

定不以余言爲誣也

等慈寺碑

右唐等慈寺碑書體秀整致兼南北文後題銜顔師古下缺一字武授堂謂或懸度之當作書字攷寔不然蓋以舊唐書太宗紀貞觀三年閏十二月癸丑詔建義以來交兵之處爲義士勇夫殞身戎陣者各立一寺命虞世南李百藥褚亮顔師古岑文本許敬宗朱子奢等爲之碑銘以紀功業汜水爲破竇建德之地師古奉勅爲文此記决爲師古所撰也然碑中未載書者姓名殆師古一人撰書歟碑雖完整漫漶已多金石萃編錄載其闕疑者如道隆仁遠下細閱精本碻是是字跂行下是喙字肹響下是五老變爲流星懸識象緯二句其誤釋之字如白挺稱兵作由挺搆兵至人惠利作思利爰整六軍作爰勅其編中雖闕而搨本微可辨識仍未敢遽以爲是者投袂下疑是濡足屢見下疑是窘字粱競出土疑是隆字舝輪上有疑有年號等慈上疑却字樂善上疑枝字他如碑中偺字除萃編所載徒作徒

纏作緾薝蔔作瞻蔔肸蠁作肹響叛渙作叛換以外尚有赦即赦字旨即晉字乎即亙字漏未拈出且稱金提作金提當由王氏所見拓本偶闕以致誤認耳

聖教序碑

右三藏聖教序並記暨文皇荅勑皇太子牋荅後附波羅蜜多心經皆唐沙門懷仁集晉右軍書弇州山人謂其小小展縮偏旁輳合誠所不免然其書筆法精嚴姿致妍宕迥非唐賢可企及當時翰林輩多學此帖因有院體之目蓋學不至者自俗耳於帖則故無尤也帖中能無疑惑作或栖息三禪作拪從手乃古遷字宣揚顯揚褒揚諸揚字均作楊空不異色色即是空空即是色無色聲香諸色字均作色字是集書者相沿六朝之習不知其誤金石錄稱古人簡質凡字點畫相近及音同者多假借用之於此可見故雖經于志甯等潤色猶不遽以改正也至於邪正作耶正東陲作東垂未嫻作未閑邃古作遂古此皆古本能通與前稍異後之臨池者不可不加審別也

多寶塔碑

右多寶塔碑顔魯公書端嚴卓犖大雅不羣魯公書碑權輿於此是以結體遒峻終始如一蓋公中年矜練作也前人有謂其字微帶俗乃近世掾史鼻祖且稱點畫太圓筆寫不應若此余謂古人名書必各有一種超凡處始能獨行於世但人情嗜好不同趨向各異每有喜奇逸者惡嚴峻好端重者詆風華知同體之善忘異量之美卽如右軍聖教一序當時且有院體之目豈右軍之書後人猶有不滿耶蓋亦學弗至者自謂耳如公書爲帶俗又以圓整處筆不應爾未免淺乎視公矣公書略師河南於二王之外別闢門徑晚年所書大字各碑全以氣行幾似不食煙火者其波磔處與柳小異而用筆之妙多在轉肩右啄揭示後學毫無餘蘊至稱其力能透紙風稜射人猶末焉者也兹臨斷石本校之康熙時原缺佛知見法爲五字空王可託本願同七字末行大夫行內侍趙思七字又碑尾一刻字之外又廿二下一日檢按上一勑字塔使下正議二字原缺趙思下一

侶字並碑尾刻字上河南史華四字不知缺自何時也

道教碑

右文敏書道教碑結體精嚴姿致妍潤右軍遺法猶見於茲誠公晚年得意作也安吳包慎伯乃訾公書爲直來直去蠡測管窺殊覺未當惟碑內戰慄作慓係屬別體蓋沿六朝假借之習不予辨正未免稍有可議然於書則故無損也後之識者當能鑒之

錢聽邠之製箋

范鼎卿先生語余曩館太倉錢氏樓三楹庋漢晉諸甓凡數千棲幾欲墮摩挲數日不能盡皆聽邠老人所藏也（聽邠名溯耆禇禮堂金石學續補云錢溯耆字伊臣江蘇太倉人同治庚午優貢內閣中書官直隸深州知州藏古專四百餘種晉隆安四年龔霆期墓專四周有文爲古專奇品）錢氏爲太倉巨族代有聞人聽邠爲鼎銘中丞之子從庚午年起摹刻磚甓碑碣各甲子按年製牋形式極雅（皆繆藝風年丈所鉤摹）丁巳四月聽邠已歸道山其哲嗣履樛能嗣家學曾以所藏唐鄧珞（咸通六年七月）劉仕俌（咸通八年正月）墓誌二種拓本貽余皆精品也

卷五終

夢碧簃石言卷六

會稽　顧燮光禩癯著

劉球隸韻及隸辨

隸韻十卷爲宋劉球所著清嘉慶十有四年江都秦氏恩復得宋拓隸韻墨刻十卷（末有御前應奉沈亨刊爲明餘齋吳廷所藏華亭董宗伯定爲德壽殿本）刻於金陵嗣於四明范氏天一閣復得殘本碑目下卷及劉球奏進表半篇別爲一表加以攷證一卷（翁方綱撰）附諸卷末隸韻一書自此復傳於世（今日秦氏刻本亦極難得）按殘本碑目首行云漢碑年號見本碑一百七十七今秖有一百六十種缺十七種取本書中所引之碑有年代而碑目缺者自冀州郭從事碑至綏民校尉熊君碑共一十七種適符一百七十七之數蓋仿趙明誠金石錄漢碑有年代者爲一類無年代者爲一類今存者計四十七通石之亡而重刻者四通（淮源廟碑夏承碑成陽靈台碑並陰）已亡而有舊拓本者七通（華山廟碑婁壽碑並陰夏承碑譙敏碑樊敏碑劉熊碑）爲本書所引爲集古錄集古錄目金石錄隸釋隸續漢隸字原漢隸分韻所未著錄者凡七種（劉君碑巴相碑永陽高君碑孔廟後碑無名碑題名豆觴碑陰）

斜谷典匠題名南宋迄今僅四百餘年而古刻之存於世者較劉球所見之本已不及四分之一古刻之湮靡深蹝蹝翁氏覃溪序略云以玉海攷之知是淳熙二年劉球所表進洪文惠之隸韻未及成書其集中有題劉氏隸韻之文卽此書也洪蓋嫌其採字太略而未知其後婁氏字原所採漢隸實皆沿此而稍附益之婁氏書成於慶元初年嘉定壬申蒲陽朱鈞重修之本尚自不苟至明末海虞毛氏汲古閣重寫重刊字形盡失今日言隸學者不見宋槧本轉据毛刻字原以爲漢隸如此且其書每字下不詳出每碑止以一二次數記之觀者既未能逐一覆檢其前目又安知辨原石之合否近日顧南原撰隸辨偶或較正一二而顧氏未知有劉氏此刻不能詳究婁氏之誤所由來莫由深攷非一日矣

顧南原所作隸辨爲項澹齋鋟本版藏鑾江羣玉山房乾隆庚申項氏不戒於火家所藏書畫燬是版亦靡孑遺澹齋在時頗珍祕是書不輕發印刊自戊戌距庚申僅二十有三年而版毀故流行不多印本皆精好後廣陵黃氏重爲翻刻欲廣其傳而精善不及原版書賈每抽去後序冀充贋鼎無識者恆難鑒別之

寰宇訪碑錄各書之證誤

孫季仇先生寰宇訪碑錄爲金石目錄學之鉅觀當時彙集邢雨民趙晉齋何夢華諸君所作而成即趙益甫先生續寰宇訪碑錄亦藉沈均初王似樵二君之力非盡由目驗紕繆頗多羅氏叔蘊曾各著刊謬一卷共千餘條可謂詳矣茲取孫趙二氏之書讀之羅氏所未知者二十二條即羅氏自著再續寰宇訪碑錄及刊謬亦不免千慮之失長夏如年爰取三書紕繆爲之補正爰條著於篇

甲　孫氏寰宇訪碑錄之補正

魏平州刺史司馬昞碑 燮光按係墓志載孟縣志

北齊報德象碑河南輝縣 燮光按在山西平定州載山右石刻叢編

北齊維摩經並碑陰皇建元年 燮光按魏氏稼孫非見齋碑錄云訪碑錄列此經於雋敬碑後並署皇建元年並云有陰據山左金石志但標雋碑而以彼爲碑陰此爲正面孫錄誤也諦審經文碑字非出一手今從孫標目依阮敘次經刊碑前姑闕其年

號云

隋沐澗魏夫人祠碑燮光按卽窄澗谷太平寺殘摩崖載集古錄及河内金石志

唐大雲寺皇帝聖祚碑陰燮光按後列聖祚碑陰係複出且聖祚碑陰無字詳見方氏河内縣志

唐慈州刺史鄭貞碑河南滎澤燮光按今在河陰縣東關外

唐内侍高福墓志正書燮光按係行書

唐荆州法曹參軍趙思廉墓志燮光按後列天寶十四載荆府法曹趙思廉墓志係複出

唐靈都觀劉尊師碑燮光按後列天寶十二載王屋山劉尊師碑係複出

唐温佶碑建中元年燮光按碑年月一行列大和七年

唐主簿吳達墓志燮光按後列大和四年洋王府長史吳達墓志複出

唐左千牛衛將軍衛廷諤碑燮光按係衛延諤墓志見孟縣志

宋傅堯俞資忠崇慶禪院疏王本行書 夔光 按魏稼孫績語堂碑錄云中州金石記以黃本爲書人姓名由秦觀銜署校對黃本書而誤孫氏訪碑錄遂轉訛作王本行書

宋游蘇門山詩宣和四年七月 夔光 按係宣和四年四月

金彭琦投簡卜日碑河南禹州 夔光 按在河南濟源濟瀆廟

元郝文忠墓志山西陵川 夔光 按郝文忠墓在河南孟縣北門外有神道碑可徵

元至大四年六月投龍簡記 夔光 按後列延祐八年八月投龍簡記係複出至大四年亦誤

元甯公神道碑銘後至元二年 夔光 按係至大二年見孟縣志

元趙松雪書送李愿歸盤谷序 夔光 按後列盤谷序複出

元付陽臺宮旨碑及天壇山大陽臺宮重修玉皇殿記均未詳所在 夔光 按在河南濟源陽臺宮

元重修靜應廟碑 夔光 按與後列重修紫虛元君靜應廟碑複出

元輝州重修玉虛觀碑後至元二年 夔光 按原碑作至元元年己

丑朔

乙　趙氏補寰宇訪碑錄之補正

唐范夫人墓志河南洛陽夔光按係在河南河內見河內金石志

宋元祐元年龍穴魯元翰題名二年龍仲容題名河南濟源夔光按在河南濬縣大伾山見濬縣金石志

宋全等施石床記夔光按係朱全見河內金石志

丙　羅氏再續寰宇訪碑錄之補正

隋洪州總管安平公蘇慈墓志銘山西蒲城夔光按蒲城在陝西

唐坐忘論未詳所在夔光按在河南濟源縣紫微宮

唐百巖寺重建法堂記陝西修武夔光按在河南修武見修武縣志

宋熙寧六年逖武襄祭文夔光按逖字係狄字之誤

宋韓魏公墓志銘江蘇仁和韓氏藏本夔光按係元和之誤此志係明人重刻現藏安陽縣城內韓魏王祠

丁　羅氏刊謬之補正

唐張興墓志趙氏補寰宇訪碑錄云在臨潼羅氏刊謬云在臨漳

變光按在河南安陽見安陽金石錄現在安陽保存所

補寰宇訪碑錄

趙氏補寰宇訪碑錄云陳金石傳者絕少聞有得臨春閣專文爲至德四年今詢人無知者福建金門島一古碑在樹腹字不可識劉子重言劉智廟邨落壁間多漢專太谷溫元長述其鄉驛路旁石崖凡目所及皆古造象一篆書摩崖磨滅大半見有皇帝字同秦刻石向無拓者丙辰從軍衢州友人蜀中來言嘗舟行仰視絕壁上有二碑不知何代物凡此類者聞不勝記姑舉一二近者俟振奇鑿空之士索焉

金石萃編係不全本

青浦王述庵司寇蒐羅古刻一千五百餘通成金石萃編一百六十卷甄錄全文詳載行款綴附題跋費五十年光陰集廿餘人智力成此偉著自謂欲論金石取足於此不煩他索殆非夸語惟原書共二百卷原板現存青浦縣朱家角圓津禪院惜已多殘闕矣剞劂未畢而蘭泉歿後人

省費迄金而止元代碑刻四十卷遂付闕如繆藝風年丈曾見其不全稿本惜未將碑目全錄繆藝風年伯云蘭泉後四十卷只見一二六七十等五冊除荃所收得外錄存一目大半雲南居多未鈔亦未見全目考据亦甚少大約愈近書愈少矣近見羅叔蘊所刻金石萃編未刻稿祗三卷列元碑僅八十種與繆年伯所云不符惜藝風早歸道山無由問字矣繼萃編成書者如吳氏筠青館金石記先君子日記云閱黃虎癡金石萃編補目始知當日受吳荷屋中丞之聘修金石萃編補遺已較正編數有增多因吳中丞去官由湘撫任左遷京秩將稿攜去卒亦未刻虎癡未留副本晚年始仿孫邢訪碑錄之例纂爲補目但未刊入三長物齋叢書毛先生服膺虎癡而未見此書亦不知虎癡有金石萃編補遺之著乃欲以闕中一隅所見數十種自作補遺噫所見殊未廣矣按今所傳陸紹聞金石續編卷帙僅得王書三分之一虎癡所續在先竟比原書增多惜吳中丞之未付梓也世所稱筠青館金石記或即此書其稿後歸何子貞不知詩孫尚世守否此目經劉聚卿刻入聚學軒叢書中瞿氏古泉山館金石文編烏程張石銘刻有古泉山館金石文編殘稿四卷僅有跋語而無碑刻文字嚴氏金石萃編正續此稿現爲劉翰怡京卿所得惜闕數卷聞擬據目求文或可補足亦一快事也朱氏金石萃編補輯今均不傳陸蔚庭八瓊室金石文字補正若干卷原稿雖存未有刻本聞劉翰怡京卿擬刻之已延章君式之爲校勘吳絅齋先生來函云陸蔚庭前輩承其尊人莘農觀察家學研究金石實爲精審從前潘文勤亦託莘翁訪碑湘西也陸氏金石續編二十一卷已梓印於世足與嫓美其餘如方氏金石萃編補正黃氏金石萃編補目王氏金石萃

編補略毛氏金石萃編補遺稿存余家尚未刻行所收僅關中一隅具體而微不足觀矣吳興張君石銘曩有聘繆藝風年丈纂續萃編之議繆年伯云滬上金石續編之說南潯張君初意以二萬元購荃之舊拓本再延荃辦書署張名荃不願以爲少年即有此志搜石刻外金石書至二百餘種鈔藁居多現張君既願辦此事須兩人同署名鈔校之友人刊刻之費張君任之拓本亦不需價現因清史館去留未定又張君書目亦未完權且閣下德甫之書實亦不可磨滅所以名續萃編陸方嚴黃則併之瞿木夫陸星農兩大家所著均不傳所以有立腳處而各家跋語須抉擇即收碑如某造象一條無年月無官銜者亦宜去向以爲唐前造象不如宋人題名也又擬添入元代擬二百卷書恐不止此旋以孜訂禊帖中止藝風年丈藏碑拓至萬三千種八倍述庵如克成書詎非快事安得富而好禮者踵行之如陸氏增祥所云倘得聚百餘家已刊未刊之書統數千百年之遺文妙蹟芟其繁複剔其訛謬覈其異同判其真贋集其大成而彙淛一編永傳千古則書之傳者益傳不傳者亦傳其書傳其人傳即偶得一二希有之品亦宜附之以傳而史冊所不傳之古入亦罔弗賴是以傳將王氏所謂欲論金石取足於此不煩他索者其在此而不在彼也不誠天下後世之大幸也哉實千秋之鉅製豈僅金石學之幸也夫

金石圖

張叔未先生清儀閣題跋影摹褚千峯金石圖跋尾云褚千峯峻縮摹金石刻爲圖牛空山運震爲之說並鐫諸版是古來著錄金

石家未有之作以板在山左浙中傳本頗少竹林岑姊婿銘彝應京兆試歸攜致一部乾隆四十五年庚戌余從借得手自影寫其考說之文則出自隔溪故人王萬青弟子震手溉浦吳侃叔東發畢萁園星海兩明經皆從余借觀皆校核一過此後李作舟聘持是圖及金石經眼錄來售余爲讓木從子兆枏購之此外海鹽吾以方進有全書索價頗昂議久不合頃送慶棠科試於郡城集街肆中見陳錦裝全書則乾隆初年印本牛氏未加贊者其金石文用澹墨撲拓較所見他本更精以大錢四千得之而余篋中尚有殘本屬海鹽交之姪錄補全帙展視此本已不勝今昔之感矣因識於後道光十三年癸巳九月二十九日按金石圖初印本爲金石經眼錄今已希如星鳳貴池劉氏葱石有複刊本加以跋語名金石圖說鏤刻極精坊間有出售者在延津遇舊友倪君伯安云此書原版尚存兗州牛空山後人家因兄弟析產書版分存必合數房之版乃成全書印刷頗難本地價值每部亦在二元以上矣

竹崦盦金石目

趙晉齋先生竹崦盦金石目五卷吳絅齋先生得其稿本刊諸長

沙汪氏穰卿雅言錄云仁和趙晉齋先生魏專研金石性偏僻與何夢華均有癖予之目先生著竹崦庵碑錄余族弟大鈞得其稿未及刊卒於粵此書輾轉入京客手爲余姻家吳絅齋所得絅齋尊人子修學士爲湖南提學乃刊諸長沙書成錫夔

光一部先生闡潛德之幽光獎後學之盛誼洵可欽佩矣絅齋先生序云國朝吾鄉治金石之學者曰黄小松趙晉齋何夢華三先生夢華先生無所傳述惟阮文達公積古齋鐘鼎款識時徵引之小松先生著小蓬萊閣金石文字鈎摹漢碑類多孤本而於三代吉金闕焉未備獨晉齋先生所藏金石至爲賅富文達款識取資於先生最夥孫氏寰宇訪碑錄凡稱仁和趙氏者其著錄皆始於先生而漢石孤本又多出於小蓬萊閣之外當時以一布衣遨遊河洛秦晉之間海內通儒達人如畢阮孫洪諸公交相重其專精篤好蓋未有能過之者光緒癸未甲申之間同里汪頌虞丈大鈞得先生竹崦盦金石目錄稿本五卷持以示家大人鈔胥譌敓時時間出爲訂正之且慫恿付梓當任校讎之役會頌虞丈應官入粵廢置未果忽忽幾三十年汪丈客死廣州士鑑痛之念此書存亡未可知今年正月於海王村肆猝然遇之不禁狂喜展眎篇帙朱墨爛然亟以兼金購歸重加校訂據訪碑錄所稱引者或爲海內孤本或爲始經著錄均一一攷注於下其餘碑額碑文暨撰書月日較訪碑錄尤詳且有爲淵如先生所闕佚者益歎先生蒐采之勤攷證之密其精神所寄殆有不能湮泯者故冥符遙契不期而爲士鑑所得爰請於 家大人刊諸長沙並識此書流轉之始末士鑑生平酷嗜金石於鄉先生著述愛護尤摯他日擬從積古齋款識中輯出先生所藏吉金目錄一卷以附於後庶幾成先生未竟之志也乎宣統元年二月既望錢塘吳士鑑敘於東華寓廬含嘉室

按書中所著錄各目如魏天平二年故南秦州刺史司馬使君之墓誌銘實在孟縣趙氏以原誌文中有葬於西北二十里之故

云在温縣不知温城西北二十里在今巳爲孟縣境矣兹摘錄孟縣志正之按司馬元興墓誌乾隆二十年在孟縣東八里葛村出土馮氏敏昌孟縣志云太平寰宇記云古温城在温縣西南三十里周司寇蘇忿生邑漢爲縣東魏天平中移縣於古城東北七十里隋大業十三年又移於今温温縣志亦同云古温城卽今所謂安樂寨是也以里數地望攷之葛村正在古温城西北二十里蓋後此三十年温縣始移而此則正在未移之前者也又其時河陽城在野戍似以湨爲界故此地屬温厥後孟州城移於今所則以沇爲界地遂爲孟境矣

越中石刻九種

吾鄉王子獻先生繼香以翰林改官知府聽鼓河南署河南府爲同僚所紿未能接篆嗣疾終於某釐局差次文人坎壈殆命宮磨蝎耶先生酷嗜金石雅善篆隸曾讀其石印越中石刻九種原序云越中金石甲於兩淛杜氏記后又七十年瓌刻瑋文日出不已悲盦既逝湘湄亦亡魘桴無人湮佚滋懇爰檢舊拓小品益以所得付諸石印略存古文甄椎免勞波磔畢見用餉同嗜亮符賞心至若豐碑巨碣踵事增華姑从闕如以竢博雅光緒二十二年歲在游桃潭九日王繼香子獻甫識羅故鄉之珍品聯古墨之奇歡釋跋文字亦極古雅原書世少傳本特錄存之毛俊臣世叔云歲在游桃潭九日佚攷案光緒二十二年歲在丙申爾雅太歲在丙曰柔兆申曰涒灘游桃當卯柔兆潭當卯涒灘之異文潭上脱一字耳

漢黃龍專

按黄龍紀元者漢宣帝與吳大帝兩朝宣帝建元七其末爲黄龍止一年歲在壬申陸竺齋比部舊藏黄龍三年專字體雄放與此迥殊此西漢文字遒古所由勝於孫吳也造專上虞王元方山陰徵士沈復粲所藏刼後留此易饑糧分歸魏子登文房

廿年前事能思量我詺但志交情長愧爾不輕去其鄉撝叔作同治丙寅

右西漢黄龍專二上虞王元方作殆同出一笵者本山陰沈霞西老人藏器其一專斷文完刼后歸仁和魏稼孫乞趙撝叔先生作詺其一專完而黄字已損爲何竟山太守所得或以專側五銖泉連珠等文與天璽天紀諸專相類疑爲孫吳時然以字體論其爲西京古甓無疑太守仲嗣豫才孝廉持示拓本爰命大兒祖杰橅寘弓瑞按黄龍二專已歸海甯鄒君景叔

東漢建寧買山莂

錢竹汀宮詹云古者書契多以竹簡故傳別字或从竹莂隷變作莂與移蒔之莂相混此莂朗然作箹猶存古意

五風里見嘉泰志卽今山陰北鄉安倉鎮安倉今作安昌其地尚有馬衞橋可證

建寧墓專五

此專兩側有文以莂文推之番延下當有壽墓等文惜已殘矣其正面作麻布紋

魯卓叜得之作硯以贈　何竟山太守並題七言律於背注釋頗詳且云北鄉安昌鎮潘氏望族此或其祖塋特以年遠宗牒失考耳

右建寧潘延壽墓莂暨北鄉五風里墓塼各一拓乃　魯文卓叜所貽其後墓塼四則安昌馮子鹿伯所拓示也光緒甲申同時出蕭山縣東杭塢山古壙中建寧爲東漢靈帝首祚太歲戊申歷今甲申出土實一千七百一十七年當時僅見後四專僉疑馬衞爲人將作爲官洎見墓莂與五風里見嘉泰志可證耳曩余客明州陶湘湄學使首以新出漢專詩郵示及歸里門沈雲颿贊卿兩廣文潘椒石布衣先後以馬衞將作專見贈近歲

歸自京師鹿伯躬致塼拓幾如束筍其手自琢硯勒銘者蓋不下二十餘塼而甎與五風里一專固未嘗寓目也益嘆卓叟博蒐精鑒爲不可及矣兹彙集拓本於此并志諸君子惠我之誼惜二沈與陶潘兩君墓久宿艸不獲相與賞晰爲可嘅也

燔瓴窯甓杭山出重窨文斑斕炎鐳迄今幾遷變咄尒寸土猶屬瀣

瑤仙觀詧　永用　丁亥八月王繼香銘

余爲友人銘建寧專者先後不下八九方皆志之矣頃猶子祖烈檢呈子季繼業子鑲所拓本蓋丁亥秋中爲卓叟魯文勒銘者㞦存於此以見一斑（范鼎卿道尹循園金石文字跋尾有番延壽甎攷約萬餘言攷訂至爲精博）

吴神鳳買冢甎

此吴神鳳孫氏買匋莂亦卓叟所貽拓本按鳳皇山在杭州府南其爵與人史志無文其字體隸楷相雜遒勁可喜足與建寧太康兩甎鼎峙甎之音義制度錢宮詹金石文跋尾攷證甚詳至此甎何年出土何人藏弆師丹健忘不能舉之矣

吳永安胡塼

宋淳熙癸卯陸放翁家鑿渠得塼文曰永安五年七月四日造見嘉泰志蓋後此一年也南宋距今七百三四十載當時偶獲古甓著之志乘已珍重若此况今日乎

光緒己卯嘉平余與六弟子詒雪中登臥龍山經龐公池頹垣中得此斷專按永安紀元者五惟吳景帝至七年（景帝以戊寅十月改元四年正歲在辛巳也）餘則僅一二年其爲三國時物無疑旋返鄞寓留專於斜搯老屋焦尾樓下庚辰二月回里將製爲硯而聞子詒以禳母疾請代自投月湖死遂擲專而東泊辛巳冬始攜之四明壬子八月方謀磨琢復丁終堂之戚未幾扶服回里倉猝中又失之至今惋恨頃从故紙中檢得打本猶是子詒曩時手拓者人琴俱亡對之泫然

晉太康買地莂

舊藏太康瓦莂拓本忘其來處證之金石契撫本肥瘦脗合惜紙質黴腐觸指便碎爰詔大兒祖杰小兒祖榮影鉤廓填一本

點畫波磔豪釐不差視金石契有過之無不及也

右太康瓦甓萬秝初會稽倪光簡匊地內掘得之柳元穀購之以易徐天池畫後歸山陰童二樹家人不知尚在人間否詳見徐文長集葉氏金石錄補錢氏金石文跋尾續張氏金石契及杜氏金石記茲不復贅

晉王大令保母塼志

釋文 其沒滅處依越中金石記補十五字以小字別之

郎耶王獻之保母姓李名意如廣漢人也在母家志行高秀歸王氏柔順恭懃善屬文能草書解釋老旨趣年七十興寧三年歲在乙丑二月六日無疾而終（中冬既望葬會稽山陰之黃閍岡下） 殉以曲水（小）硯植雙松於墓上立貞石而志之悲夫後八百餘載知獻之保母宮于茲土者尚□□焉

刻高一尺三寸廣一尺二寸元蹟十行行十二字

保母專志始末詳載金石粹編及越中金石記其宋元已來名人題跋則鮑氏知不足齋坿刻叢書中四朝聞見錄後專以宋

嘉泰壬戌六月出山陰黃閍古壙中距大令晉興寧乙丑書碑時實八百三十八年時大令年才二十二而能前知如此有類漢滕公石室三千年後曹娥碑五百年後之語宜姜白石目爲至寶連作十跋贊其有七美謂不特書法類蘭亭也惟此專出土歸王千里（畿）未久卽爲韓侂胄所奪旋入祕府淪爲灰燼故拓本傳世極鮮董文敏則从周公謹藏本摹入戲鴻堂法帖雖增減行字以就帖式不免爲大雅所譏然王氏稱其鉤勒精工直與真蹟無異今則不特真蹟絕世卽戲鴻元拓亦罕見矣魯卓変舊藏戲鴻元拓十年前曾乞余跋尾玆从其借印以公諸世不惟爲越紐之光亦大啓青箱之祕矣

黃閍地名嘉泰寶慶二志俱未載杜氏引宋王英孫詩有名重黃閍九里山之句謂九里距禹陵里許而黃閍無攷余外
王考
俞蕚樓贈公嘗築生壙於黃閍嶺余童時嘗躬履其地俗訝會稽山去謝墅山步約十五六里又官山嶴聖姑廟前有宋

嘉祐二年界碑有曰□至會稽縣祊村可證也爾疋閍謂之門祊同廟門亦巷門也朱竹垞老人題徐尚書原一所得保母志拓本曾詳箸之

齊永明石佛背銘

此紙亦二十年前亡弟手拓者人生安得汝壽悲夫

嘉泰志云石佛妙相寺唐太和九年建號南崇寺會昌廢晉天福中僧欽於廢寺前水中得石佛遂重建焉石佛高二尺餘背銘十六字筆法亦工案會稽未嘗號吳郡此石佛既得之水中又一人可負之而趨者安知非吳郡所造而遷徙在會稽耶杜氏金石記引三寶感通錄云晉建興元年松江漁者遙見二人浮游海上吳縣朱膺聞之潔齋迎之二人隨潮入滬瀆近瀆明乃知石象昇還通元寺象高七尺背銘一名維衛一名迦葉據是則維衛象本在吳郡通元寺好事者因就其地模造迎歸供敉耳

隋大業龕塼

此甎爲山陰魯卓叜觀詧燮光家珍已手琢爲研余嘗假得之留案頭數月搨取數本以詒同志按餘暨卽今蕭山縣趙沾名足補邑志職官表之闕卓叜祖貫蕭山可云楚弓楚得矣

唐開元堪塼

此唐參軍李堂所造永安寺佛堪塼也亦 卓叜所藏嘗手搨其父示余及 何豫才孝廉按嘉泰志會稽有永福寺而不及永安寺其列銜徵之史志亦皆不合又按府志職官唐時君佐李氏最盛而獨無參軍李堂書缺有閒可勝道哉

山左訪碑錄

山左訪碑錄十二卷濟南法偉堂徵君容叔著係就阮氏山左金石志曁孫趙訪碑錄關於山東者最錄其碑目而略加攷訂於下方蠅頭精楷出自徵君手書蓋儲爲修志檔本者都凡一千六百二十三目阮氏山左金石志一千二百三十五目孫氏寰宇訪碑錄三百八目趙氏補錄八十目宣統己酉春二月山東提學使羅正鈞付濟南國文報館石印迄今未十年欲覓此本已甚難得石印易於散佚不如剞劂之久蓋易成易失

理有固然豈僅典籍已哉

山東保存古蹟表

泰州高君壽徵裕瑞宧遊山左酷嗜金石輶車所及留心古刻著日記若干卷高君來函云弟自童年侍宦山左棄舉業後以家況拮据筆耕諸州縣幕足跡所至齊魯諸郡邑百不遺十以生性嗜古到處輒竭力搜訪載之日記附以攷據苦行篋無書未能詳也三十以還服政聽鼓舊業强半高閣宣統紀元從事憲政調查局適中央有調查古蹟之令各牧令素無預備艱於報告弟適肩斯任因不獲已而出所記目錄比次之而成表雖屬官樣文章而於山左古蹟粗備時撫軍錢唐孫公閱而韙之飭印多份分致各省故敝處尚有存者至日記所附考據奉諱以來已略事修正容俟殺青再錄呈教宣統紀元從事憲政調查局成保存古蹟表一書此表以光緒三十四年分為準表列各項均以是年現存者為斷其有從前所有而是年已經湮沒及後來所有而是年尚未發現者概不羼入以清年度凡歷代陵寢祠墓以及名人遺蹟金石美術各類分格羅列綱舉目張體例至為精審所列歷代陵寢祠墓之屬一千四百十有二名人遺跡之屬八百七十有二金石美術之屬二千四百九十有六其他古城邑器物亦得六百七十有一為金石書中實地調查之作與法氏所著山左訪碑錄均攷求山左金石者之導師也

關中金石記

乾隆辛丑畢秋帆制軍纂關中金石記八卷著錄碑刻至七百餘

種集關中金石大成顧其書刻經訓堂叢書中不易得也道光間渭南焦氏與儒以所獲重付剞劂而蔡氏錫霖參以諸家紀錄及家藏拓本補遺凡三十餘種爲附記一卷足補畢氏未備光緒戊中渭南嚴氏嶽蓮雁峯重刊於成都庚戌秋復延周潤民孝廉重校補遺訂誤稱善本焉昔客鄠縣晤儒學梁君言嚴雁峯僑寓成都喜刻金石各書心儀久之惜未識其人耳

邠州石室錄

邠州石室錄三卷葉鞠裳先生撰乙卯秋八月吳興劉氏嘉業堂校刊劉翰怡京卿序曰金石傳錄歐趙尚矣乾嘉以後作者如林平津一錄囊括紘宇畢[關中]中[州]阮[山左兩浙]翁[粵東]謝[粵西]諸家皆以一行省爲區域下至一郡一邑南如江甯北如常山中原如安陽偃師亦皆有專書與地志相表裏然余所見無如長汀之蒼玉洞一卷之石其爲地也幾何而劉燕庭方伯獨輯而錄之好寫精雕一一如其所饕三巴孴古志之例吾鄉姚彥侍方伯有石魚題名攷所謂石魚者亦夔巫江中一石耳惜方伯歸道山後雲烟散落其書佚不傳長洲葉鞠裳先生比年避地海濱過從論學知其奉使隴皋時過邠州游大佛寺得唐宋石刻百餘通歸田後手摹其文字又繫以攷釋成邠州石室錄三卷邠州爲古新平郡其地當關隴之交緡車軺傳往來不絕朝發郡城夕宿長武而此剎適爲中頓士大夫登臨流覽視若無睹而先生獨能於倥傯于役之交盡發其寶藏知世間文字顯晦固有其時尤必待其人而後出也顧先生欲然不自足嘗告余曰隴右唐宋以後淪於戎

索惟環慶涇原諸郡為邊帥駐兵之地建炎南渡階成秦鳳尚未折而入於金此兩地間有宋刻又聞崆峒之軒轅宮及秦之麥積巖摩厓林立以非節書所經之地未能親往氈椎物色寂寥無幾又客嗟而言曰最可惜者莫如敦煌之莫高窟也敦煌距嘉峪關外四百里為安西州屬學使者行部西不越肅州但於安西一士子詣肅就試者輒加咨訪皆言窟在千佛山數年前巖扉崩陷一石室豁然洞開中有石榻庋畫象經卷甚多其僅從汪栗庵大令及同年某校官得唐宋石刻畫象寫經五六卷其餘不知所歸矣闕外人文樸僿無能任搜訪之役悵快而返比使旋甫解裝即聞第二洞又啟驚人祕笈積薪居上何啻什伯皆為外人囊戴而去海上所卬敦煌石室錄閱之令人增歎惜使車之未出關也先生之言如此余曰是則然矣然則邠州諸刻幸不終闕又幸而得著於錄其可祕枕自翫哉因為寫梓以詒同好更以拓本參校無年月中尚有檀峪王鴻業蜀范文光兩通書法皆精整而此錄未收滋以為疑先生曰邠州姜嫄公劉廟碑後有崇禎六年川西范文光謁廟題字而王鴻業結銜為陝西軍政都指揮前游□將軍亦不類宋元戎秩皆明刻也故從闕如其矜慎如此乙卯立秋後三日吳興劉承幹識

又書仿劉燕庭方伯金石苑式雕刻極精縮臨各題名皆出葉先生手尤為精雅絕倫原序述慶壽寺石室極詳序曰邠州古新平郡與涇接壤距城西二十里有大佛寺即唐之慶壽寺也石室纍纍皆唐宋元人題刻同治間吾鄉吳愙齋中丞視學西陲劫後有隴軺自許仙屏河帥始中丞時關隴尚未分闈橫舍三年校士兩省僅一使者閔以一年駐蘭州邠為通道行李往來皆憩息於此中丞既以試事不遑啟處行囊又未攜氈蠟摩挲古刻望洋興歎但擇其字之清朗者手錄之顧以巖竇窈冥苔封塵積什不能得其二三其後十有餘年至光緒丁亥昌熾以游幕寓羊城中丞亦自甯古塔移節而南出篋中舊藁鄭重相授紙敝墨渝又多譌奪歲月姓字蓋闕如也無從攷釋而罷其後又五年昌熾始通籍在詞館

同列先後出甘軺貽書求物色僉云邠州爲陝畺鄰封安得而越俎又十餘年歲在壬寅昌熾始被命度隴既至邠出西郭委迤循涇水十里爲水簾洞又十里即此剎登閣瞻禮是日驛程在亭口尖宿於長武縣城悠悠山川前行尚遠周覽未畢而僕夫已催發矣不得已謀諸寺僧但唯唯又四年居兩瓜期歲科按部三至涇而寺僧始以拓本來越高原二百里重趼打包不詧宿諾游方之外吾見亦罕即畀以二十四金未償其勞也今歸一里又將十年所始出藏本著錄共得唐二十二通宋六十四通金一通元十六通都百有三通排纘釐訂又一年而脫藁歲月不居嶺海舊游回溯將踰三十載寤寐思服親至一索靖碑下僅而得之既逡錄之又審釋之蓋如是其嫥且久也惜中丞墓艸已宿不及商榷俯仰黃壚喟焉太息其中如王堯臣蔡延慶李丞伯諸刻皆於無文字處鉤稽而出不可謂非愚者之一得然宋自政宣而後遼金警西事已鞭長莫及柱下藏書語焉弗詳偶獲孤證亦有杞宋無徵之歎宋人題字大都皆其郡大夫及從游幕僚插架又無邠州志課虛責有非闕則譌舉燭爲隱貽譏方雅徒以用力既勤敝帚自享日月逝矣邁征未已垂暮餘年尚思刊其野言補而正之世有顯而好古如歐陽公不以菅蒯見棄篳簵藍縷願爲前馬歲在元戢困敦十月二十五日綠褧自書於奇觚廎

與裴氏河海崑崙錄足以互證裴氏伯謙河海崑崙錄曰九月二十六日午後行四十五里宿長武縣署旁行館距邠州十餘里明岨山有水簾洞就山開穴穴內各嵌石佛玲瓏如蜂房遠望龕中燈火隱現惜未一究其勝行二十里至大佛寺唐慶壽寺也貞觀二年尉遲敬德建造穴山爲龕就山石琢爲佛高五六丈旁二侍者略低龕上徧刻小佛像出龕躡石級上有三龕亦滿刻佛與龍門同精巧稍遜古樸過之唐使西域宋用兵西夏諸將帥僚佐過此皆有題名購拓本十餘紙拓全約八十餘紙佛龕上層爲平臺中露大佛面旁爲僧人客堂極清曠再上更有數層不及登矣出寺沿山根行十餘里全山一石結成如聚億萬鍾來牟之粉菽粟之漿和爲大劑風雨霉蝕縱橫皴裂可謂奇絕至

所著遊邠州大佛寺記文用駢儷雋永冷峭齊梁之遺邠涇之閒高原巘業右隴左秦巖疊鎖鑰鳴咽溝水出巨峽而彈箏頌洞邊壓挾流沙而入襲僕以壬寅初夏弭節西邁自渭爲梁于豳斯館津吏馬首山川能說疊錯犬牙井邑相望巍然高閣鬱觚棱而特起者古之慶壽寺也布金在地出自東陵故侯鑿石爲軀踰於西域眞象一佛二尊者俠侍其高八丈五尺一體一甚一甚一級自頂至踵浮屠五成承霤中空若穿屋漏衞以欄楯俯闞井幹雙林趺坐忽聞獅子吼聲兩廡翼張有如鳥數飛狀其地前臨逵市後倚巉巖厓寶豁開谽谺壁立導者告余曰此皆僧寮也蓋以一布肘地因山起刹海衆雲集無以安禪鑿坏而遁本陶穴之古風拾級可登有檜巢之遺製石膚欲雨森若砭肌徑髮如雲劣僅容趾安石牀而拄錫密若蜂棲攀鐵絙以爲梯捷於猱附始知一粒粟中果有世界但容蒲團即能說法藐茲藕孔亦可藏身周覽一石室黝無日光四壁題名閱以造象當畫秉炬捫苔蘚而讀之般若梵文斷自金輪之歲與可題字證諸玉局之詩唐宋以來千有餘禩歐趙諸家迄未著錄良以邊郡僻左椎搨既艱巖洞窈深可蔽風雨寶藏未洩石壽能延惜乎志乘無稽簡書可畏宗門談帚但憑老衲臨風書苑謨觴難比右軍快雪於是登高遐矚喟然歔欷陟則在巘逝者如川其川涇汭玫職方之古訓自土沮漆遡公劉之始基廣武高原亦曰宜祿蒿店從臨蕭關前控崔嵬如削塞丸泥而可封栲栳爲圈引車輪而欲轉昔唐太宗破薛舉於淺水原即其地也荒煙斷燹廢壘猶存落日哀笳彌樓尚峙此一界相即古戰場後有來者覩爲傳舍偉哉金仙氏之教也夫以鄂公材武遭際英主嘆喈宿將既兵符之在握馳驅暮年猶橫槊以爲雄而乃解弢息機皈心淨土藍田罷獵是故將軍紺宇檀施爲功德主招提奉佛近依黃竹爲鄰導引游仙託言赤松招我豈惟迴嚮是真見幾至於涇原諸帥籌筆臨邊華州兩生棄繻出塞籠紗在壁曾聽飯後鐘聲捧硯登樓更俟童隅燭跋酒酣以後墨瀋橫飛年月姓名大書深刻即今三垂晏然刹竿不墜有客信宿載石癖而俱來我佛慈

悲屹金身而不壞其西一室掃地爲墠如馬鳴王別開道場一雞飛地等於鄰比大巫小巫爲喻識者哂之一佛千佛同歸適焉至此望川涂其尚悠揖山靈而言別黑水湯湯方舟而濟芮鞫既卸亭口中頓憑軾抽毫書付小史時維光緒二十八年四月十有四日也

燮光按此書著錄石室題名等凡一百三種可謂詳矣然證以毛氏關中金石文字存逸攷尚遺四種一豳州司馬柱國漢川郡開國公造像殘碑八分書 二朝□郎行新平縣□□□造像殘字正書 三殘造像記八分書均彭古香大令所訪得 四應福寺西閣功德記張居簡撰行書左行開成元年十一月 蓋葉先生係託寺僧所拓不免遺珠金石蒐訪固不能假手於人矣益信

新疆稽古錄及北涼且渠安周造寺功德刻石

新城王先生樹枬新疆稽古錄一書附刊於壬子年北京中國學報惜未刊畢己未上海聚珍仿宋局排印單行本報已停止全豹未窺曷勝惆悵特著其目如下漢博望侯殘碑漢李陵題字漢裴岑紀功碑煥彩溝漢碑漢烏壘磨崖石刊按卽劉平國磨崖 碑嶺漢碑喀什噶爾山洞石壁古畫六朝寫經殘卷六朝草書殘經前涼西域長史李柏書北魏

金剛經殘碑北涼且渠安周造寺功德刊石北涼寫經殘卷北涼佛說菩薩殘卷蠕蠕永康五年寫經殘卷麴氏所鈔十國志韋曜華嚴殘傳梁大同元年金剛般若波羅密經殘卷唐姜行本碑唐上元二年買馬私契所錄各品均附攷證臚於篇幅姑從略焉中如北涼且渠安周造寺功德刻石已在德國柏林博物院端午橋制軍使德時僅得拓本二通其不全本以贈繆藝風年丈臨桂況夔笙先生阮盦隨筆方氏校碑隨筆均曾著錄全文焉神州國光集第六集將端氏所拓原本用珂羅版印四周有張文襄跋俞廙仙柯遜安兩中丞題詩後附羅叔蘊先生跋語蓋丁未初夏視學江皖道出金陵從匋齋尚書借觀用寫真法縮印者碑中別體字頗多詳羅氏跋中書體方勁在隸楷之間與爨寶子及嵩高靈廟碑相似晉魏間古刊至罕可寶甚矣

芙齋金石文攷釋及陳壽卿手札

讀中國學報內長沙鄭先生業斆所著芙齋金石文攷攷釋金文各字與經史小學足資印證內書石鼓文後一篇逐鼓攷釋尤多精碻之論蓋先生於古籀之學深有心得以此而言吉金文字自覺豁然貫通矣光緒丁亥曾刊金石文攷四卷後因時有增改不以前印本送人定本爲端忠愍借閱未還此攷所

錄漢器之後遂接北宋未能依時代爲次序職是故耳又中國學報中箸錄有陳壽卿與吳平齋手札一百數十則皆言金石之學惜學報至九期停版未能印畢爲可惜耳鄭君叔進爲之跋濰縣陳壽卿先生與歸安吳平齋先生爲文字至交此手札凡一百數十紙皆與平齋者多論古器及印文始同治壬申迄光緒庚辰而中缺乙亥至己卯五年想已散失矣藏仁和吳君伯宛〔昌綬齋中吳君博雅好古尤專精詞學聞余喜言金文悉舉以相贈吳君風義至可感也鐘鼎之學肇自宋人元明中絕阮文達始稍稍倡導之至咸同之間而極盛今則東西人士皆能尋究及此學術之顯晦豈不以時哉壽卿以道光末年入翰林官位不顯而耆學至老不倦所藏彝器多至三百有奇今所稱毛公鼎最烜赫於世宙者即其故物生平尤留意古鉩文曾與海豐吳子苾先生輯封泥攷略一書蔚爲鉅觀余嘗於廠肆搜求商周文字多見其手摹本朱識宛然信乎札中屢言傳古人之不妄也余推吳君之意不敢自私因次第錄入報中以諗同好平齋兩罍軒彝器圖釋世多有之近又得一薛款識舊印本爲平齋所藏有題識印記可證或余於諸公亦有夙緣耶合彙錄之

九鐘精舍金石文字跋尾

九鐘精舍金石文字跋尾甲編一卷泉唐吳絅齋姻丈所著先生自序云余自弱冠酷嗜石墨比至京師聞順德李侍郎師之緒論復從王文敏公沈乙盦丈游益網羅海內名拓昕夕鉤鈲積十餘年凡孫趙二家訪碑錄未著錄者得數百通每見一碑輒參稽史事爲之跋尾疏記别紙朱墨交錯而於疆域之建置官制之沿革尤再三致意焉其前人已有攷證或未詳贍者則亦補訂其疏闕庚子之亂稍稍散佚閉置篋衍時一理董近年搜集吉金甄采日富於

羣經古義之通假百國寶書之闕遺列邦文字之異同篆籀形聲之遷貿冥悟遙契偶有所得思欲紹歐趙阮吳諸家之作而未有暇也元冬長夜檢錄舊稿先成甲編其乙丙丁以下諸編當賡續裒輯以質世之治金石學者宣統己酉十一月吳士鑑凡五十篇於疆域建置官制沿革尤三致意其前人已攷證而欠詳贍者則亦補定其疏闕精審宏博潛研堂後一人而已范鼎卿先生云著書難而著金石之書更難今之爲此學者除吳絅老外皆不免帶骨董客習氣蓋絅老純係蘭泉竹汀一派其餘皆覃谿叔未之流九鐘精舍跋尾誠雍容作者之林矣匋齋藏石記亦多採其跋語所藏魯遼編鐘凡九原跋云宣統己酉於曲阜縣西南十里出土士鑑得之東估之手鐘之大小各不相侔而文字則同其行數之多寡字數之疏密篆體之錯綜變化九種又均不相襲古人製作之工至此真覺歎觀止矣故以名其精舍卷中所著東魏晉寧縣公鄭君碑云係偃師出土變光竊有疑焉按此碑已殘泐無紀元僅文中有東魏武定五年字樣其爲追敘可知端匋齋藏石記以武定年爲編次似未妥協方氏校碑隨筆列入北齊之首亦誤且原碑文中有既克廣武順流而取陽武等語於今時陽武地勢亦合廣武山在滎澤縣南岸上流爲滎陽汜水鞏偃師等縣北岸下流爲武陟陽武等縣是東魏時陽武卽今之陽武已無疑義所謂隋志偃師舊廢開皇十六年置則東魏時其廢縣必割隸陽武云云以地理證之似有疑義偃師距陽武當三百餘里中隔鞏汜水滎陽滎

澤諸縣雖當時陽武在河之南亦無割隸之理然則碑中所云葬於陽武縣五池鄉承豐里或爲今之陽武亦未可知所惜鄉里之名今縣志已無可攷證而偃師出土之說殆亦傳聞之誤鄭君禾農云鄭君殘碑昔年在河陰縣西十餘里大覺寺出土索價五十金以其類唐碑置之遂爲端午橋制軍所得碑中云東魏武定五年字樣乃追敘之辭非紀元也按滎陽鄭氏在北朝爲巨族甲寅乙卯河陰曾發現鄭氏墓誌多種此殘碑亦在河陰足證鄽師出土之誤至所列北魏滎陽鄭氏世系表據魏書及北史周書隋書本傳分列世系表以訂補唐書之譌闕復列南祖簡一房以與唐書互有異同也又附列旁支三房攷證極爲詳贍北祖表第四代道育表作開封太守據河陰縣乙卯出土鄭道育墓志蓋則稱臨渠二州刺史河陰修志者爲杞縣孝廉蔣君恢吾來函云隋鄭君墓志雖佚其半後稱世子德政德眷等此二人見新唐書世系表其父道育考其年代正當隋時以此逆推知之此又足備補證者矣

徐著續漢書儒林傳補逸及收藏金石各品

徐積餘先生曩贈所著隨盦書四種續方書又補二卷續後漢儒林傳補逸一卷南陵縣建置沿革表一卷皖詞紀勝一卷內續後漢儒林傳補逸一卷跋云自來考史者莫重於金石史策之譌誤每即金石以訂之誠以梨棗易傳譌金石終不梓也田季華先生後漢儒林傳補逸乃昌爲之訂正付刊矣因思金石刻之盛昉自東漢之代殘碑遺碣儘多采擇乃即金石各書蒐戢共得三十人編爲一卷題曰續後漢儒林傳補逸用以爲讀范書者之考證

取資然後歎東京文獻湮沒不著者多矣惜先生已往不能以此編就正用匡我不逮也南陵徐乃昌記於積學齋採摭漢石得三十人東京文獻賴以復傳儒術之盛維漢東京蔚宗之書遂傳儒林補其逸者曰田先生理而董之責在後人豐碑巨碣闕焉未甄旁采歐洪著錄具陳存以目治亡則耳聞儒言儒行庶幾不湮媿茲譾陋赤水遺珍以俟達者袪其蔽云南陵徐乃昌發潛闡幽功真無量燮光曾擬著石史一書取碑碣遺文涉及輿地官制典章學術者分類摘錄以事爲經以石爲緯然自漢迄元豐碑巨碣凡數千通駒隙光陰蟻馱氣力徒抱虛願以視先生著作等身固自慚小巫矣江甯吳向之先生近著元魏方鎮年表亦取材於新出土各墓誌至已出版唐方鎮年表宋經撫年表亦多據石刻先生所藏吉金極多計鐸一亞形召夫鐸鼎九魚父乙鼎亞形鼎尊形鼎找叔朕鼎師全父鼎叔旁父鼎剌鼎剌鼎宗婦鼎敦七師酉敦敔敦散伯敦師遽敦蓋史頌敦蓋宗婦敦蓋中祖父敦彝五父辛彝父乙彝父癸彝舍彝庚姪彝卣三舉丙卣亞形卣靜卣盉一伯春盉尊二亞父辛尊谷立戈形尊匜一叔男父匜鬲一戲伯鬲爵十二父庚爵女庚子孫爵冈吠父乙爵父己爵父丁冈爵句兵爵㐅父辛爵子㔾爵且庚爵丙午爵陽文尊形父癸爵叔父辛爵陽文觚四冈乙觚凸觚亣觚父辛觚觶三內△觶立戈形觶雙角父丁觶簋一杜伯簋鐘一錄康鐘鉤一衛騎將軍鉤皆精品也石則有北周優婆塞張法墟造象天和二年魏程榮造象興和二年隋張通妻陶夫人墓誌開皇十七年劉鐵雲以此本爲覆刻而以覆刻肥本爲原刻實則原覆本均未見過以臆斷耳

隋王士通造象大業四年唐張玄徹造天尊象垂拱四年唐高公霞寓玄堂銘大和七年六種其已歸匋齋如唐戚高志唐進士某君志二種舊藏蕭山王紹蘭中丞家見兩浙金石志後歸徐積餘先生又贈端忠愍云均不與焉近又得漢專若干種而以晉咸甯四年青龍專六面皆有文字花紋洵專甓中獨創一格先生均以拓本詒余眞百朋之錫矣又二十年前先生游棲霞訪得梁江總碑殘石亥年詢之寺僧已不知蹤跡片羽吉光亦以片紙贈余洵可寶也

審美堂藏石錄

審美堂藏石錄一卷開封關伯益葆謙著甲寅九月排印於開封原序云謙性顚而好古平日以搜羅漢唐金石文字爲樂初無意於藏石也共和二載自京迴汴見洛陽新出土墓誌造象甚多心甚愛慕然仍不敢萌收藏之念因自揣力薄恐終不能足願也歎意金石有緣聚合有數凡吾之所注意諸石爲勢限時迫將逾週載半已歸吾所有其中若有不期然而自然且有却之不容却者非與金石有緣其能如是乎每於閒暇之際摩挲其間古色蒼蒼甚覺可人因就愚見所及錄之於簡積久成冊題曰審美堂藏石錄自知學問謭陋謬誤孔多不供大雅一哂近因友人索觀者甚衆應付不暇不得已付諸鉛印藉以省抄錄之繁非敢出而問世也倘蒙 大雅不棄肯賜以題跋上爲貞石增光下爲愚妄匡謬是所厚望焉關葆謙伯益氏識於審美堂窗下關氏收藏魏唐墓誌四種齊造象二種魏徐州刺史王紹墓誌正書延昌四年閏十月二十二日於宣統辛亥年出土于洛陽旋歸茹古閣待價癸丑夏

典于關氏後因無力贖取甲寅夏五月復其值石遂歸關氏石高廣各二尺一寸厚四寸石質黝青扣之鏗然作金聲字畫完好無缺

宮品一太監劉華仁正書光二年三月十七日石高一尺四寸廣一尺六寸厚二寸餘石帶青綠色甚完好於壬子年出土於洛陽癸丑年秋經茹古閣售于關氏

故司空城局參軍陸紹正書石高一尺五寸餘廣一尺六寸餘厚二寸餘壬子年洛陽出土甲寅五月關氏得之

齊張離造像正書天保五年六月二十一日造訖上爲佛龕下有石座共二石座上無字僅正面隱然有雙獸花紋而已龕高一尺三寸廣五寸餘厚三寸餘正面及兩側均有字正中刻石佛一尊兩手作抑揚狀而掌皆向外右手指向上仰左手指往下垂左右二童侍立俱完美龕上如碑頭狀有三龍蟠繞其上刻工亦甚精文敘張離之父爲其祖造像不就而父亡離承父志爲祖成訖斯像則此像雖不甚大已經張氏二世始訖宜其精美如是也此石癸丑洛陽出土爲開封文寶齋所得甲寅九月關氏得之

齊王榮造像正書武平三年十二月二日高一尺弱寬六寸厚約二寸向上面漸薄正面造圓身像一尊危然盤座於石之中央連座高約六寸四圍餘石平坦無花紋背後刻字五行第一行十三字第二行七字第三四行各十字第五半行五字共四十五字刻於像背石不知何時出土舊在汜水縣民家供養爲文寶齋收買到汴旋爲關氏所得

唐石州刺史劉穆墓誌正書先天二年十一月十二日高廣各一尺七寸餘厚約三寸餘二十九行每行二十八字四圍於石之厚處刻十二屬相花紋完美可觀癸丑春出土於洛陽北鄉是年夏爲關氏所得

每種關氏皆著錄全文並爲之攷證跋尾評論書法具有心得關氏云王紹等四誌書法各妙潤辭則有劉華仁宕蕩則有王安宗明朗則有劉穆之蒼秀則有陸景宗惟論劉華仁誤女官爲閹宦則爲千慮之失關氏跋云劉于卒後特旨贈第一品厚葬刊石必閹宦中

之有德望者雖未見于魏書藉此亦足以傳夫閹宦之制創自中國爲環球未有之奇自共和告成尊重人道此等制度行將絕滅于全球賴此石尚存將來足爲中國古史上一特別紀念品正未可以其爲宦豎之墓誌而輕之也按誌中明稱爲深澤北平二縣令劉齋之女尤爲明證如洛陽近年新出土之正光元年十月宮內太監劉阿素正光二年三月宮第一品張安姬正光二年歲里星紀月侶無射魏品一王僧男各墓誌皆女官之類也甚矣著書攷訂之難耳洎癸亥新鄭縣發現古鼎彝多種內銅盤一形製精美器爲長方盤狀後口以今農商部權度製造所官尺度之高三寸四分縱徑一尺四寸二分橫徑一尺一寸一分器外面滿布斜方格米紋上下以繩紋圜之兩端各有兩鼻每端兩鼻各承一結二結共承一環左右各有一鼻鼻各承一環器下面圜列柱形殘足二十有三內面於綴鼻處各有銅補痕識文一行七字鐫側於器內左緣癸亥秋出土於河南新鄭縣城內移置省城保存有古篆七字不易識伯益歷引六書說文王育說暨汗簡古文三體石經周禮天官等書參稽互證象形諧聲釋爲王子頹次之庶盤七字成周王子頹器釋攷一卷攷證至爲精碻汲古功深於茲益信

竹汀日記

嘉定錢竹汀宮詹爲乾嘉時經學大師所著潛研堂全集學者奉爲泰斗洪楊之亂原刻灰燼欲求印本星鳳同稀先生生際昌期

五十已優游林下所著金石目金石跋尾精深宏博已前無古人日記遺稿集內未刊滂喜齋式訓堂兩叢書所刊均非完本丁巳孟冬繆藝風年丈錫所刻藕香零拾叢書中有先生日記一卷係乾隆戊戌正月至四月遊吾浙南鎮蘭亭西湖時所作間有言金石者以關故鄉固實爰摘錄之

二十九日庚寅雨　早抵長安鎮（屬海甯州）過壩行三十餘里至臨平鎮有小山鎮西有安平寺寺門外石幢八面意是唐宋時刻泊舟往視之其幢三層上層爲屋所蔽未及見中層則唐人所書尊勝陀羅尼經也下層一面乃唐人所題文云唐大中十四年歲次庚辰（已缺止存大字據宋刻補）正月二十七日建□當造幢人陳舟都料宏農楊榮吳郡陸宏書鐫徵事郎前行吉州廬陵縣尉張襲慶一阡文前饒州東平主簿夏從師捨錢一阡文范隋捨綾一匹句當功德主宣達（此七字略小）其旁四面則宋人所記重立寶幢年月其略云此寶幢始自鉅唐大中十四年歲次庚辰正月二十七日於臨平市西長樂鄉界永興院前建立洎乾德五年

太歲丁卯八月中爲年久隳斜因修整而寡力致損動而傾摧日月寖深五十餘稔今安平院住持沙門瑞明與同院徒衆發心施錢財移於舊基東二十步漆續層□載崇樹之葬古佛舍利□顆於龍柱海山之下時天禧二年六月戊申重立又三面則紹興庚辰四月重立題記後列承奉郎監臨安府臨平鎮稅兼煙火公事李稶等姓名

二月初一日壬戌晴　金拱辰來早與二雲方川同登吳山謁英衞廟次至西爽閣扁聯皆陳老蓮書少坐陸孝廉筱飲聞予至來候蹤跡到此遂與同行至七寶山三茅觀僅存殿三間殿內有明人碑無足觀出門左石壁上有明建安李默涪陵譚棨等題名又南石壁上刻紹興二十年勑賜甯壽觀牒其後有明人刻字予方欲渡江乃尋路向瑞石洞入寶成寺觀麻曷葛剌佛象石龕旁有元至治中伯家奴題記旁有一石亦元人所刻其文乃畏吾書今人所謂蒙古字也左方大字一行則蒙古書今蒙古人亦不能識也又一石則明萬厤中嚴調御所撰記以上

杭州

初八日己亥晴　晚登紹興府署東大觀樓城中煙火萬家歷歷可數南望怪山如相拱揖東望王家山蓋卽蕺山也由樓後盤旋而上過五賢祠廢址已鞠爲茂艸旁有石甃小池水猶不竭匡下鐫龍湫二字又有嘉靖己酉十二月云云視之未審又西更上樓十步有碑康熙中知府李鐸所撰百忍堂也今堂亦無存

初九日庚子晴　由大堂後（堂爲俞守卿重建本名又新堂今易以公正俞守於大堂築堂九楹名之曰思補今止存三間亦殘毀）緣磴而上舊爲松風閣今無一椽惟石上刻晦翁書與造物游四字尚存又上一層地亦平坦更折而上平敞如前皆昔人置亭館處西爲望海亭與此相值爲廦牆所限不得往仍由向路而下東爲翼然亭舊供純陽祖師象今供大士象嘉泰志廳之後爲蓬萊閣遺址今不可問秦少游詩林聲槭槭動秋風共躡丹梯上臥龍路隔西陵三兩水門臨南鎮一千峯湖呑碧落詩爭發塔湧青冥畫幾重非是登高能賦客可

猨猿鶴自相容竊意松風閣即蓬萊舊址洪文惠嘗摹刻漢鴻都石經遺字於蓬萊閣今世無傳本過此增人懷古之思

十四日乙巳晴　出府儀門西緣石磴逶迤而上登望海亭亭踞臥龍之巔四望空闊直北海氣微茫一綫縈白東南則千巖萬壑青翠疊映西則平疇方罫淺水通舟纖悉可數小坐石闌久之乃下將訪城隍廟西南取道過山陰縣廨後入停雲禪院又西即城隍廟入門右爲崇福侯廟記其碑陰則紹聖中重修廟記也吳蹟撰王仲尊書左爲昭佑公勅牒其陰則紹興元年賜額顯甯廟勅殿前香鑪一明萬厤三十年所鑄周遭刻施錢人姓名惟東閣大學士朱賡題字別爲一行廟門外有照牆由西出有碑亭亭中爲明人碑亭左一碑嵌壁間文多漫漶首行題重修顯甯廟碑疑亦宋刻此廟尚是唐宋遺迹元時更立廟於山麓相去里許土人因目此爲上廟廟之北麓爲包公殿神洲殿

廿九日庚申陰　出儀門右旁有元紹興路總管府推官趙承務及貢承務去思碑各一並李節撰李中立書泰不華篆額明

成化中重立又有紹興府地圖碑則明成化中刻其陰則邱瓊山所撰水利記也再登望海亭雨後山色益葱翠千巖萬壑如披圖畫亭後有徑右出大石林立多唐宋人題名其可辨者云貞元己巳歲十一月九日開山其後續題云後三百年元祐戊辰游臥龍山八分書殊有法其下則提點刑獄呂升卿題名餘未及讀擬募工盡搨之皆郡志所未載也

初八日戊辰晴　是日遊戒珠寺王右軍故宅也寺門外有池池上石幢漫漶不能讀登蕺山上蕺竹亭謁劉念臺先生及湯太守祠祠前爲書院諸生肄業於此山之巔有白塔俗稱王家山其東麓有天王寺欲往不果出寺南行二里許至開元寺本董昌故宅吳越武肅王改爲寺寺門外有石幢當是唐宋時物次遊怪山入清涼寺寺後浮圖七級所謂應天塔也登初層倚闌四望目極千里了無障礙塔下有張元忭所撰許公祠記元度官止丞相掾張記題爲晉丞相此不學之過也

初九日己巳清明節晴　出常禧門（卽旱偏門）登舟西行過何山橋

沿亭山之麓而行行數里乃回至偏門沿城折而東過殖利水門稽山門南行五六里謁大禹廟廟左爲窆石亭石高不及丈下豐而上削似秤錘然土人謂之秤垞石上有一穿右半隱隱有字似漢隸旁有會稽令趙與陞來游男孟握侍十二字八分書又有題名二行云員嶠真逸來游皇慶元年八月八日出廟門左行有坊其上有碑亭大書大禹陵三字又南行二里許爲南鎮廟入儀門右有鄧文原南鎮廟碑書法甚工大殿像設甚嚴其後殿爲夫人象兩廡郡人祈夢於此頗有驗儀門左右各有夾室豐碑林立拭苔一一讀之其可稱者於左得元碑一韓性所撰降香記也於右得元碑四其一爲大德加封四鎮聖旨碑其陰則監郡也先帖木兒所撰記也其一爲南鎮廟官田記韓性撰并書碑陰則記田畝之數其一爲至元二年代祀記烏馬兒撰其一爲重修南鎮廟碑泰不華書儀門之外東西各有碑亭東有元碑一至元五年代祀記揭奚斯撰并書碑陰爲元統三年代祀記西亦有元碑一至元三年代祀記林宇撰并書

以上紹興

十三日癸酉晴　早出湧金門陸筱飲孝廉自造一舟極精雅榜曰自度航番禺莊相國所題也乘舟到此相待即入舟中小坐解纜至六一泉小方壺周覽勝槩回舟飯訖移舟至蘇隄復登岸沿途兩旁桃花尚盛爛若鋪錦至小有天園觀南屏司馬温公摩厓隸書攀緣曲磴而上未至絶頂興盡乃下山步行過淨慈寺門至長橋

十四日甲戌晴　昭慶寺游人甚盛寺後殿有石刻云古然燈佛降生之處不知何所據出寺門登自度航與筱飲芝厓澄川談少頃又登岸入大佛寺謁彌陀所刻大佛頭即秦皇纜船石也

十五日乙亥晴　午後由白馬廟巷登吳山入雲居寺元中峯和尚道場也寺有石刻中峯懷淨土詩趙子昂行書又外麓房僧藏有中峯象無舊人題識疑非真本又匣藏芒屩一雙相傳亦中峯遺物又聞有中峯手書大士三十二贊予僅見拓本寺

故有十景所謂振衣亭超然臺者今皆無存寺僧導予出門觀三台石石上有象峯字欲尋一滴泉不果遂出清波門過長橋入白雲庵卽　御題漪園者也眺覽久之筱飲與余君大觀挐舟至遂同登雷峯至黄妃塔下乃游淨慈寺寺門石香爐一乃元至治二年所鑿首題杭州路大興元寺云云製極精巧光澤可鑑

十六日丙子晴　謁于忠肅公墓遂入山登過溪亭上風篁嶺入龍井寺方圓庵有米元章碑後人重刻又有董其昌二碑自庵左行爲神運石下爲龍井泉水涌出涓涓流石罅間自此而上奇石森立目不給賞周歷良久乃出逾楊梅嶺路甚險峻下嶺爲楊梅塢又下則上天竺也寺門外有汪某大書觀自在菩薩五字寺中奉大士象極靈驗三春遠近進香者肩摩成市出寺過中天竺下天竺俱不入至靈隱山門游飛來寺石洞觀賈似道等題名次至冷泉亭次觀吴越忠懿王所立石幢（以上杭州）

秦輶日記

秦輶日記一卷爲咸豐戊午科吳縣潘文勤與常熟翁叔平相國典試陝西時紀程之作此書經西泠印社排印世間方有傳本摘其言金石者錄之

十六日辰初發平定州過新興鎮山麓巨石上造像甚多惜未及搴拓自義井鎮灘行或揭或厲有七十二渡之稱午刻食測石驛地屬盂縣十里新店十里張淨鎮十里芹泉驛換夫十里七嶺鋪莫抵壽陽縣令王德芬（丁酉拔）由芹泉上土嶺殊陡土赭色山徑廻環下視百仞壽陽東關外有朝陽閣層樓出雲下列石柱甚壯麗土人俱供一佛高尺許詢之云明建文遜國時過壽陽所食之家必倍利故尸祝至今當時年號革除諸子禁錮而民不能忘遂有程史從亡西山老佛之說可見三代直道之遺存於草野者尚可見也悲夫（壽陽讀韓文公詩碑）我過壽陽驛未誦昌黎詩何物王庭湊種出阿布思尚不與健兒語血衣那記先太師吁嗟縣官實自弱從此朝廷失魏博侍郎三月向邊城月子團團馬頭落韓愈可惜知者誰太息獨一元微之嗚呼深州圍

解牛元翼君不見懷光希烈殺齎勑

二十日晴食張蘭鎮抵介休縣縣北五里拜郭有道祠墓有蔡中郎碑一鄭谷口書一傅青主書至原碑則不可得見矣燮光按郭有道碑原石在山東濟寧繆年伯云山東非原石即李鐵橋摹於漢畫後者所謂萬歷時郭青螺子章鉤摹重刻本亦未見酈注又有宋子浚碑名沖林宗友也今佚東關內有文潞國祠是日行八十五里縣令沈鍾石年長洲同鄉

二十一日二十里義棠鎮入靈石界有冷泉關即水經注所載冠爵津也又名雀鼠谷自此濱汾河行三十里食兩渡鎮東岸即綿山三十里抵靈石隋開皇中得瑞石於此文曰大道永吉因名行八十里縣令俞雲錦來見甲辰乙巳聯捷揚州人竹如伯姻親也

二十二日發潼關吳蓮生觀察定九峯協鎮顧古生別駕燮光按先大父是時官潼關廳同知故日記及之送至河干渡河後五里風陵渡十里北極河七里匼河食時午初刻八里常旺十五里上源頭八里辛店七里韓楊鎮十里薛家巖至坡底至蒲州府晤李小湘同年大奎小湘留飯子和談及貴州姜伯約碑在仁懷廳夜即君濟二大

碑在大定府鄭珍有考爲之神往久之小湘以首陽各碑見贈縣令岳昆圃吳惠元（霖字）來均不及見札致子嘉交小湘

二十三日發坡底次高安鎮抵樊橋驛未初耳毛季海贈昭陵碑攷係近人孫桂珊所著裴藝碑錄中凡再見餘亦多襲青浦萃編且併未見姜遐碑率以萃編文入錄余所得本較萃編多九百餘字張松坪本亦多四五百字若松坪者方不愧篤志好古耳並記於此

二金蝶齋尺牘

二金蝶齋尺牘係慈谿嚴筱舫先生彙集山陰趙益甫先生致魏稼孫函札數十通付諸石印今坊間已少售本（掃葉山房有之）內有言金石者十餘則特錄之以資參攷

金石萃編刊誤（弟）從前曾有十餘紙稿本然作之匪易必得全有王氏所錄之本乃可王氏全份記得戊午年已爲沈兩溥書肆得之此時杭州雖復恐亦刦灰耳

劉熊碑世間無拓本僅天一閣本（此最古多上列十五行齊梅麓雙鉤一紙爲均初得）汪

容甫先生藏本巴俊堂本皆無可問者均初忽買到一紙真奇寶也明人剪標本價尚不昂卅金因爲重鉤天一閣多字本別存一冊盡半月功攷證訛闕雪中手木强不知冷近已裝池矣

漢石經竟爲均初買到二百金價可謂大矣拓本實佳此本後跋覃谿共寫七葉然可厭特甚此公學淺膽大可惡繆年伯云益甫大話可惡

先寄上善業泥拓本奉贈亦不可多得品也高柳邨造象係孤本唐隆元年心經亦難得並寄上

唐祁瑛瓦造象爲弟所得近因窮極賣與蔣廉訪徵蒲得二十千王祥造象過江北時爲人易去否并問

莫偲老既欲刻梁碑攷則安成康王一碑之舊云無一字者或尚留數字忘其書名何不商之偲老洗石而重審之

今早訪朱疊青大令見壁上有靈崇二大字精拓本四面字跡尚存左一行第三字爲槩當是漑字似是人名惜不得大紙全幅拓本又不能一至南明山下又不能請兄往觀殊悵悵也

長安獲古編乃劉燕庭方伯所撰一金一石皆有識跋金甫刻

圖而方伯殁故僅存此其原稿本四冊潘伯寅侍郎借來失於
澄懷園侍郎云石亦無甚奇品只此書板爲寶文齋徐姓所得
唐石經文千慮之失經勘正望便示我其石數及字數都計字
數銜名奏狀一一錄出甚好蓋嚴氏以校經爲主故不及其細
事尊著以攷石爲主自當不遺纖悉不可以譏嚴可以補嚴撰
就大幸事石柱題名能補正最妙然審定石刻并須參攷正史
及通鑑諸書爲之梁龍年道德經嚴誤處望示我
義國夫人志弟已裱成立軸既摹刻則可以連拓本奉贈夔寶
子都中有木刻本勿多買
至德專仍歸弟處不知節子何以有之奇矣然此磚細審仍是
唐而非陳兄以爲何如
天祿辟邪得之甚妙漢世石獸何必獨有於宗資墓耶都中新
交王蓮生山東福山人大訪碑刻弟出京時渠方遣人至海畔
覓楊舉祠不知得否
范稚禾鰱尹家藏翁覃谿詩文手稿卅餘本弟略借數本來看

過惜乎匆匆未能摘出其中塗乙太密不甚易尋惟於所見金石多錄全文畫卷必寫出竹樹人馬屋宇位置及圖記跋尾位置乃古人精到處覃谿所學非弟類故不相入而亦不貶之以其功力亦不與人易及也繆年伯云此論甚公

何子貞來杭州見過數次老輩風流事事皆道地真不可及弟不與之論書故彼此極相得若一談此事必致大爭而後已甚無趣矣

臘盡得小錢李銅佛象三尊咸通間陽文造專亦得雖快意而囊中空無有矣樂安公主秦江王成三像爲荄甫得武容□觀音像建德元年烏容女殘像係爲子重得統計彼所藏佳者殆盡今年又出一皇甫和無年月馬方爲周雲牧得所不得者獨一程顯忠元象二年此係極精又一武平一開皇爲遂生得刁遵墓志亦有陰訪碑錄列之而金石萃編及錢宮詹諸家竟未之見不可得者七年亦爲我所有陰刻字極完善拓本亦好惜不得一紙志文舊拓配之也劉燕庭方伯家新賣出拓本數綑惜乎知之已晚刻爲兄

購得數十種內依止大師殘碑一出高麗高麗人贈方伯者聞已爲研係均老塾價寄來鶴銘尹碑尚未售者也目錄歸均老書之內北魏數種皆未見過前蜀种蜀審能造象亦少見者永平五年鄭道忠志弟早錄入曾見精拓名是忠非惠定爲信伯書乃精鑒也按鄭道忠誌藏鄦君禾農家鄦君有跋一篇攷訂極精附錄於後魏書鄭義傳義昆季中第六長白鱗攷小白攷洞林攷叔夜攷連山攷義叔夜子伯夏司徒諮議東萊太守卒贈冠軍將軍太常少卿青州刺史子伯忠字周子右軍將軍鎮遠將軍卒贈平東將軍徐州刺史此志道忠爲魏將作大匠渾十世孫與義傳渾八世孫恰符考以德禮鑄民愛留海曲蓋伯夏嘗爲東萊太守卒贈青州刺史故云傳內名忠字周子鎮遠將軍右軍將軍當以志載歷官鎮遠將軍後軍將軍爲准卒贈官志內失載道忠傳僅曰忠此等錯誤舊史習見無足怪也北史伯夏附義傳道忠漏列趙撝叔致魏稼孫書曾以此志爲鄭道昭僖伯書按道昭卒於熙平元年道忠正光三年十月始卒中間隔熙平二年神龜元二年正光元二年忠晚卒五年誤爲道昭書不知何據撝叔鑒定金石多不詳考往往如是此志書極雅馴文亦典則魏齊北方碑碣用筆方板別裁僞體連篇累牘若此志體格嚴峻踵法鍾王中原志石實難多覯唐初虞褚是其嗣響不意江左風流見諸今日也甲辰冬月輦至梁園購存紹興鄦嘉穀禾農甫識

復堂日記

仁和譚仲修先生廷獻所著復堂日記八卷間有言金石攷證諸學者茲摘錄之足徵先生之學無所不窺也

正月二十五日冷攤買得後梁九龍廟述碑拓本首云梁癸酉蓋爲友珪鳳歷元年末帝討逆仍稱乾化三年或號令未徧故僅題甲子此碑諸家未見箸錄夏侯龜符文趙秦正書并篆額額未見前十行官屬題名十一行書人名十二行題九龍廟述四字十三行題撰文人名體例亦他碑所未有文詞綺縟無體要書體略似李文墓志丁潛生觀察案頭見宋熙甯二年李沆書鄆州新田記拓本八分縝秀絕似白石神君孫夫人二碑展玩不敢褻視不意得之唐以後也購得吳天璽紀功碑裝冊有張翰風跋云畢氏小玲瓏山館舊物也又泰山廿九字一紙二碑予舊藏六舟僧藏本神完□清皆勝於此徙以二石久燬人間拓本有日少之勢旣遇於目直不甚高故重存篋衍以自豪並得太和廿三年造象題名漫漶往往錯雜列書造像人姓名諦審之皆閆姓有印記云光緒庚辰潞河張翼訪得於昌平州石佛寺

往年碑客以漢隸求售未審定也以爲洪氏隸釋中無極山碑

今付裴潢稽之翟文泉隸篇爲三公山神碑吳子苾侍郎始得之元氏者從未箸錄金石聚謂道光丁酉沈西雝太守訪得之隸體渾穆篆勢初變者也然則無極山碑固不可復見矣

褚書聖教序神如鸞翥五德咸備百明琲珠不足方其光采字字尋其骨脈實亦融化篆分而天弢自解不可方物與龍藏寺碑對勘乃知古人源流無不合又曰智過其師方能傳法也青浦金蘭生藏舊拓大達法師碑虛和勁逸筆轉氣靈絕非近本槁木形骸誠繇得力在篆所謂銀鉤鐵畫皆與少温怡亭三墳諸刻默默相通非此佳搨幾使印泥畫沙之妙埋沒庸手氈蠟中枯瘠不復有生氣非古人之不幸與十月初見劉叔孔所藏皇甫府君多寶佛塔二碑舊拓歐碑清勁較近拓多百餘字鄰人爲罷社尚完好可寶也顏碑尚不逮余篋中之萬歷年拓本類記於此

稼孫屬審定魏賈思伯碑金石萃編箸錄原文譌闕隨在皆是此碑言高祖孝文皇帝深相愛云云末則允父令云云皆不能

辨正史本傳地形志皆不一考何其疏也倘後日碑亡書存誰復正其謬誤

得隨吳公第三女墓志拓本十五之年冥婚於李北俗固用夷禮哉此志近年出土諸家未箸錄前得袁爽秋同年贈我唐田侁及婦冀氏二墓志搨本亦道光年出冀氏志額書冀氏而志中題田君官不復書夫人氏族可見當時文例

金石聚十六卷衢州張德容松屏鉤刻漢魏六朝拓本攷釋文字亦頗精采學識中下末二云詛楚石鼓爲古籀語最碻至婁山刻石定趙武靈王文字皆不類戰國時未可信也近出之鄜孝禹表道峻既書勢最古年地亦合紀載之體疑非所疑即楊量買山記亦非後人所能僞造張君以景君碑筆鋒如折刀爲精鑒所橅古蹟一以平方之勢入紙閉入鑱側古來渾穆遒厚之法殆盡亦可云妄作人言太守於近世所出如吹角壩沙南侯諸刻皆以意增入不可見之字以爲欺炫未免心勞日拙之誚

審定蔡子鼎金石存略四卷子鼎喜蓄碑拓鑒別甚精虛憍之論一埽而空陳義甚正于魏受禪上尊號曹真王基各碑多致貶詞雖品隲書勢而眼照古人絕不隨人作計予爲老友薙芟其枝辭長語稍正譌失當敘而傳之予留是編案頭三閱月本欲盡出篋藏一一攷論顧集中金石跋一種藉以脫稿乃癉暑久病不能卒業小料理之猶未盡予懷也

碑客持各拓本來有一紙似漢刻文曰惟斯新政假貸貧人監護大夫齊人君卿方正散金義直恩周立石刻辭我里不亡陽文八分雖云石刻乃似磚文筆勢頗近孔宙新政云云疑莽朝而字體似東京也毛俊臣世叔云義直恩周周字碑文已泐大半不可辨識然絕非周字則可斷言蓋字形既不相類且周字亦不入韻也又案君卿即樓君卿見漢書樓護本傳方正散金假貸貧人事皆載本傳中

見舊拓僞周順陵碑明季石碎今世殘字僅存此本尚少數百字楮墨古色完好得二千餘字即非孤本海內當亦無多孫伯淵續古文苑箸錄從汪退谷手鈔本復又見舊拓補校則汪所鈔非孫所校是海內非一本之證

魏邸珍碑金石錄後久不見於世唐狄梁公祠堂碑梁肅文胡證正書貞元四年立寰宇訪碑錄皆未見類記於此蓋新購於碑客者

東國刻會稽刻石亦徐鼎臣臨本宋時石本滅失元申屠駉跋又爲後人磨去予得六舟僧所藏云孤本矣東人得雙鉤本誤以爲秦石流傳覆刻于海外亦中郎之虎賁矣闕敬字是失鉤非漂失文字异同頗有足正史記者

龔定盦集外文

仁和吴君昌綬藏有龔定盦集外文五首其秦漢石刻文錄序云文體五百歲一變書體五百歲一變金石義例五百歲一變自秦王盟板楯夷刻石之歲訖孫皓言天發神讖刻石之歲中間文字之役甚衆役無當吾九者之義例擯之書體不足以俟考文之聖擯之碑文無事實擯之事實與四史無出入者擯之凡龔自珍所錄者三十有三篇錄亦約矣何所據據史司馬遷以下是也又據史注李賢裴松之是也又據金石家宋洪适陳思本朝王昶畢沅

是也又據孤墨本則如華山延熹刻石是也有所闕陷引爲恨者乎有之不生晉以前不見熹平石經恨者一不與蘇望並生不見邯鄲氏三體石經恨者二東漢繁多西漢蹟蔑如也恨者三若夫蒐羅著錄之功尚矣策功誰爲首曰王君兆蘭獲秦二世皇帝刻碣石之詞與史遷多不合重刻之石立於焦山王紹蘭爲功首按北蘭紹蘭必有一誤以原本如是姑錄之俟考自晉汔隋之亡垂五百歲龔自珍所錄十有四篇錄又徧矣何所據據史又何所據據總集別集又何所據據地理志又何所據據金石家又何所據據孤墨本如上清真人館壇碑是也有所闕陷引爲恨者乎有之北魏北齊北周存者十倍於宋齊梁閒江左土薄近水石易爛恨者一南北書體同時大壞無一事足儲以俟攷文之聖恨者二作佛事功德造象繁與十居八九無關故實非有當於吾九者之例也恨者三又不如祠墓之碑之近於史也恨者四若夫蒐羅著錄之功孰爲首曰曲阜桂馥游滇中獲爨氏碑出荆榛而登諸冊府蓋劉宋之世一瓌祕也桂馥爲功首

夢碧簃石言卷六終